麗茲波頓的謀殺審判

The Trial of Lizzie Borden

卡菈・羅柏森 Cara Robertson

徐立妍——譯

獻給我的父母

這個國家已有好些年沒有出現像波頓謀殺案這樣能夠激起眾人興趣、成爲街頭巷尾熱議話題的刑案了。這件謎樣的案子具備一切吸引人的特性，或許有上千種論點；有多少個不同性格的人，就會有多少種不同的意見。確切的證據實在太少，人人都能恣意詮釋其中的可能性和間接跡象，而許多論調都是基於他們自己對人性及其所能的大致印象。要想藉由審判來釐清謎團，似乎是不太可能了……若眞能得出裁決，結果爲何也沒什麼差別了。

〈謎團終能解開嗎？〉

《紐約時報》，一八九三年六月十七日

推薦序

探詢「真實」的時光機報導文學

律師，法律白話文運動資深編輯　江鎬佑

一八九二年八月四日，在美國麻州發生了一件凶殺案，死者是鎮上的富人安德魯．波頓與他的妻子艾碧，兩人死在自己的獨棟房屋內。不管是一百多年前還是現在，能在鎮上擁有一棟房屋，我想怎樣都跟窮酸扯不上關係，而這樣的死者搭配上二人死亡時的慘況，也讓當時的輿論譁然。

急於立功＋刻板印象＝有罪起訴

死者安德魯與艾碧，是這起故事的女主角、也是訴訟審判中的被告——麗茲．波頓的父親及繼母。原先偵查機關在偵辦過程中將可能犯罪的對象設定為陌生人士，之後卻緩緩將目光關注到命案發生當下仍在家中的麗茲及幫傭布麗姬．蘇利文，進而透過兩人的證詞及一些無法直接證明犯罪的間接證據，最終將犯罪者鎖定在麗茲身上。然而，這樣的鎖定是合理的嗎？

順著筆者的鋪陳，我們可以得知波頓一家在弗爾里維成長的歷史。透過若干人士的證詞，也可以得知安德魯、艾碧與麗茲雖然同為一家人但存在著嫌隙。這些與犯罪無直接關係的背景資料，加上麗茲面對這個突如其來的慘案卻異常冷靜的態度，以及筆者所鋪排麗茲的那些反覆說詞，我們幾乎就跟著急於破案的偵查機關的步調，認為由麗茲承擔這場謀殺案的罪行並無不妥。

犯罪發生後的社會輿論

但是，若再三翻閱細節就不難發現，筆者其實在描繪故事過程中，都仔細地埋下逕自認定有罪會有風險的細節。包括在預審階段那些其實對麗茲有利的客觀證據、受害者胃部殘留的毒物檢驗報告、那些沒有科學證據的刻板印象（例如當時的偵查機關認為被告的一些事後反應與日常經驗不符），以及偵查機關刻意堆砌的犯罪動機，這些都讓人對於案件本身有所疑義。

這些疑義隨著案件進入審判程序，歷經陪審員的挑選、密集的審理、辯護律師對證人精湛的交互詰問、有關凶器的討論，以及身為女性的麗茲是否確實能在法醫推估的時間內執行檢方所建構的犯罪計畫等等，讀者們內心那些關於被告有罪的心證，便慢慢地從有罪導向了無罪。而我們也得以透過文字，看到一百多年前的陪審團作出無罪判決，然後與一百多年前那些守在法庭外的人們一樣欣喜。

打開書就可以坐著時光機看到的報導文學

雖然這是個發生在一百多年前的故事，但精彩程度並沒有因此而顯得黯淡。在這本著作中，作者大量引用審判過程中的判決紀錄，更反覆回顧了當時的報導、流行的犯罪學理論、對女性各種前提性的刻板印象，以及當時的法令規章及法律理論，從這些地方足見作者及著作本身的扎實。然而整部作品最引人入勝的地方，不僅在於故事本身的撲朔迷離，更在於這個一百多年前的故事即便在當代，看起來都有很強的即視感。這讓我們彷彿像是在閱讀一部誕生於當代的「時光機報導文學」。

當閱讀完本書後，不管讀者最後是訝異於麗茲被司法認定不是這起謀殺案的兇手，因而產生兇手是誰的疑問，或是欣喜於麗茲可以沉冤得雪，毋須背負著弒父罪嫌而身陷囹圄之中，務必請切記：不管是一百多年前的時空或是現在，訴訟上所能取得的真實，依舊是事後所建構出來的真實。那個事實奠基於偵查機關的鉅細靡遺、辯護律師的機智，以及法官的睿智，但我們沒有時光機，能回到過去端詳事件發生當下的始末。不管是哪個司法體系，大抵都把認定被告有罪的程度界定在審判者經過完整的證據比較、考量之後「無合理懷疑」的程度。這終究只是一個審判者達到道德確定程度上持久不變的確信，而非絕對或數學上的確信。

不同時空下的審判鑑識對照

卡達警官學院特聘鑑識專家、臺灣警察專科學校刑事警察科副教授　李承龍

我曾經擔任刑警，負責第一線犯罪調查工作，將近二十年的實務經驗，處理過數百件重大刑事案件，包含強盜、殺人、擄人勒贖、槍擊、毒品等各種犯罪現場。打開這本書時，許多類似的真實犯罪場景彷彿跑馬燈一樣，在腦海中快速閃過。這讓我回想，倘若這個案子發生在臺灣社會，以目前的現場保全、勘查技術而言，是否會有什麼不同的結果或故事插曲呢？

閱讀這本書，看著撲朔迷離、眾說紛紜的案情，不禁讓人聯想到上個世紀九〇年代，轟動臺灣社會的臺北縣汐止鎮的一樁滅門血案。同樣是一對夫妻慘死家中臥室，身中七十多刀，現場血跡斑斑，慘不忍睹。當時民風淳樸的汐止竟出現這樣一件轟動社會的刑事案件，立刻引發國人關注。雖然犯罪現場找到的指紋、鞋印等物證，均與後來比對無誤的王文孝一人所留，但警方認為此案手法過於殘忍，兩名死者身中七十多刀應非一人所為，導致被判死刑的王文孝最後還咬出了蘇建和等三人涉案，同被列為犯罪嫌疑人。

蘇建和等三人在不科學的偵訊手法和不完善的司法體制下，遭受警方不法對待；後來承受不了偵訊，為了保命只能認罪。雖然現場採集的科學跡證和這三名當事人沒有任何關係，他們卻仍

遭判死刑定讞。至於書中的波頓案，美國陪審團在經過一陣激烈的討論後，則一致同意裁定唯一的犯罪及嫌疑人麗茲・波頓無罪釋放。同樣都是沒有證據，但「審判」的結果竟截然不同。這是因為：波頓案是基於「無罪推定」原則之下的結果，而蘇建和等三人一開始被判死刑，卻是「有罪推定」之下的結果。後來經過司法改革，臺灣才慢慢落實「無罪推定」司法審判，蘇建和等三人也才得以獲判無罪。

除此之外，更讓筆者印象深刻的，就是現代鑑識科學的快速演化。波頓案發生在兩個世紀前的美國，當下的時空環境，自然不像現在有眾多保全現場與蒐證的觀念，沒有現代科技做為輔助，更沒有DNA、血液、毛髮或指紋的現代檢測技術，也無法利用化學試劑來檢測死者體內是否含有毒物的代謝物，來研判是否中毒等等。然而，當時的檢察官、法官甚至陪審團，卻已經具有「證據法則」的概念，對於現場的事證都實事求是，也具有科學物證的觀念，將當時僅有的偵查科技發揮得淋漓盡致。包括化學、醫學、環境甚至心理學等科學領域，在兩個世紀前的這個案件中，都已經被運用在法庭上，做為呈堂證據的物證了。

現代的科技進步，鑑識科學所涵蓋的專業領域越來越廣，不僅有當年用到的化學、醫學、環境和心理，更有物理、生物、工程、資訊、法律等等。而最近的新科技，包含擴增實境（AR）、虛擬實境（VR）、3D技術、大數據、物聯網、區塊鏈等在鑑識科學的運用也越來越普遍。實務上，鑑識科學還細分法醫、現場勘察、現場重建、槍彈比對、藥毒物分析、指紋鑑定、文書鑑定、DNA鑑定、測謊等不同專業，已然是一門「跨領域」的整合型學科。若是同樣的案件發生在科學辦案思維的今天，或許會發現不同的蛛絲馬跡、產生完全不同的結果吧。

本書的精彩內容和精華之處，在此不宜破梗太多，以免失去閱讀的樂趣。期待讀者親自品嚐、慢慢品味，用心思索本書中推理探案的樂趣。

一場百年未歇的持續審判

周愫嫻（臺北大學犯罪學研究所特聘教授兼所長）

一八九二年八月四日一個尋常的早晨，在美國東岸的一個小鎮，一戶有錢白人家庭發生了重大命案，銀行家父親與其第二任妻子被發現遭斧頭砍死在屋內。涉嫌最大的是當天在家、未婚的三十二歲女兒麗茲．波頓（Lizzie Borden）。警方在八月十一日以涉嫌謀殺父親與繼母，逮捕麗茲，十二月遭起訴，一八九三年六月五日開啟陪審團的審理期日，陪審團在六月二十日宣判無罪。審理終結後，麗茲搬離舊屋，但仍住在小鎮的山邊，俯瞰小鎮，並於六十七歲去世。

這場麗茲及其家人慘絕人寰的不幸事件，看起來從案發到審判終結，不到一年，但災難真的只有一年嗎？又如果兇手不是麗茲，真實的兇手又是誰呢？本書作者花了多年時間研究檔案資料與文獻重新撰寫。因為真實的兇手至今未明，造成了本案高度懸疑性，本書似乎不需要任何多餘的文字，就能抓住後人的好奇心。

本書精彩之處是描述這場在兇殺案發生後，兩週公開之司法審判過程，以及鎮上居民與報紙之「社會審判」。在司法審理上，書寫的重點放在證人證詞與物證的爭議。譬如：本案若非麗茲所為，可能的嫌犯為何人？其他涉嫌者，如前一天來家裡拜訪且住宿的被害人前妻舅？但他在命案發生前，已經離去，且有不在場證明。再如，與麗茲同住的姐姐是嫌疑人嗎？但當命案發生時，她正好外出。又如，另一名同住的女傭是嫌疑人嗎？但命案發生時，她正在院子裡工作。若均非當天在命案現場者，或許為「外人」侵入住宅所為？但警方也沒有找到破壞入侵的證據，且這位「外人」需要在房內躲藏約兩小時，因為兩名被害人死亡時間相差了一至兩個小時。唯一在命案前、中、後均在現場的僅有麗茲。除此之外，有證人也證稱，麗茲在命案發生前曾在藥房購買可致命的毒藥，平日與繼母感情不好，經常有爭執，且也會偷竊家中的財物。在缺乏直接證據的情況下，種種跟這個家庭或麗茲有關傳說或隱藏的家庭生活、品性素行，被赤裸裸公開在法庭裡。

但這種赤裸裸的審判又何止在法庭內？媒體每隔幾日發表一些新的傳言或說法，表面上是對命案有興趣，但又何嘗不是藉機對階級、性別、宗教、婚姻、年齡、種族移民的「社會公審」？麗茲家族非常有錢，有銀行、有工廠、有房地產，活躍於社交圈，英格蘭移民，屬於基督教公理教會，擁有當時所有之階級、政治、族群正確，當然民眾私心裡期待看到這種「高等」家庭成為「例外犯罪類型」。麗茲三十多歲未婚女性，案發後一直到審理終結，對此種女性各種「不倫」或「不正常」傳言不斷，人們樂於閱讀與散布這樣的謠言，替「例外犯罪類型」增添更多「例外犯罪人」特徵。至於參與偵審的執法與司法人員，書中可以看見他們有的站在鄉民這方，有的是想藉此成就自己的法律名聲，有的則想扮演「騎士救美」或「羅賓漢」等等，他們各自以不同的理由在心中評價了麗茲。

多數人不是一日長成「邪惡的人」，犯罪人也不是「一日成魔」。一旦成了「嫌犯」或「被告」，審判也不會是一天的試煉，而是一種自此持續的狀態。即使在審判之後，不論有罪或無罪，不論刑罰為何，折磨不會終止，當事人人生必然會重新長成不同的風貌。只是，有多少人會像本案涉嫌人麗茲一樣，審判終結後，不願隱姓埋名，不願遷出原地，不願向親友哭訴，不願向媒體世人昭告，不願控訴司法警政不公，在什麼都不做的情況下，默默把剩餘的三十四年人生，拱手讓給一場世紀審判的「強烈後勁」？此外，當天在命案現場的女傭，審判後主人給予一筆費用遣散，女傭沒有回到母國愛爾蘭，而是選擇遷移他州，以沉默謙卑的方式度過餘生。兩人如此安靜的活著，是本案最為出奇之處，代表的意義悠悠回回，耐人尋味。

麗茲到底是冷酷的殺人犯、失德者、社會心理病態者，還是本案雙重被害人？是地獄選擇了她？還是她拒絕從地獄離開？未因本案審理終結而有解答。唯至少有兩個餘燼，將使本案持續燃燒。第一，犯罪是地獄無疑，但司法審判是地獄二次方，而社會公審則是地獄三次方。本案當時的社會公審、法庭攻防，百年來，不論時代走過多少重大社會矚目案件，彷彿如在今日。餘燼終難將息。第二，本案結局是懸案，真實的嫌犯仍未知。故儘管本案審判已經終結一百多年，對這個審判仍有懸念的法律人員、研究者、獵奇者，總會持續加入新的木柴，欲滅還留。

本書作者與讀者，自然也是頻頻回首、抱薪求火者之一。

「名門淑女」的法庭攻防戰

蔡宜文（專欄作家）

《麗茲波頓的謀殺審判》這本書主要是在描繪一八九二年時，在美國麻州某個小鎮上一戶殷實的新英格蘭資產階級的男女主人雙雙被砍殺，而最大的嫌疑人是男主人的親生女兒、女主人的繼女，麗茲波頓。麗茲是相關關係人中唯一沒有合理不在場證明的人。他與繼母的關係不佳，加上曾因父親在經濟上的分配產生糾紛，所以被認為有極大的犯罪動機。此案引起了許多媒體關注，有大量的報導及法庭紀錄。最後，麗茲波頓被宣判無罪，但真兇是誰卻始終不明，其案件也就成了美國歷史上一個著名的懸案。

在我年輕沉溺於暗黑童話之時，許多日本動漫或小說常提到《鵝媽媽童謠》較為黑暗的部分中就有麗茲波頓砍死父母的情節，這也是我對此案的第一印象。所以，剛拿到這本書時，我本來以為會是一本帶點灰暗色調的懸案推理，像是大衛芬奇的《破案神探》，或是Youtuber老高早期講懸案的口吻，帶點恐怖、帶點獵奇的黑暗故事。結果都不是，這本書的基調十分明亮，相較於推理懸疑，更多是法庭之間的攻防，證據資料的層層堆疊，以及作者試圖最大程度還原當時整個社會場景的細心。

《麗茲波頓的謀殺審判》就像是美國南北戰爭以後到一戰之前，那段通常被認為是寧靜美好時光的一個橫切面。在這個橫切面當中，從一個小鎮裡的一個案件，我們看到了那個時代的家庭、階級、性別與種族等不同身分的交織。無論是案件本身或是案件進入司法體制過後怎麼被描繪、被審判，這些身分都以最具體而微的方式展現在人與人之間互動的肌理之上。

在鐵牢籠裡的家人們

被殺害的男主人安德魯波頓，宛如韋伯《新教倫理與資本主義精神》一書中對於美國新教徒描述的典範，就是對獲利的執著但同時在生活上窮極的簡樸。他們累積金錢並非是為了奢華生活，或其他在精神或個人層面上的成就與享樂，累積財富本身就是他們不停逐利的目的。

我們在韋伯所描述的框架當中，很難看到這些新教徒家庭其他成員所過的生活，但在本書中我們可以稍微瞥到一眼，像是書中提到麗茲與他姊姊的零用錢甚至不及當地紡織女工的月薪，可同時他們的階級位置也讓他們只能做一些沒有生產力的慈善工作，或是與宗教相關的無酬勞動。這對姊妹雖然屬於新英格蘭高貴的血緣（書中所寫），但在社交圈中卻處於尷尬的位置，這或許跟他們適婚年齡未婚有關，也或許正是因為這種尷尬的角色導致他們不好婚配。由此可見，雖然他們處於一個不需工作就足以溫飽、卻同時受到貶低的尷尬處境，而父親對於財富積累的興趣，並無法解決他們的困境，反而讓他們在社交上更為艱難。

名門淑女的道德審判

這種對於女性的貶低與在階級上的優位，幾乎可說是麗茲波頓審判的主軸。在法庭上檢辯雙方討論本案是否成立以前，需要先辯論女人是否有能力犯下這起案件。於是，當時各種關於女性的「科學想像」以各種矛盾的方式滑稽地展現在這名嫌犯身上：包括基因、當時心理學將歇斯底里當成女性的心理疾病，再到女性缺乏道德感，月經時女性特別容易犯案，綜合女性過於羸弱、害怕強勢的男人、難以熟悉地使用工具等等。

最後，對於「名門淑女」的想像，使得即便所有科學證據都證明「女性有能力可以砍出那樣的傷口」，但仍然可以看到檢方與辯方需要持續在道德上進行辯證：一個受過良好教育的名門淑女在「道德上」有可能殘忍地殺害自己的雙親嗎？

自然，關於這個辯證無論是檢方與辯方，還是他們辯論最主要的對象——法官與陪審團——都是男性；除了少數女性記者外，大多數描繪這個案件的，也都是男性記者。我們能從這些文字嘗試去猜想他們當下的感受：一群那個時期受過高等教育、有著高社經地位的男子（麗茲的辯護律師甚至是前任州長！）得在法庭上討論洋裝（洋裝的材質、嫌犯見到警員時穿的是哪一件洋裝）以及月經（很明顯地，他們試圖迴避掉這個在凶案中有著重要位置的議題，麗茲的嫌疑之一便是洗刷沾有辯方稱是經血的布條，但這點似乎沒有檢方的異議或繼續檢驗真偽的可能）等議題。

看見「社會」的存在

坦白說，我在看這本書的時候，十分訝異在當時，美國的司法體制竟已如此完整且重視程序，無論是在面對證據來源的嚴謹和必須「不帶偏見」的審理此案，都可以看出其機制的完整。但即使如此，做為中產階級的知識分子，除了月經仍然是難以觸碰與啟齒的話題之外，認為麗茲有嫌疑的檢方，也必須陳述自己必須將女性放置到這個位置上的痛苦，能看出這其實與他們的「教養」是非常相悖的。這樣的「教養」自然是與當時既定的階級、種族與性別刻板印象、偏見緊緊扣連在一起。因此，即使當時的司法體制已然相當完善，也無法超脫於社會而生；當社會擁有偏見及刻板印象之時，機制便會產生偏移。而這些機制的偏移，也讓我們看見了「社會」的存在。

從本書的資料中，我們很難斷定波頓懸案的兇手到底是誰，麗茲到底有沒有參與其中，也很難看見麗茲跟他的姊姊在這場判決中扮演了什麼樣的角色，是被動還是主動呈現了那個蒼白、虛弱卻又充滿了理性與克制的名門淑女形象，甚至無法得知麗茲是否真如同電影改編一般與女僕有段不可言說的曖昧。我們所看見的仍然是那個時代的一個剖面。然而，或許在未來某日，當我再度讀起《新教倫理與資本主義精神》時，會在腦海浮現起波頓一家、他們曾經的困擾，以及這本書中那些瑣碎但建構起現代社會的無數細節。

目次

推薦序
探詢「真實」的時光機報導文學——江鎬佑 9
不同時空下的審判鑑識對照——李承龍 12
一場百年未歇的持續審判——周愫嫻 15
「名門淑女」的法庭攻防戰——蔡宜文 18
插圖列表 26
相關人物 31
第一部 謀殺
第一章 總有人會做些什麼 38

儘管一再安撫，麗茲還是提起自己心中的不安及一絲預感，她說：「我覺得自己頭頂好像罩著什麼東西甩也甩不開，有時會包覆著我全身，不管人在哪裡都一樣。」她又說：「我不知道，但總有人會做些什麼。」

第二章　驚人的罪案　49

這所有的一切，以及其中的一些什麼，對我而言都是無法描述的，讓我升起一股最令人作嘔的念頭。我認爲，至少她所知道的比她願意吐露的還多。

第三章　推論夠多了　73

沒有人能夠證實這個故事，大家都是從別人那邊聽來的，卻整天流傳著，而且每傳過一個人就會冒出更多血、更銳利的斧頭。

第四章　最受注目的女人　99

麗茲在調查期間表現出的正常以及「無動於衷的冷靜」，反倒證明了她的瘋狂：「以這件案子而言，沒有比這般非比尋常的表現更能讓人相信她的瘋狂。」

第二部　審判

第五章　帷幕升起　132

我從來不顯露自己的感受，如今也改不了本性……我已經很努力……要表現得勇敢又溫柔來挺過這一切。我知道自己是清白的，也下定決心，無論最後結果是如何，都會勇敢承擔並全心接受。

第六章　炮火隆隆　171

看來，麗茲的運氣似乎用完了，一名記者表示：「眾人都相信檢方今天使出了絕招。」另一位則說得更簡單一點：「這一天對麗茲·波頓來說十分難熬。」

第七章　重大勝利 199

根據醫學專家的說法，月經會讓女性容易屈服於犯罪衝動。當杜賀提開始描述他在搜索地窖時發現的那堆沾血毛巾時，穆迪立刻打斷他的話，「跳過那部分」……他們的眼神避開那堆沾血毛巾，彷彿看一眼就得凝望深淵一般。

第八章　意圖、預謀、準備 235

這犯罪的起因就像一口又深邃又漆黑無比的井，麻州檢方說『我們要點亮一盞搜索的燈光，將光扔進去照亮井底』，於是他們花了十個月造出一盞燈，在法庭的第一天就大張旗鼓地把燈點亮……但這道光卻只是把黑暗照得更加深沉。

第九章　既短而忙碌，且非常重要 257

好人並非不可能變壞……不過人生在世的經歷告訴我們，如果我們自家的女兒長到了三十二歲、在我們的學校受教育、走在我們的街道上、來往的都是最良善的人，同時獻身爲上帝及人類服務……我們的人生經歷就不認爲她會突然搖身一變，成爲最昭彰大膽的謀殺犯。

第十章　大審判的結語 289

整段審判期間，嫌犯近乎超自然的勇氣令人相當敬佩，不過此時旁觀者所感覺到的氣場更是令人震驚；就在這最重要的一刻，她仍泰然走進法庭，準備聽取自己的命運。

第三部　裁決

第十一章　老地方　330

看上去很不可思議，畢竟她眼前還有大好的世界……這個女人怎麼還稱這個地方是她的家；在這裡，也只有在這裡，才會讓她遭受這般恥辱。然而其中有種宿命……讓人不得不在此徘徊、遊蕩，彷彿一縷幽魂。

第十二章　揮之不去的謎　339

弗爾里維上流社會的共謀、階級內部對外人的排拒，以及對謀殺案有第一手消息的人都不約而同地保持沉默。對於在弗爾里維長大的林肯而言，麗茲·波頓就是「我們藏在櫥櫃裡的家醜、是家族中的黑羊、是個恥辱，卻也是不能說的祕密」。

尾聲：辯護律師檔案　347

麗茲並未將所有的祕密都帶進自己最後安息的地方，有些仍留存在一個令人意想不到之處……

謝詞　350

註解　355

參考書目　432

插圖列表

卷首照片　麗茲・波頓，由弗爾里維歷史協會提供。
圖1　弗爾里維街景一角，包括史密斯藥局，由弗爾里維歷史協會提供。
圖2　麗茲・波頓，由弗爾里維歷史協會提供。
圖3　安德魯・波頓，由弗爾里維歷史協會提供。
圖4　ＡＪ波頓大樓，由弗爾里維歷史協會提供。
圖5　位於第二街上的波頓家，由弗爾里維歷史協會提供。
圖6　艾碧・波頓，由弗爾里維歷史協會提供。
圖7　愛瑪・波頓，由弗爾里維歷史協會提供。
圖8　位於第二街的波頓家正面，由弗爾里維歷史協會提供。
圖9　波頓家的側門階梯，由弗爾里維歷史協會提供。
圖10　波頓家及庭院平面圖，艾德溫・波特，《弗爾里維的悲劇》，一八九三，作者收藏。
圖11　法警魯弗斯・希里亞德，由弗爾里維歷史協會提供。
圖12　安德魯・波頓倒在沙發上的屍體，由弗爾里維歷史協會提供。
圖13　布麗姬・蘇利文，由弗爾里維歷史協會提供。

圖14 艾碧・波頓在客房內的屍體，由弗爾里維歷史協會提供。
圖15 從芒特霍普灣看過去的弗爾里維，約一八九一年，由弗爾里維歷史協會提供。
圖16 站在第二街向南看的景色，由弗爾里維歷史協會提供。
圖17 站在第二街向北看的景色，由弗爾里維歷史協會提供。
圖18 約翰・莫爾斯，由弗爾里維歷史協會提供。
圖19 希柏瑞・伯溫醫師，由弗爾里維歷史協會提供。
圖20 第二街周邊，《波士頓全球報》。
圖21 地方法警希里亞德站在中央警局前，由弗爾里維歷史協會提供。
圖22 侯西・M・諾爾頓，由弗爾里維歷史協會提供。
圖23 安德魯・詹寧斯，由弗爾里維歷史協會提供。
圖24 通頓監獄花園一景，約一八九二年，由弗爾里維歷史協會提供。
圖25 梅爾文・O・亞當斯，由弗爾里維歷史協會提供。
圖26 威廉・多蘭醫師，由弗爾里維歷史協會提供。
圖27 喬治・D・羅賓森州長，由弗爾里維歷史協會提供。
圖28 威廉・H・穆迪，由弗爾里維歷史協會提供。
圖29 麻薩諸塞州新貝福市布里斯托郡法院外觀，由弗爾里維歷史協會提供。
圖30 法院內部一景，由弗爾里維歷史協會提供。

圖31　朱利恩·拉福，公共圖檔，取自法蘭克·M·歐布萊恩著作《太陽的故事》（紐約：喬治多藍公司，1918）谷歌圖書內頁掃描檔。
圖32　小喬·霍華，《波士頓全球報》。
圖33　伊莉莎白·喬丹，公共圖檔，取自伊莉莎白·嘉佛·喬丹著作《迴廊故事》第四集（紐約：哈波與兄弟，1901）谷歌圖書內頁掃描檔。
圖34　首席法官亞伯特·梅森、法官凱勒·布洛傑特，以及法官賈斯汀·杜威，一八九二，《波士頓全球報》。
圖35　陪審團遴選，《波士頓全球報》。
圖36　地下室平面圖，由弗爾里維歷史協會提供。
圖37　一樓平面圖，由弗爾里維歷史協會提供。
圖38　二樓平面圖，一八九三，由弗爾里維歷史協會提供。
圖39　麗茲·波頓昏厥，《波士頓全球報》。
圖40　陪審團參觀犯罪現場，《波士頓全球報》。
圖41　沙尼翁住所的後院，由弗爾里維歷史協會提供。
圖42　周邊鳥瞰圖，《波士頓全球報》。
圖43　法院前的臨時大門，《波士頓全球報》。
圖44　愛德蕾·邱吉爾，由弗爾里維歷史協會提供。

圖45　愛麗絲．羅素，由弗爾里維歷史協會提供。
圖46　愛麗絲．羅素作證時的法院景象，《波士頓全球報》。
圖47　助理法警約翰．弗里特，由弗爾里維歷史協會提供。
圖48　隊長菲利普．哈靈頓，由弗爾里維歷史協會提供。
圖49　無柄手斧（亦稱巫法手斧），由弗爾里維歷史協會提供。
圖50　陪審團坐定位置，《波士頓全球報》。
圖51　拿女人的一條性命當兒戲，由弗爾里維歷史協會提供。
圖52　安德魯．波頓，一八九二年八月四日，由弗爾里維歷史協會提供。
圖53　艾碧．波頓，一八九二年八月四日，由弗爾里維歷史協會提供。
圖54　愛德華．伍德教授，由弗爾里維歷史協會提供。
圖55　安德魯．波頓的頭骨，由弗爾里維歷史協會提供。
圖56　艾碧．波頓的頭骨，由弗爾里維歷史協會提供。
圖57　德雷波醫生檢查手斧是否符合頭骨裂口，《波士頓全球報》。
圖58　波頓審判中的有趣事件，《波士頓全球報》。
圖59　證人等待作證，《波士頓全球報》。
圖60　羅賓森最喜歡的姿勢，《波士頓全球報》。
圖61　女士座位區，《波士頓全球報》。

圖62　克羅家穀倉所在的庭院，由弗爾里維歷史協會提供。

圖63　新貝福法院附近的清晨景象，《波士頓全球報》。

圖64　前州長羅賓森提出自己的結辯，《波士頓全球報》。

圖65　地區檢察官諾爾頓代表檢方陳述，《波士頓全球報》。

圖66　波頓大審判的最後一幕，《波士頓全球報》。

圖67　麗茲．波頓在紐波特的廣場，約一八九三年，由弗爾里維歷史協會提供。

圖68　波頓案陪審團，由弗爾里維歷史協會提供。

圖69　麗茲．波頓位於法蘭區街的住家楓田居，由弗爾里維歷史協會提供。

圖70　南希．歐尼爾扮演伯來利亞的茱迪絲，由弗爾里維歷史協會提供。

圖71　麗茲．波頓與小狗小子一起在露台上，約一九二六年，由弗爾里維歷史協會提供。

圖72　櫟樹林墓園裡的波頓紀念碑，由弗爾里維歷史協會提供。

圖73　麗茲．波頓墓，櫟樹林墓園，由弗爾里維歷史協會提供。

相關人物

波頓家（一八九二年八月四日）

艾碧・德菲・葛雷・波頓（Abby Durfee Gray Borden）
六十四歲，安德魯・波頓的第二任妻子

安德魯・傑克森・波頓（Andrew Jackson Borden）
六十九歲，商人，艾碧的丈夫，愛瑪和麗茲的父親

愛瑪・蕾諾拉・波頓（Emma Leonora Borden）
四十一歲，安德魯・波頓與第一任妻子莎拉的大女兒

麗茲・安德魯・波頓（Lizzie Andrew Borden）
三十二歲，安德魯・波頓與第一任妻子莎拉的小女兒

約翰・文尼肯・莫爾斯（John Vinnicum Morse）
六十九歲，安德魯・波頓的亡妻莎拉・莫爾斯・波頓（Sarah Morse Borden）的兄弟

布麗姬・蘇利文（Bridget Sullivan）
二十六歲，波頓家的愛爾蘭籍幫傭

朋友、鄰居與生意往來夥伴

伊萊·班斯（Eli Bence），史密斯藥局店員

希柏瑞·伯溫醫師（Dr. Seabury Bowen），家庭醫師，波頓家對面的鄰居

菲碧·伯溫（Phoebe Bowen），伯溫醫師的妻子，波頓家對面的鄰居

瑪麗·布里格罕（Mary Brigham），麗茲和愛瑪的朋友

艾德溫·巴克牧師，中央公理會教堂（Central Congregational Church）傳教士

瑪莉安·沙尼翁（Marienne Chagnon），鄰居，沙尼翁醫師的第二任妻子

瑪忒·沙尼翁（Marthe Chagnon），鄰居，沙尼翁醫師的女兒

溫涅斯拉·沙尼翁醫師（Dr. Weneslas Chagnon），鄰居

愛德蕾·邱吉爾（Adelaide Churchill），波頓家的隔壁鄰居

漢娜·吉佛德（Hannah Gifford），裁縫師

珍·葛雷（Jean Gray），艾碧·波頓的繼母，莎拉·懷黑德的母親

約翰·果亞德（John Grouard），油漆工

班傑明·漢迪醫師（Dr. Benjamin Handy），醫師，麗茲應該入住的度假木屋主人

海朗·哈靈頓（Hiram C. Harrington），安德魯的姻親，安德魯姐妹盧拉娜（Lurana）的丈夫

查爾斯・荷姆斯（Charles J. Holmes），波頓家的朋友及智囊團，弗爾里維五分錢儲蓄銀行（Fall River Five Cents Savings Bank）主席兼中央公理會教堂執事

瑪莉安娜・荷姆斯（Marianna Holmes），波頓家的朋友，查爾斯・荷姆斯的妻子

伊莉莎白・強斯頓（Elizabeth Johnston），麗茲的朋友，學校教師

威廉・沃克・賈伯牧師（Rev. William Walker Jubb），中央公理會教堂牧師

海蒙・魯賓斯基（Hymon Lubinsky），冰淇淋小販

瑪麗・雷蒙（Mary Raymond），裁縫師

愛麗絲・羅素（Alice Russell），愛瑪與麗茲的朋友，前鄰居

查爾斯・索耶（Charles Sawyer），裝飾油漆工

奧格絲塔・崔普（Augusta Tripp），麗茲的老同學兼朋友

莎拉・懷黑德（Sarah Whitehead），艾碧同父異母的妹妹，珍・葛雷的女兒

弗爾里維官員

警員**喬治・艾倫**（George Allen）

市長**約翰・考夫林**（John Coughlin）

隊長**丹尼斯・戴斯蒙**（Dennis Desmond）

警員**派崔克・杜賀提**（Patrick H. Doherty）
探長**法蘭西斯・艾德森**（Francis Edson）
助理法警**約翰・弗里特**（John Fleet）
警員**菲利普・哈靈頓**（Philip Harrington）
駐市法警**魯弗斯・希里亞德**（Rufus Hilliard）
警員**喬瑟夫・海德**（Joseph Hyde）
警員**威廉・梅德利**（William Medley）
警員**麥可・穆拉利**（Michael Mullaly）
護理長**漢娜・雷根**（Hannah Reagan）
州警探**喬治・西佛**（George Seaver）
副警長**法蘭西斯・威克森**（Francis Wixon）

律師

梅爾文・O・亞當斯（Melvin O. Adams），麗茲的辯護律師
安德魯・詹寧斯（Andrew Jennings），波頓家律師
侯西・M・諾爾頓（Hosea M. Knowlton），麻薩諸塞州南區地區檢察官
威廉・H・穆迪（William H. Moody），艾塞克斯郡地區檢察官

亞瑟・S・菲利普斯（Arthur S. Phillips），安德魯・詹寧斯的同事

亞伯特・E・皮爾斯伯瑞（Albert E. Pillsbury），麻薩諸塞州檢察長

喬治・D・羅賓森（George D. Robinson），麻薩諸塞州前州長兼麗茲的辯護律師

法官

喬賽亞・布雷斯戴爾（Josiah Blaisdell），負責訊問及預審的地方法院法官

凱勒・布洛傑特（Caleb Blodgett），高等法院庭審法官

賈斯汀・杜威（Justin Dewey），高等法院庭審法官

亞伯特・梅森（Albert Mason），高等法院庭審首席法官

醫學專家

大衛・齊佛醫師（Dr. David Cheever），哈佛外科醫學教授

亞伯特・德錐克醫師（Dr. Albert Dedrick），醫師

威廉・多蘭醫師（Dr. William Dolan），布里斯托郡法醫

法蘭克・德雷波醫師（Dr. Frank Draper），薩福克郡法醫兼哈佛法醫學教授

愛德華・伍德教授（Professor Edward Wood），哈佛化學系教授

記者與專欄作家

小喬・霍華（Joe Howard, Jr.），《波士頓全球報》

伊莉莎白・喬丹（Elizabeth Jordan），《紐約世界報》

約翰・曼寧（John Manning），《弗爾里維每日先鋒報》

凱特・麥圭爾克（Kate McGuirk），《紐約紀錄報》

艾德溫・波特（E. H. Porter），《弗爾里維每日全球報》，《弗爾里維的悲劇》一書作者

朱利恩・拉福（Julian Ralph），《紐約太陽報》

愛米・羅伯薩特（Amy Robsart），《波士頓郵報》

華特・史蒂文斯（Walter P. Stevens），《弗爾里維每日新聞晚報》

亨利・崔奇（Henry Trickey），《波士頓全球報》

第一部

謀殺

MURDER

第一章

總有人會做些什麼

一八九二年八月三日早上，伊萊．班斯正在麻州弗爾里維（Fall River）南大街上的史密斯（D. R. Smith）藥局工作，一個女人走進店裡想買十分錢的氫氰酸。氫氰酸是一種稀釋過的氰化氫，是作用快速的毒藥，無色無味又容易揮發，正如後來《新貝福標準晚報》（*New Bedford Evening Standard*）的一篇報導所述：「若有人想殺人又想躲過查緝，而他是個聰明人，就會知道氰化氫是所有致命毒藥中的首選。」[1] 但這女人自稱需要氫氰酸是要「塗在海豹皮披肩的邊緣」。[2] 班斯還是拒絕了，並解釋只有拿著醫生的處方箋才能購買氫氰酸。他雖然認出這人是「波頓小姐」[3]，不過後來有個人悄聲說「這是安德魯．波頓的女兒」[4]，他這才「更仔細」[5] 看著她，還注意到

圖 1　弗爾里維街景一角，包括史密斯藥局

圖 2　麗茲．波頓

了他之後說的「她眼神裡透露著古怪」。[6] 波頓小姐堅稱自己之前就向他買過毒藥了，但他不為所動。女人不滿地離開了，而這故事還沒完。

麗茲．波頓住在麻薩諸塞州弗爾里維熙來攘往的商業區旁邊的第二街。一八九二年，位於第二街九十二號的波頓家住著安德魯．波頓、他的第二任妻子艾碧、成年的女兒愛瑪與麗茲，還有家裡的幫傭布麗姬．蘇利文。另外不時會造訪波頓家的客人有約翰．莫爾斯，他是安德魯第一任妻子的兄弟，家裡大概就這些人了。波頓的女兒都已年過三十，不過似乎都不會結婚。她們的父親有財有產，所以物質享受看來也無虞，但這個家庭並不和樂。波頓家雖然「不會張揚自家的難處」[7]，但是許多人也評論道：「波頓家的氣氛或許並不如往日那樣歡愉。」[8]

安德魯．波頓身材高瘦、一臉嚴肅，他就是時下最流行的面相「科學」活生生的招牌：個性和外表完全相符。波頓的前鄰居愛麗絲．羅素是這麼說的：「他的生活樸實、想法古板，毫無轉圜之地。」[9] 他姐妹的丈夫海朗．哈靈頓則評論道：「他這人我怎麼都親近不了。」[10] 就某些方面來說，這也不讓人意外：安德魯白手起家，憑著自身的理財頭腦及辛勤工作，累積了超過二十五萬美元的財富（相當於今日的七百多萬美元）。不過他仍克勤克儉，以保住自身財產。有份報紙如此報導：「他就是那種不捨得花錢的小氣鬼，但跟人做生意卻很公正不阿。」[11] 他很愛吹噓自己做生意的那些年從來沒跟人借過一分錢。安德魯從木材傢俱起家，不只做活人生意，還包括死人的，一八五九年《弗爾里維每日晚報》刊登的廣告上就寫著：「供貨充足，棺材壽木，尺寸齊全，貨送全區。」[12] 波頓和他的合夥人威廉・奧米（William Almy）所賣的傢俱「比城內其他商家價格都低」。安德魯將自己的興趣觸角延伸到更多元的商業領域，最後當上了聯合儲蓄銀行（Union Savings Bank）總裁、成為其董事會成員，並在招商實業公司（Merchants Manufacturing Company）、ＢＭＣ德菲保險信託公司（B.M.C. Durfee Safe Deposit and Trust Company）、全球紗業公司（Globe Yarn Mill Company）以及特洛伊棉花及羊毛實業公司（Troy Cotton and Woolen Manufactory）擔任董事。然而他的財富有絕大部分都來自房地產，而且「他若是沒準備好足夠的現金就不會買下這塊土地」。[13] 他在斯旺西（Swansea）的通頓河（Taunton River）一帶擁有大片農地，一八九〇年他在南大街及安納萬街交叉口建造的大樓被形容為「城內最漂亮的商辦大樓」[14]，這棟建築便是ＡＪ波頓大樓（A. J.

圖3　安德魯・波頓

Borden building），是安德魯在弗爾里維名聲地位的實質展現，他每天早上都會到這裡辦公。

他的自家住宅就低調多了。一八七一年，波頓一家從費利街十二號的老家搬進了第二街的房子，這只是轉移陣地，而非更上層樓。原本的波頓家是兩個家庭分別住在各自的樓層，現在安德魯．波頓讓自家人住進了兩層樓的住宅。翻新房屋時，他拿掉了樓上的水龍頭，只留下廚房裡一個滑石鑿成的大缸，以及地下室的冷水槽。隔年，他幫家裡接上了城內的自來水系統，地下室就有了可沖水的盥洗設備，但這間房子裡的奢華僅此而已。後來一位記者朱利恩．拉福這樣寫道，波頓家裡的每一個人「都得自己伺候自己」。[15]

安德魯結了兩次婚，第一任妻子莎拉．莫爾斯．波頓在農場長大，他們在一八四五年的聖誕節晚上結婚。莎拉結婚時沒帶嫁妝，但她為安德

圖 4　AJ 波頓大樓

圖 5　位於第二街的波登家

魯生了三個女兒，只有愛瑪和麗茲這兩個女兒平安長大，而她自己則在一八六三年三月因「子宮瘀血」[16]及「脊椎疾病」而逝世。莎拉過世後兩年，安德魯娶了艾碧・葛雷，這對夫婦就像童謠裡凡事都互補的史普拉特夫婦（the Spratts）一樣，安德魯又高又瘦，艾碧則是又矮又胖。安德魯需要有人幫他打理家務，孩子也需要母親照顧。至於艾碧對安德魯的看法沒有留下紀錄，不過對一個三十七歲仍未出嫁、家裡又總為錢發愁的女人來說，他的求婚一定相當誘人；又或者是因為她的父親也續絃娶了個漂亮寡婦，還生下一名女兒，促使艾碧決定離開那個漸漸擁擠的家。

如果艾碧原本想像的新生活是以主母之姿加入一個和樂的家庭，她的如意算盤可就打錯了。愛瑪在她父親再婚時是十四歲，不願意讓人用母親的姿態來管教她：她總是對艾碧直呼其名，從沒叫過她「母親」，或許是她認為艾碧取代了母親的位置，而喪母之慟讓她拒絕與艾碧建立更友善的關係。第一任波頓太太的好友瑪麗・艾許頓・萊斯・利弗摩爾（Mary Ashton Rice Livermore，後來成為婦女參政運動的先驅）就相信，愛瑪「就某方面說來，一直都將艾碧・波頓視為篡奪了這個家的人；在這家裡至少有一個人心懷嫉恨，珍惜著亡母有如聖人般的美好回憶」。[17]或許愛瑪覺得自己就像麗茲的母親，厭惡著艾碧的侵擾。過了很久以後，愛瑪如此解釋：「我母親臨死前躺在病榻上，她把我叫去，要我發誓會永遠好好照顧『麗茲寶貝』。」18

艾碧或許希望能從年紀較小的繼女身上得到更多敬愛，但麗茲也潑了她一身冷水。麗茲確實會喊艾碧「母親」，卻只信賴姐姐愛瑪一人，就像麗茲自己說的，她「總是會找愛瑪」。19 而麗茲和她父親的關係也很特別。安德魯並未戴上象徵自己和艾碧婚姻的戒指，但當他最寵愛的女兒麗茲送他一枚細圈的金戒指時，他隨即戴上，直到死亡那天。安德魯以自己的名字為麗茲命名，受洗時的全名是麗茲・安德魯・波頓。這名字也很適合她，她就像父親一樣直率而意志堅定，一個朋友說她是「直言不諱的形象代表」。20 麗茲後來也說，安德魯或許「對金錢很謹慎，但是我如果非常想要什麼東西，去求他沒有得不到的，只是有時候得問兩、三次才行」。21

或許是因為這段婚姻沒有感情基礎，艾碧在家裡也未能手握大權以堪慰藉。她的丈夫仍然牢牢抓著家中財務，而已經長大的繼女們看來也只想互相陪伴，偶爾在樓上的客房會見訪客。波頓家友人暨前鄰居愛麗絲・羅素後來便說：「總歸一句，波頓太太管不了家，就是這樣。」22 一八九二年五月，約翰・果亞德到波頓家粉刷房子，安德魯告訴他，讓麗茲「來選顏色，在顏色還沒確定前最好別插手」。23（麗茲並不喜歡他先前調好的油漆顏色，一直監督著調色，確認油漆是完美

圖 6　艾碧・波頓

的「深沉色調」。24）還有一件事能夠說明艾碧在家裡地位不高的事實：她拿的零用錢金額與兩個繼女一樣。對麗茲和愛瑪來說，這筆小錢是讓她們額外買些自己喜歡的東西，艾碧的零用錢卻要支付家中一切開支。但她似乎相當認命。艾碧的繼母珍．葛雷表示，艾碧就是個「什麼都不說的女人」25，她可以「承受諸多苦楚卻一語不發」。

艾碧想要幫助同父異母的妹妹的意圖，將繼女冷若冰霜的忍讓態度轉為公開的敵意。艾碧的父親將房子留給妻子與他們的女兒莎拉．懷黑德，艾碧的繼母想賣掉自己那一半的財產，但莎拉卻沒有足夠資金買下那一份。一八八七年在艾碧的要求下，安德魯買下了葛雷太太手上那一半權益，並登記在艾碧名下，讓莎拉和她丈夫能夠免繳租金住在那裡。安德魯的女兒相當反對父親如此關愛妻子，麗茲和愛瑪認為他為艾碧付出的這些，都應該只用在自己的骨肉身上。為了安撫女兒，安德魯便也轉移了同等價值的財產到她們名下。但他力求公平的努力並不成功，買下懷黑德的房子讓波頓一家的緊張關係浮出檯面。從此以後，布麗姬每一餐都要服侍兩次，因為女兒們拒絕跟父母一起用餐，而且她們也不肯跟艾碧說話，除非是直接問她們問題才會回答。「我們一直都有說話。」26 愛瑪後來解釋道。麗茲更是乾脆開始稱呼艾碧為波頓太太、她的繼母，只要有人問起，

圖7　愛瑪．波頓

便會表現出對艾碧的敵意。一八九二年三月，麗茲的裁縫師因為稱艾碧是她的母親而遭到麗茲狠狠訓斥，她說：「不准對我說這種話，她就是個討厭的廢物。」[27] 奧格絲塔．崔普是麗茲的朋友兼老同學，她說：「麗茲跟我說，她覺得她繼母是個騙子，人前對她是一個樣，人後又是另一個。」[28] 一切就如同艾碧自己的繼母珍．葛雷下的簡短結論：「我告訴波頓太太，就算拿她所有財產來跟我換，我也不想過她那樣的生活。」[29]

此外，金錢是這個家裡其他不滿的來源，尤其是安德魯的吝嗇習性。他不願意住在弗爾里維的上流階級會選擇居住的山丘區，結果等於讓女兒們陷入實質上的社交隔離。麗茲特別不欣賞父親的這種做法，她總是將自己的不幸歸咎於生活條件不佳。愛麗絲．羅素的解釋相當貼切：「他的生活非常簡樸，也不想要改變；我一直都覺得，他似乎根本不知道為什麼他們的生活應該要有所不同。」[30] 她繼續闡述：「她們教養良好，也想成為名媛。」[31] 與麗茲關係疏遠的姑丈海朗．哈靈頓講話就沒那麼好聽了：「她認為自己也應該跟其他人一樣找樂子，覺得以她父親的財力，她應該能夠與其他同齡女孩分庭抗禮，但她父親總是拒絕讓她參加社交玩樂，這讓她憤怒不已。」[32]

一八九〇年，就在麗茲三十歲生日前夕，她短暫獲得了一段珍貴的自由歲月：她父親送她與其他未婚的閨密到歐洲去好好玩了一趟。回程中，麗茲跟自己的遠親安娜．波頓（Anna Borden）同睡一間艙房，她向安娜坦承自己不願意回到第二街上的房子，說話時咬牙切齒的模樣讓安娜即使過了三年仍能想起這段對話。不過麗茲還是回家了，這時父親送她一件海豹皮披肩。至於為什麼要送女兒如此奢華的禮物，動機不明；畢竟安德魯會謹慎計算自己的投資可能會有多少報酬，而紀錄上並未顯示他對女兒還有其他同樣大方的饋贈。女兒們每週的零用錢仍維持在四塊錢，比當地工廠紡紗女工一週的工資還低。

麗茲從歐洲回來後還不到一年，在一八九一年六月底，波頓家就成了一樁神祕罪行的現場。接獲通報趕到第二街九十二號現場的丹尼斯．戴斯蒙隊長發現了幾個弔詭之處：艾碧的珠寶盒被人亂翻，有幾件小飾品不見了，最值得注意的是一條具有特殊紀念價值的金鍊錶；安德魯的書桌也短少了八十美元現金、價值二十五至三十美元的金子，還有幾張街車紀念車票。雖然竊案發生在大白天，但屋裡的女人都說沒有聽到什麼聲響，布麗姬、愛瑪和麗茲都這麼說。警員趕到的時候，麗茲興匆匆地帶著他們參觀房子，並指出樓下地窖門上的鎖，門鎖顯然被人用「六號或八號的釘子」[33]撬開了。她猜測說：「有人可能從這邊進來。」[34]戴斯蒙很驚訝，闖入的賊人運氣也太好了：小偷破門而入，發現波頓夫婦的臥房，卻沒有引起屋裡女人的注意。當安德魯注意到小偷只可能是從麗茲的臥房進來的，就曾三度告訴戴斯蒙：「恐怕警方是沒辦法抓到真正的小偷了。」[35]警方一頭霧水，或者大概覺得最好不要說出自己的懷疑。安德魯取消了調查，並試圖不讓遭竊消息見報。

雖然警方及波頓的正式紀錄上很快就忘了（或壓下）這件事，安德魯卻每天提醒著全家人他懷有疑心。他每天鎖上臥房的門之後，就會將鑰匙放在起居室裡明顯可見的地方。房子並沒有中央門廳，因此樓上的臥房之間都有互通的門，波頓夫婦同樣也好好鎖上了房內那扇能夠通往麗茲房間的門（愛瑪要進自己的房間只能穿過麗茲的房間）。至於麗茲，她也搬動家具來堵住自己這邊的互通門。結果，波頓家的房子成了可能是鎮上保安措施做得最澈底的住宅：前門上了三道鎖，家中成員一整天都忙著上鎖、解鎖，才能在臥房及公共空間來來去去。

艾碧不是沒有察覺兩個繼女對她的感受，但卻一直到了一八九二年八月二日，也就是她死前兩天，才覺得她們會對自己的性命造成威脅。雖然這個夏天炎熱逼人，波頓家還是把之前剩下的劍魚吃完了。當晚，波頓夫婦整個晚上都覺得噁心想吐、睡不著覺，而布麗姬與麗茲也有相同的症狀，只是比較輕微。愛瑪並不在家，她離家到費爾黑文（Fairhaven）去拜訪朋友已經快兩個星期了。雖然這樣的狀況在弗爾里維很常見，當地人俗稱為「夏季痛」，但艾碧卻不覺得自己的症狀很正常，隔天早上就走到對街醫生家，偷偷說她覺得自己是被下毒了。希柏瑞．伯溫醫師知道他們前天晚餐吃了魚，便不覺有異，不過還是陪著艾碧回到波頓家去給安德魯看診。但安德魯拒絕接受專業醫療協助，這位一家之主甚至還怒沖沖地站在門口，擋住伯溫醫師不讓他進門，嚷嚷著他才不付錢給醫生看診。

事實如何或許不得而知，不過當天晚上全家人吃了一頓燉羊肉之後又生病了，只有麗茲除外。後來檢察官認為這次偶發的食物中毒可能「給了某人機會，能夠如願造成家中某人的死亡」。[36] 當天晚上，麗茲去拜訪了朋友暨前鄰居愛麗絲．羅素，並吐露了自己的恐懼。她認為牛奶被人下毒了，並暗示不曉得是誰對她父親發出目的不明的威脅。愛麗絲相當理智，告訴麗茲這樣的恐懼太荒謬了。儘管羅素小姐一再安撫，麗茲還是提起自己心中的不安及一絲預感，她說：「我覺得自己頭頂好像罩著什麼東西甩也甩不開，有時會包覆著我全身，不管人在哪裡都一樣。」[37]她又說：「我不知道，但總有人會做些什麼。」[38]

第二章

驚人的罪案

一八九二年八月四日上午，愛德蕾．邱吉爾從自家廚房窗戶看出去，看見隔壁鄰居麗茲．波頓站在家裡，前方只掩著一道紗門。父親是前任市長的邱吉爾，如今只是個包租婆，不過她仍密切觀察著鄰居的一舉一動。擔心之餘，她打開窗戶叫喊：「怎麼了？」[1]

麗茲回答：「喔，邱吉爾太太，請過來一趟，有人殺了我父親。」[2]

可怕的屠殺

這天不管發生什麼罪案都很麻煩，因為大部分警力都去了羅德島普洛維敦士（Providence, Rhode

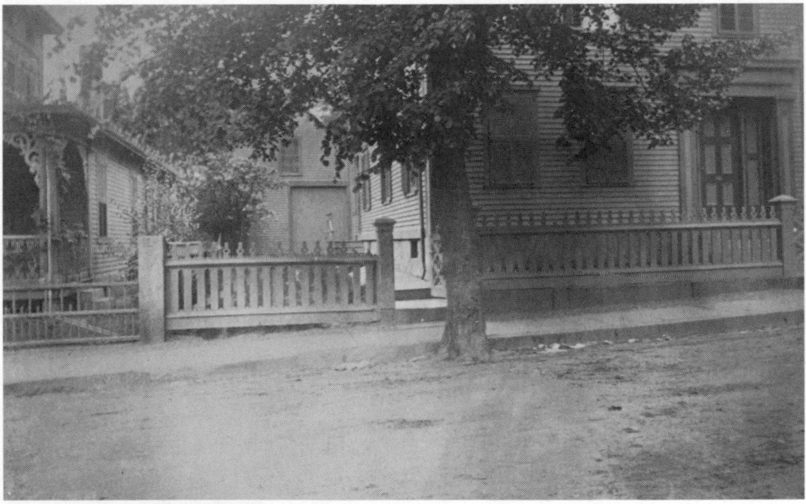

圖8　位於第二街的波頓家正面

圖9　波頓家的側門階梯

Island）附近的洛基角（Rocky Point），享受一年一度的野餐活動。不過法警隊隊長魯弗斯・希里亞德留下來值班。他是一位身材高大的英俊男人，散發著一種領袖威嚴，是最適合處理這次危機的人。然而，當他接到電話通知說「波頓家出事了」，他完全不知道自己要面對的事有多特別。弗爾里維幾乎沒發生過什麼嚴重的暴力犯罪，他以為最多就是一些小騷動。他從自己所剩不多的警員當中挑了一個派去波頓家，巡警喬治・艾倫有一半路程是用跑的，不到四分鐘就抵達現場，他所發現的景象既恐怖又詭異：安德魯・波頓，就如當地報紙後來所報導的，「被劈成碎片」。[3] 儘管發生了這樣的殺戮事件，屋子裡卻沒有打鬥的跡象，視線所及也看不到兇器。這座房子位處忙碌的交通要道，小鎮中央地區就能聽見這裡的動靜，卻沒有人看見或聽見什麼不尋常的事情，就連屋子裡還活著的人都沒有。艾倫叫住一位好奇的路人幫忙守在現場，一位叫做查爾斯・索耶的裝飾油漆工，然後自己跑回警局找幫手。索耶站了整整七小時的哨，不時還得擔心兇手可能回到犯罪現場，後悔起自己為何要湊熱鬧。

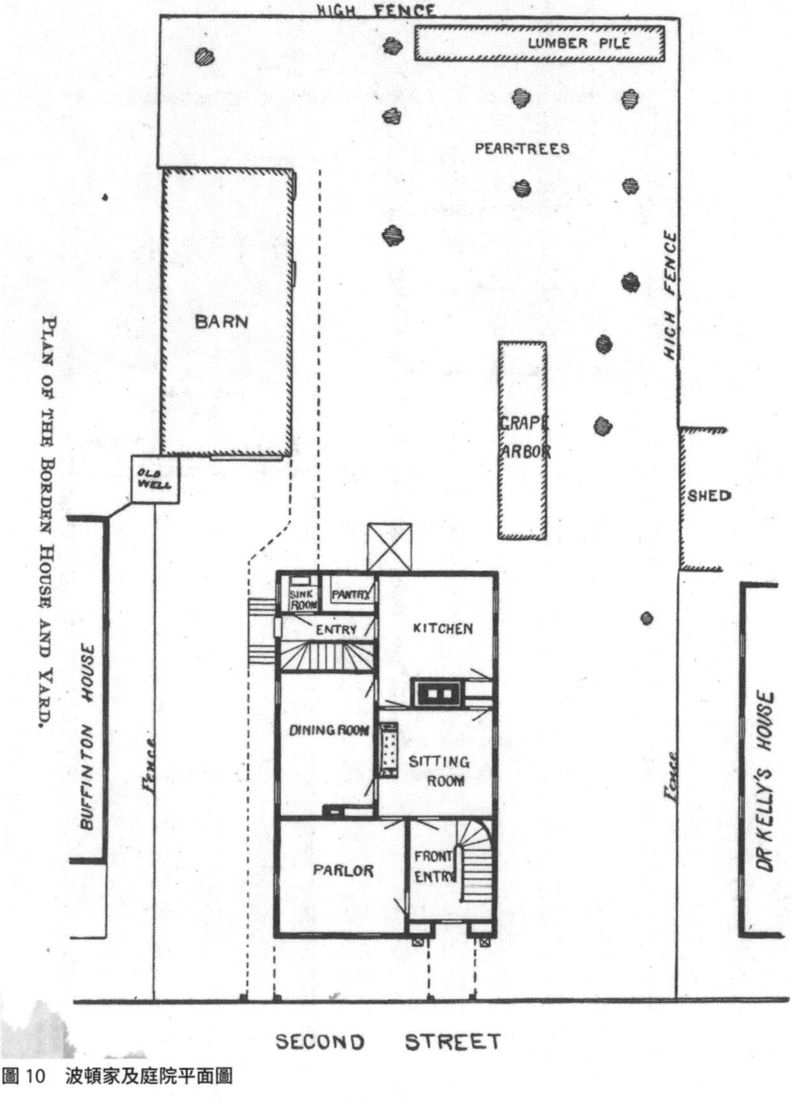

圖 10　波頓家及庭院平面圖

圖 11　法警魯弗斯・希里亞德

在等待警方抵達時，愛德蕾・邱吉爾成了第一個開口問麗茲・波頓問題的人：「事發當時妳人在哪？」[4] 麗茲回答她正在穀倉裡找鐵塊，想做個魚墜（掛在釣魚線上的重物），她聽見了奇怪的聲音才回到屋裡一探究竟。然後邱吉爾太太問波頓太太在哪，麗茲說艾碧接到一位生病朋友的紙條就出門了。

麗茲想到應該找來的兩個人：家庭醫師希柏瑞・伯溫醫師，以及密友愛麗絲・羅素，此時也抵達了。伯溫醫師在檢查安德魯時，愛麗絲跟著麗茲及邱吉爾太太待在廚房。愛麗絲身材高瘦，年輕時是眾所公認的大美人，如今年過四十仍未婚，精明得很。跟說個不停的邱吉爾太太不同，羅素小姐馬上就開始幫麗茲搧風。從客廳走進廚房的伯溫醫師看來相當震驚，打算去發個電報給愛瑪・波頓，她人正在約四十八公里外的費爾黑文拜訪友人。麗茲請他不要將可怕的事實全數透露，以免驚擾到愛瑪留宿那家的女主人。

布麗姬・蘇利文並未像其他人那樣忘了不在家的艾碧。隨著心中不安逐漸加深，她建議問問艾碧的繼妹兼最親密的朋友懷黑德太太，看她去了哪裡。這時麗茲才主動說，她想艾碧已經回來了，還去了樓上。如果在場的女性還能再更吃驚的話，這消息可是相當驚人：麗茲原本說艾碧出門了，根本沒提到她已經回來的事。得去找她，邱吉爾太太答應陪著不太情願的布麗姬上樓。才走到樓梯的一半，高度足以「讓（她的）視線清楚看見二樓地板以上的地方」[5]，邱吉爾太太就已經看見了客房裡艾碧的屍體。她急忙下樓去轉達這可怕的發現，愛麗絲問：「她也死了嗎？」[6]邱吉爾太太回答：「對。」麗茲說：「喔，我得自己去墓園了。」[7]

伯溫醫師回來後檢視了另一位波頓家人的遺體，他首先以為艾碧是嚇死的。艾碧勉強算是五呎高（約一百五十二公分），體重超過兩百磅（約九十公斤），伯溫醫師一開始並未嘗試移動她。她的屍體面朝下，身旁的血已經凝固，不像浸濕安德魯・波頓衣服的血那樣仍是流動的液體，因此也就不太需要討論死亡順序了：這表示艾碧應該是在她丈夫死前一段時間就遭殺害。一直要到麥可・穆拉利及派崔克・杜賀提兩位警官到場後，他們才將屍身翻過來，發現她身上傷口的嚴重程度，並准許伯溫醫師確認她的真正死因。後來伯溫醫師談到這兩樁謀殺案時表示：「雖然我身為醫師，早就習慣不少可怕的景象，但這案子仍讓

圖 12　安德魯・波頓倒在沙發上的屍體

圖 13　布麗姬・蘇利文

我想吐。」[8]

當伯溫醫師完成對艾碧的初步檢驗時，「發生謀殺案的叫嚷聲就像颱風過境一樣掃過弗爾里維市區」。[9] 事實上，這件謀殺案的兇殘程度甚至讓某家報紙猜測開膛手傑克到美國來了。警方派出大隊人馬，而大隊人馬又吸引更多駐足觀望的路人及關心的民眾。波頓家前面聚集了好幾百人，到了隔天早上甚至超過一千五百名旁觀者。

弗爾里維的所有居民都看著、等著警方在助理法警約翰・弗里特這位「固執警察」[10] 的帶領下，建立起謀殺案當天上午的時間軸。明顯因食物中毒而持續受苦的艾碧和安德魯，在大約七點時吃了早餐，同桌的還有客人約翰・莫爾斯，安德魯亡妻的兄弟。早餐的內容有冷羊肉、羊肉湯、玉米粉鬆餅、咖啡和茶。莫爾斯在八點四十五分出門，拜訪住在魏波謝街（Weybosset Street）的親戚。八點五十分，麗茲獨自用了簡便的早餐，只吃餅乾和咖啡。姐姐愛瑪已外出兩個星期，到費爾黑文去拜訪朋友，出門前安德魯堅持要她確認有哪裡可以用電報聯絡到她，因此一家報紙就問了：「他是否早有預感？」[11] 九點十五分，安德魯到鎮上處理生意，艾碧則要布麗姬去清洗外窗。到了九點三十分，艾碧上樓到客房整理床鋪，被人砍了十九刀倒下，劈砍的力道擊碎了她的頭骨，剝掉了她背上一大塊皮。

十點四十五分，安德魯回到家，卻站在家門口轉弄著門鎖，不曉得其實門從裡面反鎖了。就在布麗姬努力想打開門鎖時，她說了句情緒性的話惹得麗茲笑了；看起來她正從樓梯走下來，而樓梯正對著樓上客房打開的門，裡面就躺著她繼母的屍體。安德魯進到玄關，拿走了起居室壁爐架上的臥房鑰匙，鑰匙白天都是放在這，之後就從後面樓梯走上臥房。等他下樓，麗茲跟父親問好並詢問信件的事，安德魯則問起艾碧，麗茲說她接到一張紙條後就出去了。安德魯脫下外套，並坐在沙發上小睡片刻，無論布麗姬或麗茲都沒有對他在星期四近中午時分打盹這件事特別說什麼，無法得知這是不是他的日常習慣。不過，就在十點四十五分至十一點四十五分之間的某個時點，這次小睡成了他最後的睡眠：兇手朝他攻擊了十次然後離開。

時間軸很清楚，卻有一個明顯的問題：兇手是如何在犯案時不引起麗茲或布麗姬的注意？如果凶手不是家裡的人，那麼就得在兩次犯案超過一個半小時的間隔內躲開這兩個女人。艾碧遭殺害的樓上客房衣櫃旁有一堆衣服，或許可以當成藏身處，不過房門仍是打開的，看起來更像是要宣告犯案而非隱藏。地窖的門和前門整個

圖 14　艾碧・波頓在客房內的屍體

上午都是鎖上的，而布麗姬在忙於家務時通常也都能清楚看見房子側邊的紗門。再者，安德魯遇害時正在小睡，對兇手來說確實是容易下手的目標，但艾碧被攻擊時是在樓上客房整理床鋪，卻沒有人聽到任何聲響。《弗爾里維每日先鋒報》（*Fall River Daily Herald*）就指出，九十幾公斤的艾碧倒下時，房子裡一定有不小的震動。[12]

警方在尋找線索時也很仔細地審視被害者，不明白這對平凡的老夫婦，怎會招來如此殺意濃烈的仇恨。他們將要發現的真相，恐怕比這件謀殺案本身更令人不安。

紡錘之城

一八九二年的弗爾里維，是麻薩諸塞州第三大城，也是最重要的紡織業中心。弗爾里維與紐約、波士頓之間有固定船運航線連結，得以與這些重要都市商業中心往來而獲益。但基本上，這座號稱「美國曼徹斯特」的城市只不過是個紡織小鎮。弗爾里維也和許多這類城鎮一樣，依據社會階級、種族與宗教信仰而劃分出涇渭分明的社交團體。上流階層因其新英格蘭移民後裔的血脈、屬於公理會或其他清教徒教派、擁有紡織廠而地位崇高，而在這些清教徒上流階層中最尊貴的就屬波頓家、德菲家（the Durfees）以及布瑞頓家（the Braytons）。事實上，直到一八一三年以前，波頓家都還擁有奎克強河（Quequechan River）流入城內及地下水的水利權，這項權利在紡織小鎮上尤其重要。透過聯姻和商業結盟，弗爾里維的上流家族得以保有控制權並坐穩地

圖 15　從芒特霍普灣看過去的弗爾里維，約 1891 年

位，而這樣的地位又進一步鞏固了只為自身著想的地方主義，難以撼動。透過婚姻進入當地上流階層的外地人往往苦於嚴禁奢華的潛規則，例如來自底特律的女性繼承人瑪麗．紐孔（Mary Newcomb）就懊惱地發現，她從巴黎帶來的嫁妝「在弗爾里維太過華麗」。13 在一位好心的婦人建議下，她將時下流行的衣服都收起來等著「過期」。

十九世紀期間，大量移民湧入弗爾里維，多數是愛爾蘭天主教徒、法裔加拿大人，以及葡萄牙人，他們改變了城市結構。這些剛來到弗爾里維的人受雇於紡織廠或相關產業。十九世紀初，在紡織廠辛勤工作的是土生土長的美國人；但到了一八九〇年代，在那裡工作的男男女女就幾乎全是移民了。在十九世紀初，紡織廠的工作對本國工人而言並不算低就，尤其是想要多賺點零用錢的女性，事實上在一八一七年，某位紡織廠股東的女兒漢娜．波頓（Hannah Borden）還被選為特別有價值的員工。隨著外籍勞工到來，以及對女性應扮演的角色採取更為嚴格的態度（尤其是中產階級的本地女性），她們也就不能再用這種方式賺外快了。根據一八六四年七月的移民法，公司基本上可以進口工人，並扣除第一年的部分工資來抵付運送工人的費用。實際上在這類法律明文規定之前，一八五〇年愛爾蘭天主教徒及英國移民就已占紡織廠工人的大宗。一八八五年，這一區的紡織業中最重要的單一勞工族群是法裔加拿大人。其他移民，尤其是像二十六歲的布麗姬這般的愛爾蘭女性，就轉做居家服務。不過為了換到更好的人家工作（以及從每週兩元漲到六元的工資），布麗姬得忍受令人難堪的犧牲：波頓家的人（除了艾碧以外）都叫她「瑪姬」，他們前一位幫傭的名字，而不願意記住她的名字。

根據社會階級不同，城內居民會住在不同的地理區域，各族群聚居地區的劃分方式也比照同時期的其他新英格蘭工業化城鎮。不過這座傍水城鎮和它們不同，奇特的地形反映其複雜的社會階層及影響力分級。弗爾里維位處通頓河河口，奎克強河在這裡與通頓河匯聚後流入芒特霍普灣（Mount Hope Bay），這片土地就這樣突然高出海平面之上。南主街（South Main Street）離海岸不到八百公尺，比通頓河平均

圖 16　站在第二街向南看的景色（波頓家是左邊第二棟房子）

高水位線高出三十六公尺，與波頓家的高度差不多。相對地，高地大道（Highland Avenue）是上流階級居住的山丘區的邊界，高度是河面以上七十七至一〇八公尺。許多初來乍到的移民住在離河邊及紡織廠最近的地方；住得再高一點的是稍有積蓄的愛爾蘭人及家境較差的清教徒，他們住在大約與南主街同一高度的廉租房，這些住宅有些是集合式公寓，也有些是簡樸的獨棟住宅，就像第二街的波頓家。麗茲就和中產階級的愛爾蘭人住在同一等級的低「廉房」區，在商業區周邊，遠遠低於那些住在高「山丘」區的波頓家親戚。這個地點就和他們的房子一樣很適合安德魯，但他的女兒卻希望能住在更高尚的地方。

雖然在二十世紀初期，弗爾里維實際上是由經營紡織廠與銀行的新英格蘭後裔家庭所掌管，但若後來才定居此處的移民能團結起來投票，就會是一股很重要的政治勢力——在一八九〇年代，他們便已占了選舉人的多數；而在組成工會後，他們也成了重要的經濟勢力。十九世紀有超過三分之二的時間，只有像愛德蕾·邱吉爾的父親這樣地位顯赫的新英

圖 17　站在第二街向北看的景色（波頓家是右邊第二棟房子）

格蘭後裔才能選上弗爾里維的公職；然而在一八八〇年代後期，他們卻選出了第一位天主教市長約翰・康明斯（John W. Cummings）。而約翰・考夫林這位愛爾蘭裔醫師，也在一八九〇年至一八九四年間擔任市長，因此他不得不接下這份艱難的任務，要告訴麗茲警方對她的說詞抱持懷疑。考夫林的妹妹安妮嫁給了法裔加拿大人社群領袖雨果・杜布克（Hugo Dubuque），這讓愛爾蘭人及法裔加拿大人能聯合起來，形成有效的民主黨鐵票。然而很顯然地，愛爾蘭民主黨政治勢力的崛起並沒有改變社會的潛規則：雖然麗茲・波頓接受了這位天主教醫師兼市長約翰・考夫林的致哀慰問，她家中卻從來沒跟天主教鄰居有任何社交往來，包括凱利醫師（Dr. Kelly）夫婦，以及沙尼翁醫師夫婦與他們的女兒瑪忒。麗茲發現父親的屍體後，便差遣布麗姬去找伯溫醫師，當時他並不在家，於是布麗姬留話給伯溫醫師的太太說波頓家有急事，要他過去一趟。顯然這兩個女人從來沒想過去找就住在附近的凱利醫師或沙尼翁醫師。麗茲反而是站在紗門裡面，等著不知道什麼時候會來幫忙的清教徒醫師。

雖然波頓這個姓氏表明了其優秀的新英格蘭血統，麗茲在弗爾里維的社交結構中卻處於尷尬的地位。弗爾里維最重要的波頓家成員向大眾保證：「真正的波頓家人從來就不會在法律的道路上擺塊絆腳石，我的家人也絕對不會以任何方式干擾警方的調查。」[14] 麗茲或許是波頓家的人，但地位比較低。麗茲的曾祖父理查・波頓（Richard Borden）所繼承的遺產比他哥哥湯瑪斯（Thomas Borden）要少，因此他這一脈並不興旺。湯瑪斯・波頓的後代是相當傑出的企業家，在上流階級中站穩地位；反觀理查・波頓僅僅留了四百塊錢給兒子亞伯拉罕（Abraham

Borden），也就是麗茲的祖父。亞伯拉罕·波頓靠著叫賣鮮魚改善自己的生活並足以養家活口，不過他唯一能夠留給兒子的也就只有費利街（Ferry Street）上一棟房子的永久產權。雖然安德魯·波頓死時留下了不少財產，但這筆錢與他的堂親理查·波頓上尉（Colonel Richard Borden）死後的遺產相比就失色不少：他的兒女繼承的股票價值在三、四百萬美元之間。理查·波頓的兒子馬修·查隆納·德菲·波頓（Matthew Chaloner Durfee Borden）更是有錢有勢，靠著印刷業和鐵工廠在弗爾里維鞏固了自己的商業帝國，在紐約社交圈也頗有地位，更在大都會歌劇院（Metropolitan Opera）稱為「金馬蹄鐵」[15]的前排座位中擁有私人包廂。他過世時留下的財產是他父親的兩倍。

安德魯·波頓就像他喜歡自稱的是個白手起家的人，因此他的性格無法讓他在弗爾里維社交圈占有「屬於他的位置」。比起花錢，他對存錢更有興趣，寧可積累利息也不願贏取社會的認可，一位記者形容只有「把錢幣堆成山」[16]能讓他感到歡樂。他的女兒們——尤其是麗茲——或許就像愛麗絲·羅素曾說過的，更希望能過著「像其他人那樣的日子」，例如愛瑪和麗茲就選擇上「體面的教堂」，也就是中央公理會教堂，而不是紆尊降貴到比較樸素的教堂，安德魯在那裡租了一組長凳。安德魯曾屬於中央公理會教堂，不過在某次房地產交易的爭端後就離開了：教堂想買下他的一塊土地卻不願接受他的開價，結果他決定退出教堂以示不滿。相較之下，麗茲和愛瑪仍繼續在那個教堂做禮拜。麗茲設法讓中央公理會教堂的領導層級接受她，甚至自願在主日學校教導中國移民的孩子。

麗茲自願投入這類慈善工作是為了提升自己的社會地位，而這也是她這個階級的女性被准許做的唯一一類工作。除了在主日學校教書，她還掌管當地基督教奮進協會（Christian Endeavor Society）的財務，是基督教婦女禁酒聯盟（Women's Christian Temperance Union，縮寫WCTU）成員，也有參與仕女水果與鮮花教會（Ladies Fruit and Flower Mission），不過並無確切證據顯示她很喜歡這些活動。麗茲已經超過了能夠到新的女子大學上課的年紀，而生活優渥的她也不需要到紡織廠工作；她就像其他同齡的中產階級女性一樣遭到貶低，只能做些沒有生產力的邊緣性工作，並隨意享受想必很舒適的居家悠閒時光。不過麗茲與其他同齡女性有個地方不同，她沒有結婚。一八九〇年代的平均結婚年齡是二十二歲，三十二歲的麗茲已經是老姑娘了。當她父母還在世時，她在父親家中永遠都只是家裡的客人，而在父親死後房子又會歸誰呢？麗茲對自己在弗爾里維社交圈中的地位感到不安，也對自己在家中的地位感到不確定。當時有位記者朱利恩．拉福彤容她的處境顯現出「新英格蘭生活的一個奇特面向——這樣悽慘的一面」[17]尤其折磨著「家境小康的新英格蘭男性的女兒們，這些男性無論變得多麼有錢似乎都仍不夠富裕，他們的家庭比起監獄也歡樂不到哪裡去；而從人性的觀點看來，這些女性與其生來背負這樣的命運，不如死了快活」。[18]「罪案」，他說，「似乎總伴隨著這一面而生，不斷凸顯出這個面向，就像外科醫生的手術刀指向不斷增長的惡性腫瘤一樣。」[19]

每個人都成了偵探

這個時代的美國人對犯罪階級＊的認識是來自歐洲的犯罪學模式，尤其是切薩雷．龍布羅梭（Cesare Lombroso）的理論，他是義大利犯罪學的領頭人物。以往認為犯罪就是犯人抵擋不了誘惑，但龍布羅梭挑戰了這個觀點，認為有不同的模式：他相信罪犯是天生的，而非後天養成。他將罪犯定位成一種原始的退化，一種生來就要作惡的粗野物種。他引用當時對「其他種族」的人類學研究，相信罪犯的生理結構會展現出其罪惡的本質，例如不對稱的面相，乃至其他身體上的瑕疵。在所有案例中，天生罪犯的身體特徵都會被視為演化程度較低、更接近猿類。《美國心理學期刊》（*American Journal of Psychology*）上刊登了一系列犯罪學文獻的評論，其中美國特殊教育學家亞瑟．麥克唐諾博士（Dr. Arthur MacDonald）總結出最新的想法：「真正的罪犯具有某種不完整的野獸特質，就像一個仍保有獸性的人類。」[20]

美國人在自己的犯罪階級裡發現了獨立證據，能夠證實龍布羅梭的理論。例如美國社會學家理查．達格戴爾（Richard L. Dugdale）在自己的知名著作中描述了「朱克」家族（the Jukes）[21]這一系列血親，分別因各種罪名被關押在紐約的一座監獄，書中結論認為優生學的目的就是要讓

＊**譯註**：criminal class，源自十九世紀維多利亞時代人的社會階級想像。他們認為有個骯髒低下的犯罪階級生存在大都市的陰暗地區，類似危險的黑社會，靠偷竊、掠奪維生，而這些人多半是移民。類似的詞彙為危險階級（dangerous class）。

這類退化物種不再產生後代，是最佳的解決方法，而外在的大環境只是觸發了他們體內潛藏的野蠻罪犯本質。相較之下，具有改革思想的美國慈善家查爾斯．洛林．布雷斯（Charles Loring Brace）就不這麼想，他在著作《紐約的危險階級及二十年工作回憶錄》（*The Dangerous Classes of New York and Twenty Year's Work Among Them*）22 中的文字描述十分符合演化論，提出了遺傳性退化的理論。儘管他惋惜地認為危險階級喜歡喝酒、性放蕩和懶惰的習性可能會遺傳給下一代，不過仍希望能以更具道德感、更幸福的階級為樣板來塑造他們。對許多人而言，「危險階級」顯然大部分都來自海外。美國重要的婦女參政運動及禁酒倡議者瑪麗．利弗摩爾在一次相當受歡迎的演講中便力陳：「移民大舉入侵，數量壓過了在南歐橫行的哥德人（the Goths）及汪達爾人（the Vandals），讓我們的岸邊出現了一大群不受歡迎的異邦人……他們不像早先時候我們期待的移民，能幫助共和國維持目前的榮景，反而阻礙了國家發展。他們是被放逐的罪犯、乞丐、瘋子、傻子、飽受討厭的傳染病所苦的人們、無能之人、文盲、有缺陷之人，以及雇傭勞工；他們被走私過來這裡，領著微薄的薪酬工作，擠掉了我們本地男女勞工的工作機會。我們的監獄、感化院、看守所、濟貧院及收容瘋子的精神病院，都擠滿了這些異邦人。」23

以法警魯弗斯．希里亞德為首，弗爾里維警局馬上就拘捕了幾個可能的嫌疑人開始調查。基於當時對犯罪的普遍態度，弗爾里維警方以為會找到一個帶著外國口音的無良外人；那一年就跟前幾年一樣，有超過三分之二的被捕人犯都是出生在國外（市法警報告相當熱心地列出了所有被捕人犯的國籍）。謠言指出，在波頓手下工作的「某個瑞典人或葡萄牙人」24 在案發當天早上來波頓家要錢，麗茲自己則認定是瑞典人亞弗烈·強森（Alfred Johnson）。警方排除了在波頓的斯旺西農場工作的強森及葡萄牙人勞工，其他幾個移民嫌犯也不太可能。皮雷格·布萊曼（Peleg Brightman）供稱他看見喬瑟夫·西爾維亞（Joseph Silvia）有一把沾滿血的斧頭，警方進行調查時發現有小孩身上「穿著骯髒的衣裳，因沾了血而黏在一起」[25]，但這幅令人警鈴大作的景象卻有著相當合理的無罪解釋：他們的母親解釋孩子「非常容易流鼻血」。[26] 警方的結論認為，斧頭本身太過「老舊、又鈍，而且……都磨平了」[27]，不可能造成波頓身上的傷口。警方也連絡了新貝福儲蓄銀行（New Bedford Savings Bank），拘提了「一個葡萄牙人」，因為他打算將自己「六十多塊錢」的存款全部提領出來，不過他也跟其他人一樣，提供了「自己一套圓滿的說詞」[28] 而獲釋。另一條思考線索則緊扣著罪案的本質：犯人的劈砍帶著一種「陰柔氣質」，因此根據當時的種族理論，便把矛頭指向了「中國人」。[29]

當時有許多評論家都透過龍布羅梭理論的濾鏡在想像這個兇手：一個野蠻的退化人種，比人類更像野獸。一家報紙想像出的加害者是「披著人皮的惡魔」，因為一般的罪犯不會這樣反覆砍殺兩個老人家。兇案發生後，麗茲和姐姐愛瑪喜歡去的、比較體面的中央公理會教堂，所屬牧師威廉·沃克·賈伯便要求教眾莫讓謠言妨害了無辜者的人生，並將之與真兇必定具備的人格相比。他問：「能夠犯下如此令人髮指的罪行，這人該是什麼樣子？能夠犯下這樁謀殺的人必定沒有心、沒有靈魂，是惡魔在人間的體現，是最為邪惡的墮落人性，否則就必然是個瘋子。」[30]

認為兇手是個瘋子的想法，為這樁謀殺案驚人的喪心病狂提供了一種解釋，畢竟波頓夫婦的頭骨因多次攻擊的力道而嚴重碎裂，受害者幾乎可以說無法辨認，一名目擊者便形容安德魯的臉是「一團爛肉」。[31] 優秀的律師兼前市長米爾頓・里德（Milton Reed）也建議：「找到那個瘋子。」[32] 他解釋道：「像我們這樣的人有一點跟罪犯交手的經驗、又懂一些犯罪相關知識，知道兇手不會居高臨下看著受害者，明知道受害者已經死了，仍一下又一下揮砍攻擊……每處細節都顯現出這是瘋子才有的頑固而執迷的野蠻。」[33]

班傑明・漢迪醫師在當地備受敬重，也是波頓家的友人，他聲稱見過一個皮膚蒼白的年輕男子，在謀殺案當天早上眼睛直盯著地面，緊張地走在第二街上，報紙轉述這個故事時稱之為「漢迪醫師的狂瞪男」。[34] 警方認出這個人是「士兵麥克」（Mike the Soldier）[35]，這是附近一個有名酒鬼的外號，有其他人約莫同一時間也看見他出現在這個地區。警方排除了他的嫌疑，漢迪醫師也提出異議說這人不是他看見的那個人，於是他們將注意力轉移到其他陌生人身上。後來警員開始懷疑漢迪醫師的目擊證詞，因為他似乎不太願意到波士頓去指認另一個可能的嫌犯，然後「馬上就說不是這個人」，但其實「這人的臉大部分都被遮住了」。[36] 他們發現，漢迪醫師在麻州瑪利翁（Marion）這座海濱村莊有一棟度假小木屋，麗茲計劃到這裡跟一群朋友碰面。

來自四面八方的管道主動提供了不少建議。這些警員與檢察官所收到的「大量奇思怪想」[37]，都是一些關於該搜索哪裡的建議，例如廚房爐灶、閣樓、水井，還有鋼琴（只是就筆者所知，波頓家沒有鋼琴），理論上這些地方都會是非常恰當的藏匿處。有些人堅持可以從被害人的雙眼找到兇手身分的可靠線索，因為視網膜會保存最後看見的影像：「藉由攝影學，就能照亮晦暗不明的謎團。」[38]還有些人認為存在著祕密會社，可能是無政府主義者，把仇恨發洩在波頓家頭上。大多數人的想法則比較普通，提供能夠鎖定可疑人士的線索，或要求警方逮捕更有可能的對象。甚至還有幾個人認了罪，包括一個聲稱自己是安德魯．波頓私生子的男人，以及一個被他送進瘋人院的女人。有個叫做查爾斯．佩克漢（Charles Peckham）的人真的自首了，不過他也跟其他人一樣，很快就被排除嫌疑。希里亞德法警解釋：「我非常認真地看待了許多愚蠢的故事，就只是因為這件案子非常重要，也是為了讓自己不要錯過任何可能的破案線索。」[39]

甚至連來自另一個世界的聲音也加入討論。一位靈媒聲稱接收到已故的安德魯．波頓的訊息，不過這位素來以沉默聞名的波頓先生拒絕透露兇手身分。這位「降靈靈媒兼醫師」J．伯恩斯．史傳德（J. Burns Strand）描述他所感應到的謀殺情景，還主動表示要「馬上過來」弗爾里維，並要求檢警在這段時間「逮捕莫爾斯、麗茲及西港（West Port）的那個男人」。[40]不過，似乎「靈界對於究竟是誰殺了波頓夫婦意見分歧」[41]，另一位靈媒這樣解釋：「靈魂並非無所不知⋯⋯如果在謀殺案發生的當下它們沒有正巧看著，就不能期待它們知曉內情。」[42]

大部分活人的意見都認為，兇手是安德魯的妻舅約翰．莫爾斯，因為他是謀殺案發生時正好來訪的外人。一家報紙在描寫莫爾斯時稱他是「嫌疑人」[43]，說他留著雜亂的大鬍子，淺灰的眼睛布滿血絲，看起來就是那種奸詐的西部販馬商，一個「身材瘦長、線條剛硬的傢伙，打扮得像個稻草人，吃相宛如鸕鶿」。[44]就算進一步認識了，對他的印象也不會改善，因為他「在鄰居眼中是個非常孤僻而古怪的人」[45]，和他姐夫一樣個性保守，而且「幾乎可以說到了吝嗇的

圖 18　約翰・莫爾斯

程度」。[46]在謀殺案發生後那幾天，他身邊緊跟著一群憤怒的暴民，還得勞動弗爾里維警方把他救出來。不過就像偵探小說的情節一樣，莫爾斯顯然有著牢不可破的不在場證明：他記得自己在安德魯遇害時正坐在街車上，也記得街車號碼，甚至還記得街車駕駛員帽子上的號碼。就這麼巧，駕駛員雖然不記得他，但確實記得莫爾斯口中與他一起搭車的那六位牧師，而且莫爾斯到魏波謝街拜訪的親戚丹妮爾・艾默瑞太太（Mrs. Daniel Emery）也證實了他離開的時間。還有更巧的：伯溫醫師正巧就在莫爾斯離開時過來給艾默瑞太太的女兒看診，時間是上午十一點二十分。《弗爾里維每日先鋒報》根據波頓家某位不知名的成員提供線報，報導了一個可能的動機：原來麗茲「看待莫爾斯先生的眼神，比起大部分外甥女看舅舅的眼神多了點溫柔」。[47]根據這名線人的說法，安德魯相當清楚她的感情，「隨時都提高警覺，不讓醜聞的風吹進他家門」。[48]然而，並無證據能夠證明這項引人遐想的傳聞；如果真的有什麼，麗茲看起來也像是對舅舅懷有敵意，講好聽點是冷漠。儘管她週三就知道舅舅來訪，卻是一直到謀殺案當天的週四下午才見到莫爾斯。她後來說自己聽見舅舅、父親和繼母在樓下交談的聲音就覺得煩，所以關上了臥房的門。

伯溫醫師也有嫌疑——但不是把他當成犯人，而是麗茲的祕密情人。艾碧的繼母珍・葛雷就談起了一樁四年前關於麗茲與她的醫生之間的八卦，那年夏天波頓家所有人都去了波頓農場，但麗茲卻留在弗爾里維。某個週日晚上，伯溫醫師陪她上教堂，這件紳士之舉卻引來了街談巷議。葛雷太太就說了：「有人說她決定自己待在家裡真是勇敢，卻也有人意有所指地說，或許她有佳人相伴。」[49]

伯溫醫師在謀殺案當天的行為似乎也很可疑。首先，警員在地下室的洗衣間發現一堆「沾滿血的」[50]小毛巾正泡著水，而他以醫師身分為此做出解釋。威廉・梅德利警官問麗茲裡頭是什麼，她並不直接解釋那些毛巾是生理巾，而是要警官去問伯溫醫師，醫師便為她作證，聲稱他「已經聽過解釋了，沒有問題」。[51]但布麗姬卻表示她「當天才發現有這堆毛巾，不可能（如麗茲所說）是兩天前就在那裡了，否則她早就看見了並拿去洗。」[52]第二，他的行為有如守門人一般，關上麗茲房門不讓警方進去，堅持說她需要一點時間冷靜下來。最後，菲利普・哈靈頓警員看見伯溫醫師在波頓家廚房尋找殘破的紙張，看起來是想拼湊出完整的樣子，不過面對哈靈頓的質疑，伯溫卻說「不是什麼要緊的東西」[53]，只是一張紙條，寫著他女兒想來拜訪，然後就把紙條扔進廚房爐灶裡。紙條燃燒時，哈靈頓瞥見

圖 19　希柏瑞・伯溫醫師

了愛瑪這個名字，而伯溫的女兒名叫佛蘿倫絲（Florence）。伯溫醫師如此關懷備至的舉動，是基於自己是這個家所信任的醫師，還是他想保護這個家的某個人呢？

在排除直系親屬以外的所有嫌疑犯後，警方將注意力轉向案發當時的兩名在場女性。如果兇手不是家中成員，那麼他或她就得在兩次謀殺之間的一個半小時內躲著這兩個女人。警方認為幫傭布麗姬·蘇利文是可能的嫌疑犯。在一八八九年至一八九三年間，警方所逮捕的犯人當中就有三分之一是愛爾蘭移民。希里亞德法警一位熱心的線人就叫他逮捕布麗姬，說她「依照她的牧師命令行事」，還說「真正的美國人終究會明白，絕對不能顧（錯字照引）用天主教徒」[54]，也有人警告說這些僕人都是「一群狡猾、愛說謊的傢伙」。[55] 雖然說揮舞斧頭需要一定的肌力與準度而被視為「男人的」武器，但眾所皆知，勞工階級的愛爾蘭女性也能使用，因為幫傭的工作通常也需要砍柴、宰殺牲畜。儘管布麗姬不必做這些工作，因為斯旺西的波頓農場定期會送來劈好的木材，但她也知道自己身陷危機。多虧麗茲講述的事件發生經過救了她：麗茲的供詞表示在艾碧遇害時布麗姬人在外頭，而安德魯被殺時她則待在閣樓的臥房。然而，儘管沒有證據將她與罪案連結在一起，也沒有任何明顯動機，市議會的主席仍強烈質疑為什麼還不逮捕布麗姬。波頓家的律師安德魯·詹寧斯也認同這樣的想法，還尖銳提問道：「以事情自然發展的狀況來看，應該會懷疑哪種人呢？」[56]

警方對於麗茲在謀殺案發生當下的自身行蹤供詞前後不一感到疑惑，於是開始懷疑這名失怙的女子或許在謀殺案中參了一腳，甚至根本是主腦。菲利普·哈靈頓警員在八月四日晚上對麗茲·

波頓進行訪談，在他的筆記中忍不住提出了這個可怕的疑問：「麗茲站在床腳一端，說話的態度十分冷靜且平穩，在這種情形下，她整個人的舉止實在令人印象深刻：絲毫看不出激動，完全沒有悲傷或哀悼的跡象，沒有發自內心的感嘆，沒有對這起恐怖罪案發出評論，也沒表現出希望抓到兇手的樣子。這所有的一切，以及其中的一些什麼，對我而言都是無法描述的，讓我升起一股最令人作嘔的念頭。我認為，至少她所知道的比她願意吐露的還多。」[57] 他和助理法警弗里特與其他警員一起去搜索穀倉，因為麗茲聲稱父親死亡時自己就待在穀倉，這時他告訴弗里特：「我不喜歡那個女孩。」[58] 在澈底搜查過穀倉及挑高的夾層後，哈靈頓跟弗里特說：「要是有哪個女孩子能跟我們說說，這種地方有什麼值得她們打發二十分鐘的有趣玩意兒，我還真想看看。」[59] 弗里特這位個性冷淡的蘭開夏（Lancashire）人只搖了搖頭，喃喃說著「難以相信」。

還有其他弔詭之處，例如那張丟失的字條。麗茲說她繼母接到一位生病的朋友捎來的字條後就出去了；麗茲以為艾碧不在家，在她發現父親屍體後並未接著去尋找艾碧也就情有可原。但在波頓家並沒找到字條，也沒人出面澄清自己就是發出字條的人。就算有什麼個人因素，這位神祕的發信人不希望曝光自己的身分，似乎也「很奇怪」，正如記者艾德溫．波特發現到的，「連那個送字條的男孩也沒出面承認」。[60]

與麗茲並不親近的姑丈海朗．哈靈頓直接指控她，他告訴警方及《弗爾里維每日全球報》（*Fall River Daily Globe*）：「就等犯下這罪孽的犯人被繩之以法吧，一定會是這家裡的人。」[61] 他對自己在懷疑家裡哪一個人沒有太多懸念，「我昨天跟麗茲談了很久，是星期四，就是謀殺案發生的那天，我實在不太滿意（她的）……態度。」[62]同時他指出：「她很固執，認定是她的權利就會奮戰到底。」[63]艾碧的妹夫喬治・費許（George Fish）說得更明白：他直接指控麗茲（與莫爾斯）雇用殺手殺了波頓夫婦，「只是想除掉礙事的人」。[64]

謀殺案發生後隔天，愛瑪和麗茲提供了五千美元的賞金，給「能確實逮捕造成安德魯・J・波頓及其妻子死亡的犯人並使之定罪的人」[65]，沒有人出面。她們還雇用了平克敦偵探社（Pinkerton Detective Agency）的社長漢斯康先生（O. M. Hanscom）來協助警方調查。漢斯康是波士頓相當知名的警探，因為惹怒了自家警局裡貪腐的高階警官而遭開除，有人猜測他參與的目的其實是要維護波頓家人的利益，尤其他曾造訪安德魯・詹寧斯的辦公室，更坐實了這份猜測。不過就在漢斯康進行調查兩天後，他便「神祕消失了，一如出現時那般神祕」。[66]同一時間，整個弗爾里維瀰漫著緊張的肅殺氣氛，在《弗爾里維每日全球報》記者艾德溫・波特眼中看來，他相信「若不解開這個謎團，整座城鎮就要瘋了」。[67]

第三章

推論夠多了

波頓夫婦的喪禮在八月六日星期六舉行。麗茲在謀殺案當天已特別要求過，讓詹姆斯・艾利斯・溫瓦德（James Ellis Winward）的公司來負責安排。上午十一時，第一公理會教堂（First Congregational Church）年邁的亞當斯牧師（Rev. W. W. Adams）在艾德溫・巴克牧師的協助下，在第二街九十二號主持私人儀式。這是場人擠人的活動，包括親戚、生意夥伴與鄰居等等約有七十五人參加，全都擠進了起居室。儀式本身很簡單，裝著安德魯及艾碧遺體的雪松棺材僅僅用黑布蓋上：「沒有唱詩也無人致詞。」[1]

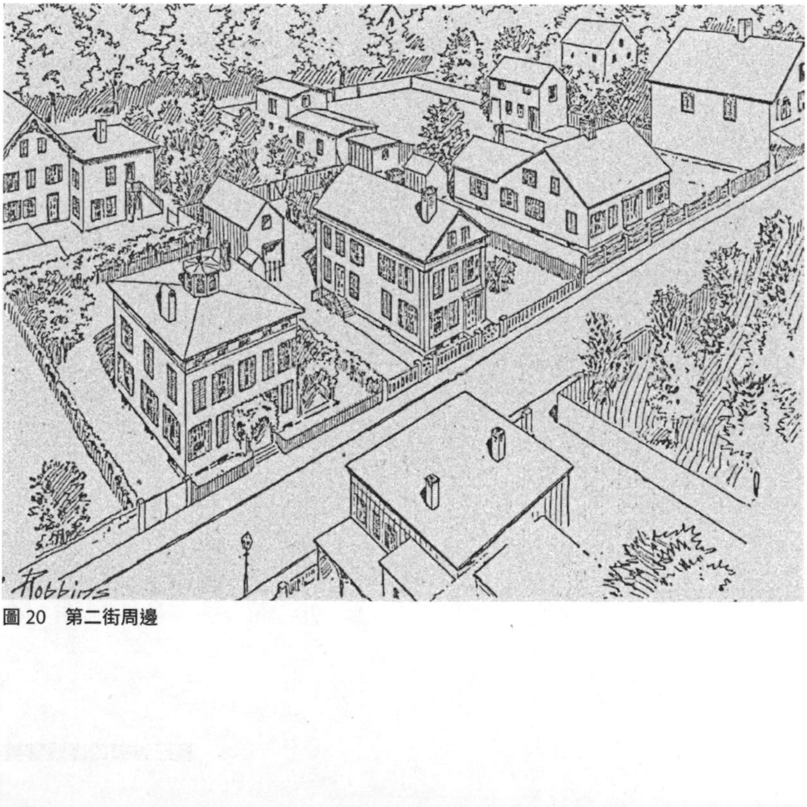

圖 20　第二街周邊

前來悼念的人幾乎都沒有繼續參加下葬儀式，只有最親近的家人才能參加，不過加入送葬隊伍的人倒是很多。根據《波士頓全球報》（*Boston Globe*）的報導，波頓家門外的第二街上站了兩千五百人等候，《紐約時報》（*New York Times*）的估算則在三千至四千人之間。前門緩緩打開，麗茲・波頓由送葬者攙扶著步出家門[2]，愛瑪隨後出現，身邊還有約翰・莫爾斯、牧師以及扶棺的仕紳，都是安德魯・波頓的朋友及生意夥伴，他們搭上在外等候的馬車，跟著靈車前往櫟樹林墓園。安德魯的最後一段路經過南大街上的安德魯波頓大樓：「送葬隊伍沿著北大街往前進時，可以看見許多波頓先生的舊識都脫帽致意。」[3]馬車才剛離開，希里亞德法警和他的副手便開始搜索房屋，這次就像《紐約先鋒報》（*New York Herald*）所說的：「是他們第一次有機會能在不受波頓姐妹在場的干擾下工作……他們從閣樓到地下室，澈底翻遍了整間房子。」[4]在調查過程中，他們掀起了一塊塊地毯、移開牆上的線板，並計算濺血留下的斑點。指紋分析是警方辦案的標準做法，不過在美國還要再晚個十年才開始應用。

還有一群人數較少但同樣可觀的群眾，大約數百人，在櫟樹林墓園大門邊等著送葬隊伍到來。這個墓園是弗爾里維的清教徒上流階級傳統的長眠之地，跟波頓家一樣，這裡也有十幾位警員在維持旁觀民眾秩序。在墓園的下葬位址，由安德魯的表親及生意夥伴理查・波頓（Richard A. Borden）與傑洛姆・庫克・波頓（Jerome Cook Borden）擔任兩名扶棺人，《弗爾里維每日新聞晚報》（*Fall River Daily Evening News*）的老闆之一法蘭克・羅登・奧米（Frank Lawton Almy）則帶頭為艾碧扶棺。除了約翰・莫爾斯以外，其他家屬都留在自己的馬車上。有一位「穿著樸素洋裝的年長女士」[5]不請自來參加喪禮，其他人認為她是「很久以前波頓家雇用過的人」[6]，警員很快就請她退到路障之後。

但這還不是那天早上最令人意外的。扶棺人完成任務後，家屬就離開了。警方相當謹慎地「等了大約五分鐘」[7]，便將棺材運回靈車；他們奉命不得下葬遺體，而是要安置在收容墓穴裡等待進一步檢驗。弗爾里維所屬的布里斯托郡（Bristol County）法醫威廉．多蘭醫師，偕同夥伴薩福克郡（Suffolk County）法醫法蘭克．德雷波醫師，在八月十一日星期四這天於櫟樹林墓園的仕女等候區進行解剖，此時距離謀殺案發生已有一週。

熱鍋上的麗茲

到了八月九日星期二，「弗爾里維那股緊張的激動氛圍」提升為一股「高度興奮的熱潮」。[8]新聞爆料說警局將進行一場訊問，由第二地區法院（Second District Court）的法官喬賽亞．布雷斯戴爾主持。布雷斯戴爾任職法官已久，不但「擁有驚人的活力」[9]，也曾擔任市長，由他主持相當合適。訊問是司法調查的一環，根據州法律規定，在受暴死亡或無法解釋死因的案例中都需要進行。訊問過程保密，對大眾或媒體都不公開，但這阻擋不了記者及民眾追蹤可能參與者的一舉一動。上午十點，「希里亞德法警及哈靈頓警員搭車到波頓家接麗茲小姐與友人」[10]到訊問地點。大眾對這件事情實在太好奇了，「市中心有部分生意往來都暫停，就像這場悲劇消

圖 21　地方法警希里亞德站在中央警局前

息剛傳開來時的星期四中午也有同樣情形」。[11] 那些在波頓家附近徘徊的民眾，耐心終於有了回報：派崔克·杜賀提警員現身，要帶布麗姬·蘇利文去警局一趟。杜賀提長相英俊、性格溫和，再一天就要過三十三歲生日了。布麗姬哭著堅持表示她早已說出所知的一切，不過杜賀提還是引導她說出了額外資訊：「（布麗姬）表示波頓家的工作並不順利，她一直都想離開，也威脅要走說了好幾次。」她還說自己會留下都是出自對艾碧·波頓的忠誠，稱艾碧是位「好心的太太」。[12]

在警局二樓的法庭內，在場的有布雷斯戴爾法官、地方法警希里亞德、法醫、幾名警員、速記員安妮·懷特（Annie White）以及地區檢察官侯西·諾爾頓，他們等著布麗姬進來。而從布麗姬一副「愁雲慘霧」[13] 的樣子看來，說這些人是行刑隊也不為過。

侯西·諾爾頓，這位負責調查謀殺案以及最後起訴的地區檢察官，主導著法庭程序。他的體態完全就是老羅斯福總統（Theodore Roosevelt）口中的陽剛：這位高大的男人宛如堅毅的化身，肉體與心靈同樣強壯，一位記者讚賞他的「頭顱剛硬得就像脖子上安著一塊鐵，有如一座力量之塔，雙肩有一碼寬（約九十一公分），雙腿像橋墩一樣粗壯，天生好鬥，像匹戰馬般從鼻孔噴氣」。[14] 後來有位同僚回憶起他，說他「相當有男子氣概」，身上「沒有一絲虛假，無論舉止、談吐或本性皆然」。[15] 他的父親是四處講道的牧師，最後主持新貝福的普救派教堂（Universalist Church）。諾爾頓因自身的顯赫功績而爬到今日的地位：從哈佛法學院畢業後，他在新貝福的律師生涯功績卓著，進入公職服務後擔任州眾議員及州參議員的日子也非常成功，最後成為麻州南區的地區檢察官。在此案調查的兩年間，他還將宣誓就職為麻州州檢察長。有了這樣的權力，他建議「弱勢族群及女性得豁免死刑」，針對弱勢族群是為了建立健全的公共政策，對女性則「大多是出於同情」。[16] 後來他更進一步，無論被告是誰都要求不處以死刑：「以死刑來處罰謀殺犯，似乎並不會削減或預防這類罪行；一個人走到這步已經失去了理性，才會以蓄意而預謀犯案的邪惡計畫犯下謀殺罪，兇手自己也未事先思量過犯罪的後果。再者，死刑並不符合如今文明的進步，那是野蠻的遺跡；我們的社會顯然早該捨棄它，正如我們也早已捨棄了肢刑架、鞭刑柱與火刑樁。」[17] 無論如何，對死刑有所保留的他，仍澈底調查這起謀殺案並進行訊問。

布麗姬這位目擊證人看起來相當配合，她詳盡回答了諾爾頓的問題。她的說詞相當平鋪直敘：洗好早餐碗盤後她開始洗外窗，一邊跟鄰居的幫傭聊天，接著就回屋裡。她覺得很累，決定躺下休息（布麗姬每週四下午及週日可以休假，或許她只是先開始度自己的半天假）。然後麗茲喊她，告訴她安德魯死了，派她去找伯溫醫師。雖然她那天清早有看見麗茲經過廚房，但對麗茲當天早上的行蹤無法提供更多資訊。布麗姬作證結束後留在女警宿舍休息，稍後杜賀提警員護送她回波頓家，不過她只短暫停留了一下，收拾好自己的東西後便離開，去了第威生街（Division Street）上的表親家，此後再也沒有回到第二街的波頓家。

諾爾頓原本打算接著就傳喚麗茲來作證，畢竟除了布麗姬，她是已知在謀殺案發生當下另一個在家的人，當然是關鍵證人；不過還不僅於此，她現在也是主要嫌疑人。波頓家律師安德魯·詹寧斯留意到她在法庭的危險處境，因此請求檢察官准許他在訊問麗茲時「保障她的利益」。詹寧斯在弗爾里維土生土長，也是一位相當有成就的律師，他和諾爾頓一樣在州議會服務，先是眾議院，然後進入參議院，後來也接任地區檢察官的工作。諾爾頓不認為有理由讓詹寧斯影響他的訊問，於是堅持自己只是依據麻州法律進行調查，而非進行抗辯訴訟程序。詹寧斯身材矮小，比諾爾頓矮得多，卻是個「鬥志高昂的戰士」[18]：他在布朗大學（Brown University）的九人棒球校隊（Varsity Nine）擔任投手，成績不俗，也把這股活力延續到職場上，還有人說他「舞技

圖22　侯西·M·諾爾頓

高超」。[19] 一位記者寫道：「他一開始動作，雙眼便銳利異常」[20]，而且相當了不起的一點是「能夠無所不在，馬上就把一切事情全看在眼裡。」[21] 同時他也有「迷人的嗓音，盡數運用在」[22] 爭辯中，抗議自己未能參與訊問，「不過法庭不願讓步，他只能被迫退下」。

大約下午兩點，麗茲．波頓坐上證人席。對於目擊證人和地區檢察官來說，這都會是個漫長的下午。諾爾頓的主要目標是找出動機和下手機會，於是從謀殺案發生的背景開始，他詢問波頓夫婦倆是否有與人結怨：「妳知不知道誰跟妳父親有仇？」[23] 麗茲提到有人威脅過她父親，因為他拒絕將自己某處產業租給那個人，但是她不知道那人的名字。她唯一能夠想到的名字是她的姑丈海朗．哈靈頓，也就是她姑姑盧拉娜（Lurana Harrington）的丈夫。因此他們不再追查安德魯的結怨名單。根據麗茲的說法，沒人跟她繼母有什麼仇怨，但她承認自己跟繼母之間大概五年前有過「口角」。

諾爾頓試圖釐清這段紛爭吵到什麼程度，不過麗茲口風很緊，被問到她對繼母的態度是否親暱時，她說：「這要看你對親暱的定義是什麼。」

諾爾頓又問：「以妳的定義來看呢？」

圖 23　安德魯．詹寧斯

麗茲只說她們「友好」。

諾爾頓滿頭問號，不過也就默認了她的陳述：「所以根據妳對親暱的定義，是親暱沒錯？」

麗茲同意了：「是這樣沒錯……我不是說我們是世界上最親近的朋友，但相處時的感覺很友善、開心。我不知道還能怎麼回答你的問題才更貼切。」

諾爾頓嘗試從另一個角度切入：「妳和她的關係就像母女一樣嗎？」

麗茲回答：「某些方面是，某些又不是。」她不願多做解釋，因為「不知道怎麼回答」。她承認自己曾一度稱艾碧為「母親」，但後來又將稱呼改成了「波頓太太」，諾爾頓認為稱呼的改變就發生在五年前那一次「意見不合」之後。

相較於親子兩代之間明顯的緊張關係，波頓夫婦的婚姻看起來就和諧許多，不過在諾爾頓詢問波頓夫婦是否「關係融洽」時，麗茲似乎相當驚訝。婚姻關係總是撲朔迷離，即使同住一個屋簷下的人也很難看清，或許她並未考慮過這個問題，只是接受了將這段關係的存在視為自己人生中的核心事實。然而她閃躲的態度卻坐實了檢方心中的疑慮，至少她知道些什麼。諾爾頓逼問：「妳為什麼遲疑了？」

「因為，」她說，「除了說出我心裡想到的答案，我不知道還能怎麼樣回答會更好。我只是想要確定一下自己是不是說實話了，僅此而已。」

諾爾頓再出擊：「妳很難說實話嗎？」

麗茲解釋說：「你有些問題我很難回答，因為我不知道你到底是什麼意思。」

他盡量用最簡單的方式問：「妳知不知道她跟妳父親之間的相處有過什麼困難？」麗茲坦白說就自己所知沒有。

接著諾爾頓又換了個方向，他問麗茲案發當天的穿著，麗茲說當天早上她穿著「海軍藍的、混紡的亮面絲質裙，搭著海軍藍上衣」，不過下午她就換穿「粉紅色的外套」，他問她當天是不是只有換這一次衣服。聽到肯定的回答後，他便不再繼續問下去。

諾爾頓暫時不提布料，他轉而拉起波頓家那根鬆動的線頭：約翰．莫爾斯。莫爾斯的來訪是否僅為巧合，除了時機不佳以外別無其他？或者他的存在跟這起謀殺案有什麼重要關聯？諾爾頓詢問麗茲有關莫爾斯先前的來訪情形，麗茲直白地說，她覺得這個問題很難理解。她說莫爾斯已經在美國東部待了快一年。這句話似乎表示她把那一整年都算成是所謂的「來訪」，不過諾爾頓要的是更確切的訊息，尤其是莫爾斯「來東部之前」是否有來訪過。

「有的，」麗茲說，「如果你還記得，有年冬天河面都結冰了……那年冬天他在這裡，大概十四年前吧，對不對？」

諾爾頓不耐煩地回答：「我不負責回答問題，我只問問題。」他再次嘗試，詢問莫爾斯在十四年前的來訪以及最近這次之間來探望過他們幾次。

麗茲說他來過「一次」，但奇怪的是又說她不知道「那次之後他是不是還有來過」。

為了縮減來訪次數的問題，諾爾頓問：「過去這一年，他去過妳家幾次？」

麗茲並沒有回答這個問題：「要說起來都沒有，不過就是偶爾待個一、兩晚。」

諾爾頓追問有過夜的來訪，希望能夠確定有幾次：「他有多常來過夜一、兩個晚上？」麗茲裝出一副自己無法提供他想聽的答案的樣子：「真的，我不知道。我自己都常常不在家。」諾爾頓簡直無法相信自己聽到的話。

他又問：「妳剛剛的回答是說妳不知道他有多常來訪，因為妳自己也常常不在家嗎？」然後又說：「去年就這樣了，還是他來東部後才這樣？」

麗茲坦白說：「去年我不在家的時候不是很多，但我不在家的時候他有來訪過。」經過幾番逼問，麗茲終於承認在這段期間他來訪過一次，大概是五、六年前。諾爾頓回頭詢問稍近的那次來訪，也就是去年莫爾斯在波頓家的情況；麗茲同樣稱自己不太清楚情形，因為她「白天常常出門，有時候晚上也出門」。至於他這一次的來訪，麗茲則不願多想莫爾斯是在謀殺案之前的什麼時候來的。她說她知道週三時他就在了，因為她那天有聽見他的聲音，不過一整天都沒看到他。那天晚上她去找愛麗絲．羅素，回家時大約是晚上九點，然後就直接上樓進房間了。而且她隔天早上也沒看到他，更沒問起他的事情。聽起來很不可思議，她居然對就住在隔壁房間的舅舅完全沒有表現出一點好奇心，諾爾頓也特別針對這一點追問。（莫爾斯自己則說他曾在一八六五年、一八七六年、一八七八年及一八八五年來訪，有一次還待了整整一年。）

無論莫爾斯到訪波頓家是否跟謀殺案直接相關，這都顯示出麗茲與父母之間有多麼疏遠：雖然同住一個屋簷下，卻各過各的日子。就連有血緣關係的舅舅似乎也只是安德魯與艾碧的訪客，因此不值得麗茲打聲招呼，而莫爾斯也沒想到要敲敲外甥女的房門，關心她是否安好。他們對彼此這樣漠不關心是正常的嗎？或者他們的關係出現了什麼根本上的改變？就這次來訪而言，他們這樣刻意避開彼此，是否有什麼特殊意涵？肯定有什麼古怪。

還有另一件巧合，讓諾爾頓在轉而詢問週四早上的細節之前再問最後一個問題：麗茲原本打算在那週稍早跟一群朋友同去瑪利翁度假，若她按照計畫離開，八月四日那天就不會在家，為什麼她要延後這趟旅行？麗茲說，她決定等到週一再出發，因為她是基督教奮進協會的財務祕書，週日必須出席一場會議。諾爾頓暫且接受了這個答案，但這件事還沒完。

麗茲在謀殺案發生當週稍早有寫信給其中一位朋友，解釋自己延後出發的決定，而收到信的人因為害怕被誤會跟謀殺案有關，所以已經將信函燒掉了。之後九月十四日的《弗爾里維每日先鋒報》會報導麗茲自願在度假小木屋為廚房爐灶劈柴，因為她擁有「一把非常銳利的斧頭」。[24]菲利普．哈靈頓警員上週就告訴諾爾頓這件事，但認為真實性有待商榷；諾爾頓寫信給州檢察長皮爾斯伯瑞時也簡述了這件事，並補充道：「若此事屬實，那人真是瘋了。」[25]

警員詢問伊莉莎白．強斯頓關於那封信的事，但她拒絕談論，並表示：「跟那封信有關的事，我已經把我認為該說的都說了。」[26]在諮詢詹寧斯的建議時他告訴她，「若是她不願意，便不需要跟人說起那封信的內容。而她並不願意」。[27]要到瑪利翁度假的其他女性（安娜．荷姆斯〔Anna C. Holmes〕、瑪麗．荷姆斯〔Mary L. Holmes〕、伊莎貝爾．弗雷瑟〔Isabel Fraser〕、露意絲．雷明頓〔Louise Remington〕以及梅寶．雷明頓〔Mabel Remington〕）也都不願意跟警方談話。

接著諾爾頓開始建立事件發生的時間軸，詢問下手時機的問題。八月四日整個上午，麗茲究竟人在何處？艾碧及安德魯遇害時一定出現了兩段短暫的空檔，而麗茲和布麗姬是這兩段空檔中屋子裡的倖存者。莫爾斯用完早餐後就馬上出門了；安德魯在九點十五分離家，大約十點四十五分回來，那時艾碧已經死亡；安德魯自己則是在十一點四十五分死亡。

諾爾頓將注意力轉移到當天上午稍早，麗茲說自己原本打算熨燙手帕，但「鐵板」還不夠熱，便翻閱一本過期的《哈潑》（*Harper's*）雜誌打發時間。她說：「我在手帕上灑了水……然後拿到飯廳，我把熨衣板拿進飯廳，將手帕留在廚房桌上，好像有吃餅乾又好像沒有，我不記得了。然後我坐下來看雜誌，等著鐵板熱起來。然後我又去起居室拿了《普洛維敦士日報》（*Providence Journal*），帶進廚房。」[28] 她還說，艾碧大概在安德魯出門後就上樓去整理客房，在那之後她就沒看過自己的繼母了。艾碧告訴麗茲她已經換過床單，只需再換上新的枕頭套就好了。根據麗茲的說法，艾碧還打算「關上房門，因為週一會有友人來訪，她希望房裡一切都井然有序」。

諾爾頓訊問：「妳認為……該怎麼解釋，從她說自己把空房間裡的一切都整理好了一直到十一點以前，她在做什麼？」

麗茲似乎被難住了。她說艾碧或許在整理自己的床鋪，不過那樣一來，在波頓家那一套上鎖又上門閂的規矩下，艾碧就必須先走下前方樓梯，從起居室架上拿鑰匙，再從後方樓梯走上她和安德魯的臥房。然而，雖然麗茲宣稱自己在安德魯不在家的那段時間都待在樓下，卻沒看到艾碧經過。後來她猜測艾碧可能是在客房裡使用縫紉機，但她承認自己沒聽見機器的吵雜聲。

與布麗姬在兇案發生後以及訊問時的證詞不同，麗茲表明自己在她父親回家時人在樓下，幾分鐘後又說父親回家時她在樓上，不過只待了幾分鐘。

諾爾頓小心翼翼地指出兩者之間的差異：「波頓小姐請記得，我會提醒妳這些事是要看看我有沒有誤會什麼，而不是想混淆妳。妳還記得之前跟我說了好幾次吧，妳父親回家時妳是在樓下，並不在樓上。」

麗茲有些不知所措地回答：「我不知道自己說過什麼了，我已經回答太多問題，真的很亂，我都分不清什麼是什麼了。」

諾爾頓並不理會她突然的情緒起伏：「提醒妳，就在幾分鐘前妳對這件事是怎麼說的……妳說門鈴響起時妳在樓上，而瑪姬（布麗姬）開門讓妳父親進門時妳也在樓上，然後現在妳回想起來……門鈴響起而妳父親進門時，妳在樓下？」麗茲又說她認為自己應該是在樓下。

有時候情況看起來就像是麗茲刻意在折磨諾爾頓，用新英格蘭人的姿態扮豬吃老虎；不管討論的重點是什麼，他都不得不一再重複問題，或稍微換個方式再提問。而她回答問題時盡量簡潔，若是被抓出前後不一，便說自己可能誤會了問題的意思，藉此擺脫圈套；或者她會離題，回答地既迂迴又消極，總之看了就讓人發火。不過那天下午最後，麗茲自己似乎也筋疲力盡甚至有些混亂了。她的故事自相矛盾，雖然讓對話者困惑不已，答覆卻也都記錄下來了，同時她也透露出許多波頓家背後的緊張關係，這是諾爾頓絕對要好好利用的資訊。不過他暫且沒有顯露半分，只是發布了簡短的新聞稿，說兩位目擊者都已經提供證詞。

隔天訊問繼續進行，麗茲又回到證人席，諾爾頓回頭討論時間軸的問題。首先，他想確定麗茲對當天上午稍早經過的說法，尤其是她在星期四那天到底是什麼時候見到艾碧和她父親。麗茲說，那天早上在她父親出門前，她有看到艾碧在飯廳，她父親則在起居室。艾碧雖沒有明說前一天家裡人都鬧胃痛的事情，但問了她感覺怎麼樣，然後又說自己要出門並吃過晚餐才回來。諾爾頓暫停這裡的訊問，並問艾碧是否「經常」出門並吃晚餐？麗茲似乎又被難住了，反而給了個奇怪的答案：「三個月裡就不只一次吧，大概這樣。」若以比較正常的句法來看，她的答案意思是艾碧很少出門吃晚餐，最多也就是一、兩個月一次之類的。回到時間軸的問題上，麗茲說她有去過廚房，並下去地下室拿乾淨的衣物，在她行經起居室那一層時看見父親在讀報紙。

麗茲堅持自己昨天的證詞，說自己整個早上都在樓下，只有一個重要的例外：她承認有上樓，在一件裙子上「縫了條帶子」。

諾爾頓暴怒：「妳記得自己昨天沒說過這件事嗎？」

麗茲不為所動地回答：「你也沒問過我啊。我昨天告訴你我從地下室出來後，帶著乾淨的衣物就直接上樓了。」

盛怒之下，諾爾頓說：「波頓小姐，我真的很努力要確認妳本人跟蘇利文小姐那天早上的一切行動，但卻沒有成功。妳到底是想，還是不想提供更多資訊？」

這下麗茲自己也慌了，直說自己說不出自己不知道的資訊，還說「我連你的名字都不知道！」

顯然，麗茲讓自己處於波頓家的中心，一個絕佳的位置，不僅能夠看到理論上的入侵者，也方便觀察艾碧有什麼動靜或者沒有動靜。如果在她父親去而復返之間她是獨自一人在樓下，那麼就如諾爾頓的評論：「若有人穿過廚房、飯廳及前廳而不讓妳看見，那實在是極度困難的事。」不過這故事還有另一個問題，布麗姬說安德魯返家時，她一直都在屋裡清洗樓下的窗戶；畢竟，是她打開前門門閂讓他進來的。諾爾頓問：「你認為有可能她忙著工作，清洗飯廳所有的窗戶，而你卻不知道嗎？」麗茲堅稱自己不知道。諾爾頓表示：「顯然完全沒有理由懷疑，在妳父親回家時她正忙著清洗飯廳或起居室的窗戶。而妳是想說，妳對這些舉動一無所知？」

更讓人驚訝的是麗茲在當天早上第二次訊問時所交代的自身行蹤，也就是在她父親約十點四十五分返家，以及大約一小時後發現他屍體的這段時間。麗茲說在安德魯返家後不久，她決定去穀倉找個魚墜，為她週一去瑪利翁的旅行作準備。諾爾頓心存懷疑地問：「妳認為在妳父親返家後，此時適合到穀倉裡找魚墜嗎？」諾爾頓繼續追問她尋物的過程：她有魚鉤或釣線嗎？若如她所述，她們家的穀倉有釣線，那她不就應該能夠在那裡找到魚墜嗎？

她堅持自己已經說過了，農場裡有釣線，「可能也有魚鉤」，但是「我沒有說我以為我的釣線上有魚墜」，她說她知道穀倉裡有鉛塊，想著或許能夠用來製作魚墜。在她走往穀倉的路上，她停在梨樹下撿了些梨子，然後就到穀倉的上層去找鉛塊。

諾爾頓語帶諷刺地總結道：「（妳）走上穀倉二樓去找釣線用的魚墜，而妳認為農場應該有釣線，因為妳五年前去那裡時有見過？」

麗茲反駁說：「我並不是打算到農場找釣線，是想在那裡買些釣線。」

諾爾頓無法相信自己聽了什麼：「那妳為什麼方才要告訴我妳在農場的釣線上沒有魚墜？」

針對釣具的問題又爭論一番後，諾爾頓想收線捕魚了。他仔仔細細詢問在這聲稱的十五至二十分鐘之間，她在穀倉到底做了什麼，他很肯定她尋找鉛塊的過程只需要花幾分鐘。麗茲坦承自己走到西邊的窗戶旁整理窗簾之後，就吃起梨子。諾爾頓問：「妳是說妳停下手邊的工作然後……坐下來吃梨子？」他想起麗茲稍早的證詞提過，她告訴艾碧自己那天不會吃晚餐，於是諷刺地問：「妳的肚子感覺比早上時好多了……好到可以吃梨子，卻又沒好到可以吃晚餐？」諾爾頓總結了自己關於穀倉的問題，論證道：「或許妳是讓自己處在唯一一個不可能看見有人進入屋裡的地方？」

諾爾頓的疑心越來越重，有一部分是因為他不太了解賦閒在家的仕女如何過日子。麗茲所描述的一舉一動，對於習慣為目標努力過活的男人來說相當不可思議，很難想像諾爾頓在四處尋找自己所需的某項物品時還會停下來吃顆梨子。不過，麗茲在家裡及外頭的穀倉四處走動的行為，比起其他相同身分的婦女是否更為拖沓？每一天的日子過起來都差不多，其他像麗茲．波頓這樣的仕女，日常生活充滿著刻意安排的忙碌活動，但她們是否都能夠詳細描述一切？

諾爾頓探詢麗茲對波頓家裡的武器了解多少。（他好心地以男性角度為她解釋，手斧是指「短柄而刀刃較寬的工具」，斧頭則是「長柄而斧面較小」。）

麗茲說她「知道地下室有一把舊斧頭」，不過否認她知道家裡有沒有手斧。諾爾頓接著問：「妳知不知道斧頭上什麼時候沾過血？」麗茲說她父親「去年五月還六月在穀倉裡宰了幾隻鴿子」，她想「他扭斷了鴿子的脖子」，但當她看見屋裡的鴿子屍體時，她注意到有幾隻「沒有頭」。

她不確定鴿子的頭是「被擰下來」還是被砍斷的，不過她確實記得自己有問：「為什麼這幾隻沒有頭？」

在結束這漫長的一天之前，諾爾頓回到了造成波頓家嫌隙的源頭。他想知道「四、五年前妳和妳母親究竟發生了什麼樣的爭執」，也就是原本屬於艾碧父親在第四街（Fourth Street）上的房子。

麗茲回答這件事時倒是滔滔不絕：「那女人的繼母，也就是奧利佛．葛雷的妻子，想把房子賣了，我父親就買下了葛雷寡婦所有的持分。那女人沒告訴我，父親也沒告訴我，但某個外人說他把持分都給了她，登記在她名下。我說如果他給了那女人那些，就也應該給我們些什麼，我也這麼跟波頓太太說了。那女人除了那間房子其他什麼都不管，她只想要那間房子，這樣她的繼妹才有地方住……我們一直都覺得是她勸父親買下的，我說他為那女人做了什麼，也該為自己的孩子做什麼，所以他就把祖父的房子給了我們。我們就只吵過這件事。」諾爾頓好聲好氣地回說，她還是沒有解釋她們之間起了什麼爭執；或許他身為一位巡迴牧師虔誠的兒子，無法想像安德魯只是將一間普通房子一半的持分送給妻子，就可能造成家中裂痕，而這道傷痕一直到安德魯及艾碧死亡前都未癒合。麗茲回答著，一副理所當然的調調：「我說了，四、五年前我就不再稱她母親了。」還刻意挖苦道：「我昨天就這樣說了。」接著她說，她父親「幾週前又從我們手上買回費利街上的房子，「我只是忘記到底多久以前了」。

諾爾頓困惑地問：「妳說『買回』是什麼意思？」

麗茲回答：「他給我們錢拿回房子。」諾爾頓便不再提起這件事。

麗茲第二天的證詞顯示出這起房產紛爭仍讓她忿忿不平。相較於她回答諾爾頓其他問題時的簡潔，在討論這次房產轉移時她便控制不了自己的嘴巴，而且安德魯向女兒買回費利街房子的時機也有點弔詭：他在五年前就轉移了自己在這間房子的持分，卻在自己死前幾週決定買回來，這會是巧合嗎？這筆錢會不會是在他更改遺囑前打算用來安撫女兒的？

當天稍晚，愛瑪．波頓與海朗．哈靈頓的訊問證詞都證實了這起房產紛爭的重要性。愛瑪不情不願地承認，她父親為了表示公平而送給女兒們的房子「並未完全撫平她們的情緒」[29]，不過愛瑪堅稱對艾碧真正心懷怨恨的是她，而不是麗茲，愛瑪還稱莫爾斯是「我們非常親愛的舅舅，是我的舅舅」。[30]她也和麗茲一樣，說姑丈海朗．哈靈頓是就她所知唯一跟她父親有嫌隙的人。哈靈頓自己也承認他跟安德魯彼此並不交談，但除此之外兩家人關係很好。他還說麗茲談起她繼母時「口氣不善」。[31]

伯溫醫師及愛德蕾．邱吉爾的證詞則證實了時間軸的推估、麗茲換過衣服，以及麗茲告訴他們艾碧接到一張紙條就出門了。愛德蕾還作證說，麗茲後來有請她去找艾碧：「她說她希望有人可以想辦法找到波頓太太，因為她想自己有聽見波頓太太進門。」[32]

不過最有趣的線索來自約翰．莫爾斯，他作證說安德魯去年曾跟他說起要立遺囑的事。在謀殺案發生後的週一，為安德魯管理生意的經理查爾斯．庫克（Charles Cook）告訴威廉．梅德利警員，安德魯曾跟他說立遺囑的事，不過他後來又否認這麼說過。那時他拒絕評論波頓家人之間的關係，「考慮到我的身分……因為我不知道等這件事解決之後，自己跟這家人還會有什麼關係」。[33]警方找過遺囑，雇了「一位受警方監督的專業工匠」[34]，他花了八小時才打開安德魯．波頓的保險箱，保險箱裡有「相當多現金及許多有價文件」[35]，但沒有遺囑。當天結束時，諾爾頓發了一份新聞稿列出已經受訊過的證人，但並未透露法庭內的精采問答：「訊問於今日十點繼續進行……並無可公布的進展。」[36]

八月十一日，諾爾頓再次訊問麗茲，不過比起在屋內，這一次他更關心她在屋外可能做了什麼。當地一家藥局的店員在聽說了謀殺案的消息後，告訴警員麗茲在案發前曾想來買氫氰酸，說要在一件海豹皮披肩「邊緣上塗抹」。諾爾頓開口問：「有些警員已經跟妳提起這件事了，說妳在案發前一天曾經去過哥倫比亞街和主街交叉口的史密斯藥局，是不是？」[37]麗茲只說「有人跟我提過這事」，不過她聲稱自己不知道這間藥局。諾爾頓又問她有沒有去過「哪家藥局」要買氫氰酸。「沒有。」她聲明道，說她八月三日星期三整天都在家。後來他又問她有沒有「海豹皮短外衣」，她表示自己確實有，還說海豹皮都「掛在閣樓上的白色大袋子裡」。諾爾頓問她有沒有在上面抹過氫氰酸，麗茲堅稱：「我沒有在上面抹過什麼東西。」

再追問也追不下去，諾爾頓便不再多問。他已經聽到自己想聽的，有三名目擊證人指證麗茲曾去過藥局。在諾爾頓之後寫給州檢察長亞伯特．皮爾斯伯瑞的信裡面，他會將麗茲．波頓接受訊問的證詞描述為她的「自白」，因此他大可從容以對，他說：「妳應當能夠了解，每個人都急著想找出這場悲劇的始作俑者，而我詢問妳的問題也都是為了這個目的。我現在要問妳，是否能夠再提供什麼資訊，或者有誰，甚至只是懷疑也好，能夠協助警方達成這個目的。」麗茲熱心地提供了另一個可疑人物，她在大約晚上九點時看到一個人影在屋外潛行，她解釋道：「有天晚上我從羅素小姐家回來，我走近家門時總是會往側門的方向看，那時我正走在車道上，看見側門階梯上有個人影。我沒有停下腳步，只是放慢了點。那人跑下階梯……我想是個男人，因為看起來不像是穿著裙裝……我急忙加快速度，盡快跑進前門之後就鎖上了門。」可惜她無法確認這件事的時間或日期，只說自己是在她姊姊離家前往費爾黑文之後看到那個人影，那是在謀殺案發生的兩週前。然後像突然意識到這件事的重要性，麗茲又說出去年冬天還有另外一個可疑人物在屋子附近暗暗查探，她知道自己是在某個週四看見他的，因為那時她正從教堂回家，還可確切說出那人「不是很高」，但僅此而已。當然還有那個想承租土地卻被她父親轟出門的人，不過此人身分依然是個謎。基本上，這些就是麗茲．波頓對這件謀殺案最後的評論了，她後來起過誓之後就再也沒說過半句話。

麗茲或許沒話要說，但諾爾頓還有更多資訊要揭露。除了三名藥局員工外，諾爾頓又傳喚了另外五名證人。其中兩名是查爾斯．索耶和愛麗絲．羅素，他們在發現謀殺案後對事件有第一手的了解。查爾斯．索耶是一名裝飾油漆工，當天被迫幫忙看守波頓家，講述在波頓家進進出出的有誰；愛麗絲是親近波頓家的友人，她對這個家有更親密的認識，也是發現謀殺案後最早跟麗茲說話的其中一人，她記得麗茲告訴她，她去了穀倉要找些錫或鉛塊來修紗窗。奇怪的是，她不記得在麗茲換上粉紅色外套前，上午究竟穿著什麼樣式的衣服。

從愛麗絲對波頓家成員關係的評論中，更能看出這人的精明。她作證自己從來沒看過波頓家人有什麼「爭吵」[38]，但也承認自己並不認為他們「相處甚歡」，因為「他們各方面的品味都不相同」。[39] 艾碧的異母妹妹莎拉．懷黑德、波頓家友人奧格絲塔．崔普，以及裁縫師漢娜．吉佛德的證詞同樣支持這個觀點。不過從她們的證詞看來，波頓家兩個女兒都對艾碧有很直接的敵意。根據莎拉．懷黑德的描述，艾碧是「一個什麼心事都藏自己心裡的女人」[40]，不過奧格絲塔．崔普卻說麗茲認為艾碧「相當狡詐」。確實，吉佛德記得幾個月前發生過一件事，麗茲當時的怒意讓她很吃驚，那時吉佛德正在幫麗茲試衣服，她問麗茲認為像艾碧這樣「豐腴」的女人應該適合什麼樣的服裝，麗茲回答說艾碧「就是個惡毒的老東西……我們跟她一點關係都沒有，只是盡到繼女該做的表面工夫而已」。[41] 然後又說：「我們大部分時間都待在樓上……不太跟……他們一起吃飯；有時我們會等到他們吃完才下樓。」

總而言之，訊問的結果呈現一幅可怕的景象，顯示了波頓家上下兩代人的隔閡；表面的平靜展現出的是無法排解的敵意，而非調解後的和平。而且，看來在八月四日當天早上似乎不可能有外人進入這個家，就算有人能偷偷潛入，也很難想像這名入侵者能躲藏在哪。布麗姬對自己當天早上行蹤的交代相當可信，部分也是因為有麗茲的證實，但麗茲對自己的行動卻提出了不只一個版本的描述，而且沒有一個是對她有利的。她說自己在樓下等著熨斗發熱的同時，她繼母就在正上方的客房被殺害，但在安德魯返家時，布麗姬一直都在樓下擦洗窗戶，也看見麗茲下樓來。在麗茲父親回家後，她便到穀倉上層為一支還沒買到的釣竿找魚墜，當她發現父親屍體後也完全沒有試圖通知或尋找艾碧。而在伯溫醫師離開去發電報通知她姐姐安德魯的死訊後，她卻說自己好像有聽到艾碧回來了。一名藥師提起她打算買氫氰酸，如果她確實是想用這種毒藥來清理海豹皮披肩，為什麼在訊問時沒有說明這件事？波頓夫婦並非遭人下毒，不過她試圖取得氫氰酸未果，或許是因此才選擇了家中原本就可取得的工具，像是斧頭。對檢警來說，這一切都毫無疑問地指出麗茲有罪。

逮捕

在徵詢過諾爾頓意見後，希里亞德法警準備發出逮捕令。雖然諾爾頓成功阻擋了詹寧斯，不讓他妨礙訊問進行，但他也同意希里亞德應該先通知辯護律師。希里亞德去了詹寧斯家一趟，好讓這位律師能夠協助並建議自己的當事人該怎麼做。詹寧斯抵達法院時，他「發現她橫臥在護理長房間的長沙發上，愛瑪和布里格罕太太則坐在一旁」。[42]《紐約時報》上寫著：「聽到自己即將遭到逮捕的消息時，她竟意外平靜。」[43]相較之下，《紐約先鋒報》卻發表了一篇可疑的報導說「她陷入一種畏怯而可悲的恐懼」。[44]無論她的心理狀態如何，她的思緒仍然相當清晰：她簽署了一份授權書，讓姐姐愛瑪有權收取兩人共同持有的房產租金及償付帳單。弗爾里維警局的逮捕紀錄本上記下了她的資料：「身高：五呎四吋（一六二．五六公分）；膚色：白；髮色：淺；眼睛：灰色。」[45]那一年弗爾里維警方逮捕了三名謀殺犯，她是唯一的女性。大部分媒體報導都沒有注意到一件奇怪的事：逮捕令上只提到了安德魯．波頓這名被害人。

後來她被送到位於通頓的郡立監獄，根據《波士頓每日宣傳報》（*Boston Daily Advertiser*）的描述，她這一路「彷彿是場公開儀式」[46]，似乎整個鎮上的人都聚集在此送她上火車。抵達後她發現，負責看守她的人是一名童年好友的母親，也就是護理師瑞特太太（Mrs. Wright），想起兩人上一次見面後到現在，中間竟發生這麼多變化，她差點要掉下淚來。《紐約先鋒報》寫道，那「場面相當感人」。[47]她被帶到牢房，小房間只有約兩百九十公分長、兩百三十公分寬，裡頭有一張床、一把椅子和洗臉盆。雖然必須承受遭監禁的屈辱，麗茲卻享有特殊待遇，瑞特太太將監獄標準配給的枕頭換上了自己的軟枕，《弗爾里維每日先鋒報》報導說「他們想辦法，將一些明亮色彩的東西和其他物品送進牢房……就是想要柔和這位不情願的女孩房中突兀的對比」。[48]而麗茲只要多付一些錢貼補這所艱困監獄，還能從當地的旅館訂晚餐。但除此之外，根據《弗爾里維每日先鋒報》報導，外界幾乎無法得知她日常的生活如何：「除了她姐姐、牧師、律師以及一名友人的探訪，波頓小姐對這個世界而言幾乎就如死了一般。」

但沒人忘了她。在麗茲．波頓等待期間，她成了一個熱門的藉故。基督教奮進青年協會在當地的分會據點就是麗茲所屬的教會，他們立下決心，表示「自己誠摯的同情……並堅信她很快就能恢復先前的地位，繼續與我們一同效力」。[49]基督教婦女禁酒聯盟的地方分會發了電報給她，表達支持。麻州分會長蘇珊．費森登（Susan Fessenden）發出請願書，要求讓麗茲得以保釋，認為「在這疑雲重重的案子裡，她三十年來嚴守分際的生活，應當極具參考意義」。[50]在該州基督教婦女禁酒聯盟的年度集會中，費森登直陳自己的憤怒：「若是波頓小姐……在如今這般遭遇下死去，就沒人會因她無辜喪命而受絞刑了。這根本是合法謀殺。」[51]受人敬重的瑪麗．利弗摩爾到監獄探望麗茲。利弗摩爾過去曾住在弗爾里維，認識第一任波頓太太，她跟《波士頓郵報》說：「她毫無顧慮跟我說了整件案子，不過語氣非常平靜而悲傷……看得出來這位年輕女子對自己的處境十分憂心。」[52]偵探小說家安娜．凱薩琳．格林（Anna Katherine Green）筆下的小說《萊文沃斯奇案》（*The Leavenworth Case*）中，描述的正是一名無辜女性卻受間接證據所困，她宣告：「我相信她的清白。」[53]

還有其他人控訴警方的迫害，他們寫信給希里亞德法警及報紙表達憤怒，例如通頓居民赫巴德醫師（Dr. S. P. Hubbard）就寫道：「我認為你們這些傢伙全都應該哪邊涼快哪邊去……想將砍殺波頓先生的罪名安在他女兒頭上，而讓真兇逍遙法外……這想法簡直令人髮指。這段時間足以讓真兇逃到加州了。」[54]愛德華．帕克赫斯特（Edward Parkhurst）先生說得更狠：「早該有人告訴你們，你們把自己搞成了一群愚蠢的法庭公僕；就該對你們潑瀝青、沾上羽毛去遊街，才是最〔錯字照引〕有應得。」[55]希里亞德為自己辯護，解釋為何懷疑到麗茲．波頓身上，促請大眾「先別妄下論斷」：「我在十天內追查了超過一百條外部線索……一直到所有相關證據都蒐集完畢……她並非倉促辦案後遭到囚禁，也並非完全不理解自己遭到逮捕的意義。」[56]

弗爾里維有些人跟麗茲．波頓廣布各地的支持者一樣感到憤怒，另外有些人的看法則比較偏隘，察覺到許多人對逮捕「名媛仕女」這件事隱隱懷有偏見。屍體剛被發現時，眾人普遍都立即感到恐懼，但在一開始的驚訝消退之後，當地人的反應便顯露出瀰漫在弗爾里維的不滿與隔閡。一名不具名的記者指責警方：「你們在調查波頓謀殺案時並沒有盡全力，對此也沒什麼興趣；如果嫌疑人是貧窮的磨坊工人，或許你們對他就不會這麼客氣了。」[57]確實，正如《弗爾里維每日先鋒報》報導所言：「人們交頭接耳談論著，說如果目前有嫌疑的對象是窮人，在這之前就會被關起來了。」[58]《弗爾里維每日全球報》是愛爾蘭天主教徒會讀的報紙，對其讀者來說，麗茲．波頓和布麗姬．蘇利文所受到的待遇，兩相對比之下特別令人憤怒。其他報紙稱許麗茲．波頓的「平靜」與「自持」，這家報紙則懷疑起她的冷靜，描述她是「戴著一副堅忍而冷漠的面具，有如手套般服貼」[59]，他們已經等不及要看這張面具何時滑落。

第四章

最受注目的女人

做為麗茲的辯護律師，安德魯．詹寧斯努力要顧及麗茲在法庭內外的權益。根據《新貝福標準晚報》（*New Bedford Evening Standard*）報導，詹寧斯為了替麗茲辯護，「徹夜未眠擬訂計畫」。[1]他身擔麗茲的保護者兼發言人，叮囑他的當事人及其朋友不要跟報紙媒體交談。有一次，他甚至當起了她過世的父親。麗茲曾在維斯波特（Westport）認識一名叫做寇提斯．彼斯（Curtis Piece）的男子，警方有段時間誤以為他是麗茲的祕密情人。他不停糾纏麗茲，要求去監獄探望她，結果詹寧斯發了封措辭強烈的斥責信寫道：「親愛的先生，對於您的同情……她相當感激，不過她實在無法理解為何您在她身陷囹圄時想和她來往，還寫信給瑞特警長（Sheriff Wright）要求會面。她不想見您，也不想收到您的書信。她確實無法求助自己的父親或家人來勸阻您，讓您

圖 24　通頓監獄花園一景，約 1892 年

不再試圖逼迫她注意您；不過她還有別人能夠代替父親的位置，也會盡到為父之責。」[2]

假設有個男人

詹寧斯知道地區檢察官侯西．諾爾頓是強勁的對手。他在麗茲接受訊問這件事上已經輸了一局，而兩人再次交鋒則是在隨後公告波頓一案的預審將由布雷斯戴爾法官主持，這位法官同樣主持了訊問（也是他拒絕了詹寧斯希望協助當事人進行訊問的請求）。根據麻州法律，舉行預審的目的是要決定檢方是否握有重大罪行的充分證據，能在高等法院對被告進行審判，因此開庭的目的基本上就是決定管轄權。地方法院只會審理小罪、輕罪或刑期不長、無須坐牢的重罪；若罪行嚴重（幾乎都是重罪），就需要法官「擔保」（bind over，簽保守行為）被告到高等法院進行審判。*不過跟訊問的不同之處在於，這並非祕密進行的單方面審理，檢方不需要像審理時那樣釐清相當程度的懷疑去證明被告有罪，但仍需指出「可能的起因」。無論諾爾頓是否選擇亮出所有底牌，這是第一次檢方有機會能夠細細審視對麗茲．波頓不利的證據，並提出質疑。

聽見是由布雷斯戴爾法官公告，詹寧斯「驚訝得一躍而起」，大喊：「這次審理和訊問有什麼不同，簡直太明顯、太刺眼了。」[3] 詹寧斯說法官肯定對被告有偏見，因為他先前就已經知道對她不利的證據，而這些證據到了正式審判是有可能不被採用的。地區檢察官侯西．諾爾頓抗議道，訊問與提審是完全不相干的法律程序，他以自己「如金屬般冰涼的聲音」[4] 論道：「這些程序並無不妥……就我記憶所及，跟這次程序完全一模一樣的就有二十幾次。」[5]《弗爾里維每日先鋒報》提出了一個幽默的建議，讓兩人為了自己的面子妥協一下：「如今正是度假的好時辰[6]，不如法官大人就暫時卸下正義的重擔，走入山林或海邊，享受一下令身心健康的活氧。」但布雷斯戴爾對這類批評不為所動。他「資歷深厚」，也曾「在兩種立法機關都服務過」，還是弗爾里維的前市長。布雷斯戴爾不理會先鋒報的建議，也駁回了詹寧斯的爭論。

詹寧斯需要幫手。他擅長的是公司法，安德魯．波頓原本雇用他，是要處理生意上的問題，於是他找來了梅爾文．亞當斯，這是一位溫文有禮的波士頓律師，也曾擔任過薩福克郡的助理地區檢察官。亞當斯長相俊俏，唇上的小鬍鬚也用蠟梳理整齊，據說他花了很多「心思在外表上，也很值得」[7]，除了「一雙炯炯有神的棕色大眼」[8]，他還有「如雄辯家的豐厚嘴唇，也有通常隨之出現的英挺鼻子」[9]，他甚至還留出兩股漂亮的小鬢髮。先

圖 25　梅爾文．O．亞當斯

* **譯註**：這裡的用詞意義跟臺灣習慣的不同。麻州司法制度共分三級：初審法院（trial court）、上訴法院（appeals court）跟最高法院（supreme judicial court）。初審法院共分七大部門，包含本書提及的地方法院（district court）跟高等法院（superior court）。雖說各部門同等級，但針對犯罪案件，高等法院擁有較大的管轄權。對於不在地方法院管轄權範圍內的重罪，就會舉辦預審，並決定是否發出逮捕令，將嫌犯轉由高等法院審理。

不提他的外表，亞當斯是一名傑出的律師，在擔任檢察官或辯護律師時都有輝煌紀錄。他會負責交互詰問檢方的關鍵證人，特別是科學或醫學專家。

詹寧斯和亞當斯知道，預審是辯方能阻止麗茲遭到起訴的機會，不過對弗爾里維的居民來說，預審最讓他們關心的重點就是對外開放。八月二十二日星期一，《紐約時報》宣布：「在這個地方過去的歷史上，從來沒有哪一件刑事審判能像麗茲·波頓的預審一樣，吸引這麼多人的注意，波頓小姐被控殘忍殺害了她的父親及繼母。」[10] 到了那天中午，「人群開始往法院廣場聚集，通往窄路上的中央警察局的通道更是擠得水洩不通」。[11]《弗爾里維每日全球報》的刑案記者波特注意到出席者的社會階層，是「棉布」混雜著「絲綢」：旁聽者包括了麻州法界的重要成員、弗爾里維的名媛仕紳，還有多位醫生；其中也有相當多婦女，占了法庭裡的一大半。另外他也注意到「一大群磨坊女工」[12] 聚集在法院外，因為她們的休息時間太晚了，無法順利進到法院。波特表示：「無論是想進入或離開這棟大樓，恐怕都得拼了命才有辦法。」[13] 三百名旁聽者（還有三十幾名記者）擠得「像罐頭裡的沙丁魚」[14]，等著麗茲抵達法院，警方不得不出動小隊維持秩序。而且人群也不寧靜，記者形容就像「從四面八方傳來令人困惑的低語聲，只爭論著一件事：這位淑女囚犯究竟有罪還是無罪」。[15]

麗茲在通頓監獄的牢房仔細為上法庭而著裝，她穿戴著「一頂藍色軟帽綴著緞帶和小花、藍色面紗、淡藍色的嗶嘰布長袍、窄裙後頭拖著長擺，還有一套當季流行樣式的貼身緊身胸衣」。[16] 在希里亞德法警的陪伴下，她從通頓搭火車到弗爾里維，一路上都處於「明顯放空的狀態」[17]，絲毫不理會其他乘客不斷從她身邊經過偷看的眼神。在法庭裡的人等得更久：律師們在另一個房間裡商談許久，就連法官也「不耐地看著自己的手錶」[18]，而波特的報導中說：「但一場意外短暫打破了這股焦慮的氣氛[19]：一名來自新貝福的報社人員差點跟一位年過中年、脾氣暴躁的先生打了起來。」終於，律師們進入法庭：詹寧斯「穿著鐵灰色西裝與長禮服外套，打白色領帶」[20]，他先入座，後面跟著諾爾頓，穿著「黑白相間、花紋精細的西裝」[21]，戴著不太搭調的「俏皮白草帽」[22]，他剛從麻州瑪利翁的避暑木屋度假回來，看起來「曬成了古銅色」且精神飽滿。（他打趣地跟州檢察長皮爾斯伯瑞說，他的假期「跟著波頓夫婦被殺了」。[23]）不過最讓人印象深刻的還是梅爾文・亞當斯，這是亞當斯第一次代表麗茲出庭，他也沒讓人失望，亞當斯「穿著一席深藍色西裝[24]，雖暑熱難當，他看起來卻一派冷靜沉著，彷彿他的當事人已是勝券在握，水銀都要凍結了」。[25]法庭內的溫度自然完全無法讓水銀凍結，而是「一片沉悶，悶熱的空氣令人備感壓力，法庭內的人幾乎都焦慮不已，希望能趕快出去，正如外頭的人也急切地想進來一樣」。[26]但堅持留下的人並未因這份耐力而得到獎賞。在所有人殷殷企盼下，侯西・諾爾頓卻通知法庭，因為醫學專家還沒準備好作證，所以要求延期到星期四再繼續。

人群四散各自回家，但麗茲仍待在弗爾里維警局，暫宿護理長漢娜・雷根在監獄的住處。這樣的安排相當為麗茲著想，不必派警力護送她在這裡和通頓之間往返，還能讓她姐姐及一小撮本地友人來探望她。星期三，愛瑪如常提早去探望，但雷根護理長說她很快就不小心聽見「大聲交談的聲音」，她往房裡探看，看見麗茲躺在床上並聽見她說：「愛瑪，妳出賣了我。」[27]然後愛瑪回答：「我只是把我認為詹寧斯先生應該知道的事情告訴他。」麗茲又說：「妳就是，我會讓妳看看，我一步都不會讓的。」接著她轉向左側面對窗外，一句話也不說了，一直到那天上午稍晚詹寧斯來了才開口。

詹寧斯知道這件事會帶來麻煩，於是他為護理長擬定一份聲明並要她簽名，否認曾發生過這次爭執，但雷根護理長看到這份聲明時拒絕簽名，表示她必須先請示希里亞德法警的意見。就這樣，雷根護理長走向希里亞德辦公室那棟大樓，一路上跟著一群雜牌軍，有波頓的律師、友人及報紙記者。希里亞德聽說了詹寧斯的打算後，便告訴她不要簽任何聲明，並建議她「保持緘默，等到她被傳喚作證時再說出自己聽見的內容」。[28] 詹寧斯非常憤怒，他揮舞著手中的聲明，對現場聚集的記者說話，指控希里亞德拒絕讓護理長簽名否認有爭執，波特寫道：「後來發生了十分戲劇性的場面，談話內容甚是聳動。」[29] 大部分報紙都報導了這次爭執，不過《波士頓全球報》抱怨道：「有某幾家報紙眼紅，因『未能跟上』這件驚世奇案的最新發展而惱怒不已，竟然就認為可以質疑本報的獨家報導。」[30]

八月二十五日星期四，預審繼續進行。人們和記者早早就聚集起來，總數將近有五十人，「他們寫字時無論怎麼擺都會碰到別人的手肘」。[31] 雖然案件重大，不過這天早上一開始仍要進行日常事務：「原本旁觀群眾的注意力都放在某人因為在星期日販酒而受審的案子，但布麗姬．蘇利文在九點五十分時進入法院，便吸走了眾人目光。」[32] 遭到指控的酒商表示「他買了許多桶啤酒，打算慶祝英國首相格萊斯通（William Ewart Gladstone）就職重掌大權，並沒有販賣的意圖」，

圖 26　威廉・多蘭醫師

這人的藉口還挺有創意，居然說是為了慶祝忠誠的英國自由黨員威廉・格萊斯通第四度就任首相，很是有趣，不過觀眾已經開始急切盼著下一樁案件的犯人入場，因為他們週一時沒能見到她。

麗茲抵達法院時，身邊有幾位特地挑選過的友人陪伴著，「態度冷靜自持，比起來，盯著她看的那些男男女女反而更為激動」[33]，有記者這麼寫道：「就算這名犯人只是個因好奇才過來旁觀此景的群眾，她都不會比現在更冷靜了。」[34]他繼續說：「她一路從外廊走進來，穿過法官座位右邊的門口時挺直了背脊，態度高傲，繃緊神經預備著法庭上的交鋒，站到人群面前。」[35]真正旁觀的群眾中，「大多數是女性……穿著假日時的裝束」[36]，似乎並不在意這起案件的重大性，在人群中兀自交談起來。到了下午，擁擠的法庭氣溫高到「幾乎難以忍受」[37]。

為了證明麗茲「可能有罪」，諾爾頓打算指出只有麗茲有動機和機會能夠犯下謀殺。他的陳述一開始便傳喚了布里斯托郡法醫威廉・多蘭醫師，這位醫師還不到三十五歲，「身材已經逐漸臃腫起來」[38]，這是他擔任法醫的第一年，波頓案是他的烈火試煉。他描述自己看見安德魯的頭，那景象「十分詭異」。[39]整體說起來，這段直接詰問的過程相當順利：「他的態度符合紳士的溫文有禮，聲音清晰，語言運用很是精煉，作證時的語氣充滿自信而鮮明。」[40]他說自己在八月四日檢驗安德魯及艾碧的屍體，正當他開始朗讀自己筆記上關於傷口的敘述時，詹寧斯提出抗議而暫停，於是他只能憑著記憶去描述傷口。

接著諾爾頓問了對他而言相當關鍵的問題：在驗屍之前，艾碧是否已經至少死了兩小時？這一次是亞當斯提出抗議。諾爾頓堅持自己對每樁審判案件都會問這樣的問題，亞當斯則展現他反脣相譏的機智：「地區檢察官學到的壞習慣可不少啊，該改一改了。」不過布雷斯戴爾法官允許這個問題，只是多蘭醫師還來不及回答，詹寧斯又出聲抗議，因此諾爾頓表示「都做出決定了還繼續吵，我可沒有這樣的壞習慣」[41]，而亞當斯則抗議諾爾頓刻意拿他的話來偷襲詹寧斯。一位記者總結了這段言詞交鋒：「雙方律師脣槍舌劍，庭上偶爾介入調停……亞當斯上校大膽的反駁讓犯人露出了微笑，接著似乎就比先前要自在許多。」[42]

在交互詰問的過程中，多蘭原本冷靜自持的態度隨著亞當斯「凌厲的攻勢」[43]逐漸瓦解。亞當斯質問解剖一開始是如何進行的，並以未提供完整報告為由將他擊垮，試圖藉此讓醫學檢驗過程看起來不夠嚴謹且「拙劣」。[44]根據《波士頓全球報》的報導，「亞當斯先生詢問的態度時而嚴厲，這讓多蘭醫師很不自在」。[45]另一位旁觀者則點出雙方律師的不同風格：「地區檢察官諾爾頓的態度很輕鬆，這是他一貫的作風；詹寧斯先生經常皺著眉頭，這也是他的習慣；亞當斯先生則不斷丟出問題，彷彿自己有永遠問不完的疑問。」

不過當天最轟動的事件與這樁案件的審理沒什麼關係。多蘭醫師在回答亞當斯先生某個問題時透露，波頓夫婦的頭骨已經被取下，「清理乾淨」後「由他保管」。《弗爾里維每日先鋒報》

如此總結：「這項聲明讓法庭內起了一波騷動，眾人的眼睛都望向那對姐妹，想看看她們聽見自己的父親下葬時沒有頭顱是什麼想法。愛瑪的眼裡盈滿淚水，低下頭雙手掩面；麗茲當下很是驚訝，倏地看向她姐姐……過了一會兒，眾人對這件案子的興趣仍然濃烈，即使旁聽者是坐在十幾公尺外的凳子上也一樣興致高昂。」[46]

隔天早上，多蘭醫師回到證人席，幸好他不必待太久。這天傳喚了一大群證人輪流作證，耗了大半個上午，讓他們說出安德魯．波頓最後一天上午的行蹤，並確定他回到第二街的時間。在波頓家作客的約翰．莫爾斯，他的客房正是艾碧遭到殺害的地點，同樣也做了陳述。莫爾斯說自己是在八月三日星期三的午餐之後抵達，大約下午三點時離開去拜訪安德魯的斯旺西農場，當天晚上就回來。在交互詰問時，他說家裡的每個人都病了，也主動說「波頓先生提過牛奶可能被下毒了」。[47]

布麗姬．蘇利文是這天的關鍵證人，她臉色蒼白、瑟瑟發抖，勉強撐著才上了證人席。《波士頓全球報》宣稱：「她一臉慘白，低垂著雙眼。」[48] 她和麗茲並無眼神交會，甚至在麗茲進來時都沒抬頭看她。諾爾頓詢問她時，她回答的聲音很低，「離證人席三公尺以外就聽不見了」。[49] 儘管如此，整個法庭裡的人所有注意力都在她身上：「人們開始顯露出確切的興趣，隨著她開始作證而越發專注。」[50] 最值得一提的是，「愛瑪戴著手套，坐在位子上抬手遮住自己雙眼」[51]，而麗茲臉上則忍不住露出一絲「酡紅……那些認真研究過她舉止的人知道，這就表示她情緒有些激動，而且她認真聆聽證人所說的每一句話」。[52]

布麗姬要說的話對諾爾頓的策略而言至為關鍵。多蘭醫師至少已經證明艾碧是在安德魯之前被殺，而布麗姬是目前已知在安德魯離家後一直到發現他的屍體期間，唯一跟麗茲一起待在家中的人。只有她能夠排除有外來者侵入未上鎖的房子，並一整天等待出擊時機的可能性。為此，布麗姬作證說她前天晚上睡覺前就鎖上了紗門及房子後方的木門，隔天早上起床時發現門都還是鎖上的。她也跟房子裡其他成員一樣，隔天起床時身體就不舒服，吃完早餐後不久就在後院吐了，她不確定自己回到屋裡後有沒有鎖上紗門。波頓太太要她刷洗窗戶，裡外都要洗乾淨，那天稍晚，她聽見波頓先生想打開上了鎖的前門，就在她幫他開門時，她聽見麗茲站在樓梯最上面一階大笑著，麗茲問她父親有沒有信件，並告訴他艾碧出門了。安德魯進起居室小睡片刻時，麗茲就在飯廳燙手帕，她也告訴布麗姬在薩金特的店（Sargent's）有布料特賣，建議她應該出門搶便宜。

布麗姬的證詞支持檢方的論點，也就是麗茲是八月四日當天唯一有機會先殺艾碧再殺安德魯的人。諾爾頓也想強調麗茲謊稱艾碧曾收到字條這件事。諾爾頓詢問布麗姬，艾碧是否「習慣在出門時告知妳」[53]（確實如此）。亞當斯跳起來提出抗議，諾爾頓換了不同的問題卻只想點出相近的論點：「那麼妳對於她出門這件事的所知，就只有麗茲告訴妳的那樣？」[54] 這次換詹寧斯抗議，諾爾頓直說這是最後了。再度繼續時，諾爾頓從布麗姬口中又引出了最後兩條線索。首先，她作證麗茲說自己聽見一聲低吼，然後才回到屋子裡發現了她父親的屍體；第二，她透露自己在週四那天任何時候都沒看見麗茲哭泣。第一件事證明了麗茲對於自己在八月四日的行動說詞改來改去，第二件則讓諾爾頓有理由說麗茲的舉止包藏禍心。

亞當斯以十分積極的交互詰問做為回擊，「以前所未見的速度不斷對這名年輕女子拋出問題」[55]，但布麗姬「順利挺過這場考驗，而且答案千篇一律都是『是的，先生』、『不是，先生』」。[56]他並未成功破壞她證詞的可信度，不過麗茲似乎很滿意他的表現，甚至在亞當斯拿艾碧的身材跟諾爾頓的臃腫相比時還發出了「發自內心的笑聲」。[57]但愛瑪並不覺得有趣：「她看起來非常緊張，在座位上坐立難安，不斷搧著她的扇子。」[58]她不時會悄悄在詹寧斯耳邊問問題。

布麗姬作證結束後，法庭暫時休庭去度週末，檢方這樣的決定是有策略的。《紐約時報》引用警方消息來源，強調了布麗姬證詞的重要性：「警方表示，幫傭的說詞顯示了，若有人能在麗茲獨處時進入或離開屋子，先是攻擊她母親接著又是父親，這可能性微乎其微。」[59]雖說如此，亞當斯還是堅稱自己並不擔心：「他仍然提出看法，說自己身為麻薩諸塞這個海灣之州最精明的刑案律師之一，認為目前的證據都還不夠充分。檢方必須在審判長面前公開更強力的理由，才能夠拘留麗茲．波頓讓她接受大陪審團的審判。」[60]約翰．米爾恩（John Milne）擁有《弗爾里維每日新聞晚報》，弗爾里維商業經濟的重要組成，他也同意：「到目前為止，還沒有一項證據是真正對被告不利的……唯一能夠證實的是麗茲小姐身邊人一開始就承認的事情，她在波頓先生被殺時是獨自一人，也沒有人能支持她非獨自一人的說法……檢方完全沒有找到動機。」[61]

諾爾頓並沒有忘記動機這件事，但他先拿出了更具爆炸性的證據：麗茲．波頓在謀殺案發生前一天曾試圖購買毒藥。首先，史密斯藥局的藥師伊萊．班斯指認麗茲正是八月三日想跟他購買氫氰酸的女人。被問到他是否肯定時，伊萊作證道：「這是第一次有人這樣問我要買氫氰酸的事情。」[62]亞當斯對這名證人的說法不屑一顧，嘲弄著班斯根本想不起來那女人身上穿著什麼顏色的衣服、究竟是拿著「皮包或手袋」[63]，還有她有沒有戴著面紗或帽子。因為班斯說自己能夠認出麗茲，有一部分是靠她的聲音，於是亞當斯問：「你有做過什麼聲音辨認訓練嗎？」[64]以及「你是說你的耳朵對聲音特別敏感，還是受過訓練？」[65]班斯有些遲疑，亞當斯又問：「她的聲音有什麼特殊之處？」[66]

班斯說：「她說話時的聲音在發抖。」[67]

這時有人聽見麗茲說：「我這輩子都沒踏進過那男人的店裡。」

亞當斯似乎聽見了自己當事人的話，便說：「我想你應該相當確定自己看見了誰……你有沒有把某人誤認成另一個人過，然後發現自己認錯了？」[68]

班斯承認認錯人這種事「很常發生」[69]，但他不記得自己有這樣過。

詹寧斯接下來的調查翻出了兩個例子，可以用來質疑班斯對自己辨識能力的篤定：有位傑斯．陶席克（Jas. Taussiq）表示「班斯曾跟人打賭，說自己親眼看見這位陶席克在一次意外中喪生」。[70]當班斯後來看見他時，據說班斯表示「我完全想不到居然會看見你在這裡」。另一間藥局的藥師則描述另一樁班斯告訴他的故事：班斯「在波士頓認錯人還打了他，更因此被逮捕」。還有另外兩件事，都是在謀殺案發生前的週一有女性去買氫氰酸：希波里忒．馬泰爾（Hypolyte Martel）表示自己拒絕了一名女性的要求，她先是想買砒霜，然後又說想買氫氰酸。根據《弗爾里維每日先鋒報》的報導：「同一天也有一名女性去了喜悅街上的柯諾與拉杜諾藥局（Corneau

& Latourneau）[71]，但後來發現這位是麥卡弗瑞督察（Inspector McCaffrey）的夫人，當時還發起了對藥局的抗議活動。」對辯方更有利的是，「據說她與波頓小姐長相相似。」

話雖如此，藥局裡的另外兩人法蘭克．奇爾羅伊（Frank Kilroy）及弗德列克．哈特（Frederick B. Hart）也作證說麗茲確實有來，想買毒藥。弗德列克．哈特是史密斯藥局的另一位員工，證實了班斯的說法。在交互詰問時，醫學院學生奇爾羅伊的說法與班斯的證詞有部分矛盾，不過仍足以證實他認出麗茲就是那位想來買氫氰酸的女人。他覺得她說話時「聲音很大」[72]，而且並未注意到什麼「聲音發抖」[73]的狀況，雖然他沒來法庭指認麗茲的聲音，不過在看到她走進藥局前，他已經在街上見過她好幾次。他和班斯一樣無法描述她穿什麼樣的衣服或是她有沒有戴面紗，但除了這點吹毛求疵的質問外，他的指認證詞仍然算數。麗茲終於顯露出緊張：「原本一直無動於衷的犯人也變得更加不安，雖然她仍能維持不動聲色的本性，但她不斷咬著嘴唇、雙手也動個不停，表示她即使看來似乎擁有無比的自制力，卻也是有極限的。」[74]

在這次打擊後，辯方需要來點好消息。醫學專家兼哈佛化學教授愛德華．伍德意外打斷了檢方一帆風順的辯證。首先他表示波頓夫婦的胃裡並沒有毒藥，第二點是他無法辨識出凶器是什麼，他在從波頓家取得的手斧或斧頭上都找不到血跡或人類毛髮。不過辯方的喜悅並不長久，接下來諾爾頓將麗茲接受訊問時的證詞紀錄唸了出來，花了兩小時，就連支持她的人都認為「過程很痛苦……聽人朗讀出她供稱自己曾去過穀倉及其目的」。[75]這次出擊十分成功，檢方的陳述就此結束。

辯方的陳述很短且正中紅心。檢方並未找到凶器，在麗茲身上也沒找到血跡。鄰居回報晚上有聽見奇怪的聲音，也看到附近有奇怪的人。雖然法庭裡溫度高得讓人不適，但麗茲卻披著一件羊毛披肩，代表她特別能夠「在其他人熱昏頭或躁動時保持冷靜」。[76]

再來就剩下結辯了。為了出席，麗茲穿著一襲深藍色長裙裝，頭頂著黑色蕾絲帽「上頭綴著幾顆紅莓」[77]，還戴著黑色手套。詹寧斯為麗茲發言，他談起自己與安德魯．波頓的友誼，對這位已故當事人的女兒是強力的擔保。這番話也發揮了預期效果，詹寧斯「描繪起引人同情的景象，敘述她的少女時期以及她與遇害父親的關係，讓她完全崩潰並痛哭流涕，坐在位子上雙手摀著眼睛」。[78]他解釋麗茲證詞的前後矛盾是訊問時刻意針對她的手段所致，在他的陳述中，麗茲接受訊問時「焦慮不已」[79]，對於財產分配的爭議他則輕輕帶過，並強調麗茲並沒有可信的動機。他比較起謀殺案發生時在屋內的兩個女人，問道：「依照事件的自然發展邏輯，誰會是受懷疑的一方？誰的衣物會被檢查？又有誰應該一一交代自己時時刻刻的行蹤？會是外人，或者是深深愛著遇害男性的人？還有……我們說起這位小女兒時代表了什麼？不就是最後一個坐在父親肩頭上的女兒，稚嫩的手指在父親頭上揮舞著愛的表現，這樣充滿愛與情感的連結難道不算什麼嗎？」[80]他否決以麗茲的身材與力氣犯下這樁謀殺案的可能性：「每一下攻擊都顯示出揮動斧頭的人相當熟悉這種工具……若要造成那樣的揮砍痕跡，動手的人就必須擁有強壯的手腕，以及使用斧頭的豐富經驗。」[81]而且，如果是她犯的案，血跡呢？

檢方的結辯也簡短而切入重點。諾爾頓感嘆著自己肩上扛著無比痛苦的責任，並提醒法官，化學家伍德教授及法醫多蘭醫師都同意，兩位受害者都是遭到斧頭或其他某種銳利的工具殺害，而且艾碧比安德魯還要早快兩個小時死亡。「會是誰做的？」[82]諾爾頓自問自答：「沒有人能夠攻擊他們，於是你會想到，這是出自一位猶豫不決、不甚完美的女性之手。」[83]他繼續說著：「首先要問的一個明顯問題就是，除了他們，誰是受惠者？」[84]是被告。又是誰唯一有機會能犯下這起雙屍命案呢？還是被告。至於麗茲想購買氫氰酸這件事，諾爾頓表示：「這起罪案是經過謹慎準備的策畫。」[85]最後他暗示麗茲「特異」[86]的態度：「在每個人都暈頭轉向時，只有一個人……沒有人看過她表露出一絲情感。」[87]最後他總結這次案件：「她一直想購買毒物……故事漏洞百出，而且……是她，也只有她才有機會犯下這件案子。」[88]隨著諾爾頓語畢，法庭瀰漫著「一片死寂的靜默」[89]，恐懼之情也顯露無疑，「剛過中午時還灑進法庭的陽光如今躲到雲後……同時一股寒風也從敞開的窗戶鑽入」。[90]

眾人並未等待太久，「臉色比平時還要蒼白」[91]的布雷戴斯爾法官「銳利的眼神在法庭內四處流轉」[92]，他「在一張大張的法律文件用紙上」寫了幾筆……「警員們看出那是謀殺案的訴狀」[93]，然後他開始說話，停頓了一會，又繼續以「沙啞的聲音發言，幾乎聽不見他說什麼」[94]，他緩慢而謹慎地陳述他的判決，「說話時讓人感到他顯然不願如此，但更讓這番話印象深刻」[95]：「假設有這麼一刻，有個**男人**就站在那裡，有人發現他在波頓太太陳屍的客房附近，假設有人發現某個男人就在波頓先生附近，而他唯一能為自己辯白的說法並不合理，說他當時在外頭的穀倉找魚墜，說他在庭院裡找什麼別的東西，人們的心裡還會懷疑我們應該如何處置這個人嗎？」[96]他繼續說，這時的聲音「幾乎像悄悄話一般」[97]：「因此我們只能這麼做，儘管這件事並不容易，但法庭的判決是妳或許有罪，妳必須等候高等法院進行下一步動作。」[98]

在他說話時，麗茲「平靜地坐著，顯然無動於衷」。[99]相較之下，「素來強勢的男人低下頭來，比較懦弱的正擦去眼眶的淚水；法庭裡每個女人都啜泣流淚，只有一個例外」。[100]麗茲站起來時似乎有些搖晃，但等她站穩後「便恢復了整場預審時那樣堅定、穩重且自持的態度」。[101]她向一直堅定支持自己的巴克牧師保證道：「別怕，我沒事，我很平靜。」[102]她離開法庭要回通頓監獄時又說了：「我想這樣是最好的，由高等法院宣判我的無罪會更好，這樣事情就能結束了。」[103]

麗茲的律師詹寧斯則沒有那麼樂觀，他告訴記者：「我筋疲力盡了，只想回家。除了已經說過的，我不知道還能再說什麼。」[104]儘管如此，他仍不屈不撓地堅持：「檢方完全沒有證據能夠證明他們所謂的動機，只有六年前跟繼母之間的一點點不愉快……檢方完全無法證實這件謀殺案不可能由波頓家以外的人犯下。」[105]

麗茲波頓的祕密

十月十日星期一，《波士頓全球報》刊出了重磅新聞，頭條標題寫著〈麗茲波頓的祕密〉。[106]裡頭有三重祕密：她懷孕了、她父親知情、安德魯威脅她若不說出「那個害她惹上麻煩的男人是誰」就要將她趕出去。根據《波士頓全球報》的報導，安德魯．波頓在八月三日發出最後通牒，告訴麗茲：「妳今晚就做決定吧。告訴我們他的名字，或者週六就滾出門釣魚去，順便找其他住處。」不只如此，文章中還列出了二十五名檢方證人，其中有些親眼目睹了那場關鍵的家庭紛爭，還有人看到麗茲的繼母被殺時，她人就在客房內。名單中也有熟悉的名字提供了新線索：該文表示，布麗姬・蘇利文曾無意聽見莫爾斯和麗茲在討論不祥的事，莫爾斯說：「吵架無濟於事。是時候採取其他行動了。」至於麗茲則試圖買通布麗姬讓她閉嘴：「妳想犯蠢還是要壞？」她如此命令道。另一位證人來自遙遠的某地，聲稱麗茲曾主動說要以十美元的價格把艾碧的金錶賣給她，這支錶就是前年那樁未能破案的竊案中失竊的；還有人宣稱麗茲曾諮詢過一名律師，想知道死亡的順序，例如說若是妻子死在丈夫之前，在已擬定的遺囑中會如何影響其他受益人。這篇文章很有說服力、毫不留情，且是「廣大讀者所讀過最大的『騙局』」。[107]

如此明目張膽的謊言是如何能夠印刷出版的？《全球報》的王牌刑案記者亨利・崔奇向一位名叫艾德溫・麥克亨利（Edwin McHenry）的私家偵探花五百美元購買資料，他以為那是檢方的卷宗。麥克亨利在羅德島州普洛維敦士開了家偵探社，在波頓案調查期間，他和他的妻子奈莉（Nellie）曾協助過弗爾里維警方。他和崔奇也有一段過去：他們曾在另一樁謀殺案各為一方，也就是去年科羅拉多州丹佛（Denver）的葛拉維斯醫師（Dr. Graves）大審（平克敦偵探社的漢斯康也曾參與過這個案子）。說得好聽點，麥克亨利這人做事恣意妄為，顯然很享受能有機會陷害崔奇一回。後來麥克亨利敘述了事件經過：「崔奇先生提議想跟我買檢方的卷宗，我那天躺在床上反覆思考這件事，然後想好了一些自己能夠透露的故事細節……他寫下我說的話，我們就這樣忙到凌晨三點。」[108]崔奇在受騙前被認為是麻州最傑出的記者之一。事後回想，崔奇一開始會輕信對方是可以理解的，後來有位同僚就點出他對工作懷有熱忱，而他對報社的「一片忠心，有時會壓過他的警戒心」。杜撰假消息的麥克亨利在選擇細節時也安排了相當高明的真實成分，例如安德魯提到麗茲安排好要到瑪利翁釣魚的計畫（她聲稱這是自己到穀倉的原因）、胡編的證人名單中也有許多弗爾里維居民的姓氏（包括拼法有兩個C的卻斯〔Chace〕），還有不倫戀情（還造成懷孕）做為謀殺的動機。雖說如此，但只要隨便調查一下就會發現，名單中大部分所謂的證人都不存在。

因為擔心會被對手報社搶了獨家，《波士頓全球報》的主管也選擇不進行任何調查，很快就將這篇故事付梓。不到十個小時，編輯們就發現這是一場騙局。十月十二日，《波士頓全球報》撤回了報導，並向麗茲「為他們如此無情評論她身為女性的名聲，也為週一的報導對她造成的不公，致上誠摯的歉意」。[109]崔奇離開波士頓去跟麥克亨利對質，宣稱「要是讓他看見那傢伙，普洛維敦士就要辦喪禮了」[110]，但一個多月後卻是他先死了：為了躲避因這次事件而遭起訴一事，他逃到加拿大，結果在安大略省漢彌爾頓（Hamilton）附近命喪一輛西行列車的輪下。州檢察長皮爾斯伯瑞起初不相信他的死亡報告，還指示一名警官去確認「被撞死的確實是崔奇」[111]；他跟這名記者實在「交情匪淺」，認為此人「神通廣大，不容小覷」。[112]

雖然大部分人都認為麥克亨利是這起糾紛的「始作俑者」[113]，法警希里亞德卻支持他，並「認為麥克亨利是一位有能力、可靠且值得信賴的警員」。[114]就像回應似的，麥克亨利還挖掘出另一個聳動的八卦，巧合到令人不敢置信；據他所說，第四街上有兩位賣女帽的商人作證說麗茲一直「都有在鍛鍊身體，已經很長一段時間了，而且……常吹噓自己的力氣有多大」。[115]他還真的去追查另一個有趣說法的消息來源，據稱愛德蕾．邱吉爾曾說過「她在謀殺案當天看見那屋子裡發生某件事，不過就算有人威脅要拔了她的舌頭，她也絕不會再說出來」。[116]結果只是徒勞：消息來源是「一個叫做喬治．懷利（George Wiley）的傢伙，特洛伊工廠的伙計」[117]，他不過是個到處散播二手、三手八卦的人士。麥克亨利自稱為了波頓案勞心勞力，卻從未得到應有的完整報酬：「我默默埋首工作，獎賞在哪？」[118]他這麼對一位記者同僚哀怨地說道。

至於崔奇與麥克亨利這樁糾紛的本質，所有以誠信為上的報紙都集體噤聲。正如波特所言：「這件事說來實在難辨，所以沒有報紙試圖報導相關事件，只是偶爾一提，但知道大致事實為何的主流報社並不只一家。」[119]雖然波頓團隊的日子難過，這場騙局卻讓眾人同情起麗茲，經此事件便收斂許多的《波士頓全球報》更是如此。

准予起訴

司法機器繼續運作著：由該郡選民中挑出二十三人組成的大陪審團，從十一月十五日開啟調查。預審的結果決定了有充分證據能在高等法院審判被告，而大陪審團則是要決定是否起訴或正式指控被告犯下特定罪行。一位法學家解釋：「在麻州，大陪審團一直以來就只是提供資訊並提出控告的團體：它不會就案情本身做實體判決，也**不會**決定被告有罪或無罪。」[120]在正常程序下，是由檢方提出證據來支持起訴，辯方在過程中無法可施，但諾爾頓不採取標準作法，反倒讓詹寧斯有機會為被告提出證據；或許他是希望自己不必擔負起訴麗茲的責任。儘管如此，一八九二年十二月二日，大陪審團仍然控告麗茲・波頓殺害了安德魯及艾碧，這是麻州那一年起訴的十四件謀殺案其中之一。以法律用語來說，大陪審團回覆的「確認起訴書」中列出了三種不同的起訴書：一是謀殺安德魯・波頓、二是謀殺艾碧・波頓，三則是謀殺波頓夫婦兩人。諾爾頓向皮爾斯伯瑞回報，陪審團投票決定起訴是「以多數決，而非一致通過」。[121]為了維持過程保密，他「甚至不知道有幾個人投了票」。[122]

圖 27　喬治・D・羅賓森州長

詹寧斯或許未能影響大陪審團的決定，但卻也沒閒著。他又雇用了一位法律專家喬治・羅賓森，他曾是共和黨眾議員也是麻州前州長，《波士頓週日先鋒報》(*Boston Sunday Herald*) 評論羅賓森「幾乎是家喻戶曉……完全可以說是麻州最有名的人」。[123]另一家報紙則形容他是「傳統型的人」[124]：「他的身材顯示出他喜愛享受生活，面相則表現出他經常思考且努力工作。」[125]羅賓森個頭高大而相貌突出，跟風度翩翩的梅爾文・

亞當斯一樣，穿著量身訂製的西裝來展現出身材的優勢。雖然他一身高檔的訂製衣裝，作風卻相當親和，最出名的就是他站在陪審團前總是一派輕鬆，彷彿他只是路過來聊個天，一切對他而言有如信手捻來。羅賓森在哈佛大學受教育，卻非出身優渥，他小時候在父親的農場工作，大學畢業後教書教了九年，然後成為奇科皮高中（Chicopee High School）的校長，接著才當上律師。他總是恰如其分，保持不加修飾的直白及「平靜的愉悅」。[126] 除了他的名氣及法律專業之外，眾人也認為他具有「對人性的深入認識，能知道這些的專業人士已經不多了」。[127] 參議員亨利．卡伯特．洛吉（Henry Cabot Lodge）在對他的致詞中借用了莎士比亞的安東尼來改述：「此人直言不諱而言簡意賅，十分擅長這種最為困難而發自內心的演講，他不會使用名言錦句、不會長篇大論，也不會想用什麼譬喻，但他說起話來是我所聽過最有影響力跟說服力的，無論是在國會、廣大聽眾或陪審團前皆然……他的言語簡潔、句構清晰……最重要的是，他擁有罕見而珍貴的能力，能讓聽眾覺得他所說的就是自己一直以來的想法，只是從來無法如此被恰當表達出來。」[128] 而他也知道自己的價值所在：儘管作風簡樸，他收取的費用卻高達兩萬五千美元。（據說詹寧斯和亞當斯各收取了一萬五千美元。）

同時，麗茲在牢裡日漸憔悴，律師團隊卻無法給予什麼安慰。雇用羅賓森讓她開心了一會兒，他在接下為她辯護的工作前堅持要見她；經過兩小時的討論，他宣示自己相信她的清白。不過她仍向老朋友安妮．林賽（Annie Lindsey）埋怨她的律師「讓她完全無法期待事情**很快**會有轉機，或是否能被**釋放**」。[129] 她在牢房裡能擁有幾樣足以堪慰、讓心情好些的簡單物品：幾株植物、安妮送來的糖果，還有一隻叫雛菊（Daisy）的公貓。貓不會對她妄加評論，她說雛菊「是我所見過最安靜的男孩，卻是我最好的同伴」。[130] 她在《波士頓日報》（*Boston Journal*）舉辦的讀者比賽中贏得第二名，獎品是一整套英國小說家威廉・薩克萊（William Thackeray）的作品，不過她比較希望是狄更斯（Charles Dickens）。在預審期間，她一直無法順利讀完薩克萊的《彭登尼斯》（*Pendennis*）。被監禁這件事仍壓迫著她，她在五月時寫道：「我的心情陷入低潮，在這片陰鬱中見不到光明。我盡量努力填補等待時的空虛，然而每一天都越來越長……我內心沉重不堪，身上的重擔似乎已超過我所能負荷。」[131]

精神病院或許是她的好去處

就在麗茲等待的同時，報紙媒體公開懷疑她的精神狀況。有一家的頭條寫著：〈精神病院或許是她的好去處〉。[132] 不過她看起來實在沒有異狀。她的文法學校前任校長回憶起她在學校時「成績普通，不算特別聰明也沒有蠢笨到引人注意」。[133] 她在家裡是個愛鬧脾氣的孩子，性格顯然鬱鬱寡歡，一名高中時的友人就形容她不只一次出現過「相當憂鬱」[134] 的樣子。後來，她在案發前一晚跟愛麗絲・羅素的對話似乎是個預兆，麗茲自述她容易多慮：「我那天跟朋友一起吃飯……女孩們都笑著、談著天，玩得很開心，我卻只陷入自己的憂思，其中一個就開口對我說：『麗茲，妳怎麼都不說話？』」[135]

無論麗茲是不是容易陷入憂鬱，她身邊的人顯然都覺得她很正常，就像平克敦偵探漢斯康觀察到的：「這起謀殺案看起來像是瘋子所為，但麗茲看起來是個頭腦冷靜而自持的女性。」[136] 記者伊莉莎白・喬丹也同意：「陪審團看見麗茲那剛毅的臉龐、堅定而充滿智慧的眼神，絕對不會相信這樣的人在做任何重要的事情之前不會藉助清晰的光線思考……也就是理性。」[137] 然而包括《波士頓先鋒報》在內的部分媒體都認為，麗茲在調查期間表現出的正常以及「無動於衷的冷靜」[138]，反倒證明了她的瘋狂：「以這件案子而言，沒有比這般非比尋常的表現更能讓人相信她的瘋狂。」[139] 一個不具名的「官方」消息來源如此說道：「人人都知道，或許有人遇到什麼事都能冷靜以待。這就是我對麗茲的想法。」[140]

儘管如此，《波士頓宣傳報》仍宣稱：「這在警界已經是公開的祕密，也就是檢方相信波頓小姐在犯下謀殺的當時神智不清。」[141] 就這件事來說，《宣傳報》是對的，至少檢方認為值得認真調查一番。首先他們諮詢了專家，州檢察長皮爾斯伯瑞寫信給麥克林精神病院（McLean Asylum for the Insane）前任院長喬治・傑利醫師（Dr. George Jelly），他後來也擔任麻州精神疾病委員會（Massachusetts State Board of Insanity）的主席，請他針對麗茲的精神狀況給予意見。雖然經常有人請教傑利醫師檢查重要人物並評估他們的心理健全狀態，這次他卻拒絕了，寫道：「從你提及的瘋狂跡象看來，我並不認為相當充分或足夠具體，因此不便發表意見。」然後皮爾斯伯瑞寫信給接替傑利在麥克林職位的愛德華・考勒斯醫師（Dr. Edward Cowles），詢問若從「這件案子的操作手法來看」，能否表示「此為瘋子所為」。[142] 考勒斯回覆說，他對「操作手法」的了解並不足以讓他大膽給予意見，但又說他的「推論**反對**犯下此案之人是瘋子的這個理論，這是從我目前讀到無論事前或事後有關**她的舉止**所做的結論」。[143]

諾爾頓和皮爾斯伯瑞都試圖勸說詹寧斯同意讓麗茲接受醫師檢查，諾爾頓表示：「我跟詹寧斯怎麼談都談不成。他採取的正是我擔心他會採取的態度，認為如果他同意我的任何提議就是一種投降。」[144] 皮爾斯伯瑞在八月二十二日親自見了詹寧斯，他認為自己有點進展，說服詹寧斯同意讓檢方專家檢查麗茲，但詹寧斯「離開時說他必須先見過亞當斯」[145] 再說，而亞當斯的建議很明確：「我們不能做任何可能讓人懷疑她清白的事。」[146] 諾爾頓遺憾地說：「就算沒有他的協助，我們也能針對家庭狀況進行調查，但如果有，資訊會完整很多。」[147]

警方調查波頓家族是否可能有瘋狂的基因，主導調查的是麻州警方的莫爾頓・巴切德（Moulton Batchelder），結果並未找到什麼要緊的資訊，最多能說的就是莫爾斯家及波頓家的族譜上都有幾個怪人，但這不足以指明有瘋狂基因。詹姆斯・史代福隊長（Captain James C. Stafford）表示麗茲的生母是個「特別的女人，**脾氣相當差**」[148]，安娜・豪朗（Anna Howland）也同意：「我一直都聽說他們家有點奇怪又異常。」[149] 巴切德在報告中特別劃線強調了莎拉・莫爾斯的脾氣問題，以及後面來自鄰居瑞斯康・凱斯（Rescom Case）的評論：「我們從沒聽說他們家有誰瘋了或曾經瘋了，但我覺得有些人比（**錯字照引**）瘋了還糟。」[150] 前任駐市法警大衛・布里格罕（David S. Brigham）也提出自己的意見，說「要是他們說出自己所知的一切，就會知道麗茲是個性情不佳的女人」。[151]（布里格罕是BMC德菲保險信託公司的經理，安德魯・波頓也在這家公司的董事會任職，只是不知道他從哪裡打探到這些消息。）在第二街的房屋還沒翻新成獨棟住宅以前，曾住在該處的喬治・佩提（George A. Pettey）便說麗茲是出了名的「醜惡」。[152]相較之下，麗茲的朋友瑪麗・布里格罕（大衛・布里格罕的兒媳婦）向《弗爾里維每日先鋒報》透露：「這個女孩子的脾氣非常溫和，從來沒表現出激動的樣子……自從謀殺案發生後，她的行為舉止就像她一貫為人所知的那般正常。」[153]漢迪醫師（麗茲原本打算和朋友相聚的瑪利翁木屋就是他的）否認自己曾見過「任何瘋狂的跡象」，他繼續說：「雖然歇斯底里的症狀經常出現在女性身上，卻從未出現在她身上過。」[154]

若中產階級女性犯下違反道德與法律的行為，通常都會被解釋成歇斯底里。十九世紀末時普遍認為女性的本質與男性的生理模型基本上不同；總的來說，女性更容易出現病痛，無論生理或心理上皆然。歇斯底里是一種女性的病症（相形之下，神經衰弱則是男性無法承受資本主義壓力而產生的病症），在與女性相關的醫學討論中是重要的主題。醫生發現這種病症在年輕未婚女性中很常見，一開始認為歇斯底里肇因於閒蕩的子宮，後來對大腦功能有了更多研究後才將之歸為神經因素，但在十九世紀的最後二十年間，研究者對於究竟是什麼器官引發歇斯底里，依舊苦無證據。不過，仍舊只有女性特別容易被診斷出這種病症，而她們的生理、或者生理上注定要扮演的角色，似乎就是解開這道謎題的關鍵。在很大程度上，正是因為女性的生殖系統比其他生理功能還來得重要，才造就了這種想法。當時這些對女性基本能力及心理狀態的認知，導致了依性別不同而分類的解剖及生理模型，更反過來合理化了這種觀感。醫師認為女性的病症是潛在的神經緊張及道德混亂所引起，就像S·魏爾·米歇爾醫師（Dr. S. Weir Mitchell）說的：「女性若是長期受到神經問題折磨，道德感便會扭曲。」[155]他針對女性的歇斯底里症狀發明了惡名昭彰的「臥床治療法」。*

這些對女性本質的生理及心理認知，必然會在刑案審判中彙整，畢竟被告的心智狀態是決定有罪與否以及最終刑責的關鍵。迄今在評估刑責時最為重要的因素是經期跡象。經期概括了女性生理、心理及行為的所有問題。月經來潮被視為是極度危險的時刻，每個月都要經歷一次強度不一的系統性刺激。有許多像是奧地利犯罪心理學家漢斯·葛羅斯（Hans Gross）這類具有影響力的專家便主張，月經會降低女性抵抗禁忌衝動的能力，接著就像打開防洪閘門一般，各種犯罪行為接踵而來。雖然這類違規行為通常只是偷竊而非更嚴重的罪行，但有些人警告女性也有暴力犯罪的可能性，葛羅斯便認為：「月經可能讓女性犯下最為嚴重的罪行，許多作者都提出數起案例，明理的女性被迫做出令人完全無法理解的行為，很多時候甚至是謀殺。」[156]為了實現「憐憫」與「正義」，知名英國醫師亨利·麥克諾頓－瓊斯（Dr. Henry MacNaughton-Jones）主張，「月經混亂與任何犯罪行為……的關係，在決定女性刑責時應該要列入考慮」。[157]

麗茲自己在訊問時表示她在謀殺案前的那段日子有「蝨子」[158]，這是當地對月經的委婉說法。從表面看來，這件事便能解釋為什麼水桶裡泡著染了血的毛巾，以及警方在一件內襯裙上找到的血跡。不過她的律師很清楚月經可能隱含的重要性，詹寧斯的年輕同事亞瑟·菲利普斯（Arthur

Phillips）後來寫道：「並無證據顯示她在這段期間曾出現歇斯底里或不正常的現象，也無證據說明任何異常的心理狀態。」[159]

詹寧斯默默追查著幾個惱人的謠言，他的筆記本內寫著這筆紀錄：「詢問艾瑪她是否曾將抓傷她的貓拎出去、放在砧板上砍下牠的頭。」[160]這個故事流傳的版本有好幾個，例如有位不具名的線人便建議希里亞德法警「查一下之前麗茲殺貓的故事」[161]，又有位不具名的線人寫信給諾爾頓說波頓家的牛奶工「知道，麗茲小姐曾把她繼母養的貓斬首這件事**是真的**」。[162]這些故事似乎並無根據，不過波士頓有位艾波索普女士「勉強」寫下消息，提供了有用的推論，那就是警方在一把手斧上找到動物毛髮，「伍德教授說看起來像牛毛，或許就是這隻貓身上的毛」。[163]後來在審判期間，殺貓的謠言又浮出檯面，《紐約世界報》（*New York World*）記者伊莉莎白・喬丹寫道：「沒有人能夠證實這個故事，大家都是從別人那邊聽來的，卻整天流傳著，而且每傳過一個人就會冒出更多血、更銳利的斧頭。」[164]

詹寧斯代表被告，直接否定了心智瘋狂的可能性，並保證審判將還當事人一個清白。但麗茲就沒那麼有自信了，她在一八九三年一月寫信給朋友安妮・林賽：「我怎麼也不明白，妳和我其他朋友如何能對這件案子這樣充滿希望？」[165]離審判不到一個月前她又寫信給林賽，不知道

---

* **譯註**：原文 rest cure，流行於十九世紀末的一種療法，強制女性躺平至少六至八個禮拜，嚴禁做任何事情，只有上廁所跟被餵食時可起身。每天由醫護人員嚴格餵食很多牛奶，也因此多半只有上層階級婦女負擔得起。

「這糾纏不清的絲線**究竟**能不能梳理得清」。166 她的這份疑問也反映在諾爾頓與州檢察長皮爾斯伯瑞的私人通信內。諾爾頓和皮爾斯伯瑞一致認為「我們兩人都無法避開這個結論，那就是她對這件事肯定知道些什麼」167，因此他們必須繼續起訴流程。「我個人是非常希望能夠擺脫這場審判，」168 諾爾頓在給皮爾斯伯瑞的信中寫道，「但是除了審判，我也不清楚到底怎麼處理這件案子比較妥當」。169 他繼續說：「案子已經進行到這個地步，本郡的大陪審團也給了起訴書，我認為我們不該承擔讓她不經審判就獲釋的責任，即便我們合理期待這樁案子會宣判無罪……陪審團可能對本案有歧見，但即使我再怎麼樂觀，也不太認為會宣判有罪。」170

圖 28　威廉·H·穆迪

亞伯特·皮爾斯伯瑞身為州檢察長，一般都認為應該由他來起訴這件謀殺案，報紙的推測是檢方內部意見分歧，猜想皮爾斯伯瑞與諾爾頓的態度不同，對於是否要繼續審判麗茲·波頓有所動搖。但大眾不知道的是他生了病，才剛從去年底的急病中復原。雖然他表示希望能親身參與，卻也不敢冒險，於是招募了前程看好的年輕地區檢察官——來自艾塞克斯郡的威廉·穆迪——協助諾爾頓起訴這件案子。皮爾斯伯瑞告訴他：「我不確定我們是不是用得上你，但有可能會。我現在被嚴格限制不能接超過一定數量的案子，也不能處理特別勞心的案件。」[171]因為這案子敏感，穆迪發誓會保密。他寫信告訴皮爾斯伯瑞：「當然，我會恪守您的要求保持沉默，知悉您採取的策略有著不確定性，也會謹記您的警告。」[172]

地區檢察官威廉・穆迪只有三十來歲，他的「崇高聲譽和州內其他公訴檢察官比肩」。[173]他的外型相當帥氣：金髮藍眼，穿著就如紐約客一般，「不僅英俊，還聰明機靈」[174]，波頓案的審判不過是在他燦爛的職業生涯中早期的一步，許多人都將他視為極可能接任皮爾斯伯瑞當上麻州州檢察長的人選，並認為他能夠打敗另一位可能人選，也就是侯西・諾爾頓。不過他的打算是繼續登上全國性舞台：穆迪先是在國會任職，被他的哈佛同窗老羅斯福總統任命為海軍部長，而後為司法部長；同時這位帥氣的單身漢對羅斯福活潑外向的女兒愛麗絲（Alice Roosevelt Longworth）而言，也是個如同叔伯般的可靠長者。一九〇六年，暨小奧立佛・溫德爾・荷姆斯（Oliver Wendell Holmes, Jr.）及威廉・戴伊（William R. Day）之後，老羅斯福總統選擇穆迪做為他最後一位任命的最高法院大法官。但這份終身職並不長久，因為健康不佳，他三年後便退休了。

有了穆迪預備著隨時接手，審判的準備工作繼續進行。諾爾頓與皮爾斯伯瑞在一八九三年四月二十六日星期三這天當面商談，經過一連串討論時程的電報往來後，檢方和被告辯護律師終於同意在四月二十九日星期六見面。五月二日，皮爾斯伯瑞通知羅賓森：「首席法官梅森表示，他們決議在下星期一上午十一點前開始審判，顯然他還是認為要在新貝福進行。他建議提審波頓小姐並聽取她的陳述。」[175]

提審麗茲．波頓需要縝密的規畫，才能避免媒體蜂擁而至。五月八日星期一，瑞特警長獨自前往新貝福，再折返回來接他的犯人，麗茲本人「現身還不到兩秒」[176]立刻有人催她進入等候著的馬車並前往法庭。她進入法庭時「腳步踉蹌」[177]，《新貝福標準晚報》報導說：「但那就是一瞬間的事；她似乎馬上就鎮定下來，然後穩穩地走向被告席。」[178]相較之下，警長的妻子瑞特太太看起來就相當「緊張而激動」。[179]到了陳述時間，麗茲並未遲疑：「她的聲音堅定、清晰而響亮，她回答說：『我不認罪。』」[180]人們聚集在法院外頭，「旁觀者焦慮地在人行道上走來走去，就是想在她出現時看她一眼」[181]；他們大部分都被另一群「阻擋視線的障礙物」遮住了，也就是等在外面前後兩個出口苦無題材的記者們。最後麗茲在掩護下離開，登上五點五十分開往通頓的火車。這趟旅程很短暫，只花了不到四小時。

接近當週週末時，皮爾斯伯瑞評估自己無力再參與，便指定穆迪接手他的工作。五月十三日星期日，諾爾頓和穆迪花了六小時討論這件案子，穆迪同意訪談每位證人並「做好萬全準備」。[182]諾爾頓提議讓穆迪帶頭，「把引領方向的尾槳交到他手上」，不過穆迪「比較希望擔任助手的角色」。隔天，諾爾頓鬆了一口氣後告訴皮爾斯伯瑞：「他會**全心全意**投入這件案子。」不過他接著又說：「我實在不知道如何表達我的遺憾，不只是為了我自己，也是為了你，畢竟你最後無法和我們一同進行下去。你說的完全正確，不論我們在這件案子上採取什麼策略，都不可能不受批評，而批評難免是傷人的。」[183]

審判前的週日，《弗爾里維每日全球報》如此報導：「預審已經結束，而在這天上午，關於波頓謀殺案的謎團即將揭開最駭人聽聞的一幕……各地的氛圍都充滿著壓抑的激動——眾人引頸企盼這一幕展開，也渴望懸疑之謎終能解開。」184

第二部

審判

TRIAL

第五章

帷幕升起

一八九三年五月三十日，弗爾里維又發生了一起轟動當地的斧頭殺人案。二十二歲的柏莎·曼徹斯特（Bertha Manchester）遭人「從背後以斧頭往頭頸狠劈，造成了二十三道嚴重傷口」。[1] 報紙很快就指出這起案件與波頓案之間的相似性：兩件案子所使用的凶器看來都是斧頭、三名被害人都是白天遇害，而且每位被害人身上的傷口都遠超過致命所需造成的傷害。《普洛維敦士日報》寫得更誇張，六月二日的頭條直接以〈斧頭殺手〉為題，「於弗爾里維再次現身」。[2]《紐約世界報》的伊莉莎白·喬丹也應和，評論道：「看來弗爾里維是出了個開膛手傑克，能將人劈成碎片。每起案件都展現出極其相似的無情殘酷，而且兇手十分聰明，能夠躲過警方追捕，就像在倫敦白教堂地區或其他地方犯案的兇手。」[3] 但法警希里亞

圖 29　麻薩諸塞州新貝福市布里斯托郡法院外觀

德卻駁斥此案「與波頓案有任何相似之處」，《新貝福標準晚報》詳述了關鍵的差異處：「波頓疑案的一切細節都指向這是經過精心策劃的謀殺計畫，但曼徹斯特案中的證據卻顯示出掙扎以及突然冒出的殺人衝動。」[4]荷西・柯雷亞・德莫洛（Jose Correa deMello，在報導中拼成Correiro）於六月四日遭到逮捕，他從葡萄牙自治區亞速爾群島（Azores）來當地的農場工作，對生活心懷不滿，他看起來就像個在電影中飾演殺人犯的角色。曼徹斯特案是那種本土主義者的夢魘：一位端莊、靦腆而甘於奉獻自我的年輕女性在自己父親的農場上遭人殘忍殺害，只因為一位腦子不正常的葡萄牙移民嫌工資太少。[5]柯雷亞・德莫洛才剛來幾個月，因此波頓案不可能是他做的；同時他承認自己殺害曼徹斯特，所以能排除那微小的可能性，即有另一位未知的第三者殺害了曼徹斯特及波頓夫婦。但是，波頓案的陪審員有可能在決定麗茲的命運前就得知這件案子嗎？報紙頭條是在六月五日報出柯雷亞・德莫洛被捕的消息，而同一天的版面也報導了麗茲・波頓在新貝福受審的第一天，這天將選出陪審員。

麻州的新貝福市並非檢方及辯方一致同意的審判地點。弗爾里維的報紙努力遊說，想在本地舉行審判，畢竟所有證人都住在這裡。《弗爾里維每日新聞晚報》也認為「從便利性和開銷來看，選擇本市比較好」[6]，而公民領袖更是急著想透過舉辦波頓案審判為本地帶來經濟收益。辯方傾向選擇通頓，這裡是布里斯托郡的中心，而且麗茲自預審後就一直住在這裡。一八九二年十二月十二日，詹寧斯寫信給州檢察長皮爾斯伯瑞：「我的當事人非常渴切希望在通頓舉行審判，因為她更傾向待在目前的居所。」[7]不過最後決定要在六月五日舉行審判，而新貝福通常也是從這一天開始審判刑事案件，於是記者們便正確推測出審判地點會落在新貝福。

新貝福位於弗爾里維東方約二十四公里遠，搭乘路面電車至少要花三十分鐘，在十九世紀大多數時間都是以捕鯨為主的港口而聞名。因為有這樣的歷史，新貝福一度是美國人均收入最富裕的城市，做為「鯨脂貴族」[8]而賺進的財富，讓他們將生意觸角從捕鯨業進一步延伸到紡織業。這裡被認為是「新英格蘭最美的城鎮之一」[9]，中心的住宅區標榜有「高大的榆樹、美麗的花園與翠綠的草地」。離最早落成的大宅邸不到幾個街區，就矗立著布里斯托郡法院。新貝福的布里斯托郡法院建於一八三一年，採希臘復興式風格，看到的人稱這是「這座風景秀麗的老城鎮上最美麗如畫的一棟建築」[10]，正面有顯眼的四根古典式石柱以及一棟鐘樓，雖然前方有一片廣闊的青青草地，周遭「誇耀做作的住宅所擺出的建築及物質姿態，卻完全掩蓋了」自然景緻。位於二樓的法庭看起來無法容納波頓一案應該會吸引而來的旁觀者和記者；雖然多有限制，但新貝福法院已經準備好面對媒體記者的包圍。

《普洛維敦士日報》報導稱，麗茲．波頓的審判將是「世界歷史上最重要的一場謀殺案審判」[11]；《紐約世界報》的用字遣詞則稍微收斂一點，說這是「新英格蘭史上最非比尋常的刑案審判」[12]；但《波士頓全球報》卻大張旗鼓地表示，「這場審判的主角是個堪稱年輕的女子，罪名是謀殺自己的父親與繼母，全國各地聰明的讀者對審判結果的興趣已經濃厚到不能再濃厚了」。[13]《波士頓全球報》預估，在他們自己的讀者群中「此刻就有十萬人，奉獻出自滿的心智，努力想對這起轟動的案件進行徒勞的分析」。[14]為了滿足這樣的需求，聚集在新貝福的特派或常駐記者多到不可勝數，《新貝福標準晚報》甚至懷疑來報導的人多成這樣，這次審判的細節會不會是有史以來最詳盡的。為了容納所有記者，法庭的二樓經過特別改裝，在通常是保留給證人使用的空間裡多塞進五張桌子，每張桌子能容納五名坐著高腳靠背椅的記者。實際使用起來，讓人聯想到學校裡的考試：記者們靜靜寫著字，高階警長則負責維持秩序。美國聯合通訊社（The Associated Press）分到了四個位子，剩下的則分配給麻州各家報社代表，弗爾里維和新貝福的報社有優先權。但紐約的報社很不滿，普立茲（Joseph Pulitzer）旗下的《紐約世界報》便向首席法官陳情，法官也允准其要求，瑞特警長把犯人的被告席再劃出一塊空間，搭起臨時欄杆後擺上一張長桌，讓紐約的報社有位子坐。相較之下，其餘通訊社記者就被貶到法院後方的馬廄裡。為了讓空間分配不那麼窘迫，裡面鋪上了地板並切成三塊空間，西邊與東邊的位置分別留給郵政電報公司（Postal Telegraph）以及標準與聯合通訊社，另外八家小通訊社則擠在中間，《波士頓全球報》在角落擁有一塊自己的獨立空間。從這些建築

圖 30　法院內部一景

圖31　朱利恩．拉福

物中拉出了許多條電報線，有人開玩笑地說：「整個布里斯托郡都可以來這裡晾衣服了。」[15]

《紐約太陽報》的朱利恩．拉福，以及為《波士頓全球報》及《紐約紀錄報》（*New York Recorder*）報導這次審判的小喬．霍華是這群人當中最有名氣的。兩人都擅長撰寫故事，而非只遵照新聞的資訊呈現模式，他們「描寫新聞時著眼於角色、情節、設定、對話、戲劇發展步調，以及其他文學元素」[16]，這樣的風格被稱為「新新聞主義」。一八九三年，普立茲的《紐約世界報》發行量（每日十五萬名讀者）已經超過了《太陽報》（*Sun*）。雖是以率先開啟煽情手法的黃色新聞而知名，然而它與《太陽報》的小報新聞不同，是一種混合了資訊及故事導向的新聞。至於《太陽報》仍是最便宜且容易取得的報紙，眾人印象最深刻的或許是一八九七年的一篇社論，創造出永為流傳的那句「是的，維吉妮亞，世界上真的有聖誕老人」。*

在加入《太陽報》前，朱利恩．拉福已經報導過當代許多重大新聞，包括一八七五年美國公理會牧師亨利．沃德．比徹（Henry Ward Beecher）的通姦罪審判，當時《太陽報》仍是發行量最大的報紙。他努力發揮自己的才能，將事件改寫成報紙需要的故事，用他的話來說就是「知道要寫什麼、要刪什麼、重點放哪、什麼值得用一個段落來描述，什麼值得用整個版面來報導」。[17] 一八九三年，他的事業正值巔峰：三月報導了格羅佛·克里夫蘭（Grover Cleveland）的總統就職典禮，五月報導了芝加哥的哥倫布紀念博覽會（World's Columbian Fair），以及華盛頓特區針對自由鑄造銀幣的立法辯論。除了《太陽報》，一八九〇至九五年間他也在《哈潑》等主流雜誌發表了近一百五十篇文章。一八九三年五月滿四十歲的他，仍然挺著一百八十三公分的身高，散發著健康氣息。他將自己的身體耐力及天生性情歸功於「無可匹敵的堅持不懈」[18]，這兩項在他看來都是新聞工作者必備的條件，最後也帶著他遠渡重洋到俄羅斯、中國，以及波耳戰爭（Boer War）期間的南非。他後來說：「每位記者的生涯都和釘子一樣堅硬不屈，對報導記者而言更是如此。」[19] 然而，對比起他令人眼花撩亂的冒險經歷，以下這點就顯得不太相稱：他將頭頂日漸稀疏的頭髮整齊分開，嘴上的八字鬍也逐漸變細，細到他得用髮蠟才能梳好的地步。

一般情況下他並不喜歡報導刑案，不過他有一項相當自豪的成就，就是曾拯救一位無辜的年輕男子免受絞刑。拉福在自傳《記者的養成》（*The Making of a Journalist*）寫道：「這件案子就是全然理性的邏輯對上偵查的愚蠢；我還能用怎樣的話來描述這個太常出現的習慣，才不會

* **譯註**：典故出自一八九七年一位紐約的八歲小女孩，她寄信給《太陽報》詢問這世界上有沒有聖誕老人。時任編輯弗朗西斯·徹奇（Francis Pharcellus Church）用一篇社論回應此問題，以溫暖的口吻解答孩子的提問。這篇感人至深的文章成為美國新聞史上最受歡迎的社論，故事更多次改編成影視及音樂劇。

圖32　小喬·霍華

太兇？有些警察總是先逮人，然後才扭曲、歪解證據，根本是先射箭才畫靶，而不是……自己下定決心進行更為困難的工作，也就是找到真兇。」[20]他也曾差點就陷入險境，令人印象深刻。一八八三年，他報導紐澤西一名年輕女子遭害的謀殺案件，當時許多人都對這件案子充滿好奇，死者的兄弟心生憂慮，於是開始懷疑那些記者為什麼寫起他們姐妹的死亡會如此歷歷在目。他們試圖逼迫拉福去觸碰死者的屍身，「因為他們相信一種古老的迷信[21]，認為死人會開口指控兇手」。（十年後的他回想起這次事件，也想著安德魯·波頓的頭骨會不會指控或洗清女兒的罪名。）

小喬·霍華則是有三十年以上刑案報導經驗的資深記者，包括刺殺加菲爾德總統（James A. Garfield）的查爾斯·古提歐（Charles J. Guiteau）。他在他漫長生涯的高峰時期來到新貝福。他曾是《紐約時報》的記者，是紐約記者俱樂部（New York Press Club）的創始成員。後來結束每天報新聞工作的他，轉而當個炙手可熱的專欄作家與講師，生活更加愜意。他在幾次最受歡迎的演講中展現了享受人生的生活哲學，並格外強調自己的幾項特質：「新聞學」、「奇想家」以及「我見過的那些大人物」。他在波士頓發行量最大的《波士頓全球報》上撰寫專欄，讀者數是以商業報導為主的《波士頓紀錄報》（*Boston Record*）的近兩倍，訂閱戶更比最大的競爭對手《波士頓先鋒報》（*Boston Herald*）多出上萬名。（他的專欄同時刊登在《紐約紀錄報》並重刊在其他報紙上。）霍華在波頓案審判時已年近六十，看起來完全就是當紅專欄作家的樣子，也是全國最高薪的報紙撰稿人。他的頭禿了，留著一嘴濃密的鬍子，下巴的紅鬍鬚梳得尖尖的。他似乎很喜歡違抗常規：謠傳他四處遊歷時，身邊總有位漂亮的金髮速記員相伴，而法庭內眾多男性當中只有他不顧禮節，穿著清涼的夏日衣裝。朱利恩・拉福稱霍華是新聞界中的一個「波希米亞人」，熬過了沒那麼專業的年代，那時新聞這一行就是個「毫無章法也毫無規則可循的行業」[22]；如今則「穿著乾淨的亞麻衣服、過著愜意的生活。之所以稱他『波希米亞人』，只是因為他對生活的態度不如大多數人那般認真」。霍華很喜歡描述一些小事，讓他的讀者感覺自己似乎就在法庭，目睹精彩的過程，例如當天稍晚霍華便提到「一頭超級愛現的母牛，幾乎毫無間斷地哞哞叫著，不時打斷滿腹墨水的法官、蓋過態度溫和的證人回答，並就目前所能看到的，讓一直波瀾不驚的波頓小姐臉上露出唯一一抹笑容」。[23] 這頭牛變成報導中時常出現的看點，於是《波士頓全球報》在社論版評論道：「這頭與案件無關的牛只是在新貝福法院的窗戶下哞了幾聲，就聲名大噪，能跟那頭踢倒了歐里爾瑞太太（Mrs. O'Leary）煤油燈的牛一同名留青史；後者是一八七一年芝加哥大火的肇事主因。」[24]

女記者包括了《紐約世界報》的伊莉莎白・喬丹及安娜・佩姬・史考特（Anna Page Scott），還有《波士頓郵報》的愛米・羅伯薩特，她們都負責報導這場審判。對手報社認為這些女性很值得好好報導一番，稱她們是參與審判的人當中極不尋常而有趣的一群，但女記者並不算新鮮事：一八九〇年代的女性記者數量比起以往增長超過一倍（「一八九〇年有八百八十八名，進入二十世紀時已有兩千一百九十三名」[25]，但仍占記者總數不到百分之十），但只有少數是全職記者。正如喬丹自己說的，一八九〇年代的女記者「數量更多了，投入得也更深[26]（比起十九世紀初期），不過若要一輩子做這份工作，就另當別論了」。

一方是朱利恩．拉福與小喬．霍華，另一方則是伊莉莎白．喬丹；兩相比較，差異非常值得一看。伊莉莎白．喬丹來自密爾瓦基州，小時候念的是教會學校，之後決定在紐約以記者身分闖出一片天。她首次的重要機會是在一八九〇年夏天，那時她剛過二十五歲生日，編輯派她到紐澤西州開普梅（Cape May）的一座海濱小鎮，做一則哈里森總統（Benjamin Harrison）家人日常生活的專題報導，包括他們備受矚目的五歲孫子。許多經驗豐富的記者都無法探入哈里森家隱密的住所，喬登卻穿著「量身訂做的全新白色亞麻套裝」[27]，大膽地上門拜訪，將在前門與哈里森太太見面的機會變成了一段加長版訪問，同時兩人還跟小孫子在海灘上玩樂。

喬丹也有能力處理困難的報導故事。她先是發表了一篇輕鬆的訪談，專題報導哈里森家集萬千寵愛的金孫，之後則報導一則令人哀傷的《第九號的悲劇》。曾教導過喬丹的一位修女鼓勵她，要讓讀者自己流下眼淚，她在處理這段令人揪心的故事時將這點謹記於心，根據喬丹後來的總結：「這則簡單故事的主角是一名生病的嬰兒，某天晚上被母親抱在懷裡，在紐約街頭走了快五公里路，到了貝勒沃醫院（Bellevue Hospital）才發現孩子已經死亡。」[28]因為沒錢舉辦像樣的葬禮，母親只好把孩子留在那裡以無名氏身分下葬，成為波特墓園（Potter's Field）的「第九號」。她的這篇報導讓讀者紛紛捐錢，不僅足夠讓嬰兒「莊重而簡潔」地下葬，還能讓母親與其他孩子有餘裕過「更幸福的生活」。這些報導讓喬丹贏得了同事的敬重，只是他們也會開著玩笑，求她「別老是正經八百得要死、帶著教會學校出身的矜持」。[29] 不到十年她就成了《哈潑時尚》（*Harper's Bazaar*）雜誌的編輯、成功的小說家，也與許多文化界及文壇人物有密切往來，諸如舞台劇演員奧提斯．史基納（Otis Skinner）、以《小公主》（*The Little Princess*）成名的作家法蘭西絲．霍奇森．伯內特（Frances Hodgson Burnett），甚至有謠傳她和大作家亨利．詹姆斯（Henry James）的關係「比熟識的好友還親密」。[30] 她否認了，斥為「愚蠢的八卦」，但仍視他為好友，讚嘆著「詹姆斯的雙眼擁有奇異的力量，讓我在瞬間感覺他彷彿讀到了我的靈魂」。[31] 她後來也擔任辛克萊．劉易斯（Sinclair Lewis）頭兩本小說的編輯。但早在這些令人欣喜的成就之前，她在《柯夢波丹》雜誌（*Cosmopolitan*）發表的第一篇短篇故事〈露絲赫立克的任務〉[32]（Ruth Herrick's Assignment）卻招來不少批評：故事描述一名涉嫌謀殺的受審女子，對著一位同情她的女記者認罪，結果讓眾人認為喬丹以建立姐妹情

圖 33　伊莉莎白．喬丹

誼的方式探知並逼迫麗茲認罪。喬丹否認這故事跟波頓案有任何關係，但她承認自己和許多同事一樣，都支持波頓。她寫有回憶錄《三聲振奮人心的歡呼》（*Three Rousing Cheers*），書名是以她的朋友圈打招呼的慣例命名，其中宣稱：「我身邊的記者們團結一心，眾人都相信波頓小姐的清白；報導的字裡行間均顯露這種想法，深深地同情她。」[33]

一八九三年六月五日，星期一

第一天不開放旁聽觀眾進場，不過人們還是聚集在法院周圍。大約上午十一點，麗茲·波頓的抵達引起一陣騷動，如漣漪般往外擴散：「一輛樸素的小三輪車停在門口，本日的女主角從車上現身。」[34] 或許以為自己是來到中央公理會教堂，她快速邁開步伐走到被告席的位子上，彷彿那是她慣用的長椅。為了出庭，她身穿一襲黑色羊毛裙裝、戴著新的黑色蕾絲帽，上頭綴著兩朵藍色小花環及一小根的藍色羽毛，手上的黑色手套則是整段審判過程中不變的配件。裙裝的袖口及裙邊鑲著紫色天鵝絨，「非常適合她的身型，像在巴黎量身訂做」[35]，光是那頂帽子也能「給要上劇院的觀眾參考仿效」。[36] 這身新衣裳看起來雖然優雅，卻因她在脖子上戴了一只「相當顯眼」的琺瑯三色菫大別針而大打折扣。

至於麗茲本人，則有些讓人失望。拉福就對自身所見頗為驚訝：「老實說，她是個相貌非常普通的老姑娘。人們或許會喜歡像她這樣典型的學校老師模樣，平凡而務實，臉上深刻線條所表現出來的既非關愛也非長期的情緒低落……從她的外表看不出一點邪惡、罪孽或倔強的痕跡。」[37]

「對這名女性的一切描述，」喬丹寫道，「要不就是荒謬吹捧，要不就是惡意詆毀。」[38] 她繼續說：「單看麗茲．波頓的整張臉，實在平凡得近乎粗野……但若只看側臉，就幾乎不會注意到這位女性的相貌有什麼不討喜，而是張相當優雅感性的臉，女性該有的溫柔一點都不少。」[39] 譁眾取寵的報導則把她寫成「一個壯碩結實、長相剛硬而粗俗的女孩」。[40] 拉福聲稱：「事實上，她不壯碩也不嬌小，不高也不矮，而是相當普通，態度安靜謙遜，教養良好。」[41] 不僅如此，拉福總結道，她身上「有種不可名狀的氣質，就是我們所謂的名媛」。[42] 他承認她「完全稱不上好看」，仔細觀察後也會發現「她臉的下半部」是「超重太多了」[43]，但他也如作詩般讚嘆麗茲「美麗、細緻如堅果般的棕色秀髮，柔軟又有光澤到不可思議」。[44] 喬丹也注意到她很小心照顧頭髮，瀏海的捲度恰到好處。但其他人的評語就沒那麼善良了，刻意強調她的大餅臉及剛硬的下巴，有人甚至點出她走路姿態怪異，還說：「我不是很確定，但我強烈懷疑她是踮著腳尖走路。」[45] 所有描述都試圖想解釋，為何一個實際外表如此平凡無奇的女子，卻要因如此可怕的罪名受審？

不過最為驚人的，是她超乎尋常的沉著自持。儘管被眾人細細檢視，她依然無動於衷，就像舞台上靜止不動的中心，看著種種奇觀在她身邊一一開展。麗茲聽從律師指示，在審判前一天不接受訪客，這樣就能好好休息，迎接等待著她的考驗。無論是否需要這般冒險，她仍自信地從虎視眈眈的記者席前走過。「這位來自弗爾里維的年輕女士就是最有趣的研究主題」[46]，霍華寫道，「麗茲身上有種非凡的氣質，總是刻意控制著情緒，幾乎不曾見過她放鬆自己全身緊繃的肌肉」。拉福也有同感：「她的表現就像個冷靜自制的女孩，一身美國血脈該有的膽量……謙遜、冷靜而沉默，明顯能看出她完全掌控自己，隱藏起所有情緒與感受，不讓唐突無禮的眾人看見。」[47] 喬丹則懷疑她的自制力是「因為鋼鐵意志的純粹力量，還是因為絕望下只能順服坎坷的命運」[48]；儘管如此，她形容麗茲就像「寺廟裡的菩薩那般心無罣礙」。[49] 麗茲在一次稍早的訪問中表示自己不同意眾人認為她堅忍克制的形象，她向《紐約紀錄報》的凱特．麥圭爾克（Kate McGuirk）解釋：「我從來不顯露自己的感受，如今也改不了本性……我已經很努力……要表現得勇敢又溫柔來挺過這一切。我知道自己是清白的，也下定決心，無論最後結果是如何，都會勇敢承擔並全心接受。」[50]

很快她的律師團隊隨後進入，帶頭的是波頓家的家庭律師、弗爾里維的執業律師安德魯．詹寧斯；拉福認為詹寧斯「比起法庭內其他人都更有活力」。[51] 跟在他身後的是他招募來壯大辯方陣容的專業庭審律師：彬彬有禮的波士頓律師梅爾文．亞當斯，以及前州長喬治．羅賓森。《普洛維敦士日報》稱他們為「強大的鐵三角」。[52]

由於皮爾斯伯瑞微恙，因此由諾爾頓主導檢方指控。或許這份工作也只有諾爾頓能做，畢竟他將來會接替皮爾斯伯瑞成為州檢察長。諾爾頓全心投入這項任務：「可以說，他就像燒死女巫或抱持類似精神的那種人……在他的立場看來，他的意志已經不能再更堅定、更難動搖了，而且還得承受自身背後那強大性格帶來的巨大壓力。」[53] 確實如此，拉福形容他「簡直就像推動英國宗教改革的克倫威爾（Thomas Cromwell），圓頭大臉，既強勢又忙碌的高大男人，身形就像頭公牛一般」。[54]他從開始就一副迫不及待要開始的態度，在波頓的團隊抵達前便已在法庭內外出出入入好幾次。他的同事，地區檢察官威廉·穆迪當天才正式加入檢方團隊，看起來比較冷靜但同樣保持警覺。這兩人的組合是不像七爺八爺那樣的身高落差，諾爾頓沒有明顯高出穆迪太多；但他一身結實的肌肉，似乎讓纖瘦的同事看上去嬌小了些。

感覺上似乎等了很久，但其實只有十分鐘的時間。法官終於到來。在麻州，死刑案（也就是若定罪可能會判處死刑的案件）的法官席上會有三名高等法院法官，由首席法官挑出其餘人選。這三名法官分別是首席法官亞伯特·梅森、庭審法官凱勒·布洛傑特，以及庭審法官賈斯汀·杜威。他們在成為法官前都有超過二十年的執業律師經驗，且都是在麗茲出生那年拿到執照。第一眼看上去，留著鬍鬚的法官們「在法官席上的氣勢相當驚人……似乎有種不屈不撓的清教徒嚴厲氣息，打算讓作惡之人從心裡寒到骨髓」。[55]一名記者這樣形容首席法官亞伯特·梅森：「一位高風亮節的長者，有慈祥的面容，銀白的髮鬚修剪得相當整齊，強調出他方正的體態及突出的下巴線條。」[56]喬丹認為他的「一對棕色大眼」透露出一種「尋尋覓覓的傷感」[57]；在她看來，梅森整個人展現出深思熟慮的穩重。賈斯汀·杜威法官也和梅森法官一樣，是位滿頭白髮、鬍鬚灰白的長者，「看起來像個學者，留著一把大鬍子」[58]，「臉龐寬大，閃耀著仁慈的眼神」。大多數人認為他「心地柔軟」，而對辯方來說最重要的是，他是麗茲的律師、羅賓森前州長任命的法官。不過他向來「以明智與公正著稱」[59]，在審判期間仔仔細細做了筆記。相較於其他兩人，凱勒·

布洛傑特法官就比較輕浮，但其實他是三人當中年紀最長的；他看起來「比較年輕，打扮也時髦些，非常仔細照顧他的髮型與鬍鬚，天庭飽滿而眼神銳利，服儀整潔出眾，從白色領帶到擦得發亮的皮鞋都是時下最流行的打扮」。[60] 話雖如此，他仍有良好品行；真要說起來，有人還說他「太仁慈了，簡直是寬容為懷」。[61] 三人皆已婚並有孩子，梅森的女兒與麗茲同年。光從外表看來，以霍華的話來說，這些法官「正是一位清白之人最想要的法官三人組」。[62]

約莫五月初時，首席法官梅森便與兩位同僚布洛傑特及杜威碰面，商討程序問題。梅森很擔心他們之中某位法官可能會在審判期間倒下去，而過去並無前例能決定若只剩兩名法官，審判是否還能繼續進行。在一八九一年以前，麻州最高法院的管轄範圍包括得處死刑的案件，以及在高等法院未能討論到的問題。梅森寫信跟皮爾斯伯瑞討論這個問題，並稱皮爾斯伯瑞自己「就是這項風險的例證」，詢問是否有適當的法律解方。畢竟「要在經過一年辛苦工作之後又接下這樣的審判案件，若有一位法官無法繼續進行怎麼辦？在天氣如此炎熱時還得承擔相當的風險，耗費了龐大心力卻一事無成」。[63] 但經過細細思量，梅森下了如此結論：「目前反對嘗試用法律手段解決的聲音，勝過了繼續遵照現行法令的風險。在考慮這項問題時，絕對不能匆忙行事，也不能只考慮到特定案件。」[64]

先由「布道時活力十足及沉著穩重」[65] 的新貝福牧師朱利安（Reverend Julien）進行祈禱，接著開始陪審團遴選。首先從該郡登記的選民當中隨機抽出候選陪審員，傳喚他們當天前來法庭，再從中挑出陪審團人選。法官已經決定，由於弗爾里維「對犯人會有強烈的偏頗或厭惡情緒」[66]，因此將從其他地區抽出候選陪審員。一百五十名候選陪審員都是男性，擁有堅定的新英格蘭性格，許多人看起來滿焦慮的，似乎都急著想回到自己的日常生活。（女性一直到一九五〇年才有資格擔任陪審員，而麻州則是在一九五一年出現第一位女性陪審員。）一家報紙推測，很難找到一位對這起案件尚無成見的年輕男性來擔任陪審員。而在這些候選人中有著不只一位非裔美國人：麻州自一八六〇年起就有非裔美國人擔任陪審員。

圖 34　首席法官亞伯特・梅森、法官凱勒・布洛傑特，以及法官賈斯汀・杜威，1892

男人們一個接一個站在陪審員席前接受梅森法官的詢問。霍華解釋：「在麻州法庭上檢視陪審員可不是開玩笑的，陪審員們不能坐在證人席舒服的椅子上……而是站在陪審員席前的一塊空地，暴露在所有相關人士的視線下。」[67]不像其他轄區是由律師發問，麻州是「由法官全權發言」。首席法官梅森從容地主持審視過程：「他說話時非常謹慎、堅定而清晰，每個音節都一一念清楚，發r的音有微微捲舌。」[68]他的問題都「很尖銳，但態度又相當有禮且令人安心」[69]，讓所有候選陪審員都能放鬆心情。

他們被問到的問題有：是否與犯人或被害人有關係？其中有一位是波頓家的姻親，因而請他離開，這次意外的認親讓法院內緊張的氣氛出現了小小騷動，這位長輩與他的外甥女相視而笑，打了聲招呼。接著，是否對這樁案件懷有、或表達過想法？是否知道自己有什麼偏袒或偏見？是的，有位貝克先生（Mr. Baker）這麼說道；他是第一個、但不是最後一個這麼說的人，有三十五人都對這件案子有了無法動搖的結論。再來，是否反對死刑？有十九人坦承有此顧忌，因此也被請離了。霍華發現「在新英格蘭各地已經明顯可感覺到這種意向」。[70] 另外有十人因其他因素而離開。最後法官宣布適合擔任陪審員的人選（以正式用語來說就是「中立」人選），而這些人還得經過檢方及辯方的檢驗：辯方聲請排除了十七人，檢方則排除了十五人。

諾爾頓和穆迪互相討論並決定是否排除陪審員。《弗爾里維每日先鋒報》稱諾爾頓「具備了對人性做出迅速而正確判斷的能力；他培養出強大的技能，能從面相就解讀一個人的性格」。[71] 但他並不冒險，而是仔細調查每個候選人。《新貝福標準晚報》報導：「據說調查工作非常澈底，兩位對每個傳喚上來的人選幾乎都已知之甚詳。」[72] 例如，諾

圖 35　陪審團遴選

爾頓的筆記就透露出以下這位第四十五號（最後成為陪審員六號）威廉・威斯考特（William Westcott）的紀錄：「美國人，農夫，政治傾向獨立，上公理會教堂，對宗教無興趣，已婚，**是第二任**，並未談論過案件。」結論：「務實的好人。」[73]

辯方則由詹寧斯主導。他打量著每個人，翻看自己的筆記，並且會很快搖搖頭來表示麗茲是否應該對此人選表示接受或拒絕。（拉福覺得他們看起來就像「兩個小姑娘在打啞謎」。[74]）麗茲靠著欄杆挺直了身體，保持嘴唇濕潤以便在需要時開口。除此之外，她靜靜觀察著一切流程，擦去臉上的汗水，手上那把黑色日式扇子[75]有兩個功能：除了幫自己搧風，她還不時咬著扇子把手，顯然沒注意到其他正看著她的人。一開始辯方似乎像要排除掉所有愛爾蘭裔的候選陪審員，不過最後來自通頓的約翰・弗林坐了下來。諾爾頓很高興，因為他的調查員說弗林是個「好人：非常聰明的愛爾蘭人」。[76]在經過九個小時、審視過一百零一個名字後，陪審團於焉成形。霍華說：「每位陪審員都留著鬍鬚，大部分身高都很高，脖子都曬黑了，表情看起來不是太**聰明**。」[77]又說：「這群人看起來都不是太開心。」法官選了來自北阿托博洛（North Attleborough）、鬍鬚斑白又擁有房產的查爾斯・理查斯（Charles I. Richards）為團長，讓他主持這群由其餘六名農夫、三名技師及兩名工人組成的陪審團。查爾斯「相貌仁慈，還有一頭茂密的頭髮」[78]，而檢方的調查員認為他「很多疑」。[79]陪審員可以發封電報通知家人自己得延長服務時間。除了理查斯先生之外，陪審團成員有維斯波特的喬治・波特（George Potter）、通頓的威廉・狄恩（William F. Dean）、雷納姆（Raynham）的弗德列克・魏爾巴（Frederick C.

Wilbar）、伊斯頓（Easton）的勒謬爾·威爾博（Lemuel K. Wilbur）、薩默撒特（Somerset）的約翰·威爾博（John Wilbur）、錫康克（Seekonk）的威廉·威斯考特、通頓的路易斯·哈吉斯（Louis Hodges）、新貝福的奧古斯都·史威夫特（Augustus Swift）、阿托博洛的法蘭克·柯爾（Frank G. Cole）、通頓的約翰·弗林，以及達特茅斯（Dartmouth）的亞倫·沃戴爾（Allen H. Wordell）。三十五歲的弗林是最年輕的，而最年長的是五十九歲的哈吉斯。總共十二名男性，如伊莉莎白·喬丹的報導，這群人「依循著三名法官的合法指導以及六名律師的誤導」，將決定麗茲·波頓的命運。[80]他們都是腳踏實地的公民，有份報紙稱這個陪審團相當好，「已經是一個人所想望或所能得到最好的了」[81]；《新貝福晚報》（*New Bedford Evening Journal*）評論「他們的相貌帶著強烈而典型的新英格蘭特徵」[82]；霍華認為他們「並不習慣……各種大都市的生活習性」[83]，但他們有個明顯的共同之處：他們和三位法官一樣都已婚，是一家之主，多數也都是父親。

陪審員進行宣誓後就被帶到帕克旅館（Parker House），審判期間他們會住在這裡，每天的餐食就和這個住所一樣，費用由郡政府負擔，每個人每天能夠賺得三塊美金。他們被分配到三樓北邊的房間，這裡專門撥給他們使用，這一區還有扇門掛上了鎖頭，唯一的一支鑰匙由副警長保管。律師們則住在二樓走道的兩端，中間隔著法官的房間。麗茲的住所依然是個難題，她在五月的提審後感染了支氣管炎，雖說審判開始時身體有所復原，但她還是住進了中央監獄，而非郡立監獄。《弗爾里維每日先鋒報》解釋道：「犯人白天要承受極度的壓力，晚上被關進牢房時，壓力自然會伴隨著犯人；若隔壁房鄰居是個大吼大叫、有著滿口悔恨以及超乎尋常幻象的酒鬼，這麼做可就不太得宜了。」84

一八九三年六月六日，星期二

或許是因為第一天嚴格的人潮控管讓眾人卻步，審判第二天就沒什麼旁聽者了；不過出現的人都意志堅定，早上六點就有一小群人在排隊。旁聽者等了很久，陪審團於早上八點半抵達，由兩位副警長尼可森（Deputy Sheriff Nickerson）及亞諾德（Deputy Sheriff Arnold）陪同。早上八點五十七分，瑞特警長帶著麗茲．波頓進入法院。

在書記官朗讀長長的起訴書時，麗茲盯著地上看：「每個字似乎都往她肩上添了點重量。」85不過當穆迪一站起來進行開場陳述時，麗茲全部的注意力都轉移到他身上。穆迪闡明了謀殺案的犯罪事實、波頓家的陳設及小鎮位置，以及麗茲．波頓必定就是兇手這個無可避免的結論。在霍華看來，穆迪擁有「能以常識判斷的傑出才能，不試圖花腔轉調，而是清楚、詳細且熟練地陳述罪案歷程，並巧妙地將自身對於犯人有罪的理論交織其中，交代動機與手法。」86

穆迪一開始就大膽點出這起罪案及犯案者看上去有多麼不可能：「去年八月四日，一對老人家……他們在這世上並未與人結怨，就在本郡人口最多的城市、最熱鬧的街，就在自己的家裡，在光天化日之下過著平常的日子，結果……卻被某個不法之徒殺害。今天，一位社會地位良好、至今人格也無可質疑的女性，她是基督教教堂的一員，參與慈善工作，還是其中一名死者的女兒，卻站在這間法庭的被告席上，被控……犯下這樁罪案。」[87]他承認，自己無法將這件事實說得更明白了：「我已經不知道……該怎麼說才能更強調這次訊問的重要性。」

他說，安德魯．波頓財力相當雄厚，卻選擇過「簡樸」[88]的生活。大約在謀殺案發生的五年前，「部分財產出現了某些爭議，事件本身並不重要」[89]，但這起紛爭卻讓麗茲和繼母之間「感情不睦」。[90]穆迪指出：「我們無法確認這種感受，只能推敲出可能顯露出的跡象。」[91]他提出兩個重要的佐證：麗茲已不再稱呼繼母為「母親」，而且她不只稱繼母為波頓太太，若旁人用了比較親熱的稱謂，還會被麗茲嚴厲指正。「在這件案子中，我不知道還有什麼比以下這件事更能顯示出波頓太太與犯人之間的關係」[92]，穆迪繼續說，當警員問麗茲她上一次見到母親是什麼時候，她糾正道：「她不是我母親，是繼母，我母親已經死了。」他同時也指出波頓家的女兒習慣不與安德魯及艾碧一同用餐，並且讓陪審團注意到波頓先生習慣鎖上家中內外的門戶。穆迪說：「雖然他們同住一個屋簷下，家人之間卻以鎖頭、門閂及欄杆築起了一道無法跨越的牆。」[93]

接著穆迪描述了罪案的時間軸，並針對整個犯案過程點出四件不尋常的事：首先，麗茲的舅舅約翰．莫爾斯到訪；第二，家裡出現了食物中毒的現象；第三，他斷定麗茲去過藥局，藉口要清理海豹皮披肩而想購買氫氰酸；最後，她去拜訪過之前的鄰居兼密友愛麗絲．羅素，坦承自己害怕他們會遭毒害。穆迪在陳述這些核心事實時，麗茲全神貫注、直盯著控訴她的檢方，顯然毫不在意，直到穆迪提起過去與她來往密切的愛麗絲．羅素；即便只是微小的動作，仍能發現麗茲

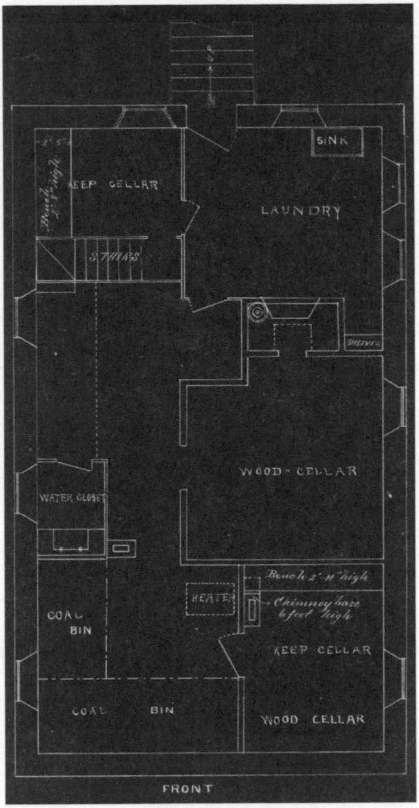

圖 36　地下室平面圖

的腳步移動了一下。

就在這個懸疑高張的時刻，穆迪卻跳離原先的敘事，轉而描述起波頓家的房子，包括其附近環境以及奇怪的內部格局。這棟房子位於鬧街上，離市政府相當近：「可以說這是條必經之路……無論是走路的行人或者馬車皆然。」[94]他提醒陪審團，這座房子有三扇對外的門：從前門走出去就是人行道、北邊的側門鄰近邱吉爾太太家，而地下室的後門則有道往上通到後院的階梯。

然後穆迪帶著陪審團，以想像力在波頓家裡逛了一圈。推開前門就會進到前廳，前廳有兩扇門，右邊牆面搭著能夠上樓的樓梯，第一扇門是通往左邊的會客室，第二扇門就在前門對面，通往起居室（也是日常活動空間）。起居室一進門的左邊就是通往飯廳的門，從飯廳可以走進廚房，另外也可以從起居室另一邊的門進到廚房。廚房裡還有一道門通往狹長的後廳，這裡有一道後樓梯（可以走到波頓夫婦在二樓的臥室及布麗姬．蘇利文在三樓的臥室）以及通往外面的側門（愛

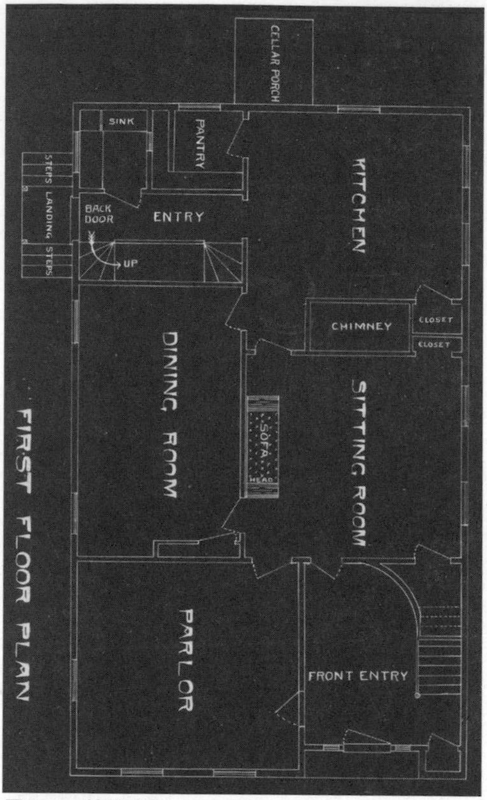

圖 37　一樓平面圖

德蕾．邱吉爾就是看到麗茲站在這裡）。

二樓的平面圖基本上與一樓的一樣，一上樓梯可以看見三道門：一道門通往衣帽間、一道通往波頓太太陳屍的客房，最後一道則是通往麗茲的臥房。經過穆迪這樣一總結，或許也不知不覺讓人感受到這個格局那種無路可走的氛圍：「當你走上這屋裡的這個部分……除了走進這個衣帽間、客房，以及犯人的臥房之外，哪裡也去不了。」[95] 麗茲的臥室緊鄰著愛瑪臥室，而這間臥室並無通往前廳的獨立出入口。（麗茲在一八九〇年到歐洲遊玩前原本是住在這間較小的臥室。）

穆迪特別謹慎地指出二樓格局中有一點很不尋常，就是在麗茲臥室後方有一扇門，可以通往安德魯及艾碧的臥室，不過這門就跟牆面的一部分差不多：「這扇門在面向犯人臥室這側用鉤子鎖住了，面向波頓夫婦臥室那側則用鎖頭鎖上。」[96] 隔著這扇上鎖的門，房子後方的臥室與麗茲和愛瑪兩人臥室的格局正好相反；安德魯和艾碧睡在這間較大的臥室，安德魯則把隔壁一塊較小的空間當成穿衣間。他們會利用後方樓梯往來一樓及臥室，而這道樓梯也能通往三樓幫傭的房間以及閣樓儲藏室。

將樓層平面圖解釋清楚後，穆迪對陪審團詳細描述八月四日當天上午波頓家成員的活動。在朗讀過程中，麗茲面無表情地坐著，就彷彿只是在聽一場演講或布道。穆迪枯燥的敘述在他舉起可能的凶器時變得有點看頭：那是一把小手斧，木頭把手已經從底座處斷掉了。他排除了在地下室找到的兩把斧頭，「完全沒有可能，所以我不必浪費時間」[97]，他也排除了原先以為上頭有血跡的兩把手斧。然後他描述起手上那把手斧，是一位警員一開始搜索時就發現的，但後來被留在地下室。這把斧頭後來被稱為無柄手斧，「上頭覆著一層灰，室內有掃過灰塵，不像是飄浮著的那種細塵，而是在斧頭的每一面都或多或

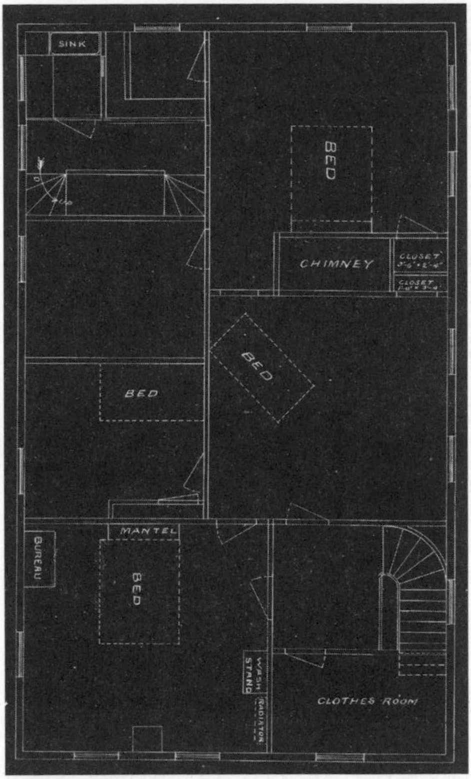

圖 38　二樓平面圖

圖 39　麗茲．波頓昏厥

少附著了一層較粗的灰」[98]；此外把手「是最近才斷的，斷面很新」。[99] 穆迪冷靜地伸手去拿一個黑色袋子，宣告著「死者的部分屍身或許能給予我們指示，或許能保護清白之人，也或許保留著能找出犯罪之人的線索，因此必須在此呈現」。[100] 沒有人想到會在法庭上看見這種景象：天啊，袋子裡究竟是什麼？「穆迪使出了殺手鐧，」[101] 霍華這樣形容，「他靜悄悄地打開了一個普通的手袋，裡頭擺放著死去的波頓夫婦頭骨。」

陪審團對這突如其來的展示有何反應我們不得而知，不過麗茲的反應倒是上了頭條：她昏過去了！終於，眾人似乎就是在等待這一刻，《弗爾里維每日全球報》喜孜孜地宣布：「一向冷漠無情的人面獅身像麗茲．波頓，總是被指責從未顯露出女性情感，終於昏厥了。」[102]《全球報》還有些幸災樂禍似地繼續說：「或許這是她崩潰的第一步。」其他人則認為此舉證明了她畢竟還是個女人，只是這一面長久以來都被她超乎尋常的膽量掩蓋了；這是再自然不過的反應。「不外露一絲情感是她的特色，只是眼前一切已經超過了她所能承受的。」[103] 據朱利恩．拉福的描述，這是所謂「陷入如今處境的她唯一、也最糟糕的慘狀」[104]，拉福繼續道：「不論她做了什麼，她仍是個女人；

這個人活了三十二年，一直努力過著一位富家千金該有的歲月靜好的日常生活。」至於霍華，則為這次事件提供了具體因素：「天氣真是熱得可怕，潮濕得令人難忍，空氣中都帶著一股悶熱感。」[105]他又說：「所以，若她只是個尋常女人，只是來旁觀、旁聽，而不是忍受身為麗茲·波頓所須忍受的，應該也會覺得十分不舒服……也難怪她會昏倒，唯一讓人意外的是她居然還醒過來了。」

無論如何，麗茲只昏厥了一下子。副警長寇比（Deputy Sheriff Kirby）先拉了拉她的手，但「看起來就像在搖動幫浦的把手」。[106]更有效的手段是賈伯牧師及時拿出了藏在麗茲自己口袋裡的嗅鹽：麗茲先是把頭靠在座位前面的欄杆，喝了幾口水，然後便恢復了沉著冷靜，但臉色依舊蒼白並閃著汗水。過不到五分鐘，審判便繼續進行。

接下來上場的是湯瑪斯·齊瑞（Thomas Kieran），他是負責檢方陳述案件使用的波頓家房屋格局及其他圖表的工程師。齊瑞很高，宣誓時站得相當直挺，他外表上唯一有些礙眼之處「是一小綹漆黑的頭髮垂在額頭中間」。[107]穆迪詢問他波頓家跟警局之間的距離（將近四百公尺），另外也問了與其他地點的距離，丈量這些距離是為了釐清時間軸。不過這對十二人陪審團來說只是碟開胃小菜：他們收到指示，要前往弗爾里維並「參觀現場，不只是波頓家屋裡屋外，也要參觀其他在證詞中出現的地點」。[108]首席法官一字一句地鄭重聲明：「各位不應發問，檢辯雙方也不應做出任何陳述，各位必須一起行動，所有該看的東西都要看到。」[109]四名陪同的警員保證，除了穆迪先生與詹寧斯先生外，他們不會讓閒雜人等與陪審團說話。

圖 40　陪審團參觀犯罪現場

如果他們以為這會是一次愉快的出遊，那可就低估了炎熱天氣以及政府「提振經濟的熱切之心」。[110] 陪審團從法院出發，按照他們已經習慣的列隊順序行進，在警員監督下「穿過熾熱的街道，頂著滾燙而熱辣的陽光」[111] 回到旅館。用過午餐後，陪審員與陪同人員便搭下午一點十五分的專班火車從新貝福出發，不過到了弗爾里維，就沒有他們專用的交通工具。因此陪審員就像在新貝福一樣，儘管午後陽光毒辣，他們仍得從火車站徒步走到波頓家。根據霍華的報導：「這座工廠林立的城市熱浪驚人，與之相較，新貝福的天氣似乎還算可以忍受。」[112] 又說：「就連農夫也難忍這股壓迫的潮溼感，只能揮手搧搧風涼快一下。」羅賓森的準備就比較充分：他打開傘為自己擋住了太陽的部分威力。《弗爾里維每日全球報》報導說，陪審團就像是「被戒護押送的罪犯銬成了一隊行列」。[113] 但這緩慢前進的隊伍卻讓旁觀者有好戲可看：「弗爾里維的居民，以及從鄰近城鎮湧入的幾百人，都像放了假似的。」[114] 第二街上的波頓家附近已有超過三百五十名旁觀者等著陪審團到來。

陪審團先是仔細檢視了房屋內部及庭院各處的細節，然後繼續參觀周邊環境。他們檢視了附近所有房屋，特別是北邊的邱吉爾家、南邊的凱利醫師家、後方（東邊）的沙尼翁醫師家果園，以及果園另一頭的醫師家，就在波頓家穀倉的斜對角。詹寧斯讓他們看了位於波頓街與第三街上的愛麗絲·羅素家，從那裡又走到葛曼（A. P. Gorman）的油漆店（謀殺案後用來報案的電話在這），也去了南大街與波頓街轉角的ＡＪ波頓大樓。他們沿著南大街走，「引發了不小的騷動，眾人都興奮不已」。[115] 他們被帶到史密斯藥局（據稱麗茲試圖在這裡購買氫氰酸），又去了春日街（Spring Street）街角附近強納森·克列格（Jonathan Clegg）的店面，這是波頓先生最後造訪的地方。陪審團回溯安德魯·波頓最後一趟路的路程，拜訪了聯合儲蓄銀行及ＢＭＣ德菲儲蓄銀行（B.M.C. Durfee Savings Bank）。「接著，又累又餓的陪審團列隊走進了梅倫家餐館（Mellen House），」[116] 他們在此用過晚餐，再搭下午六點三十五分的火車回到新貝福。「就這一整天的經歷看下來，」霍華結論道，「雖然上午是麗茲運氣不佳，不過下午絕對是輪到陪審團受苦。」

為了讀者著想，《波士頓全球報》刊了一幅地圖，內容是「波頓家及周邊鳥瞰圖……專為想仔細追蹤波頓案審判細節的讀者而畫」[117]，標題還叮嚀讀者：「請剪下來妥善保存。」

陪審團到弗爾里維出遊一趟的期間，法官們得以喘息片刻，並於晚餐後搭著馬車在城裡繞了一圈。《弗爾里維每日先鋒報》報導：「尤其是代表了新貝福過去古老捕鯨業的捕鯨船，有三、

圖 41　沙尼翁住所的後院

四艘還留存至今已無生氣，躺在碼頭無人聞問，就這樣逐漸崩壞，讓他們十分感興趣。」[118]

一八九三年六月七日，星期三

《弗爾里維每日全球報》的標題寫著〈太太們都去哪兒了〉[119]，建議道：「新貝福的男人若是回到家裡發現空無一人……不必緊張，各位的太座並不是跟人跑了，多半是擠在那群執迷的女人堆裡，堵在郡立法院門口，想獲准進入旁聽波頓案審判。」六月七日星期三這天才是審判真正的開始，因為有太多女性參與，霍華稱之為「婦女日」，以稱頌「新貝福女性的各種環肥燕瘦」都來參與這場審判。《弗爾里維每日全球報》將常來旁聽的婦女稱為「情人與雛菊」（Valentines and Daisies）[120]，「占了最舒服的座位，手上拎了個黑色小袋子，袋子裡裝著午餐與茴香籽」[121]，這些旁聽的婦女們「準備好面對漫長而愉快的一天」。拉福評論道：「大

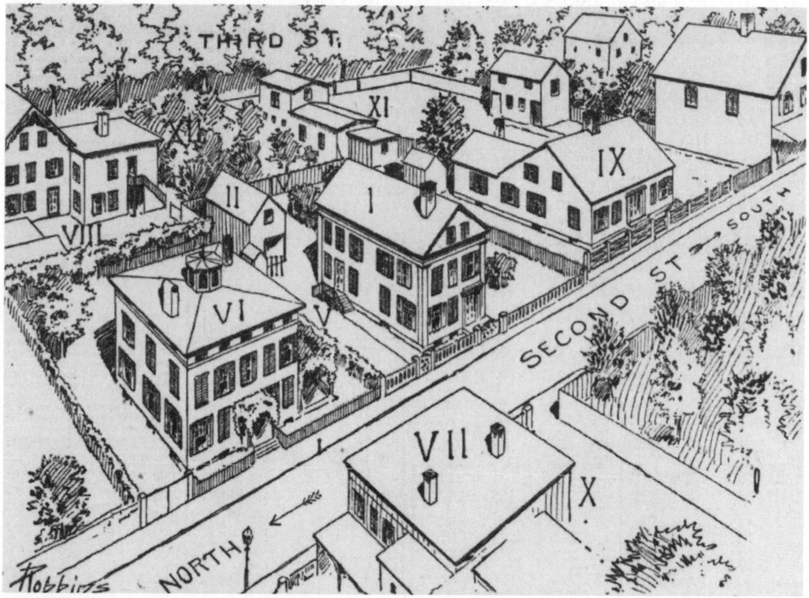

陪審團昨日造訪之波頓家及周邊鳥瞰圖
為讀者參照方便而繪製，專為想仔細追蹤波頓案審判細節的讀者而畫

① 波頓家
② 波頓家穀倉
③ 水井
④ 頂部纏繞鐵絲網的圍籬
⑤ 側門入口
⑥ 邱吉爾家
⑦ 伯溫醫師家
⑧ 沙尼翁醫師家
⑨ 凱利家
⑩ 警察在謀殺案後幾日內監看波頓家的庭院
⑪ 凱利家穀倉
⑫ 梨子果園

約有一半的女性是貴婦，另一半則是穿著印花布的普通婦女。」[122] 另外補充：「中間交錯著幾個膚色黑黝黝的葡萄牙女孩，是這群人中的新人。」麗茲自己在星期三的心情似乎比較好了，氣色改善不少，也不再像前兩天那樣坐著「完全不動」[123]，聽審時的姿態比較活躍，偶爾會在椅子上換姿勢。

陪審員選好了、犯罪現場看過了、開場陳述也說完了，現在終於可以傳喚證人了，正如霍華的描述：「在這些知名案件中，眾人最感興趣的都是牽涉其中的人，有時是兇手，有時則是證人。」[124] 最重要的就是麗茲的舅舅約翰．莫爾斯，他的臥房就是艾碧遭到殺害的地方；另外還有波頓家的幫傭布麗姬．蘇利文。除了麗茲之外，他們是那天早上屋子裡唯二倖存的住客。霍華寫道：「布麗姬、麗茲和她舅舅三人十分有趣，這鐵三角加在一起總讓人浮想聯翩。」[125]

但在家中成員作證前，諾爾頓又傳喚了湯瑪斯．齊瑞解釋他繪製的平面圖，好讓陪審團知道如何參照，齊瑞卻認為自己有責任付出「額外表現，以滿足眾人好奇」。[126] 活潑的詹寧斯在交互詰問時詢問他，讓他做了各種「視線」實驗。拉福形容詹寧斯是「身材最嬌小的律師，精神力量卻是最活躍的」。[127] 詹寧斯問起齊瑞房子外觀時，諾爾頓提出抗議，認為「陪審團已經看過現場、也知道丈量距離了」[128]，首席法官梅森准了，不過仍讓詹寧斯問了幾個有關從第二街看向波頓家穀倉門口的景象，以及鄰近房屋的各種圍籬。接著詹寧斯詢問了齊瑞這些似乎與他職責無關的有趣實驗：首先他指示一個人站在前門玄關衣櫃裡，檢方提出抗議卻被駁回，他繼續作證道衣櫃門很容易就能關上，而且就算開了一條縫，從玄關好幾個地方也可能看不見這個人；接下來他指示助手躺在地板上模仿艾碧死亡時的姿勢，想驗證自己上下樓梯時能不能看見屍體，他解釋如果他上樓時是從「其中一道樓梯的中間走，讓眼神落在比地板高一點點的地方」，就可以看見屍體，但從麗茲臥房前方的空地就看不見。詹寧斯問：「你的意思是說，那是你特別知道要看哪裡才看得見？」[129]

想不到居然會聽到檢方證人提出對辯方有利的證詞，更讓人想不到的是該市這位工程師竟然決定進行這樣的實驗。不過波頓謀殺案的密室之謎似乎有種魔力，讓人人都變成了業餘偵探。約翰・莫爾斯也進行過類似實驗，想知道是否可能在樓梯上便看見艾碧的屍體。看來眾人都同意，只有在刻意尋找的情況下才可能看見屍體。莫爾斯與家族好友瑪麗・布里格罕也測試過，艾碧倒下時的聲音是否會響遍整間屋子。而詹寧斯自己在筆記本上寫了句：「找個九十公斤重的人。」[130]

莫爾斯在審判的前兩天都現身法院，等著以證人身分被傳喚。等待期間他在走廊上逗留，「談論著自己在西部的經歷與生活來娛樂眾多聽眾」。[131]當他站上證人席時，同樣「吸引了聽眾全部的注意力」。拉福覺得他長得頗像「山姆大叔」（就像康泰集團〔Conde〕報紙上畫的一樣）。莫爾斯作證道，他在兇案前一天約下午一點半時抵達，除了安德魯、艾碧及布麗姬・蘇利文以外，並未見到其他人。那天晚上他和安德魯坐在起居室，聽見有人進屋並直接上樓，當晚十點半他進到自己房間，注意到麗茲的房門是關上的。隔天早上，他和安德魯及艾碧一起吃早餐，然後上午八點四十分就離開去拜訪其他親戚。根據霍華的報導：「他被問到許多跟安德魯婚姻相關的問題，二段婚姻皆有，跟這家人有點關係的人都幾歲了，還有一大堆顯然無關的無聊問題，例如他們早餐吃了什麼、是誰煮的、關上的門是否上鎖、他完全沒見到的僕人是否在睡覺，還有他在謀殺案前一天與後一天都去做了什麼。」[132] 羅賓森交互詰問時又回頭去問早餐時的情況，霍華說：「羅賓森州長以他一貫的自信，讓莫爾斯先生的回答反映出……那頓早餐沒什麼特別及古怪之處。」[133] 莫爾斯倒是無意間讓法庭氣氛輕鬆了一會兒：在被問到麗茲的年紀時，他算了一下說三十三，但其實是三十二歲的麗茲，在「聽到這話時猛搖著頭」[134]，《紐約時報》這樣描寫：「女主角出聲了。」

為了確認檢方建立的時間軸，他們一連傳喚了好幾位證人，追溯安德魯在一八九二年八月四日上午的最後一段路。聯合儲蓄銀行財務長亞伯拉罕．哈特（Abraham Hart）說，那天如常在九點半看到安德魯時，他看起來「身體不太舒服」。[135] 全國聯合銀行（National Union Bank）出納員約翰．布瑞爾（John Burrill）看見安德魯跟一名「有色人士」討論有關貸款的事。接著安德魯走到對街進入北大街上的第一聯合銀行（First Union Bank），根據該行出納員艾佛瑞特．庫克（Everett Cook）所說，他待了約十分鐘。然後他又去巡視他的商用房地產，中途停下來跟強納森．克列格聊了十分鐘，討論如何處置南大街九十二號的新店舖。有兩名木匠正在製作克列格新店舖的窗戶，名叫喬瑟夫．修茨立夫（Joseph Shortsleeves）與詹姆斯．馬瑟（James Mather），大約上午十點半時有看見他（只是在交互詰問時，馬瑟承認說最晚不會超過十點四十分）。故事出現了奇怪的轉折，看來安德魯似乎有什麼心事：他走進店裡去了後方，在那裡拿起一把壞掉的鎖，然後又放回去。他上樓待了幾分鐘，轉身又下樓拿起那把壞鎖，接著離開店鋪走到對街；然後他停下腳步回頭穿過街道，跟木匠們打招呼。穆迪在修茨立夫打算重述那段對話前就打斷了他。

因為拉福坐的位置比較高，可以看見穆迪的手動個不停：「他的雙手都搭在背後，不停拉扯著外套衣襬，先是把衣襬束攏，接著捲起來再打個結，用手指擺弄著，再將衣襬解開。」[136] 拉福認為每個動作都代表了穆迪對證人證詞的情緒反應：「捲起衣襬表示進展順利，束攏起來則代表決定性的勝利，只有在證人反應遲鈍時才會出現打結的動作，解開衣襬則表示他無法讓證人理解他的用意。」霍華則專心報導男裝商人強納森．克列格作證時發生的有趣插曲：「穆迪扯開喉嚨喊得臉都紅了，想讓耳背的克列格能聽清楚，但克列格自己也是吼到嘴唇發白，因為他想若自己都聽不見自己說的話，穆迪也會聽不見。」[137]

修茨立夫或許挖出了什麼金礦，但比起下一位證人出現時引起的興奮就相形失色了：接下來登場的是波頓家二十六歲的幫傭，布麗姬．蘇利文，以霍華的話來形容，她可是「萬眾矚目」。[138] 他繼續說道：「她在慘劇發生的兩天後就從波頓家消失了，之後下落一直是個謎。」事實上，她是被新貝福監獄的杭特太太（Mrs. Hunt）雇用了；若不是麗茲自己對兇案當天行蹤的陳述反反覆覆，她原本會是最大的嫌疑犯。就眾人所知，她和麗茲在謀殺案發生的當下都在屋裡，甚至有人懷疑她是共犯。另外，也有人仍對這兩名女性的處境差異忿忿不平：布麗姬雖說是住在監獄裡，但就如《太陽報》的報導：「布麗姬能獨自在新貝福街道上採買閒逛，想找誰陪伴、什麼時候想出門都可以。」[139]她的打扮相當時髦，這點也很可疑：一襲棕色嗶嘰布裁製的洋裝，領子綴了圈蕾絲，並搭配一頂黑色寬沿帽，帽子上有根大羽毛做裝飾，拉福留意到「她手上戴著比較大號的羔羊皮手套」。[140]霍華觀察她嘴唇的形狀，推斷她「是個喜愛享受生活的人」。[141]不過她的姿態仍顯露出焦慮，「她倚靠在欄杆左側，直直看著穆迪先生，說話的聲音低沉到他得提醒她說大聲點」。[142]

穆迪在詰問布麗姬之前先做了個小開場，表明她的工作是「洗滌、熨燙和煮飯，還有清掃」[143]屋子裡的共用區域，不過她所擁有的只有三樓的臥房，就在波頓夫婦臥房的正上方。兇案發生前的星期一是洗衣日，她在地窖裡洗床單，這讓穆迪能夠帶出檢方的關鍵論點：謀殺案發生時不可能有外人在家裡，因為如果兇手是從外面來的，其中一個可能的入侵點就是地窖的門，而布麗姬能夠證實這扇門在星期二到謀殺案發生期間都是從裡面閂上的。同時她也說明側門在兇案前一晚有確實鎖上，這表示檢方可以將動手時機的範圍縮小到八月四日上午。

根據布麗姬的說法，她那天早上起床時「頭隱隱作痛」[144]，或許跟安德魯及艾碧前一天所經歷的病痛有關。儘管如此，她在艾碧下樓時就已經在廚房工作，那時大約在早上六點半至六點四十分之間。安德魯大概五分鐘後也下樓了，拿著夜壺及臥房鑰匙，他把鑰匙放在起居室的壁爐架上，然後走到外頭去倒夜壺，回屋時還帶進一籃梨子，洗了洗手後便跟艾碧及約翰·莫爾斯一起吃早餐。吃完後兩個男人就到外頭的後院，安德魯回到屋裡取了臥房鑰匙，然後就拿著一碗水上樓，之後布麗姬就沒再看到他，直到他去鎮上繞了一圈又回來。布麗姬在洗碗時，麗茲拿著自己的夜壺也下樓了，她早餐就喝咖啡配餅乾，這時布麗姬到屋外去嘔吐，她估計自己最多在外面待了十到十五分鐘，等她緩過來之後就將乾淨的盤子拿進飯廳，據她所言，她在那裡最後一次見到艾碧。

艾碧停下手邊撢灰塵的動作，吩咐布麗姬把窗戶內外擦洗乾淨，於是布麗姬去了地窖拿水桶和刷子洗窗戶。她才剛踏出後門麗茲就出現了，問她是不是要洗窗戶，接著麗茲提議：「妳不用鎖門，我就在外面這裡，不過如果妳想要還是可以鎖門。」[145] 為了完成工作，布麗姬在穀倉出出入入好幾次取水，這工作需要用上六、七桶水，讓入侵者更難拿捏闖入的時機。布麗姬洗完外窗後進門，開始清洗起居室內的窗戶，她聽見有人想要打開前門的鎖，便走過去，發現上了門閂，咒罵一句後就拉開門閂讓安德魯進來，他手上拿了一個白色的小包裹。麗茲站在樓上笑出聲來，顯然是聽見布麗姬的咒罵。布麗姬又回去清洗起居室的窗戶。

安德魯坐在飯廳裡，麗茲下樓詢問她父親有沒有信件，又主動說艾碧接到一張字條後就出去了。安德魯走進廚房，又到起居室從壁爐架上拿了臥房鑰匙，接著便上樓進到臥房。布麗姬開始擦洗飯廳裡的碗盤時，安德魯回到起居室，麗茲拿著熨衣板到飯廳裡熨燙手帕，她問布麗姬下午有沒有要出去，還告訴她如果真的要出門就應該鎖門，「因為波頓太太出去探病了，我可能也會出去」。[146] 稍晚在廚房裡，麗茲告訴她「薩金特的店裡有布品特賣……一碼布只要八分錢」。[147] 真的很划算，麗茲自己有一件便宜的貝福燈芯絨洋裝，所用的布料一碼也要十二至十五分錢，而且薩金特的店就在北大街上，走過去不用十分鐘。（事實上這未免太便宜了：等到布麗姬在新貝福講述這段往事時，薩金特已經關店一個月了。）不過布麗姬並沒有打算出門，而是上樓到自己的臥房。正因她上午只過了一半就去休息，拉福才會稱她是這家裡的「女王」。

但布麗姬沒得休息。麗茲叫喚她：「父親死了，有人闖進來殺了他。」[148]布麗姬作證道，她跑下樓就看見麗茲站在屋子側門紗門的門檻，麗茲叫她去找伯溫醫師，而他不在家。布麗姬問麗茲剛剛去了哪裡，麗茲回答說她一直在屋外的後院，聽見一聲呻吟。然後麗茲吩咐她去找愛麗絲·羅素，等她回來時，隔壁鄰居愛德蕾·邱吉爾和伯溫醫師都來了。邱吉爾太太在廚房陪著麗茲，伯溫醫師則從起居室出來，說「他是被人殺死的」。邱吉爾問起艾碧時，麗茲又主動說她好像有聽見她回來的聲響，布麗姬並不想去找她，但邱吉爾說要陪她一起去，她們走上樓梯時，布麗姬就看見艾碧的屍體倒在床下。

她的故事說完了，霍華評論道，「直白得不行」。[149]布麗姬在接受羅賓森完整的交互詰問時仍然站著，狡猾的羅賓森挺出肚子，朝她投出「和善的眼神」[150]並施展他低調的魅力。比起檢方仔細地一步步引導布麗姬說出當天行動，好確認事件發生順序，羅賓森則是探問這家人的背景。他擺出「一副要講祕密的樣子」[151]，問布麗姬：「待在這個家開心嗎？」布麗姬畏縮了一下回答說：「我不知道這家人如何，不過我跟他們還處得來。」[152]羅賓森繼續追問，巧妙地把她不願意認可的正面敘述（「開心」），改成她會確切否認的負面描述，例如說她並沒有見過什麼「偏離常規」的事，也沒有見過「衝突」或「爭吵」[153]；她聽見「他們相處十分融洽」[154]時，差一點就要同意了，但只回答說「就我所見是如此」。一八九二年八月下旬，布麗姬曾和奈莉·麥克亨利聊過天；奈莉是艾德瑥．麥克亨利的妻子，有時也協助他的偵查工作。當時布麗姬對波頓家的關係描述並沒有這麼樂觀，她告訴奈莉自己在波頓家發生了點不愉快，有兩三次都打算離開，但「波頓太太哄著她留下來，有一次還幫她加薪」。155 但羅賓森卻認為她接受調查時的證詞美化了波頓家的關係。拉福描述這段問答過程不像是跳舞，倒像是「長時間的決鬥」156：布麗姬面對的是「一位有學識又狡猾的男人，這男人比她優越太多了，那可是三度擔任州長的人」。157 羅賓森問道，由於她在新貝福的那份新工作，或許跟檢方與警員相處的時間更多一點？霍華說的就更直接了：「她長時間都跟管理監獄的杭特家待在一起，幾乎可說是被關押在那裡了，她已經完全被檢方的想法洗腦了，根本不知道自己是站著還是倒立著。」158

羅賓森又繼續追問其他看似矛盾之處：先前她並不確定自己有沒有閂上屋子側門的紗門，現在又說有了。如果那扇門並不是一直都鎖上的，那麼外來的兇手就有可能趁機溜進來。伊莉莎白．喬丹評論道，「（檢方）把這屋子的每道門逐一閂上，也堵住了從街道進入房屋的每條路」159，但布麗姬「把那扇門打開了」。接著，布麗姬又在羅賓森的施壓下坦承，或許不必要讓她見到這個假設存在的人進入屋裡。羅賓森詢問：「當然妳確實很認真工作吧？……妳並未監看著有什麼可疑的人？」160 既然理論上能夠假設有位神祕的外人，羅賓森又回頭提起被告身上並無血跡，從頭到腳都沒有，甚至還引導布麗姬證實說麗茲的頭髮也很整齊。在這段緊張的交互詰問階段中，布麗姬「抹去臉上的汗水」161，拉福評論道：「（羅賓森）相當彬彬有禮，能夠贏得女性證人的信任，最後他要她往哪裡去就往哪裡去，必要時又會變得像海盜般凶狠。他就像跟人聊八卦般值得信任又滔滔不絕，讓他的證人急著想取悅他，很容易就落入他設的陷阱。接著他態度丕變，馬上就讓證人知道自己已成了他的囊中物。」162 羅賓森的手段讓《紐約時報》下了這般結論：「這場對抗麻州檢方的戰役會比以往更加棘手，敵人的每一步行動，都會遭遇這位無比高明的對手最為強大的反擊。」163

穆迪再次進行詰問，他回頭提到麗茲在謀殺案當天所穿的藍色洋裝。所有人都同意她在下午就換了一件粉紅色外套，但問題在於她上午的衣著。經過羅賓森一番操弄之後便模糊了描述的細節，變成一件再普通不過的藍色洋裝，稱「這是男人會犯的錯誤」。164 穆迪希望能夠確認麗茲那天上午所穿的洋裝是前一年春天所做的，圖樣用的是深藍色，底色則是較淡的藍。

下午四點五十五分，布麗姬．蘇利文的任務結束了。霍華總結道：「羅賓森州長的交互詰問毫不留情又讓人疲於應付，不過既然布麗姬目前所能說的無疑都是實話，也就沒什麼能拿來對付她，也不能說她的證詞破壞了辯方的意圖。」165《新貝福晚報》稱她是位討喜的證人：「只要能以具體的問題引導，她便知無不言，既不會太急切也不會拒絕配合。」166 因此她得以「從整場考驗中全身而退」。167 另一方面，麗茲．波頓的考驗才正要開始。

第六章

炮火隆隆

《太陽報》的朱利恩·拉福回想起第一週的過程，稱讚波頓案的審判是他所參加過「最順利公正的」[1]：「法庭上的秩序簡直無可挑剔，旁觀者有所感因此也不斷自制，除了意外事件的騷動以及刻意賣弄幽默引發的笑聲，法庭內都一致保持安靜。大多數記者都努力工作，還有一群男孩來來去去忙著跑腿，不過一切都是安靜進行。人們小心地悄聲說話，民眾顯然對法庭十分尊敬。」[2]小喬·霍華則讚美法官及法庭內其他官員，稱他們「舉止文雅高貴」[3]，這建築裡其他地方的氛圍就像是「紡織廠或股票交易所那般忙碌」[4]：一間房間裡是忙碌的速記員，念出自己的筆記讓一群「嬌小美麗」[5]的年輕女打字員記錄下來。另一間房間是讓證人在此等候，還有一間留給了地區檢察官使用，同時也存放了審判會

圖 43　法院前的臨時大門

用到的證物。警察和「穿著藍色銅釦外套的副警長站在門廳各處，看著負責傳訊和送報的男孩跑進跑出」。[6]外頭的景象就比較混亂了：警方架起了一道臨時大門，用繩索綁在法院大樓兩根門柱之間擋住法院入口，到第一週結束時，則讓木匠架出較為堪用的木頭柵欄。伊莉莎白．喬丹特別注意到想入內旁聽的婦女，有多麼不屈不撓的毅力：「運氣不好的婦女們進不去，就整個上午在法院附近徘徊，這樣下午開放時才能排在隊伍前頭。她們口袋裡揣著可送甜甜圈（**錯字照引**）和餅乾，還有各式各樣新英格蘭特色美食，簡直就像在戰場上露營野餐起來。」[7]有些人會漫步走到鄰近房屋前，在這邊的陽台或前階上野餐，附近鄰居雖然惱怒卻也無處求援，只能貼出特別印製的告示警告入侵者「遠離台階」。

一八九三年六月八日，星期四

星期四這天沒那麼熱了，一家報紙直言：「眾人的祈禱有了回應。」[8]另一家描述得更清楚些：「法庭內的空氣不像在陰暗的幽谷中那樣涼爽……不過比起一開始那幾天，已經舒服許多。」[9]有些人推測，大概因為如此才會有更多人排隊想坐進法庭裡。不過《新貝福晚報》的一名記者則有不同看法：「好奇的人們想來旁聽審判，開始陸續到達法院外頭；從這時間看來，今天早上在新貝福有更多人提前吃了早餐。這是因為傳言今天會有醫學專家坐上證人席，而且那些可怕的證物將要呈上法庭。」[10]結果，坊間流傳的消息搞錯了，檢方傳喚了好幾位證人，都是在謀殺案發生後不久便抵達現場的人，他們可以對麗茲·波頓在罪案當下的行為舉止提供第一手觀察。麗茲本人彷彿一支氣壓錶：「今天早上她整張臉漲得通紅，眼周更是明顯，不過仍舊維持著一貫的平靜冷淡。」[11]觀眾席上的婦女就沒有這麼一貫了，霍華便滿意地指出席間坐了「兩、三位相當漂亮的女孩」[12]，但也抱怨「絕大多數都是苦瓜臉、尖鼻子，相貌普通又俗不可耐」。

首先站上證人席的是波頓家的鄰居兼醫師伯溫醫師，「這名證人十分不願配合，但顯然很關鍵」。[13]他作證說自己看到安德魯·波頓的臉「被砍得稀爛，滿頭是血」[14]，但他身體躺臥的姿勢「很輕鬆，任何人躺著睡覺就會是這個樣子」。[15]他問過麗茲有沒有看見什麼人，麗茲告訴他自己在穀倉裡找鐵塊。伯溫醫師當下在現場就跟警員艾倫宣告安德魯死亡，然後離開去發電報給在費爾黑文的愛瑪。他回來之後，住在波頓家隔壁的邱吉爾太太告訴他，他們在樓上客房發現波頓太太，一開始他以為她可能昏倒了，但他否認自己曾說「她是因驚嚇而死」[16]，靠近一點細看後，他知道她死了。到目前為止，他的證詞很清楚且毫無爭議。接下來是服裝的問題，伯溫醫師自然就沒那麼熟悉了。

麗茲·波頓穿著什麼？眾人皆同意麗茲在發現屍體後就換了衣服，並上樓進自己房間。她回答警察問題時穿著粉紅色外套，不過她當天稍早究竟穿著什麼樣的衣服？大家都同意是某件藍色洋裝。在接受詢問時，伯溫醫師形容原本的洋裝是素面的印花布料，這次在法庭上面對穆迪的追問，穆迪徒勞地意圖逼迫醫師進一步具體描述，結果醫師只說：「那件洋裝很普通，既不漂亮又很常見，所以我沒特別注意。」[17]他拒絕做更詳細的描述。羅賓森稍後會要求再次傳喚布麗姬·

蘇利文，她作證說麗茲穿著一件藍色印花布洋裝，有酢漿草圖樣，而在「混亂結束」之後就換了一件方格圖樣的洋裝，藍色底滾著白邊。所以看起來那天早上她穿過兩套藍色洋裝，檢方據此認定麗茲包藏禍心。

英俊瀟灑的波士頓辯護律師梅爾文・亞當斯站起身來詢問醫師，他試圖確認伯溫醫師在走上樓梯時並未看見波頓太太的屍體。這一點非常重要，因為麗茲也是從這道樓梯下樓。（愛德蕾・邱吉爾與約翰・莫爾斯從那個位置點都有看見屍體。）同時他也預示了，辯方針對麗茲的訊問證詞中有個關鍵論點：他問伯溫醫師都開些什麼藥給麗茲，讓她穩定心神？一開始伯溫醫師開了藍色藥瓶的咖啡因給她，這是一種可以減輕頭痛的發泡鹽錠，星期五時又加開八分之一格令的硫酸嗎啡錠，讓她在睡前服用。（格令是藥劑師的標準重量單位：伯溫醫師開的劑量相當於八毫克嗎啡。）隔天他加倍了劑量，一直到她以證人身分接受訊問時都維持這個劑量。然後亞當斯問起嗎啡對心智的影響，伯溫同意說嗎啡劑量若超過四分之一格令，就可能影響記憶並引發幻覺。雖然後來穆迪於再次詢問時確認了，伯溫醫師只親眼看過她服用咖啡因，但只能略略削弱亞當斯上述論點的力道。霍華問他的讀者：「如果說使用嗎啡可能讓未曾服用過的人產生幻覺，那麼麗茲服用那東西好幾天之後，心智狀況會變成什麼樣子？」[18]

圖44　愛德蕾・邱吉爾

伯溫醫師離開證人席時顯得不甚高興，相較之下，愛德蕾．邱吉爾就十分享受被聚光燈照射的感覺。「這位中年婦人體態豐腴，舉止高雅且相貌溫柔，」[19] 邱吉爾「身形矮小壯碩，談話積極也願意配合」。[20] 警方在八月八日找她進行訪談，也就是謀殺案發生的四天後，她驚嘆著：「一定要嗎？我必須把一切都說出來嗎？……喔，有必要的話，」[21] 又說，「我是不愛講鄰居的閒話啦，不過事情就是如此。」登場的時刻終於來了，她穿著「一襲時尚的藍色洋裝搭配黑色軟帽」[22]走進法庭，作證時聲音圓潤，簡直可以拿來當演講課的教材。（喬丹還特別稱讚了「她的英語發音技巧」[23]，她認為這表示邱吉爾相當聰明。）如霍華所言：「就算是當選五朔節花車女王，也不會比邱吉爾女士站上證人席還要高興。」[24]

愛德蕾．邱吉爾開始詳述，自己是前市長愛德華．巴芬頓（Edward Buffinton）之女，守寡多年，幾乎一輩子都住在波頓家隔壁的房子。案發當天上午，她看見安德魯．波頓離開家門，然後自己也出門去買東西，接著從哈德納市場（Hudner's market）回家路上看見布麗姬從伯溫醫師家跑回波頓家。她先回廚房放下自己買的東西，往窗外看，就看見「情緒高昂激動」[25] 的麗茲站在廚房側門邊，她問：「麗茲，怎麼了？」麗茲回答：「喔，邱吉爾太太，請過來一下，有人殺了我父親。」最後她帶人在屋裡搜尋，發現了客房裡艾碧．波頓的屍體，從樓梯上就能看見。邱吉爾與伯溫醫師不同，她詳細描述了麗茲的洋裝，檢方拿了件深藍色洋裝給她看，她說不是這件，反而說洋裝底色是淺藍與白色拼接，「上頭還有深海軍藍鑽石圖樣[26]，而且沒有血跡」。稍後愛德蕾．邱吉爾會再次被傳喚，並被問到她知不知道什麼是「貝福燈芯絨布」，她說她不知道，

圖45　愛麗絲・羅素

但說她認為麗茲穿的料子是棉布。

羅賓森又回到這個論點。跟詢問布麗姬時一樣，他讓邱吉爾鉅細靡遺地描述麗茲的衣裝、頭髮及雙手，好顯示出她身上完全沒有血跡。同時他也淡化她一開始描述麗茲舉止所帶來的負面聯想，引導她重新評論，把原本說麗茲似乎「情緒高昂」，改成了較恰當的「顯然看起來很苦惱……而且害怕」。[27]羅賓森很清楚一個警戒心高的鄰居對這起案件的危險性，更別說像邱吉爾太太這種眾人皆知喜歡拉開窗簾縫偷窺的個性。為了不危及他認為兇手是外人的理論，因此他爬梳了邱吉爾的各種家務，就像他引導布麗姬同意可能有入侵者趁她忙著刷洗窗戶時溜進屋內，他也暗示邱吉爾在自己家裡實在太忙了，所以可能沒注意到鄰居家發生了什麼事。

愛德蕾・邱吉爾對旁聽觀眾來說只是開胃小菜。今日的主餐是愛麗絲・羅素，她是麗茲「翻了臉的閨密」。[28]如果說邱吉爾是典型的「風流寡婦」，那麼「身材高䠷、有稜有角又纖瘦」[29]的愛麗絲大概就是典型的新英格蘭老姑娘範本。拉福形容她是「一位苗條纖細的女性，態度拘謹，身材瘦弱且臉色蠟黃」[30]，霍華則說「她的嘴唇微嘟，彷彿說話時經常噘著嘴唇以展現魅力」。[31]而喬丹對她的描述就比較灰暗：「看起來就像威爾基．柯林斯（Wilkie Collins）懸疑小說中描寫的那種古怪女子，彷彿他的神祕小說中帶來惡兆的幽靈般在暗影中掠過，就這樣從死去小說家的書頁中走了出來，走進真實世界並真切參與了這場悲劇，比小說家所能構想的更加悲慘、更加撲朔迷離。」[32]

愛麗絲與波頓家比鄰而居超過十年，她原本住在現在的凱利家，最近搬到了稍微有段距離的地方，但仍是波頓家兩個女兒的密友。除了伯溫醫師，她是在兇案發生後麗茲第一個想找的幫手，然後她就一直待在波頓家到葬禮結束。不過愛麗絲卻決定告訴大陪審團，麗茲在兇案後的星期天燒掉了一件洋裝，兩人友情宣告終結。她做這個決定並非輕率而為，一開始接受警方的詢問、預審時的證詞，以及第一次出現在大陪審團面前時，她都未提及這件事，不過證人的宣誓誓詞讓她痛苦不堪，因為誓詞說要說出「全部事實」。她問了一名律師的意見後，該名律師便安排讓諾爾頓再次傳喚她作證。在她向大陪審團作證有燒洋裝這件事之後，她便不再去探望監獄中的麗茲，就好像作證、說出這件與罪案相關的細節後讓她鬆了一口氣，也迫使她重新評估自己對於麗茲是否有罪的可能性。最重要的是，愛麗絲立場的改變在她們的交友圈引發了迴響：伊莉莎白．強斯頓原本一直堅決不肯告訴警方麗茲的信件中都寫了什麼，同樣也不再去探監了。

雖然愛麗絲很明白自己的職責，一開始似乎卻對作證有些猶豫。穆迪在她剛開始作證時兩度提醒她說話大聲點，甚至連羅賓森也坐在自己座位上幫腔，叫她「講話再大聲點」[33]，麗茲自己也把椅子挪得靠近梅爾文．亞當斯一些，低聲跟他說了幾句話。愛麗絲在作證時立正站好，根據拉福的報導，她還緊抓著皮包，「裡頭似乎放著往弗爾里維的回程車票，而她不希望出了什麼差錯把票弄丟了」。[34]喬丹認為她的證詞是背叛好友，對她的行為不敢恭維：「今天她站在證人席上，證詞不啻是將繩圈套上她閨密的脖子，比目前已然浮現的證據都更有殺傷力，而她說話聲中帶著惡毒的狠勁，全無血色的薄唇緊抿著無情，完全看不出她不得不這麼做的哀傷之情。」[35]無論愛麗絲是否後悔覺得自己必須作證，她都決定了自己要走的路：她說話清晰，不時敲打著黑色扇子，彷彿在強調自己的回答。

穆迪先是詢問愛麗絲有關麗茲在案發前一晚去拜訪她的事，她作證說麗茲告訴她自己心情不好：「我覺得自己頭頂好像罩著什麼東西甩也甩不開，有時會包覆著我全身，不管人在哪裡都一樣。」[36]彷彿是要舒緩一下法庭內的緊張氣氛，霍華最喜愛的母牛在法院外頭「用牠慣用的長號響亮地哞叫了三聲」[37]，法庭內大部分的人都笑了，但愛麗絲不為所動。她開始作證麗茲說了自己父親有什麼仇敵，後來又頓了下，才說：「喔，我說得有點太快了。」[38]麗茲先是告訴她波頓夫婦生病了，聽見他們「嘔吐」，還告訴她除了布麗姫之外的所有人都病了，她擔心可能是牛奶被下毒了。愛麗絲也懷疑怎麼可能有這樣的事：「我想應該不會有人敢進來對廚房裡的瓶瓶罐罐亂搞，總得害怕被看見吧。」麗茲似乎也覺得不太可能，但又提起她父親的「仇敵」，她說有個人來找他想租用一處房產，她父親告訴他不會「讓自己的房產被拿來做那種生意」[39]，那男人被趕出去時帶著鄙視的神色。麗茲也說自己看過有個陌生人在屋子附近徘徊。更令人擔心的是，那座穀倉已經被人闖入兩次了。愛麗絲安慰她，說小偷只是想來捉鴿子，不過麗茲堅持道：「我覺得自己似乎得半張著眼睛睡覺才能安心，有一半時間都睜著一邊眼睛，擔心那些人會趁我們在屋裡放火把房子燒了。」[40] 然後她透露曾有小偷竟在大白天登堂入室行竊：「父親不准我們說出去。」[41] 於是她就說起了艾碧的紀念品、安德魯的錢還有街車車票被偷之事，「還有其他東西，但我不記得了」，麗茲繼續說，「我很害怕會有人做些什麼；我不知道，但總有人會做些什麼」。麗茲大約在晚上九點離開。

隔天上午剛過十一點，布麗姬帶著壞消息來找她。至於上午發生的其他事情，愛麗絲解釋道：「一切都很破碎，我幾乎不記得了。」[42] 不過到了晚上，她記得很清楚跟麗茲去了黑暗的地窖，麗茲帶著她的夜壺，愛麗絲則帶著燈。麗茲在沖水廁所把夜壺洗乾淨，她們經過了一處房間，裡面放著從屍體上脫下來的沾血衣物。

圖 46　愛麗絲．羅素作證時的法院景象

星期天早上，愛麗絲在廚房爐灶旁看到麗茲，愛瑪問麗茲要做什麼，麗茲回答：「我要把這件舊衣服燒掉，上面沾了油漆。」[43]愛麗絲原本離開了廚房，後來想想不對又回來，說：「麗茲，要是我就不會讓人看見。」她注意到那衣服是「便宜的棉布與貝福燈芯絨」[44]，淺藍底色上有深色圖樣。隔天早上，波頓家雇用的平克頓偵探漢斯康問愛麗絲，麗茲所有的衣服是不是都還在屋裡。她在飯廳看見愛瑪和麗茲後說道：「麗茲，恐怕妳做過最糟糕的事就是燒了那件洋裝，有人在問我妳衣服的事。」[45]

麗茲嘆了口氣說：「喔，那妳怎麼還讓我燒了？」

羅賓森的交互詰問十分高明，企圖減輕傷害。雖說他努力想讓愛麗絲把麗茲蒼白的臉色與苦惱的神情描述得更誇張些但不太順利，不過他一貫要人描述波頓全身衣著的策略就比較成功了，愛麗絲承認她並未在麗茲身上看到血跡。他希望盡可能弄清楚這點：警察已搜索過房屋，而在麗茲燒毀洋裝的星期天，他們也在場。儘管他態度老練，但愛麗絲似乎不受他通常無懈可擊的魅力影響。為了回應她描述那件洋裝是「貝福燈芯絨」而非麻紗，羅賓森指出：「這點無庸置疑，而且只要是女人就會知道，或說應該知道兩者的差別，對嗎？」[46]愛麗絲答得犀利：「我不知道別人知不知道。」但這次罕見的反擊並未減損拉福對羅賓森的信心，他相信他的「交互詰問在紐約市毫無敵手」[47]，並發現「目前還沒有哪位檢方證人是他不能利用的，或多或少都有辦法讓他們說出對辯方有利的話」。對羅賓森來說，他已經提出關鍵論點了：麗茲燒了一件便宜的貝福燈芯絨洋裝。而至於麗茲本人，根據拉福的報導：「她比法庭內跟這件案子最無關緊要的人，對這席證詞更加沒興趣，」反而是研究起自己的扇子，「把扇柄放進嘴裡又拿出來，不斷重複這樣的動作。」[48]

似乎是要讓大家適應一下不同的步調，接下來三名證人來了又去，並未引起太多注意。根據當地報紙小販約翰・康寧漢（John Cunningham）講述，自己跟著《弗爾里維每日全球報》及《弗爾里維每日先鋒報》的記者進行調查，最重要的是他發現了地窖的門鎖得牢牢的。在麥克亨利交給警方的報告中，他發現門旁側牆上的蜘蛛網至少有一個星期了；他也想在外頭的庭院尋找足跡，但並未找到。羅賓森抓準這一點攻擊：他知不知道布麗姬・蘇利文就曾走過同一片地方，到籬笆旁去跟凱利家的「女孩」聊天？這讓眾人懷疑起康寧漢的觀察能力。另外康寧漢也鬧了個笑話，說邱吉爾順著「三角線」跑到波頓家，「您是要說對角線吧？」穆迪好心提醒。

喬治・艾倫警員是第一個抵達罪案現場的，再加上副警長法蘭西斯・威克森兩人一起作證，說明波頓家中的搜索情形。艾倫說前門已經鎖上也閂上了。穆迪詢問麗茲是否哭泣，他作證說沒有。在描述安德魯的屍體時，則加油添醋說得更加悲慘：他注意到「腳踝很小，幾乎穿不住鞋。」[49] 他的證詞讓檢方拿出了「史上最恐怖的證物」[50]，就是艾倫在艾碧屍身腳邊發現的那條沾滿血的手帕。穆迪把手帕舉了起來，「就像一條鮮紅的旗幟垂掛在眾人眼前」[51]，喬丹稱這是「本日最大亮點」，麗茲則撇過眼睛，盯著地板。

威克森擔任副警長資歷已久，在警報響起時剛好去見希里亞德法警，他稱之為「探好友」[52]，艾倫回報說那場面有多麼可怕，威克森便過去親眼看看。他曾參與過南北戰爭，看過很可怕的傷口，他注意到安德魯的傷口顯然「還新」，而艾碧身邊的血都已凝結成「深栗色」。53羅賓森在他還未能針對死亡順序下定論之前就提出了抗議。比起這個，羅賓森對威克森在波頓家外面做了什麼比較感興趣：威克森看見籬笆另一頭有一頂男帽，爬過去之後就看見有另外兩個男人在工作。這兩人當天或許沒看到什麼，但既然威克森能輕易翻過籬笆，理論上從外面來的入侵者就能從這裡逃走。

助理法警約翰·弗里特身材高大挺拔，相貌端正又聰慧，他是這天關鍵的警方證人。弗里特的故事中有兩個關鍵要素：他聽見麗茲宣稱艾碧不是她的母親，還有他發現無柄手斧。他大約上午十一點四十五分抵達波頓家，看過屍體之後就去了麗茲房間，在那裡發現巴克牧師及愛麗絲陪著麗茲。麗茲說是她建議父親躺下休息，然後她去了穀倉上層，回來後就發現父親死了。麗茲很肯定地排除了莫爾斯的嫌疑，也不認為布麗姬有問題。被問到她知不知道可能會是誰殺了她父母親時，她說：「警官，她不是我母親，我母親在我小時候就死了。」54然後她主動提及大概上午九點有個男人到家裡來，在愛麗絲鼓勵之下，麗茲重述了那件有個怒氣沖沖的男人想租店舖的事情。

然後弗里特去了地窖，發現穆拉利和迪凡（Devine）兩名警員正在尋找可能的凶器，他們在地板上發現兩把斧頭和兩把手斧。當穆迪將這些東西拿給弗里特指認時，斧頭互相碰撞發出的鏗鏘聲聽了讓人心驚。拉福寫道：「同情犯人的觀眾聽了就覺得嚇人，試圖想揣測她此刻的心情。」55但麗茲似乎是好奇多過驚嚇：「她抬頭看著那些武器，顯露出幾分興趣。」56

弗里特作證道，當時他跟現場其他警員聊過（有些在飯廳，有些在外頭庭院），然後他自己去搜查麗茲房間。這一次門關上了，伯溫醫師把門打開了一條約十五至二十公分寬的縫，問他要做什麼，然後又把門關上；當他再開門時，麗茲問是否真的要搜索房間，但還是不情不願地讓弗里特進去了。麗茲叫他快點搜查，還說不可能有人能進她房間，所以實在沒必要搜索。弗里特詢問麗茲上午做了些什麼，她說自己在穀倉裡待了二十至三十分鐘。她表示最後一次見到繼母是在上午九點左右，也表示有人來送字條給艾碧。

搜索完麗茲房間後，弗里特回到地窖，看見一只箱子內有一把手斧的頭部和其他工具放在一起，還有幾個鐵塊。他所形容的便是那把無柄手斧。他注意到靠近手斧頭部的木柄有新的裂痕，而其他工具都布滿鐵鏽，奇怪的是似乎只有這把手斧的刀刃兩面都有煤灰。這時羅賓森打斷了他，以免他兀自揣測這把手斧會覆上煤灰的原因。他證實了通往後院的地窖門是從裡面門上的，同時也去了穀倉並發現上層「既悶熱又窘迫」。[57]

圖 47　助理法警約翰・弗里特

弗里特在星期六回到波頓家，就在葬禮隊伍出發前往儀式現場後。值得注意的是他作證說自己搜索過樓上的衣帽間，沒有見到哪件洋裝沾了血跡或油漆。也就是說，如果麗茲真燒掉了一件沾上油漆的洋裝，那麼在弗里特搜索時洋裝在哪？拉福發現：「人們正努力理解這件事的意義時，法庭內響起一陣低鳴：如果他沒見到那件沾了油漆的洋裝，那一定是被藏得非常隱密。」[58]

弗里特的證詞造成了確切的傷害。這一天已經要結束了，羅賓森不希望弗里特的證詞在陪審團腦中縈繞一整晚，但弗里特是「這位狡詐的律師目前交手過最冷靜、思緒最清晰、最厲害的人」。[59] 羅賓森換上了一副冷面譏諷的面具，希望能嚇唬這名警察，那個原本能誘使布麗姬同意波頓家氣氛「融洽」的友善羅賓森已經消失了。這位前州長羅賓森逮住助理法警弗里特[60]，拉福敘述道，「幾乎就像㹴犬抓住了老鼠」。羅賓森迅速就戰鬥位置：他訊問弗里特先前的證詞，咄咄逼人：「你認為你現在所說的經過與之前所說的一致嗎？」[61] 那句話定調了這天接下來問話的方向。

羅賓森想重新檢視弗里特預審時，以及今天下午的證詞之間有何差異。弗里特瞪大了眼，粗魯地回嗆「那是當然」。（平心而論，拉福評述道：「就連羅賓自己也不可能忍受得了這種語調並耐心回答。」[62]）預審時，弗里特作證說麗茲的洋裝上頭蓋了一條布巾，他曾掀開來檢查洋裝有沒有血跡，但現在羅賓森說：「你根本沒看仔細吧……根本無法確定衣服上頭是不是掛著布巾。」[63]

羅賓森引述了一大串弗里特先前的證詞，穆迪插嘴：「我不知道你還要唸多少句，但也該適可而止吧。」[64] 弗里特則說自己「只是探頭看了看洋裝後面」。

羅賓森質問：「你不會是想看看這些女人的洋裝後面有沒有躲著男人吧？」[65]

弗里特堅持：「的確可能有男人藏在這房間裡。」

羅賓森冷笑一聲：「是嗎，你想在那裡找人……你以為你能找到人嗎？」

在拉福的描述中，羅賓森「展現他爐火純青的演技，裝出一副易怒、苛刻而不耐的模樣」。[66]就在這一天即將休庭之前，羅賓森逼迫弗里特承認沒人阻擋他的搜查，而且是麗茲自己打開了衣帽間的門鎖。根據拉福的敘述，弗里特「顯然對犯人已經心存偏見」[67]，不過《紐約時報》也發現：「弗里特先生對凶器的描述非常仔細，當地人也都知道他這個人一向誠實正直，無論處理警務工作或私人事務皆然，因此普遍都相信他確實找到了用來犯案的凶器。」[68]

星期四這天看來，麗茲的運氣似乎用完了。一名記者表示：「眾人都相信檢方今天使出了絕招。」[69]另一名則說得更直白些：「這一天對麗茲．波頓來說十分難熬。」[70]諾爾頓和穆迪傳喚了好幾位證人，他們的證詞揭露了麗茲在謀殺案前後的詭異行為，最具殺傷力的陳述便是她燒掉了謀殺當天早上所穿的洋裝。對拉福而言：「整個過程幾乎就像是一場活鴿射擊比賽，地區檢察官穆迪不斷扔出鳥兒……前州長則是不斷開槍射擊，雖總能射傷或射下鳥兒，但也不是百發百中。」[71]在這些針鋒相對中，麗茲仍紋風不動地坐著，一名旁觀者這樣說道：「她似乎又恢復了堅定不移的模樣。」[72]霍華寫道：「麗茲．波頓的性格相當令人難忘，她對自我的控制力讓她不會輕易放鬆自己對全身肌肉的掌控……彷彿她在法庭裡待得越久，就會變得越強大。」[73]

一八九三年六月九日，星期五

瑞特警長準備了額外的座位在上午八點開放，才七點就聚集了許多熟面孔以及想來搶位子的人。霍華在報導中敘述，這些想來旁聽的人是他見過最為「奇特的一群婦女」[74]，有精心打扮，也有蓬頭垢面的。從這名記者見多識廣的經驗看來，麗茲應該是屬於富裕人家。霍華認為「麗茲不只臉色蒼白，她整個人都感覺蒼白無力」[75]，不過拉福倒覺得她「明亮得像枚新鑄的錢幣」。[76]無論如何，氣溫不再升高了，這天應該不會那麼悶熱。

這天，助理法警弗里特又回到證人席上，接下來還有好幾位他在警局的同僚。霍華總會特別注意是否有證據顯示警方在籌謀些什麼，這一連串藍色制服的出現讓他有些不安：「警方試圖將這樁可怕的罪名安在波頓小姐頭上，而幾乎每一個努力促成這件事的警員在這一年當中都升了官。如今在弗爾里維警局裡就有好幾位隊長，數量多到就像牛糞上的蒼蠅一樣。」[77]諾爾頓和穆迪打算拿出可能的凶器，也就是那把斷了柄的手斧，斷面猶新且幾乎只剩頭部，而且他們要證明雖然警方搜索過，但沒有警員見過麗茲燒掉的那件「沾了油漆的」洋裝。警員一個接一個作證說明搜索過程，《紐約時報》如此報導：「事件所有細節都排練到一字不差，聽來痛苦，那棟凶宅裡裡外外每個場景都歷歷在目，鮮明到令人驚愕。」[78]

在傳喚其他警員前，檢方先讓助理法警弗里特在證人席上說明，他表示自己注意到有一把手斧斷到幾乎只剩頭，而且斷面是新的，到處都找不到手柄。同時他也發現，這把手斧跟地窖裡其他手斧或斧頭不一樣，刀刃上覆蓋的是煤灰而不是灰塵，看起來就像是有人想要清除上面的血跡。羅賓森抓到弗里特在證詞中似乎有些矛盾與保留，便隨即出手。弗里特無法列出當時在現場的所有警員及記者姓名，引得羅賓森大聲嘲諷，因此他邊作證邊修改原本的名單，看起來就像憑空出現新的人名似的。羅賓森打斷他並說：「喔，這個人在場是嗎？你可沒跟我說過呢。」[79] 弗里特也失去冷靜了，回嗆：「我沒跟你說的事可多著了。」[80] 羅賓森堅持要他列出所有他能記得的人：站在後門的索耶先生（權充警衛的油漆工）、前門有《弗爾里維每日先鋒報》的曼寧先生、《弗爾里維每日全球報》的波特先生、《弗爾里維每日新聞報》的史蒂文斯先生；克拉森先生（Mr. Clarkson）有出現一下，然後還有駕馬車的唐納利先生（Mr. Donnelly）。被追問有多少警員在地窖裡時，他說：「那裡太多警員了，我想不起來我每次在不同時間去那裡時都有誰。」[81] 至於那把如今惡名昭彰的無柄手斧，弗里特承認自己是在第二次去地窖時找到的。

羅賓森問：「為什麼你先前沒告訴我？」[82]

弗里特回答：「你又沒問我。」接著的問題是要他形容那把無柄手斧的狀況，弗里特堅稱木柄斷裂的手斧上覆著灰，看起來像是燒柴火的餘燼，而非其他物品上的灰塵。他注意到手斧刀刃兩邊都有灰，但不記得在斷面上有。截至目前為止的發展都順著檢方的意，不過前一天他的證詞是說，在斷面上應該也有煤灰或灰塵。

羅賓森嘲弄著，叫他在兩個說法中選一個：「就選你今天早上喜歡的那個吧。」[83] 然後羅賓森「揮揮手送走了證人，就好像拿起柳橙嘗了一口發現沒什麼滋味便順手扔了」。[84] 在整段交鋒過程中，麗茲就像個看運動比賽的觀眾，坐在椅子上往前傾，好聽清楚每一個字。

接下來上場的是菲利普·哈靈頓，謀殺案後他從巡警升職為隊長。他是最早到達現場的警員之一，雖然他已經認識安德魯·波頓超過二十年，卻也認不出他倒在沙發上的屍體：安德魯的臉滿是鮮血，血液甚至還在流動，「一小滴血沿著側臉緩緩流下」。[85] 他和其他證人一樣，一走上樓梯就能看見艾碧的屍體。

上樓之後，哈靈頓向麗茲問話。這時羅賓森提出抗議但被駁回。他繼續描述波頓相當「冷靜」且「穩定」，最引人注意的是他描述麗茲的穿著，是一件粉紅色外套，說明詳細得「簡直堪比第一流的裁縫師」。[86] 根據霍華的報導：「他說出了顏色、條紋、斜裁的手法、胸部部分的布料有凹槽、剪裁貼身、臀部有鑲邊，還繼續夸夸其談地形容整件外套的圓邊，他稱之為鐘形滾邊。」[87] 哈靈頓說話時，麗茲將臉藏在扇子後面，「肩膀隱隱抖動」，然後她再也忍不住了，「大笑出聲，整個人都劇烈震動起來，因為她努力想控制自己，整張臉反而漲得通紅」。[88] 就連穆迪似乎也覺得有趣，問：「應該講完了，對吧？」[89] 在交互詰問時，羅賓森的眼神從半框眼鏡探出來盯著他問：「你曾經做過裁縫嗎？」[90]

圖 48　隊長菲利普·哈靈頓

拉福評論哈靈頓「談起洋裝來就像是美國版的時尚大師沃斯（Charles Frederick Worth）或是報導名媛生活的

記者」[91]，觀眾席上的婦女嘖嘖稱奇，叫他是「訂製隊長」[92]，霍華也譏笑道：「要是他現在從小巧的手袋裡拿出手絹，輕輕拍掉鼻子上的粉，大概也不會有人覺得意外。」[93]當然還有另一個更邪惡的解釋，能夠說明他對時尚設計的熟悉：哈靈頓是靠背誦念出已經準備好的證詞。

哈靈頓還有另一件重要的事要說：他看見伯溫醫師「手上拿著某張撕成碎片的字條」[94]，伯溫跟他說這「沒什麼」。羅賓森馬上站了起來：「這話我不能聽過就算，除非你能保證這跟案情一點關係都沒有。」[95]

諾爾頓回答：「這跟案情一點關係都沒有。」

羅賓森追問：「你得聲稱那張紙無關緊要。」

諾爾頓回答：「嗯，他說無關緊要。」

羅賓森在擔心什麼？根據哈靈頓隊長的說法，伯溫醫師說字條跟他女兒有關，但哈靈頓聲稱他看見紙張左上角用鉛筆寫著「愛瑪」。這張字條上寫了什麼會妨害麗茲的辯護嗎？審判紀錄上並沒有說明。不過哈靈頓也說他發現稍早有一張捲起來的紙「大約三十公分長、不超過五公分寬」[96]，被丟進爐子裡燒掉，這個尺寸和無柄手斧遺失的手柄長度剛好差不多。顯然羅賓森是擔心哈靈頓在暗示，這張被燒掉的紙曾被用來包覆手斧的手柄。

派崔克·杜賀提是下一個站上證人席的警員。穆迪和羅賓森針對杜賀提能不能重覆伯溫醫師曾說波頓太太是嚇死的起了爭執，最終穆迪同意不再追問。杜賀提是第一位檢驗艾碧屍體的警員，據他所說艾碧是臉朝下躺著，頭部朝向東方，雙手高舉過頭。除了移動她的一隻手以及抬起她的頭，他就未再移動過屍體。然後杜賀提離開去打電話通知法警，回來之後看見麗茲和邱吉爾與愛麗絲待在廚房，麗茲告訴他在謀殺案發生當下她正在穀倉裡，還說她有聽見奇怪的聲響：「像是刮擦的聲音。」[97] 考慮到可能的嫌犯，杜賀問她是否「有葡萄牙人為妳父親工作」？她說出父親農場上兩名員工的名字，分別是強森先生（Mr. Johnson）和艾迪先生（Mr. Eddy），但也說他們都不可能傷害他。

下一位證人是巡警麥可．穆拉利，在弗爾里維警局已有十五年資歷，他對檢方而言是一場災難。拉福寫道，穆拉利「看上去不像是即將爆炸的火藥庫，不過事實證明，這是最適合他的比喻」。[98] 在謀殺案當天他搜查過閣樓，後來也是他讓弗里特注意到地窖裡的斧頭與手斧，他認出那把無柄手斧跟穆迪拿出來的是同一把，不過作證說斷面上也有覆著灰。在交互詰問時，羅賓森追問覆蓋在手斧刀刃上的灰到底是什麼物質，穆拉利不經意地透露出了驚人內情：他在裝著斧頭的箱子中有看見斷掉的手柄，他說弗里特拿出手柄後又放回箱子裡。伊莉莎白．喬丹寫著，穆拉利似乎「一派樂天，完全不知道自己吐露出多麼重要的細節」[99]；至於霍華則是這樣寫的：「就算現在有顆炸彈掉到法庭裡，大概也不會造成比這更大的騷動了」。[100] 羅賓森驚呼道：「斷掉的手柄嗎？那手柄……在哪裡？」[101] 羅賓森要求檢方交出手柄，諾爾頓否認他們知情，並提議派一位警察到波頓家去找，羅賓森聽了這提議冷笑一聲，並再次傳喚弗里特上證人席。同時，詹寧斯馬上叫他的助手亞瑟．菲利普斯以及一名來自劍橋的警探看住法院樓梯頭尾，確保穆拉利不會去警告弗里特自己剛剛說了什麼。

從此刻起，弗里特算是完蛋了，他落入了羅賓森「無情而高明的掌握中」。[102] 弗里特承認在他找到手斧時穆拉利確實在場，不過否認自己有看到斷掉的手柄。拉福解釋：「麻州檢方的理論是麗茲殺害父親之後拿走手斧，打斷手柄後燒掉，然後清理了刀刃再抹上灰，放進地窖的箱子裡。」[103] 如果手柄從頭到尾都在箱子裡，那麼那把手斧就沒什麼好注意的了。就如《紐約時報》所稱：「他們幾乎摧毀了檢方想呈上犯案工具的希望。」[104] 從此檢方只要一提到找到凶器，就會提醒陪審團警員間互相矛盾的證詞。拉福下了結論：「檢方就像蜘蛛在身邊織起了一張破破爛爛的法網，卻突然從天外飛來一擊，狠狠扯斷了最強韌的一根線。」[105] 霍華對警方的評論就苛刻多了：「他當然肯定，他們都很肯定，證人席上的警員沒有一個不是滿懷自信，但也沒有一個人的證詞不是跟某個同事直接牴觸。」[106] 依循著相同脈絡，伊莉莎白·喬丹稱：「參與了波頓案審判的所有人心中，沒有什麼比這一把小小的手斧更能象徵這個國家的建國先賢及誠實；他們心中永遠都會記著弗爾里維的警方，還有他們所聽過從證人席上傳來最非比尋常的咒罵聲。」[107]

接下來的證人就沒再多說什麼。警員威爾森（Officer Wilson）作證自己聽見了弗里特與麗茲之間有關搜查她臥房的對話，羅賓森繼續努力引導，說明這場搜查沒有遭受任何抵抗：「對於你們的搜查並沒有人拒絕，除了……等了一會兒，然後你們就直接進去了對嗎？」[108] 安德魯·波頓有一位好友喬治·佩提（George Pettey），過去波頓家還在一棟能住兩戶的公寓樓房時就住在他們樓上，當天他大約上午十點時有看見布麗姬刷洗窗戶。他也跟弗爾里維的許多人一樣，在兇案發生後進到屋裡看了看屍體，重要的是他作證說他曾把手放在艾碧頭上，注意到「頭髮是乾的，而且亂七八糟」。[109] 奧古斯都．葛曼（Augustus Gorman）是波頓街及第二街交叉口那間油漆店的店主，進一步證實了目前建立的時間軸無誤。

雖然這天整體說來是對辯方有利，不過被告仍然度日如年：麗茲似乎很累，「看上去像一朵凋萎的花」[110]，但不是只有她這樣。法庭內外都有大騷動：搖搖欲墜的紡織工廠聯合起來，發出的聲響「時常掩蓋了證人的說話聲，鳥兒開心啼唱著，那頭老母牛偶爾哞叫幾聲就能迴盪許久，而鄰近建築中石匠切割石材的聲音也會加入，四周總瀰漫著一股悶熱的不安感」。[111] 法庭在下午三點四十分休庭，首席法官提醒陪審團他們的職責，「在他睿智而瀟灑的臉龐上掛著如父兄般的關懷之情」。[112] 他警告陪審員不得「在心裡對這件案子做下什麼結論」[113]，還說「未到最後定罪的時刻，你們不應討論案情」。霍華對陪審員只有滿滿的同情，不斷哀嘆著他們實在沒什麼娛樂，還被要求節制。他描述著他們「悲慘」的行程：「早上六點起床，七點吃早餐，九點走到法院，然後一直坐到下午一點，頂著烈陽走去用餐，回來時後面還跟著一群地痞流氓，然後繼續聽著專家學者給他們講解評論，一直到下午五點，再回去旅館吃晚餐，吃完馬上就被帶到各自房間，被鎖在房裡也沒什麼消遣或指示，只能自言自語。」[114] 而他們除了「過濾後的純水」[115] 就沒什麼可喝的了。

一八九三年六月十日，星期六

法院就位在新貝福最忙碌的街道交叉口，第一週結束時，霍華對這個吵雜的地點也幾乎要失去耐性了：「新貝福的官員們在選擇布里斯托郡立法院時顯然發揮了無比的智慧，挑了一個外在聲響絕對能讓人煩心到不行的地方。」[116] 他並不在意鳥兒的啼唱或母牛的哞叫，但抱怨「載運著石材的馬車熙來攘往，還有農夫的推車、運煤車、紡織廠車等裝載著各種不同貨物，石匠、吆喝的男孩還有喊叫著的人們，種種聲響加起來簡直要把人逼瘋，侵擾了耳朵，更讓人煩躁地無法思考。」有一段比較開心的記述中他寫到法院外的人們熱鬧起來，「因為有一大群年輕漂亮的女孩」[117] 經過，大概是女學生出來過週末假期。法庭內的女性比平常少，有來的人相貌平平，他在描寫時沒什麼好話：「戴著的軟帽大多數都是黃色的，而沒戴帽的臉上氣色也一樣蠟黃。」[118] 這一週很漫長，不過《弗爾里維每日全球報》報導，麗茲「看得出來似乎就像只是上教堂或者和別人一起去了某個公共場所」[119]，「若過去這六天有對她造成了什麼壓力，」報紙繼續寫道，「從她臉上的表情也看不出來。」[120]

經過前一天檢方的潰敗，可以想見辯方的心情比較輕鬆，不過

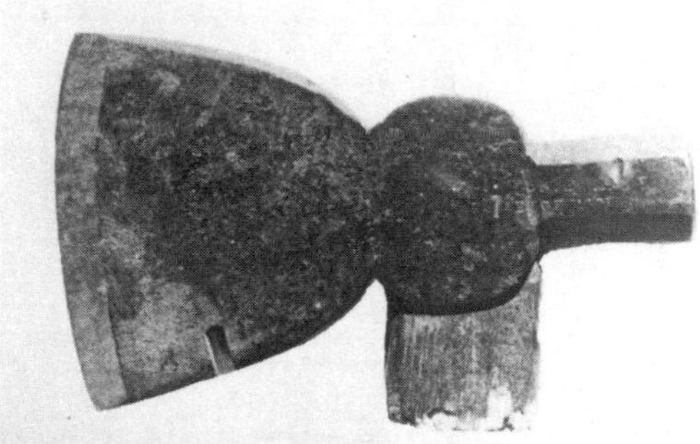

圖 49　無柄手斧（亦稱巫法手斧）

檢方仍固執地回頭討論無柄手斧的謎團。拉福評論道：「那把無柄斧頭如今都被稱作『巫法手斧』，仍將在今天麗茲．波頓的審判中玩著惡魔的把戲，操弄著她的性命，在這件案子中再砍出一個大洞。」[121] 喬丹推論：「就這樣一把人人家中都有的實用工具，不到九公分長的刀鋒，就可能劈斷檢方的論證。」[122]

穆迪派了位警察去搜索遺失的手柄，便是探長法蘭西斯．艾德森，後來還有警員瑪侯尼(Mahoney) 的協助，他作證說在星期五下午三點四十分去了波頓家，卻被擋在門外。弗爾里維的五分錢儲蓄銀行主席查爾斯．荷姆斯是麗茲相當信賴的長輩，顯然他也在屋裡進行搜索，但一無所獲。在一開始的搜索行動中，艾德森也跟其他警員一樣有分配的負責區域：他負責的就是地窖，他從地窖廁所拿回了一把小木柄手斧以及兩把砍柴斧頭，另外還在儲放蔬菜的地窖架子上拿了一把爪錘手斧。他在八月五日將東西交給希里亞德法警。羅賓森質疑他的搜索是否澈底：「你到那裡就是要查看，這是你的任務，不是嗎？」[123] 除了蔬菜地窖架子，艾德森又查看了地窖廁所，但沒看見什麼，倒是看見梅德利警員拿著手斧的頭，包在紙張裡。

威廉．梅德利簡直就是男版的愛德蕾．邱吉爾，一張嘴說個不停，似乎很高興終於輪到自己表現的機會。穆迪不時得打斷他，提醒他只要說出事實並回答問他的問題就好。梅德利談到跟麗茲在她房間的對話時，開始說：「然後我就想啊……」[124] 為避免他又講個沒完，律師馬上回答：「算了，當我沒問。」還有一次，穆迪提醒他的證人不要重述他跟其他警員的對話：「我沒問你們說了什麼。」[125]

梅德利的證詞主要描述他在穀倉內的搜索，以及在波頓家地窖發現的那把無柄手斧。他說穀倉上層看起來在他搜索之前沒有人入內，而且「非常熱」。梅德利從樓梯探頭看著上層，他說沒有看到足跡或有誰曾來過這裡的跡象，不過他把自己的手放在地板上時，地板上的灰厚到馬上出現明顯的手印痕跡。另外，他在地窖中發現一只箱子裝了些雜物，其中有一塊小手斧的頭部，那只箱子就放在離地窖地板約一英尺半（四十六公分）高的木塊上，他注意到手斧頭部覆著一層質地粗糙的物質，看起來跟箱子裡其他「老舊廢物」上頭的細灰塵不一樣。他把手斧頭部拿給戴斯蒙隊長看，並用棕色紙張包起來交給駐市法警。羅賓森在交互詰問時問他包裝用的紙材，梅德利說自己不是「很會處理這種東西」[126]，羅賓森的回應刻意影射了哈靈頓對麗茲洋裝鉅細靡遺的描述，挖苦他：「喔，很高興知道這位先生對時尚並不熟悉。」[127]

丹尼斯．戴斯蒙隊長確認了梅德利對無柄手斧的描述，他在手柄斷裂處的接眼看到一小部分的木頭，也同意手斧的頭部覆蓋著粗糙物質，「一種粗粒的散落物」[128]，而不是地窖其他地方發現的普通灰塵。然後他作證說自己用一張大報紙包起斧頭，是隨手在廁所裡拿的，而不是梅德利提過的棕色紙張。羅賓森抓住了這一點——梅德利才剛剛作證說是**他**包起了手斧頭部。在霍華看來，羅賓森「內心無比激動，但外表看起來卻像和煦的六月天般無害」[129]，他就讓戴斯蒙繼續描述那張包裝紙，「直到這位不疑有他的隊長切斷其他所有可能性的後路」，到最後就連各個警員說起帶去給希里亞德法警的那個包裹，描述也相互矛盾。不只包裹外觀說法不一，就如一位記者後來說明的，描述包裹大小時有個警員說跟「一塊五分錢的派餅」[130]差不多，另一個卻說這個包裏大到可以「容納一雙港口工人的靴子」。

羅賓森要戴斯蒙說清楚他後來進行搜索的目的，但戴斯蒙閃爍其詞：「我不能告訴你我要找什麼，我想找的是能提供線索的東西。」[131] 他已經作證說自己並未找到沾了油漆的洋裝，不過羅賓森證明了一件事：戴斯蒙同意屋裡的每一個人都願意配合搜索行動。用羅賓森的話來說，「房子裡已經澈澈底底、毫無保留、完全搜索過了」。[132]

喬治．西佛是最後一位警員證人，跟其他人不同之處在於，他是通頓警區的成員。他也在八月四日去了波頓家，並參與星期六搜索房屋的行動。他與戴斯蒙隊長一起搜索閣樓，也加入搜索地窖的隊伍：他作證說手斧頭部確實覆蓋著一層粗糙的灰或粉塵，但斷面是新的，「才剛斷不久」。[133] 他曾經當過木匠，對木頭很熟悉。不幸的是他無法辨識手柄剩下的木頭是什麼材質，羅賓森饒富興味地複述了一遍他的回答，評論道：「瞧，木匠呢！」[134]

根據西佛的證詞，他和弗里特一起檢視衣帽間裡的洋裝，西佛把洋裝從衣架勾上取下再交給弗里特，弗里特得站在窗戶附近的位置才能在光線下檢查清楚。稍早弗里特作證說他根本沒細看洋裝，但現在看來，他應該能夠比西佛更仔細檢查洋裝才對。穆迪問西佛，如果衣帽間裡有沾了油漆的洋裝，他是不是能發現，不過羅賓森很快就插嘴抗議，這個問題也就被駁回了。西佛表示他檢查了十二至十五件洋裝，但不記得有看過藍色洋裝，然而麗茲和愛瑪兩人一共擁有十件藍色洋裝。而且西佛也弄丟了自己關於洋裝的筆記。西佛也和多蘭醫師一起估量過血液飛濺的情況，但他似乎也找不到相關筆記。

對檢方來說，不幸的是他們的證人在關鍵事實上互相矛盾，包括發現手斧以及尋找麗茲的洋裝。最重要的是，看起來弗里特或穆拉利中必然有一人在尋找手柄這件事上說謊了，霍華表示：「從來沒有一場審判像這樣處處都是驚喜，檢方傳喚來的證人作證時竟會出現這麼驚人的矛盾。」[135] 另外還有其他嚴重的不一致之處：首先，梅德利與戴斯蒙對包裝手斧頭部的紙張描述天差地遠；第二，弗里特和戴斯蒙看起來對於是否澈底搜索過屋內的意見也不同；最後，在某些人看來，上述事件都「明顯」[136] 與布麗姬．蘇利文有關。根據警員的說法，是布麗姬帶他們找到地下室裡裝有手斧的箱子，穆拉利說是布麗姬把手斧拿給他的，但布麗姬卻作證表示自己從未碰過手斧；而且布麗姬也有藍色洋裝，卻沒有人像檢查麗茲的洋裝那樣仔細檢查過她的。霍華也對那場白日竊盜案有疑心，刻意提起像是要吊人胃口，卻又從紀錄中刪除了這句：「布麗姬．蘇利文對波頓家的竊盜案知道些什麼？」[137] 只是目前不會有答案。

法庭休庭到六月十二日星期一上午九點再繼續。麗茲搭著黑色雙門馬車返回監獄。為了在這段短暫行程中看一眼這位大名鼎鼎的嫌犯，旁觀者排排坐在馬車和推車上，占滿了街道兩邊。伊莉莎白．喬丹報導，就連「街道兩旁的人行道也站滿了人，一路塞到監獄門口，人與人之間盡量在尚可忍受的範圍內貼近彼此」。[138] 不過麗茲搭乘的馬車拉下了窗簾，讓圍觀群眾備感失望。麗茲回到監獄後吃了「一頓新英格蘭晚餐，所有配料一應俱全，顯然心情絕對比昨天好了許多」。[139] 週末陪伴她的是狄更斯的《塊肉餘生記》（*David Copperfield*），拉福相當讚賞：「比起跟訪客談論這起她可能犯也可能沒犯的謀殺案，查爾斯・狄更斯的才華更適合她。」[140]

首席法官梅森及法官布洛傑特離開這個小鎮去度週末，眼神閃耀著光芒，「充滿了希望返家的溫暖閃光」[141]，留同僚杜威法官一人來準備下星期一的論述。不過那天下午杜威法官也放了假，有人看到他坐在附近的巴澤茲灣（Buzzards Bay）一塊石頭上放鬆。相較之下，「陪審團到哪都要集體行動……他們被帶去洛基角，待了不到一小時又回來用晚餐，然後就被鎖進悶熱無比的溫暖房間裡，不僅沒有能提振精神的冷飲，也沒有什麼好玩的事可做」。[142]拉福便報導說：「就算英國的維多利亞女王死了、紐約或波士頓燒光了……陪審團也渾然不知。」[143]還有件令人憂心的問題：陪審團原本計畫星期天要上教堂，卻無法就哪位牧師比較好達成共識，「結果所有人都不能參加任何形式的宗教活動」。[144]

第七章

重大勝利

正當麗茲·波頓一頭栽入狄更斯的書中世界時，參與審判的記者們在旅館陽台上討論這件案子，「空氣中瀰漫著像是巨大機器排放出的廢氣」。[1]伊莉莎白·喬登稍後寫道，她和大部分同為出城採訪的記者都相信麗茲是清白的，但他們的疑問是：「如果波頓小姐沒有殺害他們，那會是誰？」[2]朱利恩·拉福在《紐約太陽報》上的報導指出這個無可避免的矛盾：看起來麗茲·波頓不可能犯下謀殺案，而且也同樣無法「理解為什麼會有人在她活動的屋子裡做出如此可怕的罪行」。[3]他的同事則提出自己的理論：「不知是哪裡逃出來的瘋子？這件案子看起來像是瘋子幹的。」[4]喬丹認為：「會不會是一頭大猩猩？從房裡的情況看來有可能是大猩猩，腦海中馬上浮現鮮明的

圖 50　陪審團坐定位置

畫面：愛倫・坡（Edgar Allen Poe）的《莫爾格街謀殺案》（*The Murders in the Rue Morgue*）。」那天晚上，喬丹有一下沒一下地打著盹，凌晨三點醒來時被眼前景象嚇了一跳：「一頭大猩猩就站在敞開的落地窗前。」[5] 其實是她看花了眼，那不是殺人野獸而是巡夜人，但也代表陽台「很容易就能從底下的街道爬上來」。喬丹這樣說：「還不是因為有人提到瘋子。而且波頓案的兇手很可能還沒逮捕歸案。」[6] 從此之後就算天氣再熱，喬丹睡覺時也會把窗戶關緊。

一八九三年六月十二日，星期一

經過週末的短暫休息後，人群湧向了法院那道小圍欄前，急著想搶到坐位，就連律師們也得努力擠進法院，「穿過那群不動如山還越變越大的婦女觀眾」。[7] 那些有辦法搶到旁觀席的人進了法院，眼前等著他們的是一件可怕的遺物：法庭外頭放著那張沾了血的沙發，也就是安德魯・波頓遭到殺害的地方。沙發上蓋著一條粗麻布，但好奇的人們紛紛掀起蓋布親自看個清楚。拉福經過那張死亡象徵，走進法庭卻發現「有人坐在他最喜歡的座位上，不過那人樣貌比他好看多了；還是個女人。」[8] 她是《紐約世界報》新來的插畫家，她「平靜地繼續畫畫」。小喬・霍華的際遇就好一點：他在星期六開庭時搭上了一位美麗的年輕女子，星期一早上「兩人就大搖大擺開著車過來（法院）」。

麗茲穿了件新的黑色絲質洋裝，最外層是細緻的黑色蕾絲，「比舊的那件貴了不知多少倍」。[9]雖然穿了新衣服，但她看起來卻不太舒服：「她的氣色不佳，整個人垂頭喪氣的，就好像焦慮的惡魔正玩弄著她的情感。」[10]這也是情有可原。星期六法庭休庭前，律師們提出要求，羅列出麗茲預審時的證詞中雙方一致同意的事實。而今天早上在陪審團未旁聽的情況下，她的律師將懇求法官不要准許檢方使用這份證詞做為對付她的證據。

協同合作

為什麼要將陪審團請出法庭？因為法官和陪審團在司法體系中扮演不同的角色：法官負責解釋法條，陪審團則負責判斷事實；或者換句話說，法官就像守門人一樣，負責把關陪審團能夠聽到哪些證據。一般情況下，所有的相關證據都應該呈給陪審團。而所謂的「相關」在當時和現在，都是指可能證明或推翻案件中的某項主張。這個概念立基於一個原則：只要該證據具備了理性且可證明的價值，都可以接受。不過這條普遍性規則有一條重要的但書：法官可以依據種種理由排除相關證據，有時會有成文規定或甚至憲法明定不得納入某些證據。非自願認罪陳述就是一個典型的例子：雖是相關證據，陪審團卻不得聽取。其他同樣必須排除的相關證據包括不公平之偏見、爭點混淆，或者不當延遲*；例如普通法中就有判例不允許會顯現出人格缺陷的證據，理由是陪審團可能會做出不公正的決定，認定因被告具有負面人格特徵，就有可能做出負面行為，卻未仔細思量案件的實際證據。這通常稱為「習性」證據，也就是認為某人過去曾做過某件事，那麼就有可能重蹈覆轍。在這類案例中，法官必須斟酌證據的重要性——尤其是可證明罪行的價值——不得造成對被告產生不公平偏見的風險，不讓被告因自身人格入罪，而應以實際作為論定。法官身為專業的法律人，一般認為他們應該了解其中相關的差異性，能夠保證司法程序中不會出現受偏見或情緒而影響的判決。

在訊問驗屍官時，諾爾頓以比喻的方式將麗茲帶回犯罪現場，好建立出事件的時間先後順序，讓她成為唯一可能的兇手。關於麗茲發現她父親屍體這件事，她跟不同的人有好幾種不同說法：她跟一位警員說自己聽見「刮抓的聲響」、跟布麗姬說她聽見一聲「呻吟」，但她也說自己在穀倉裡找鐵塊做魚墜或錫塊之類的來修理屏風。預審時的訊問逼迫麗茲在宣誓後解釋自己的說法，過程並不順利，《紐約時報》就發現：「她在預審時的陳述顯示出她性格中的矛盾，對她極為不利。」[11] 就連最熱切支持波頓的人也知道她的預審證詞並不理想，例如伊莉莎白・喬丹就帶著同情寫道：「這些混亂的故事及自相矛盾的說法雖然十分瑣碎，不過地區檢察官最希望的就是藉此引導陪審團對被告的反感。」[12]

麗茲的預審證詞不僅顯示出她有下手的機會，也提供了想殺掉繼母的動機（讓家庭失和的房產糾紛），以及麗茲的「犯罪意識」。** 檢方並不需要為這起謀殺案提供動機，只是很難想像會有陪審員會將一位顯然神智清楚的女性定罪，指控她殺了自己的父親與繼母；總是需要有些解釋、明顯的怨懟或什麼邪惡的目的。相較之下，「犯罪意識」被認為是顯示犯罪的強力證據；如果麗茲．波頓做了什麼清白之人不會做的事，或是她沒有做到清白之人在相同情境下會有的行為，那麼這樣的表現或未能出現的作為，就會顯示出「犯罪意識」。更具體來說，一位在證據學方面的重要權威人士為波頓案提供了一個恰當的譬喻：「就像斧頭砍在沉默的樹幹上會留下痕跡，邪惡的作為也會在作惡者的意識上留下痕跡。」[13]

檢方相信麗茲對自己那天的行動陳述只是推託之詞。她編出一張給繼母的字條，讓她父親不會去找艾碧，也就不會發現她已經陳屍在客房裡，才能解釋她為什麼在發現父親屍體後並未想到去找艾碧。然後她還燒掉了據信是她在案發當天所穿的洋裝，檢方相信「被告在謀殺發生後的諸多作為，除了假設她有罪，實在想不到其他可能性，如此才能解釋她陳述中的前後不一致及不太可能的巧合。」[14]

＊　**譯註**：引自美國聯邦證據法第四〇三條：「證據因有不公平之偏見，爭點混淆，誤導陪審團之危險或其有不當延遲、費時或多餘證據不需提出之考慮，至實質上超過其證明價值時，縱具關連性亦得排除之。」

＊＊　**譯註**：consciousness of guilt，又稱罪咎感。一種刑法上的推論，屬於間接證據，表示犯人知道自己在做有罪之事。通常的表現方式為從犯罪現場逃走、假的不在場證明、改變個人外貌、掩藏或湮滅證據、賄賂威脅甚至殺害目擊者等等。美國部分州允許法官或陪審團以犯罪意識做為認定其構成刑事責任的理由。

穆迪說明了檢方認為應該准許納入波頓預審證詞的理由。首先，他提醒法官所謂法律關連性的廣泛程度：「只要是能夠支持或反駁符合邏輯假說的所有事實，都應准許採用。」[15] 他知道關於自白的採用另有一套法理依據，檢方較難克服，不過他聲稱波頓的預審證詞「顯然在本質上並非自白，比較像是否認犯罪」[16]，也就是說麗茲是試圖為自己脫罪，因此逼迫認罪的判例法在此並不適用。第二，他從自己在各管轄階層的豐富閱歷所經手過的案例中整理出一條清楚的規則：「無論在何處或何種情境，自願做出的宣誓都是證據充足的；而逼迫之下的招供則經不起檢視。」[17] 穆迪還援引了數個紐約的案例做為這些主張的支持，因為紐約在這個議題上有既定的法規，包括**人民訴蒙頓案**（*People v. Mondon*, 103 N.Y. 211, 1886）。他引用最新近的判例，提出了這條看起來是沿用自先前判例的明確規則：證人在驗屍官接受訊問前所提供的證詞，或可在審判時用來反駁證人自身，無論他是否被懷疑為犯人皆然。

根據檢方說法，麗茲是自願在預審時接受訊問，因此她的陳述應該納為證供。穆迪解釋，州政府必須針對死亡情況可疑的案件進行訊問，整個過程並無異常，更違論惡意。波頓在訊問時並未遭到逮捕，也未被控謀殺，而且她在作證前已經諮詢過律師的意見。穆迪論道，如果波頓想要保護自己，避免自己的陳述之後被採用，就應該引用麻薩諸塞憲法（Massachusetts Constitution），主張避免自證其罪的權利，這部憲法中有一條法條和如今大眾熟悉的美國憲法第五修正案相關。* 即便她的律師也援引了最新近的最高法院相關判例，但由於當時聯邦憲法仍不適用於各州法庭，因此麗茲無法尋求聯邦憲法的保護。

她孤立無援

辯方對麗茲的訊問證詞則有不同看法。羅賓森認為應該特別禁止將麗茲的訊問證詞納為證據，麗茲在訊問時的證詞基本上是非自願的，這個法律用語就是逼供，因此不應該讓陪審團聽見。接到傳票後出現的她，雖被懷疑謀殺她父親和繼母，卻沒人提醒她有權保持沉默；不僅在普通法傳統上確保證人有這項權利，麻薩諸塞憲法亦然。

羅賓森認為，波頓在形式上就是遭到逮捕了，如同已經遞出逮捕令一般將她關押起來；有小道消息說希里亞德法警在訊問期間，口袋裡就揣著一張未送出的逮捕令。接著羅賓森要透過細瑣小事建立論點，挑起一股特殊的氛圍。他不像穆迪那樣馬上就搬出法學理論的精妙重點，而是營造出一個充滿惡意的情境：握有主導權的男人們圍堵一名毫無反抗能力的年輕女子。他描述警方對波頓家的監控、必須出席訊問的傳票，並否認麗茲要求讓人代表她出席訊問：「她只有一個人，一個沒有律師在旁引導的女人，要面對地區檢察官的對質，又有駐市法警的監看，身邊還隨時圍著一群警員。」18 根據羅賓森的描述，弗爾里維的官員們共同編出了一套邪惡的官方陰謀，要逼迫麗茲作證並堵住她逃跑的去路。就像貓兒玩弄獵物那樣，逮捕令證明了他們「要伸手壓在她肩

* 譯註：美國憲法第五修正案屬於權利法案的一部分，於一七九一年通過，其中便包括確保當事人在法庭上不得被迫自證其罪。

頭上控制她；她一個女人也跑不了，時時被看著、刻刻包圍著，他們有權隨時逮捕她，在那種情況下帶來訊問作證」。[19]在那種條件下提供的證詞，怎麼可能是自願的呢？

然而，他也知道「我不是在跟陪審團說話」[20]，於是他回到法律問題。羅賓森在論述中列出兩個基本問題：第一，這件案子是否明顯為刑案？第二，被告是否為嫌犯？據羅賓森所言，這場訊問的目的就是要「逼問出……被告的說法，從中找出可對付她的線索」，等她不得已接受審判時便能用上。羅賓森問：「他們想對這個女人做什麼？想了解是否發生罪大惡極的兇案嗎？不，他們只想找到些什麼，看看是否有辦法抓住她。」[21]這場訊問可以說就是個陷阱。當最高法院做出米蘭達判決的七十三年前，這時羅賓森就已經認為地區檢察官或警長應該提醒她，告知她「不應該作證說出任何可能使自己入罪的證詞」。[22]而儘管羅賓森對整個程序的批評言詞尖銳，他陳述論點時仍是一貫「溫和、自信的態度，嘲諷著穆迪先生引用的每句話」。[23]

從心理學角度來看，非自願陳述通常都不可靠。

圖 51　拿女人的一條性命當兒戲

值得注意的是，羅賓森並未利用在此論點上較有力的判例法做為理由。先前有個案子就解釋了，清白之人若是知道自己被懷疑，或許就會想隱瞞對自己不利的事實或捏造故事，「人的心智因感受到危險而陷入混亂與激動，就無法冷靜思考」[24]，**州政府訴吉爾曼案**（State v. Gilman）中的法庭紀錄如此說道，「而且會決定說謊，但其實說真話才比較安全」。不過羅賓森無須冒險去影射波頓可能會因感受到危險而說謊，而是讓法官去專注思考下面這個前提：麗茲身為女性，本質上就很容易感到混亂。他甚至堅持認為警察應該有積極作為來保護她，並避免讓她作證。父親遭到暴力攻擊而身亡讓她哀痛不已，不公不正的懷疑也令她不安，再加上嗎啡奪去她的判斷能力，像麗茲這樣的女人根本無法清楚作證。羅賓森宣稱：「被拒絕讓律師陪伴……她孤立無援，是個毫無反抗能力的女性……如果這可以說是自由，那就只能天佑麻薩諸塞邦了！」[25]

穆迪回覆這席話時，改述了一八五四年克里米亞戰爭輕騎兵衝鋒戰（Charge of the Light Brigade）中一位法國軍官的話做為反駁：「這話說得真是漂亮，但不是法律。」[26] 穆迪在總結羅賓森的論點時裝得一副困擾樣：「我能理解他的立場，也就是說這份證詞不應採納，因為這不是證詞。」[27] 他形容羅賓森的論點不過就是「裝腔作勢、舌粲蓮花」[28]，完全沒有判例能夠支持這樣的論點。穆迪堅稱從來沒有過哪件案子，證人在未遭到逮捕時所作出的證詞會被排除在審判證據之外，他並不認為「警長沒提出警告，會改變些什麼」。他提醒法官，麗茲的律師詹寧斯確實有陪著她出席訊問；沒錯，他並未獲准進入訊問室陪她，但檢方完全有權力這麼決定。穆迪以驚訝的口氣問：「法官大人、諸位庭上，難道還有一絲懷疑，在她跟詹寧斯先生談過之後……走進訊問室的當下，會不知道自己有權拒絕嗎？」29穆迪無法理解「一張未曝光的逮捕令，她根本無從起疑，怎麼會跟她行使自己的意願有關呢？」30

霍華坦承自己很驚訝，穆迪似乎沒發現羅賓森話中更重要的論點，也就是「問題並不在於慣例一向就是如此這般進行，而是這麼做到底對不對」。31穆迪的「直覺一定馬上就告訴他了，」霍華繼續說，「學識淵博的法官一定會做出對他不利的決定」。

雖然穆迪展現了自己對法律教條的純熟知識，羅賓森卻成功憑藉並利用了十九世紀末對女性氣質的特殊概念，來描繪訊問時的壓迫氛圍。拉福解釋，在接受訊問時，麗茲「落在了諾爾頓的手裡，而他的態度……讓她心生害怕畏縮逃避，或許任何女性處在這種狀況下都會害怕如此強勢的男人，尤其她將他視為自己的敵人，還會起訴自己」。32霍華則評論麗茲所受到的待遇：「如果說這樣還不算是遭到逮捕，那我可不懂英文該怎麼理解了。」33他繼續說：「受到逼迫、檢驗、交互詰問，身邊都是充滿敵意的警察，她被苦苦相逼又滿心混亂……實在到了極限，所以在這三天漫長而苛刻的訊問過程中，她才會一次又一次說出自相矛盾的證詞。」34在他看來，波頓前後不一致的證詞只證明了她是個女人，並未證明她是謀殺犯，而且還要考慮到她「因為嗎啡而神智不清的狀況」。35《紐約時報》便報導：「就算波頓小姐不是被逼供，以她的情況大概根本就不知道自己在做什麼。」36

法官們私下討論了超過一個小時，從法庭內的緊張氣氛看來，結果實在難以預料。「她的臉色比白紙還蒼白，臉頰鼓起且瞇著眼睛，緊閉著雙唇」37，麗茲整個人愁雲慘霧。法官回到法庭上時，麗茲「緊盯著首席法官，就像能讀到他靈魂深處一樣」。[38]首席法官梅森宣布法庭的決定，「聲音洪亮如鐘，咬字清楚得就像（知名莎劇演員）艾德溫・布斯（Edwin Booth）一樣。」[39]他解釋道，雖然波頓並未遭到逮捕，但她「實質上是被關押，符合正式規範的認知」[40]，只是他也指出，光是受到懷疑並不會讓被告宣誓後的陳述變成非自願提供。他總結道：「根據原則及權威專家的意見……若被告在提供證詞的當下是遭到逮捕，被控犯下該罪，那麼他所做的陳述便為非自願提供，也就不應在審判中採納。」法官也暗示警方在調查時刻意拖延而未發出逮捕令，對此提出嚴正訓斥：「普通法所考量的主要在內容而非形式。若證人在提供證詞時確實受到羈押，就不應該藉由避開逮捕的形式來規避相關法則。」[41]

麗茲哭了出來。考量到她承擔的風險，這樣的反應情有可原。霍華寫道：「她實在忍不住了。她既緊張、煩惱又疲累，整個人緊繃著，承受著常人不需承受的壓力；當壓力釋放，在眼前舒展成一片廣大遼闊的地平線時，人性自然浮現。她當然會崩潰，當然也會哭泣。」[42]伊莉莎白・喬丹的描述不只是表現出同情，更摻入了感傷的諷刺：「她似乎是已經太過習慣命運對她除了殘酷別無其他，才會對他們準備好用來對付她的種種傷害表現得一派冷酷無情；但他們所展現出的過多仁慈卻是不可承受之重，那一簇火花般的安心感讓她整個人鬆懈了。」[43]於此同時，陪審團回到法庭內，霍華很好奇陪審團看到眼前場景作何感想：「律師們激動不已、波頓小姐又是緊張、而每個人臉上幾乎都帶著滿意的雀躍神色，這些對剛進法庭的這群人來說都是陌生的。」[44]

所有人都同意，辯方能夠排除麗茲的訊問證詞是贏得了「重大勝利」[45]，但專家和外行人對於這樣的決定是否正確，則各有見解。根據拉福的說法，這「在老麻州裡可是新的法律觀點」。[46] 公眾的意見大多依循著媒體肯定法官的決定，但法律專家們則持相反意見。波士頓的法官查爾斯．戴維斯（Charles Davis）溫和地表示這個問題在麻州並未有過權威決斷，但結論說「用常識就能判斷出相反的結果」。[47] 一名叫做約翰．亨利．魏格摩（John Henry Wigmore）的年輕法律學者就說得比較嚴厲了，他日後將會成為國內證據法最重要的權威學者。魏格摩一針見血地問道：「合眾國各州的律師們就沒有人有一絲懷疑嗎？她的律師已經清楚告知被告她有何權利，而且他們也反覆討論過權宜之計，最後他讓她接受訊問是因為考慮之後認為這對她是最好的對策，藉此避免一切看似隱瞞或有罪的舉動，不是嗎？但法庭的決定卻讓他們恣意妄為——若是有好處就站上訊問席，而使用證詞顯然有危險時就決定保持沉默。」[48]

對檢方來說這是一次嚴重的打擊。州檢察長皮爾斯伯瑞放下一切工作，當天晚上就搭火車從波士頓抵達新貝福，跟諾爾頓與穆迪商討如何應對這次挫折。他們在諾爾頓位於聯合街（Union Street）的家裡密會，《弗爾里維每日先鋒報》發現：「幾乎沒什麼人知道他進城了，而他此時的出現非常引人注目。」[49] 既然他們已經失去了解釋麗茲「動機」的最佳證據，就會需要醫學專家來建立「只有她才能做到的下手時機」。城內另一頭的帕克旅館裡，辯護律師正熱烈慶祝著，一名記者說：「根本不可能讓他們認真說話。」[50] 羅賓森「馬上就回自己房間，不過詹寧斯和亞當斯先生在走廊上逗留」，詹寧斯「抽著雪茄，咧嘴笑著」。

既然失去了立論基礎，檢方盡可能重整陣容，繼續傳喚醫學專家的程序。不過首先站上證人席的是喬瑟夫・海德，這位巡警在八月四日被指派去看守波頓家，一直待到晚上十一點。他描述自己在謀殺案發生後當晚看見的事情。他在屋外執行站哨的任務，從地窖的窗戶看進屋裡，發現愛麗絲・羅素和麗茲在晚上八點四十五分左右下到地窖：「愛麗絲・羅素掌著一盞小油燈，麗茲小姐則拿著夜壺。」[51] 愛麗絲就站在樓梯底部附近，這時麗茲先是進到廁所「倒夜壺」[52]，然後又到水槽沖洗夜壺，再轉開水龍頭。後來她們一起上樓，過了十至十五分鐘，麗茲自己一人下來進去洗衣間。這裡堆放著被害人身上脫下來沾了血的衣物，她把油燈放在地窖西邊（距離街道最近），站在地窖東邊的水槽前彎下腰來，海德作證道：「我不知道她在做什麼。」[53]

在交互詰問時，羅賓森針對夜訪地窖這件事多詢問了些細節，試圖藉此說明這些行為十分平常。海德同意，第一次這兩名女性下到地窖時「是非常自然的」[54]，但愛麗絲卻緊張地拿著燈在樓梯附近徘徊，「彷彿不願離開」。而海德也同意，自己可以從窗戶清楚看見她們的一舉一動。至於稍後那次夜訪，他說他可以看見麗茲，卻因為她在水槽前面彎下身，所以看不見水槽，也看不見她在做什麼。羅賓森則強調這個過程僅不到一分鐘，而且裝著沾血毛巾的桶子就在水槽旁邊，讓陪審團自己去做明顯的推論。

陰暗的恐怖屋

接著檢方傳喚醫學專家，所有專家的證詞都如本地醫師亞伯特．德錐克醫師一樣，表示安德魯與艾碧遭到殺害的時間至少差了一個半小時，而且是艾碧先死亡，她的血液有種「惡劣的黏稠性」。[55] 拉福覺得陪審團很可憐：「只要知道一般的醫學專家講話有多麼無聊又冗長，大概就能理解這群不幸的陪審團這一週得面對什麼苦差事。」[56] 最讓拉福惱怒的是，「他們的證詞根本就沒有回答到最重要的問題」，也就是麗茲究竟有罪或無罪，「只是確認了繼母是先遭害的」。但對檢方來說，這樣的證詞對案件非常關鍵：死亡的順序以及兩次謀殺之間到底間隔多久，都能確定只有麗茲有機會下手。

還有一個不可思議的巧合：布里斯托郡的法醫威廉．多蘭醫師恰巧在八月四日約上午十一點四十五分經過波頓家。多蘭檢查了安德魯的屍體：安德魯的手還有餘溫，鮮紅色的血液仍「從頭上的傷口汩汩流出」[57]，大約有八至十處傷口。他也描述了安德魯的姿勢：安德魯的頭仰躺在整齊舒適的沙發靠枕上，靠枕下面壓著他的外套，外套「被對摺起來壓在下面，……披在後方的編織花布或沙發布套上」。然後多蘭醫師檢查了艾碧的屍體，發現她是臉面向右側趴在地上。多蘭摸了摸她的頭和手，發現比她丈夫的屍體還冰涼，也注意到她的血液已經凝結轉為深色。確實如此，「頭部的血顏色暗沉，基本上已經乾了」。[58] 他在艾碧頭部附近發現一條染血的手帕。在多蘭描述這些血淋淋的細節時，麗茲把臉藏在自己的扇子後面。

經過初步檢驗後，多蘭安排讓人拍攝犯罪現場以及屍體的照片，然後便開始收集判斷死亡時間及原因所需的醫學證據。他講起這段恐怖的過程時，口氣卻意外平淡。他收集了早餐的牛奶以及前一天的牛奶樣本；他脫下安德魯屍體穿的衣服，放在同一間房裡送葬者帶來的停屍板，接著切除安德魯的胃部並放在乾淨的罐子裡；他處理艾碧的屍體也是一樣的程序。他將兩人的胃部以及兩罐牛奶包裝好，派快遞送去給哈佛大學的伍德教授。再來，他檢查了在地窖找到的兩把斧頭及兩把手斧，多蘭認為「那把較重的爪錘手斧……看起來似乎有刮損痕跡」[59]，他也看到幾處像是鏽蝕或血液的點狀痕跡，更在顯微鏡底下發現了兩根毛髮。這些也都要給伍德教授，不過他是在八月九日親自送過去的，包裹中還包括了「一條洋裝腰帶、一條裙子以及白色內襯裙」，都是麗茲穿過的，上頭「有相當少量的血跡」。[60]

更加完整的解剖檢驗要等一週後。他在八月

圖 52　安德魯・波頓，1892 年 8 月 4 日

十一日於櫟樹林墓園切下了屍體頭部，並清理頭骨（眾人並不知道他是如何處理掉血肉，又是在哪裡進行，不過他兒子稍後表示他是在自家用捕龍蝦的籠子進行這份恐怖工作）。在作證之前，

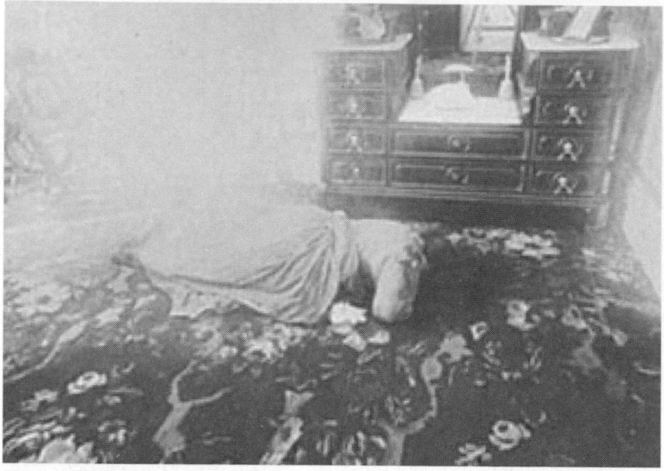

圖 53　艾碧．波頓，1892 年 8 月 4 日

他製作了兩人頭部的石膏模型來表示傷口位置，在審判中是相當可怕的證物。波頓先生的頭上有十處傷口，小的約有五公分長，大的則有十一．五公分，全都以藍色墨水標示，左耳附近有部分頭骨已經碎裂。波頓太太所受到的攻擊則更為嚴重：頭上總共有十八處傷口，其中十三處砍入頭骨，這些傷口大小從一公分至十四公分都有，右邊頭骨同樣顯現出碎裂性傷口。諾爾頓尤其感興趣的是艾碧的最後一道傷口（或者是第一道，實在無法判斷），就位於頸部底處。多蘭在解釋傷口位置時，亞當斯把粉筆遞給諾爾頓，這樣證人就可以在他的外套上做記號，諾爾頓不耐煩地拒絕了。亞當斯讓自己說話的語氣中帶著適當的親和力，告訴證人：「我不反對讓你在我外套上做記號，你可以用這支粉筆來畫，這樣我們就能看清楚位置以及傷口的損害程度。希望我不會被編號成證物。」[61] 等輪到他交互詰問多蘭時，確實就這麼

做了，並且轉過身去讓陪審團看見傷口的位置。

正如本地醫師德錐克作證時說的，多蘭也說從被害者的消化狀況來看，兩人死亡時間確實不同。安德魯的小腸很乾淨，大腸中則充滿固狀排泄物；相較之下艾碧的大腸很乾淨，小腸中則尚有未消化的食物。根據這項證據，多蘭醫師證實了波頓太太的死亡時間比她丈夫早了有一個半至兩個小時。最重要的是，諾爾頓問：「你在波頓先生頭骨上發現的傷口，有可能是一個尋常力氣的女人揮動手斧造成的嗎？」62

「是。」多蘭醫師回答。

亞當斯顯然認為羅賓森會對多蘭的觀點提出抗議，於是他開口，看起來像是對著羅賓森說的：「等一下。你要上嗎？」63 諾爾頓出於禮貌而停下，然後說：「你叫我等，所以我等著。」羅賓森這才猛一回神，說他已經提出抗議了。諾爾頓回答說自己沒聽見他這樣說，亞當斯只好退下來：「我們不堅持提抗議。」之後諾爾頓又重覆了自己的問題，並再次得到肯定的答案。總而言之，這次古怪的交手凸顯出對辯方最危險的論點。

亞當斯或許無法阻止多蘭說出他認為麗茲的體能足以犯下這樁罪行，但他的交互詰問讓陪審團發現，多蘭醫師對犯罪現場的掌握並不如他所說的那麼完整，而且他對其他法醫鑑定的證據或許也太快下定論了。多蘭向檢方陳述自己所發現的被害者狀態，一副他們被發現時原始的狀態就是如此，但亞當斯指出有一位警員（杜賀提）「在你之前就抵達現場，並抬起了這個女人」64，而且「伯溫醫師……也拉出了（艾碧的）右手」檢查脈搏。亞當斯同樣詢問了多蘭關於床鋪與寫字桌之間的距離，因為艾碧就陳屍在此處；而杜賀提也移動了床鋪——動了多少？接著亞當斯問起地窖的斧頭與手斧；聽到有人讀出自己預審時的證詞後，多蘭不太情願地承認自己一開始以為爪鍾手斧是凶器，他說當時他還沒檢驗過頭骨，因此不完全了解這些傷口的狀況。同時他也承認自己誤以為手斧上有人類毛髮。總之，這位檢方關鍵證人的表現實在令人失望。

拉福總結了這天下午的發展，認為：「波頓案審判進入第七天，並未減損這樁案子獨一無二的名聲，同樣高潮迭起：充滿了血塊、手斧、斧頭、看起來像從恐怖屋借來的石膏模型、沾血衣物、一塊沾血的地毯，還有濺到血的家具與裝潢，這些都是上演這場法律大戲的舞台道具。」[65]不過他也注意到了，麗茲自己在這緊張的醫學專家作證第一天出現了些有趣之處：「據說這名女性不會演戲，此話有待商榷……當檢方律師談到血跡的問題，以及討論謀殺案的血腥細節時，她總用雙手摀著臉；不過若是她自己的律師訊問起同樣的問題時，她就抬高了頭、雙眼炯炯有神，努力不漏聽一字一句。一開始人們以為她無法忍受這些可怕的問題，不過時間一久就會發現，這要看是誰在討論。」[66]「當然，」他馬上補充道，收斂起自身觀察中所暗指的情形，「這也非常自然，而且女人大概都是這樣的，總之沒什麼好大驚小怪。」

一八九三年六月十三日，星期二

星期二一大清早下起了毛毛雨，「似乎只是更加劇了炎熱空氣籠罩帶來的不舒服與惱人情緒」[67]，不過這波宛如前一週的熱浪再臨，並未消減旁聽觀眾對審判的殷殷期盼。「確實，」伊莉莎白．喬丹寫道，「青草、鮮花及隨風搖曳的樹木，比起那些來自太平間的遺物以及其中可怕的人類悲劇，應該更加賞心悅目，不過新貝福的婦女們似乎並不這麼想。」[68]根據霍華的報導，法院「就是全民注目的焦點，是所有腳步意欲前往的聖地麥加」。[69]距離法院開門還有一個小時以上，「同樣一批人早已經準備好了……得派出四名高大壯碩的警員才能擋住三腳支架撐住的門，而他們在爭執中也不敵群眾。這時門前的副警長趕來援救，伸手表示『讓他們進來』，比預定的時間早了十分鐘」。[70]突然現身的督學「讓幫忙傳遞訊息的男孩們慌張起來；他們有些人是『翹頭』來參與審判，就只是單純在法庭外頭待命想多賺幾塊錢」。[71]相較之下，法院內部就比較平靜：麗茲抵達的時間「如常，八點五十五分」[72]，雖然「打扮入時」[73]，但她看起來臉色蒼白，或許「已經知道今天會出現什麼可怕的事」。[74]對她來說，恐怖的開端來自於旁觀者：觀眾群中「的女人們瞪大眼睛、面容枯槁，毫不理會旁人眼光」[75]，她們「戴著眼鏡、拿著看歌劇時的望遠鏡盯著她看」，彷彿她是珍奇異獸。」拉福抱怨道，這些女人「在法庭裡製造了充滿敵意的氛圍」，而且「犯人每天都要坐在如此殘酷的環境中……她是全美國最孤單的富家千金了。」[76]

律師們一到法庭，就馬上進入法官辦公室私下開會，但雙方團隊只討論了不到五分鐘，審判便繼續進行。以拉福的話來說，這一天將充滿了「鮮血、骸骨與內臟」。[77]

多蘭醫師回到了證人席上，他是眾多醫學專家證人當中的第一位。這些專家都被傳喚來確立死亡的預估時間、兩起謀殺的間隔時間，以及兇手可能使用的武器。兩起謀殺間隔的時間越長，就越不可能是某個外來入侵者藏身在屋子裡而不被發現。同時，檢方希望指出在屋中發現的某把或多把手斧可能就是凶器。然而，辨認出是什麼凶器所造成的傷口可說是一把雙面刃：若檢方無法指出確切的凶器，那麼就需要說明兇手如何丟棄凶器，才能支持自己控告麗茲的立場。然而若凶器不在現場，似乎也不符合有外來兇手的理論。畢竟要想像兇手在大白天逃進熙來攘往的人群裡是一回事；要是兇手手上還拿著一把血淋淋的斧頭逃出去，就是完全不同一回事了。

亞當斯接手多蘭醫師的交互詰問，他要打亂時間軸、縮小兩次謀殺的間隔時間，還要盡量推遲安德魯的死亡時間。辯方希望讓他們假想中的入侵者有更多時間，在無人發現的情況下進入並離開屋子。因此，亞當斯詢問多蘭如何推算出死亡時間，他的答案有三個：血液凝結狀況、體溫，以及消化狀態。但逼問之後，多蘭承認用血液凝結狀況來判斷死亡時間，在死亡超過十五分鐘後就不是很可靠；那麼體溫呢？多蘭表示安德魯身體仍有餘溫，而艾碧摸起來已經是冰涼的了。亞當斯提出自己的懷疑：多蘭並沒有使用體溫計，他怎麼能夠肯定呢？那麼，總還有消化狀態可參考：假設艾碧和安德魯是同時吃早餐的，就像布麗姬與莫爾斯作證時所說的，那麼固體食物分別在兩人消化道中的消化狀況，就能提供答案。安德魯的腸道與艾碧不同，裡頭有固態的排泄物，表示他的死亡時間比艾碧晚了一個小時以上。亞當斯對此不以為意：「這個嘛，胃部在人身體裡是個不老實的器官……常常不會好好運作吧？」[78] 他詢問食物是不是有時會未經消化就進入腸道，多蘭說正常人的胃部不會發生這種事，而且艾碧和安德魯的胃部都沒顯示出有什麼發炎情況，會造成這類運作不良。亞當斯還是質疑：多蘭可以肯定這案子裡沒有這種狀況嗎？尤其又考慮到有發生食物中毒的意外？多蘭不太情願地承認是有可能，因此腸道的內容物也不足以證明確切的死亡時間。其實關於死亡時間的科學證據是相當清楚的，但將亞當斯的交互詰問一路聽下來，很容易就會忘記這點。

不過亞當斯還沒打算結束。諾爾頓已詳細檢視過傷口，而辯方也想自己來檢視一番。正如拉福寫道：「種種恐怖堆積在痛苦之上……這兩天來，法醫們一次又一次重述著這兩起謀殺的血腥細節。」[79]這些已經超過了某些聽者所能負荷。陪審團中年紀最長的哈吉斯感到頭暈目眩，看起來快昏倒了，因此法庭不得不短暫休息。眾人「猛力搧風、遞上味道強烈的嗅鹽，幫助他變動位置」[80]，等他恢復過來，審判才得以繼續。

傷口的數量與大小讓辯方得以提出關於凶器的有利論點。檢方真的找到了可能的凶器嗎？什麼樣的武器才會製造出大小、深度各有不同的傷口？一開始被認定為凶器的爪錘手斧大約是十一．五公分長，而那把無柄的「巫毒」手斧還不到九公分長。但艾碧身上一處最深的傷口卻只有約五公分寬，其他傷口則長得多。在預審時，多蘭醫師傾向認為爪錘手斧是凶器，而在昨天則認為是「巫毒」手斧。他同意諾爾頓的看法：「從傷口長度看來……完全符合這樣的推測，也就是造成傷口的武器長度應該有九公分左右。」[81]亞當斯則提出了更單純的解釋，他問：「長度十一．五公分左右的刀刃會在頭上或臉上造成十一．五公分長的傷口，這麼說有無不合理之處？」[82]這把無柄手斧還有一個問題：斧刃真的有鋒利到可以劈開安德魯的眼窩嗎？亞當斯問多蘭，這把手斧是否「刀刃夠好、夠鋒利」？[83]多蘭肯定的回答則引來一個嘲諷的接續問題：「你有沒有發現手斧的刀刃彎了？」84 多蘭坦承自己沒發現，亞當斯一臉不可置信的樣子，再次出言攻擊：「儘管檢查過眼部的傷口……你認為這樣揮砍下去能劈穿這三層外在包覆以及內在那有趣的東西；一把手斧就能造成這樣的傷害？」85

多蘭醫師被這些手斧相關的問題給慌了手腳，還承認了血液噴濺應該會沾到兇手身上，但他並不是很想提出這點。霍華觀察到多蘭「相當擅長與人爭辯，似乎打定主意就是要盡量讓辯方心煩」。86 多蘭否認自己曾認為兇手曾站在飯廳裡，一路摸索著門框側過去殺害安德魯，而是表示兇手可能站在沙發的一端，然後以亞當斯總結的話來說，「從左至右、落下一次又一次揮砍」。87 多蘭認為血液應該會噴濺到兇手的雙手及上半身。而多蘭也相信，兇手第一下的劈砍讓艾碧倒下後便跨站在她身上，而這樣的位置必定會讓兇手身上濺到血。

亞當斯不斷試圖引導多蘭說出這些揮砍需要極大力量才能做到的意見。艾碧頭上那道深深的劈砍必須穿過厚重的頭髮以及厚硬的頭骨。多蘭無法仔細描述艾碧的頭髮，霍華如此寫道：「雖然這位先生切下了波頓太太的頭，卻對她的頭髮一無所知。他倒是對傷口如數家珍，仔細檢驗又計算過，描述得活靈活現，能夠讓犯人臉上漲個通紅、雙眼盈滿淚水；她盡可能拿起手帕、閉上眼來遮掩。」88 不過多蘭仍堅定立場，提出最為關鍵的論點，也就是這些揮砍所需要的力量相當一般。確實，所有醫學專家都同意女性也能造成這些傷口，但要犯下這等謀殺案所需的殘忍程度則對辯方有利，值得好好強調。再者，霍華認為：「目前為止這群博學多聞的弟兄們並未更進一步確認被告是否有罪，他們的證詞中也絲毫不能將她與這件案子連結在一起，顯然也沒特別偏向誰；無論是布麗姬．蘇利文或麗茲．波頓都同樣有可能。」[89]

圖 54　愛德華．伍德教授

下一位證人是哈佛醫學院化學教授愛德華．伍德，在檢方列出的所有知名醫學專家名單上，伍德排名第一。他「面色紅潤、一頭灰髮，身材壯碩而面容英俊」[90]，看起來不太像科學家，倒像是「長年在平地活動而曬黑了的陸軍軍官」。[91]或許他的身型像個「重量級拳擊手」[92]，他卻是這場審判中最出名的專家。他本身具有多年經驗，包括調查過數百件法醫案件中的毒藥和血跡，霍華描述道：「諾爾頓拿出最親切的態度，畢恭畢敬地列出教授備受推崇的經歷，指出教授確實是醫學化學領域的專家；從任何角度來看，他都是這門嚴肅而值得尊敬的專業領域中數一數二的佼佼者。」[93]

伍德作證說他收到一個快遞來的箱子，裡面裝著波頓的胃部，稍晚又收到裝著一把手斧、洋裝、地毯及毛髮樣本的大箱子。接著他開始「敘述的內容是如此噁心血腥，完全超出這場波頓案審判之所見，令人不快」。[94]不過比起早先那一席可怕的醫學證詞，麗茲這時似乎是聽得目瞪口呆，根據拉福的描述：「麗茲．波頓似乎完全不打算掩飾自己對他的證詞有多麼感興趣。內容既血腥又可怕，讓這位算是來自鄉間的女孩感到相當驚訝：眼前這個男人居然能如此滔滔不絕，從沉默而無生命的東西裡講出這麼多道理。」[95]

伍德和多蘭不同，他作證時的敘述都是完整段落，「就好像對著學生講課，以真確的資訊讓每位聽者印象深刻」。[96] 首先他檢視了胃部，詳細列出其中的內容物後下了結論，認為安德魯的消化狀況比艾碧的更加完整。他所看到的證據符合其他對波頓夫婦分別的死亡時間推估，他估計安德魯多活了一個半小時。胃部中並未發現毒藥，在八月三日或四日的牛奶中也沒有。為了排除樓上與樓下地毯樣本對血液吸收速率不同的可能性，他進行了一項可怕的實驗：「我切開一條狗腿上的動脈，放出大約一至二盎司（約二十八至五十六克）的血液，讓血液同時流到兩塊地毯上，發現吸收速率差不多。」[97]

接著伍德轉向武器的問題。他收到一把有手柄的爪錘手斧，與傷口並不契合，他對爪錘手斧上的污漬「進行化學檢驗，並放到顯微鏡下檢視，確認是否有血液存在，結果是絕對的陰性反應」。[98] 諾爾頓打斷他的話，詢問手斧是否可能曾有人使用然後清理過，伍德斷然回答手斧「不可能很快就清洗乾淨」[99]，因為「刀刃頭和手柄之間有空隙……前面與後面都有」。他的態度有點不耐，就像一位傑出的教授面對需要補救教學的學生一樣，補充道：「我已經說過了。」[100] 至於在手斧上找到的毛髮，他在信封袋中只發現一根，不是兩根，並認為這是動物毛髮，可能屬於一頭母牛。霍華欣喜地寫道，附近那頭母牛「發出一陣長長的、完全是出於同理心的哀鳴，恰巧就在證人席上的專家作證時」。[101]

伍德對於他檢驗的另一把手斧就有比較多話要說，也就是如今惡名昭彰的無柄手斧，檢方相信這可能就是凶器。他論證道「刀刃兩面都覆著薄薄一層白色物質……緊緊依附著……生鏽表面上的小坑洞中也有……白色的髒污就像灰塵一樣」102，至於這把手斧有沒有可能被清理過，伍德認為可能在手柄斷裂前有過。這一連串問題讓亞當斯不斷提出抗議，但伍德被允許回答，並進一步作證表示手柄不可能斷裂太久，否則應該會「顏色更深、更髒」。103 在交互詰問階段，亞當斯指出「斧頭刀刃頭的內側有一道凹槽」104，並認為「要清理這個地方可不容易」，伍德同意這個說法。而亞當斯也對那層白色灰塵提出可能的解釋：手斧可能是掉入潮濕的灰塵裡才會這樣的。

接著伍德繼續描述他收到的衣物。除了一件白色的襯底裙之外，他在這些衣物上都沒有找到血跡，他作證說自己發現了一小點血跡，估計不到十六分之一英吋（約〇．一六公分），實際測量該血跡只有三二四三分之一英吋（約七．九微米），並且「外側血跡比內側還濃一些」105，因此他假設血液「或許是從外部沾到襯底裙上……而非來自內部」。但他並不能排除襯裙上血跡的自然來源。在交互詰問時，亞當斯直接詢問他是否能夠排除是經血，伍德回答不能。

月經問題是很關鍵的論點，但辯方和檢方都不希望強調。霍華如此定調，描寫到那塊血跡時帶著不同往常的模糊性：「辯方聲稱這點血是自然產生……原因就無須明示。」106 在助理法警弗里特作證時，羅賓森提出了地窖廁所的問題，並說：「眾人都同意，廁所裡有被告在那一、兩天內使用過的衛生巾，就是女性通常每個月都會有的病痛；事實如此，我們只打算點出這件事，不打算深入討論細節。眾人也同意，這次病痛在星期三晚上結束。」107 羅賓森心安理得地用這件事來解釋地窖廁所裡浸泡著的沾血毛巾，以及麗茲襯裙上的血跡，然後就速速繼續。不過檢方竟然不願意針對這個問題多加探究，倒是令人吃驚。根據醫學專家的說法，月經會讓女性容易屈服於犯罪衝動。當杜賀提開始描述他在搜索地窖時發現的那堆沾血毛巾時，穆迪立刻打斷他的話，「跳過那部分」。[108]就連警員海德那天稍早講述波頓在謀殺案發當晚那趟可疑的夜訪地窖，也就只假設是跟她「每個月來一次的病痛」有關。雖然這項證據可能很重要，但這些男人就這樣略過不提了。他們的眼神避開那堆沾血毛巾，彷彿看一眼就得凝望深淵一般。

雖然雙方都不想深究夜壺裡沾了血的東西，但他們倒是很樂意討論血液噴濺的問題。辯方希望把罪行講得越血腥越好，畢竟麗茲身上並未找到血跡。但伍德一開始沒幫上什麼忙：他堅決認為，考慮到這些揮砍動作的性質，血液「可能會往四面八方噴濺，也可能不會每個方向都噴到血」[109]，因此兇手身上可能不會沾到血。在交互詰問時，亞當斯縝密地細細引導，敘述可能出現的情境，好說明兇手不可能避免血液噴濺到自己身上。伍德同意，如果殺害安德魯的人就站在他身後，那麼「我不知道他有什麼辦法避免被血噴到」[110]，至少腰部以上是躲不掉的。而且，若假設兇手跨站在艾碧身上，那下半身就會濺到血。於是，伍德就像之前作證的多蘭一樣，終於同意這起謀殺案極其血腥。這天要結束時，霍華表示自己對這些醫師證人感到困擾：「證人一個個都在講同一個故事，描述的內容讓陪審團都熟悉到想吐了，一次又一次證明老早就沒有爭議的事實：那就是波頓夫婦死了、遭人殘忍殺害、遇害地點到處都是血、他們被殺之前吃過簡單少量的早餐，而這一切能從他們腸道內好幾處看出來，有些消化完了有些還沒，就這樣了。」[111]

接下來的兩位證人同樣來自哈佛大學。法蘭克．德雷波醫師不但是法醫學教授，也是薩福克郡的法醫（包括波士頓）。八月四日進行解剖時，德雷波也在現場。波頓謀殺案發生時，他是麻州法醫學會的前任會長，一個屬於法醫的組織。根據法規，「所有可疑案件」都需要召法醫到場。這時的德雷波已調查超過三千五百件死亡案件，在他退休之際，這個數字將累積到超過八千件，之後還會在一九〇五年出版《法醫學課本》（*Textbook of Legal Medicine*），成為個人職涯的拱頂石。稍早時候，他顯然對死亡時間有所疑慮。在諾爾頓跟州檢察長皮爾斯伯瑞的通信中，諾爾頓向長官保證：「德雷波醫師終究會改變心意，繞個大彎又站回我們這邊。」[112] 德雷波自己交出一份備忘錄，指出「波頓太太死亡時間更早的解剖學證據」。[113] 基於實際考量，他建議避免詢問「非主要問題，雖然這些問題很有趣」[114]，例如「兩名死者各自受到的第一擊可能在哪」，以及「兇手對波頓太太出手砍下第一擊時，兩人的相對位置為何」，畢竟這些問題可能「早就有些歧異，會讓醫學專家證人的證詞互相矛盾」。他認為這些矛盾很危險，可能「讓陪審團眼裡揉進沙子，而忽略了最主要的問題，也就是死因為何、是誰犯下的案子」。抱持著這樣的實際考量，他又加上一條個人提醒：「請問能否幫幫忙，幫我在新貝福找一處住宿，在我到訪期間照料好生理需求，像是吃飯睡覺？……我要是睡眠不足就會很煩躁，什麼事都做

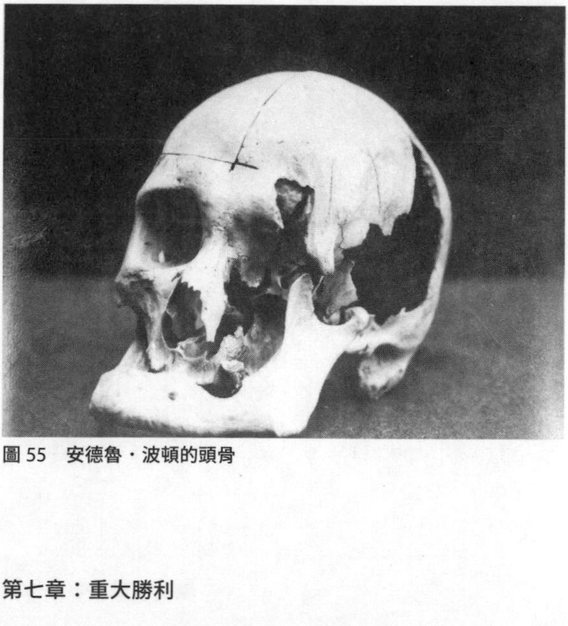

圖 55　安德魯・波頓的頭骨

不好。」[115]

德雷波展示死者頭骨的石膏模型。他在上頭畫記號標示出傷口，並在拿著代表安德魯的模型時，有條不紊地詳述每一下攻擊。詹寧斯打斷他，詢問有幾下是「穿透頭骨」？[116]「有四下。」他回答，「有一下劈穿了眼睛，還有三下……在左耳上方及前方。」這一切實在超出了麗茲所能負荷，她低下頭抵著羅賓森的椅背。幸好，剛好到了中午休息時間。

下午時，德雷波醫師帶著他的石膏頭骨回到證人席上，但在繼續詳述過傷痕後，他要求再展示一項證據。諾爾頓請多蘭醫師帶來安德魯真正的頭骨。拉福表示那副頭骨「包覆在白色手帕裡，看起來像一束捧花，就像男人帶著去見情人的花束」。[117]經過安排，麗茲得以避開這場展示，根據霍華報導：「地區檢察官諾爾頓雖然外表強悍，心地卻很軟，他是個好丈夫，也是慈父。」[118]因此他同意讓麗茲在一旁等待，「就在鄰近的小房間裡；雖然她看不到外面，外面的人也看不到她，不過她能聽見所有想聽見的」。[119]就是這麼湊巧，在她缺席時，德雷波打開頭骨上包覆的手帕，下巴跟其他部位分離開來；更糟糕的是，當德雷波把頭骨放在用法律書本臨時堆起的展示台上時，「那老人的下巴來回晃動著，彷彿是在說話，模樣甚是嚇人」。[120]回想起那一刻，喬丹寫道：「所有觀眾都屏住氣息然後吐出驚呼，就像一陣長長的嘆息迴盪在整個法庭內。」[121]他是「想要作證」嗎？拉福寫下這個問題遞給喬丹：「如果這位老人因為第一下攻擊而驚醒，看見了謀殺他的兇手，他會說出是誰嗎？如果他看見了那是他的女兒，會說出實情嗎？」[122]喬丹回覆：「不會，若他是個好人就不會。」霍華則是被眼前這項證據的恐怖本質嚇到了：「這副頭骨看起來不

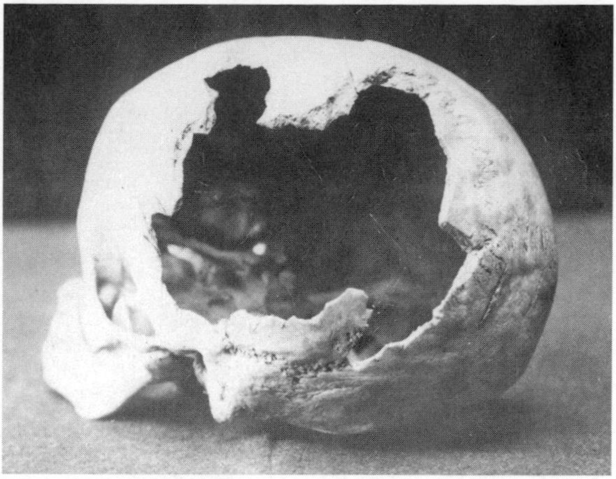

圖 56　艾碧．波頓的頭骨

像是我們在博物館中看過的那種已經乾燥並覆上羊皮紙的頭骨，而是挖去血肉、清理過又漂白了，下巴也跟主要的頭骨分離了。」[123]他猜想著：「一般人看見這些頭骨確實是很可怕，但若麗茲．波頓小姐看見了又會如何……看著挖空的眼窩、沒了牙的牙床，還有失去血肉的骨頭……沉默見證著兇手的殘忍。」

記者們或許嚇壞了，不過德雷波「倒是樂在其中，忙著拿不同的手斧來比對頭骨上的傷口」。[124]拉福發現：「偶爾他會讓一把斧就這樣嵌在頭骨上，然後拿起來在陪審團面前展示一番。」德雷波原本是用一塊錫板來說明凶器的刀刃約有九公分長，正是無柄手斧的長度；當他試圖將錫板嵌進頭骨上一處坑洞時，一名同僚還走上前來幫忙拿住頭骨。在諾爾頓催促之下，他才直接使用手斧來展示。最重要的是，他作證說所有揮砍攻擊都能「由一名普通力氣的女人拿著普通手斧來造成」。[125]陪審團或許還懷疑，不確定一名女子是否可能造成這些傷口，為了幫他們揮去疑心，德雷波也表示安德魯的頭骨非常薄，薄到太陽穴的部位都能透光了。

跟其他醫學專家一樣，德雷波也解釋了兇手犯罪時可能的位置。在艾碧遇害時，「兇手……

是跨站在匍匐著的波頓太太身上，她正面朝下趴在地上」[126]；除了她頭骨左側那道傷口，那時「波頓太太應該是站著並面對兇手」。至於安德魯，他認為「是靠右側躺在沙發上，臉完全面向右邊」[127]，他同意「兇手大概是站在沙發一頭，俯視著波頓先生的頭，然後朝著他的頭和臉落下攻擊」。他無法確切判斷「血液噴濺或滴落的方向」。

亞當斯的交互詰問是一貫熟悉的套路。首先，他讓德雷波把注意力放在某處傷口，「從眉毛一刀劈下，穿過眼睛砍進顴骨」。[128] 德雷波也說過了，眼睛上方的骨頭「很硬……不但增厚許多還有加強支撐」。（後來德雷波澄清：「最厚的部分是在眼睛後方，而第二厚的部位在上方。」）基於這樣的解剖學依據，亞當斯問：「這一擊是否需要相當的力道？」德雷波幾番掙扎之後同意了，說這是「最重的一擊」。

第二，亞當斯又讓德雷波把注意力放在現場的血跡上。德雷波說其中一下攻擊砍斷了安德魯的頸動脈，再加上安德魯太陽穴上的傷勢，理當會造成大量失血？德雷波解釋道，動脈斷裂並不會「噴出血來」，而是會「從傷口濺射或冒出血來，不過範圍不會超過

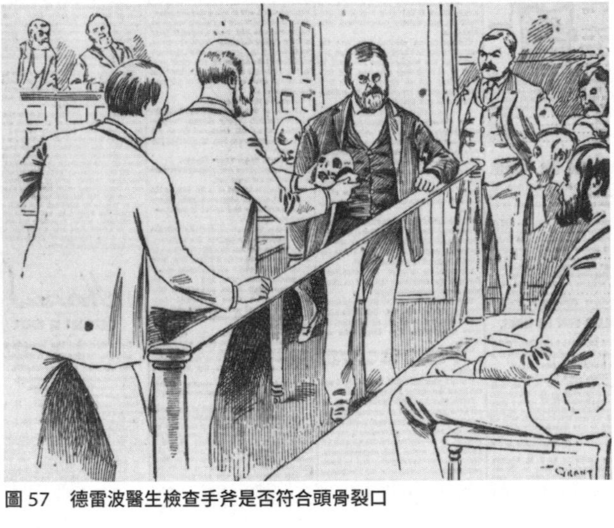

圖 57　德雷波醫生檢查手斧是否符合頭骨裂口

傷口表面附近」。[129] 亞當斯問，那麼「不管凶器是什麼……自然上面」都會有血；既然如此，「揮動武器而且……因為武器的影響」就會造成安德魯屍身上方牆面的血點，還有起居室四處的血跡吧？德雷波謹慎思考後同意了，不過兇手身上究竟會不會「被噴到」，德雷波回答：「若是暴露出來的部分，沒有被家具或其他遮蔽物擋住的部分就會。」[130] 德雷波又提醒說，血液的噴濺並無規則可循，他不可能排除或指出任何血液噴濺的特定方向。被問到艾碧的謀殺時，德雷波也提出類似見解：假設兇手是跨站在被害者身上，「我應該會說他的洋裝前方，可能臉上會有，可能頭髮也有」。[131] 亞當斯警醒到這番話可能指稱兇手是女性，便馬上接話：「您說的洋裝，是指兩種性別都可以穿的衣裝吧？」

第三，亞當斯轉向討論德雷波巧妙嵌進安德魯頭骨的凶器，兩者實在契合到讓辯方不安。他問：「這把無柄手斧並非罕見的工具，對嗎？」[132] 德雷波同意，亞當斯又繼續說：「在市面上很常見？」德雷波小心地避免正面回答：「我想應該是。」接著亞當斯拿出一把手斧，刀刃部分的大小相同，並請他將之嵌進頭骨。他似乎是想讓德雷波注意到，通常這樣的手斧把柄長度大約是三〇．五公分。不幸的是，亞當斯這把新手斧並無法像在波頓家找到的那把一樣契合傷口。亞當斯原本是想讓德雷波不得不注意到，這類手斧的把柄標準長度大概是三〇．五公分，引導他接著討論兇手距離被害者有多近；但諾爾頓就抓住這次顯然是辯方的估算錯誤，指出「並非所有刀刃九公分長的手斧就都能符合傷口大小」[133]，然後又問這把無柄手斧是否能夠造成這些傷口。

亞當斯說：「等一等。」

諾爾頓解釋說：「我想我之前沒問過這個問題……我在備忘錄裡有寫，可是細節實在太繁多，一時就忘了。我是有問過一把刀刃九公分長的手斧能不能造成傷口，現在要問的是這把手斧能不能造成這些傷口。」[134]

亞當斯抗議諾爾頓已經問過「同樣的問題了……就在直接詰問的階段」。[135]

諾爾頓轉向他問道：「那你聽到的答案是什麼，亞當斯先生？」[136]

身為經驗老到的審判律師，亞當斯這般回答：「我並不想告訴你答案是什麼。」之後德雷波同意，這把無柄手斧確實能夠造成這些傷口。

亞當斯要求德雷波在他背上用粉筆標出艾碧傷口的「長度、位置及方向」[137]，德雷波形容這是「脖子上一道乾淨俐落的傷口，正好在頸部與肩膀的連接處，位在中線左側」，他表示造成這道傷口的攻擊可能是「從下往上、從右側往左砍……（或者）從左側往右、從上往下」。[138] 他相信後者最有可能，但頭骨上的標記都是由右往左斜，德雷波解釋這表示攻擊是從右至左來的：「這清楚顯示出了武器刀刃的翼面往下落在頭骨平面上。」[139] 他又說：「所有一切都與這項敘述吻合。」[140]

最後，亞當斯竭盡所能地要讓這把手斧變得很難清理乾淨。在波頓家中並沒有找到沾了血的器具：如果麗茲就是兇手，那麼凶器一定還在屋子裡，大熱天裡「正值八月，又是我們這樣的氣候」[141]，血會乾得有多快？血難道不會「立刻就滲入了衣物的網線中、滲入像灰塵或鐵鏽這類粗糙的物質裡」？[142] 德雷波認為仍有可能清除掉血跡，不過也同意「做起來並不容易」。

為了打斷這場「悲慘、冗長、喪人心智又磨人體力的」[143]單調陳述，記者們記錄了法庭一起特殊事件。一位年輕的約聘插畫家德利普曼（de Lipman）獲准參加審判，卻找不到位置坐，只能仰賴同僚們讓他輪流坐在他們的指定座位上。結果警長認為他老是動來動去會造成騷動，於是「使用不必要的暴力」將他趕了出去。伊莉莎白．喬丹寫道：「警長什麼都沒說，就派出一位壯碩的副警長對付他，副警長趁他埋頭工作時抓起他的領子，粗暴地拽著他，當著他的面打爛書桌，墨水全都翻倒潑在他衣服上。副警長對他又推又擠，彷彿他是個來搗亂的醉漢。」[144]霍華大為光火地寫道：「警察應當理解，新聞工作者不是為了好玩才來參與審判……他們在場是為了傳達這場令人絞盡腦汁、精疲力盡的事件，是為了服務上千名用盡心思追蹤著這場……知名案件的讀者。」[145]

最後一位醫學專家是大衛．齊佛醫師，他是哈佛醫學院的外科醫學教授，也是麻州醫學學會（Massachusetts Medical Society）的前任會長。德雷波將他推薦給諾爾頓時寫道：「除了學識淵博、經驗豐富，他這個人還有一種異常冷靜而令人印象深刻的風範，因此我認為他非常適合作證。」[146]齊佛執業已三十五年，而且從麗茲出生那年就在哈佛教書，「神情溫和、謹慎且親切」[147]，齊佛「非常高也非常瘦，有條不紊，也相當溫吞」[148]，他在一些檢方最為明顯的論點上抱持與同僚相同的看法：死亡順序、兩起謀殺間隔的時間、傷口的性質，還有可能的凶器。

根據他對頭骨檢視的結果，齊佛描述凶器是「一件沉重的金屬武器，有斜面鋒刃且角度尖銳，刀刃長度不超過九公分」。[149]他同意那把無柄手斧可能是凶器，符合頭骨上的凹陷裂口。但他跟其他人意見的不同之處是，他強調刀刃可能不到九公分，卻不會超過；他在安德魯的某個傷口中找到一處凹陷，顯示出刀刃最長的長度。

不過他和其他人一樣，在證詞中也說兇手身上可能濺到血。齊佛作證說安德魯頭部兩條動脈都斷了，太陽穴的動脈若是顯露在外，血可能會噴出五至八公分遠；至於頸動脈的傷口究竟「會噴出多少血」[150]，取決於那是第一下還是最後一下攻擊。齊佛醫師說自己在進行頭部手術時，總會穿上保護衣，「一件麻布外套或白色麻布外袍」[151]，亞當斯狡猾地問為什麼他需要保護。

「會有血啊。」齊佛醫師回答。

接著就像他之前在詢問血液噴濺的問題一樣，亞當斯小心地將兇手身分引導為男性，例如問起鬍鬚沾到血的問題。但諾爾頓卻將外科醫師的外衣穿著轉為對檢方有利。

他問齊佛：「你提到的那種外衣，就是你在動手術時穿上的衣服，能夠完全保護你的衣服嗎？」

齊佛不但同意，還補充說這種外衣「每次動完手術就會換掉，非常迅速」[152]，亞當斯聽了惱怒不已。

而且齊佛也像先前的專家一樣作證道，這些傷口即使是「普通力氣的女人」也能辦到，「只要手柄夠長就足以做為槓桿」。[153]他還說「我認為不會短於三〇．五至三五．五公分」，這段長度符合那把「無柄」手斧可能的把柄長度。齊佛也「生動示範了」[154]其中一擊：他拿著手斧「高舉過頭」超過自己整個人的身高，「往左側砍去……然後（手斧）劃破空氣，似乎正朝著安德魯先生的頭骨而去」。

不過就在砍中前一刻，「彷彿都要讓眾人聽見骨頭的碎裂聲了，」[155]伊莉莎白・喬丹寫道，「斧頭便停住，凍結在原地。」結果眾人倒抽一口氣，沉默了將近有一分鐘。接著亞當斯又得了一分，讓齊佛解釋大部分攻擊都是從右至左，不過有幾下可能是從左至右。「也就是說，」亞當斯講得更清楚一點，「從右至左，就像砍柴那樣吧？」[156]畢竟一提起砍柴，就被視為是「男性的」。

認為犯罪有明顯的性別特徵，這樣的想法起源於歐洲犯罪學的模型，不過這類犯罪模型卻很難套用在女性罪犯身上。大多數人類的思考型態都認為女性的進化程度比男性低，相應來說對自身行為也就缺乏理性控制。即便有男性控制著，也很難保護她們不受潛在的退化影響，尤其是在性慾方面，就連龍布羅梭也修正了自己「天生罪犯」的理論以符合女性特質。雖然女性「天生罪犯」的數量比男性「天生罪犯」要少，卻更為殘忍，特徵與情感也有更明顯的返祖現象。由於文明程度較低的女性只是不夠道德，並非罪犯，所以龍布羅梭認為那些注定犯罪的女性就比男性罪犯的道德感更加低落。雖然賣淫的行為可以理解，甚至可說是自然的返祖衝動，然而與性無關的犯罪卻展現了女性真正邪惡的一面。「身為例外中的例外，」龍布羅梭寫道，「犯了罪的女人與禽獸無異。」[157]不過龍布羅梭對於自己所謂「例外中的例外」加了條但書：「犯了罪的女性精神病患相當奇特……她的瘋狂在特定時期會變得更加兇猛。」[158]其中一段時期就是月經來潮。

麗茲遭到逮捕的事實動搖了基於種族與社會階級所決定的犯罪模型，正如詹寧斯在預審時的論點，此事悖逆了「事物的正常發展軌跡」。身為一名中上階級的白種「淑女」，應當可以安全排除在十九世紀犯罪學研究中隱含演化論框架的退化類型之外。這位淑女是當地基督教奮進協會的財務祕書，又是仕女水果與鮮花教會的成員，有可能是個天生罪犯嗎？她行為良好，外表相貌基本上也算不上有罪犯特徵（除了那副過大的下巴），似乎足以讓她開脫這可怕的罪名。龍布羅梭的犯罪模型是由階級、種族與性別來決定，讓人實在很難將麗茲的這兩種形象連結在一起：一個是不斷揮砍著斧頭的女人，另一個則是戴著手套、幾乎在法庭上昏厥的波頓小姐。霍華在報導中指出，醫學專家的共識為一名普通力氣的女人都能夠揮砍出這些攻擊，「這似乎同時指向了布麗姬．蘇利文以及麗茲．波頓」[159]，而布麗姬並非名門淑女。

第八章

意圖、預謀、準備

大多數人都認為檢方會在星期三總結這椿審判，小喬·霍華回想起整場審判的進行時，讚賞著法庭的效率：「一定準時，從不拖延一秒。」[1] 朱利恩·拉福也對審判的步調有所評論，特別指出作證的證人有多少：「這場法庭最令人折服的特色仍然是其有如工廠作業般的效率，律師們在法庭上一層層剝下證人的防衛心。證人席後面有一扇門，一直都沒有關上，就像水從水龍頭流瀉而出，像個巨大的壺口，日復一日地吐出證人。」[2] 就連顯然要一直待在法庭內的無名速記員也經常換人：「法庭速記員其實是一整個速記團隊……不斷迅速出入。」[3] 他們一換手出

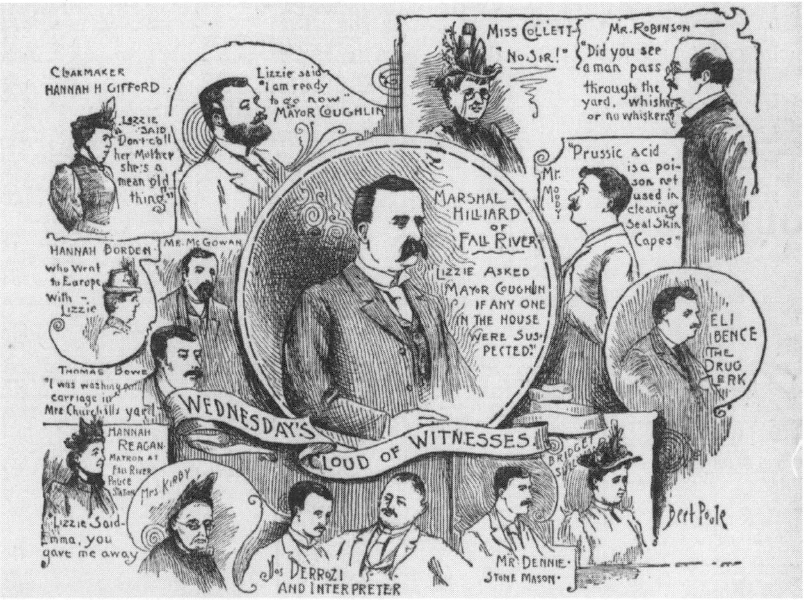

圖 58　波頓案審判中的有趣事件

去，就將自己的筆記交給一群漂亮的「打字員女孩」[4]，接著製作出每天的逐字稿。

一八九三年六月十四日，星期三

前一天晚上下的雨完全無助於降低星期三的氣溫。霍華描述空氣是「令人更加不適，又熱又濕，雖然這城市的位置得天獨厚，我也想不到會至如此程度」。[5]就連當地人都覺得喘不過氣來，《弗爾里維每日全球報》稱：「空氣中毫無能夠滋潤肺部的物質，感覺就像伏在河底呼吸。」霍華猜想：「陪審團怎麼能熬過這種生理壓力？」[6]他繼續說：「他們在這樣的熱帶空氣中逐漸凋萎，甚至還要面對更加不尋常的拘禁與隔離，不只無法接觸日常工作，也不能從事戶外運動及人人都會做的保健活動。」麗茲．波頓看起來也同樣「垂頭喪氣無精打采」[7]（無論天氣多熱，她總是戴著手套）。相較之下，雖然天氣不佳，目前的審判發展也對自己不利，檢方仍然急著想繼續：「諾爾頓匆匆爬上樓梯，一次就跨了兩級，後面則是比較年輕、個子也比

圖 59　證人等待作證

較小的同事穆迪先生，腳步急切緊跟在後。兩人怎麼看都是一臉焦慮又無比堅定。」8

駐市法警魯弗斯・希里亞德領導弗爾里維警局已經有七年了，他是今天第一位證人。霍華認為希里亞德「就是上天派來拯救整件案子的神仙。他在遊戲最一開始就下定決心，弗爾里維警方必須要提出理論來」。9 希里亞德是位「外表整齊而一絲不苟的人」10，嘴上留著「濃密而往下垂的鬍鬚」11，穿著也很適合炎炎夏日，是一套淡灰色西裝。

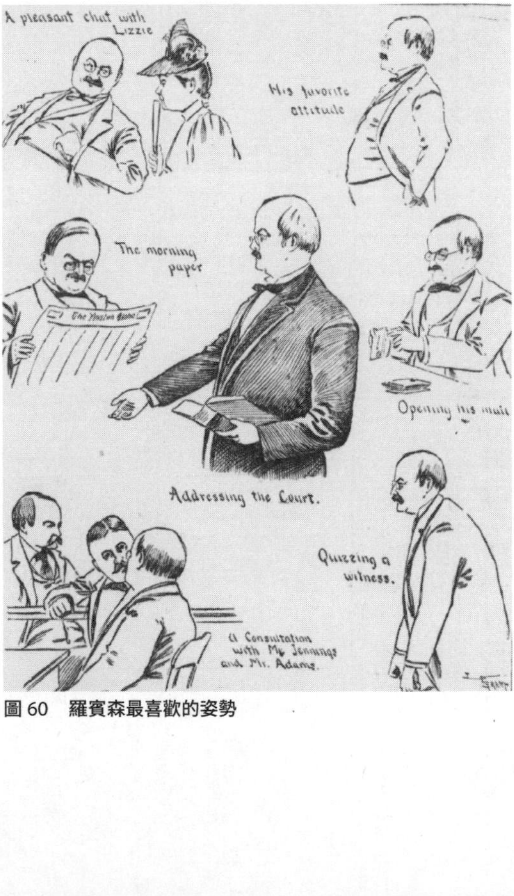

圖 60　羅賓森最喜歡的姿勢

希里亞德作證的內容是有關警方對於波頓家案件的反應狀況。首先他講述起八月四日當天報紙小販約翰・康寧漢來找他，說第二街出事了。然後他列出當天他派去現場的警員姓名，作證說自己在謀殺案當天如何搜索穀倉及戶外區域（他發現穀倉上層「悶到幾乎令人窒息」12）；而在星期六葬禮結束後（他得驅散圍在波頓家外頭的那兩、三百人）以及隔天八月七日星期日，他也進行過搜索。接著，他讓眾人得以一窺案發後那個週末波頓家裡是什麼氣氛。八月六日星期六晚上，希里亞德與考夫林市長去拜訪住在波頓家裡的人，包括莫爾斯、愛瑪及麗茲。希里亞德回想起那天的拜訪，其他在場的人也能證實，市長建議這家人這幾天留在家裡，因為外面的人實在太多了。然後麗茲問是否有人在懷疑家裡的人，市長遲疑了一會兒才說有人懷疑是她，愛瑪此時插嘴：「我們盡量想瞞著她，越久越好。」[13]

交互詰問時，「狡猾的」[14]羅賓森打算將麗茲的回答重新定義為清白的證明。希里亞德作證表示，她曾說過：「我想知道真相。」[15]以及她「隨時都準備好了」。

「就這麼說出口了？」[16]羅賓森問。

希里亞德稱是。

「真心的？」羅賓森再問。

希里亞德稱是。

羅賓森又問：「坦白的？」

希里亞德依然稱是。

「確定嗎？」羅賓森問。

「確定。」他承認。

下一位證人約翰．考夫林市長就沒那麼聽話了。霍華稱讚考夫林市長「面容親善、行禮如儀」[17]，既是「正直的政治家，也是頗具名望的外科醫生」。[18]他在作證說明了星期六的對話內容後，就不像希里亞德那樣，而是拒絕讓羅賓森不斷循循善誘以便讓麗茲的回答聽起來比較正面。羅賓森問他麗茲是否「說話時……態度誠懇」。[19]

考夫林終於回答：「我不會說她說話的態度不誠懇。」[20] 他在八月五日星期五時知道群眾中有人出聲威脅了約翰．莫爾斯，於是翌日就跟希里亞德法警一起去了波頓家，建議他們先不要離開家裡。考夫林問麗茲「她離開父親後去了哪裡」，麗茲告訴她，自己去了穀倉待了大約二十分鐘要找鉛塊（做魚墜）。考夫林向這家人保證：「如果你們受到什麼騷擾，或者街上的人群吵鬧讓你們心煩……我保證警局會傾盡全力來保護你們。」[21] 霍華雖然喜歡陰謀論之類的想法，但基於「市長的儀態與話語」，他作結道「這次拜訪當中所發生的事，沒什麼可以用來對付」[22] 市長或甚至是希里亞德。

接下來檢方傳喚兩位女性證人，她們帶來了黑暗的故事，描述波頓家中的氣氛。波頓家的裁縫師漢娜．吉佛德太太被找來，講述了一段在謀殺案發生將近六個月前的對話。麗茲跟她談起自己的繼母，聽了令人不安。羅賓森針對她的證詞提出抗議，說一八九二年三月的事「太久遠了」，但結果讓辯方大失所望，法官們裁定她可以回答。吉佛德作證說她隨口將艾碧稱為麗茲的母親，麗茲說：「別跟我說這種話，因為她是個惡毒、沒一處好的東西。」[23]

吉佛德太太回答：「喔，麗茲，妳不是真心的吧？」

麗茲說：「我是啊，我跟她沒什麼來往，大部分時間我都待在自己房裡。」似乎是為了強調，她又說：「只要可以，我們也不跟他們吃飯。」[24] 拉福將之斥為八卦談資，而非「地區檢察官認定的驚天炮竹」[25]，不值得在刑案審判中納為證詞。

態度含蓄的安娜．波頓對辯方而言就更麻煩了。據拉福所說，安娜是「目前為止出庭的證人中最纖弱、迷人的女人，就如這件案子一般」。[26] 一八九〇年歐洲之旅的返途中，她和麗茲在船上住在同一間艙房。這兩個女人有共同的高祖父，不過安娜堅決否認麗茲是她的堂親。在弗爾里維，超過兩代的遠親就不算是親戚了。

在她還沒開始講述自己與麗茲的對話前，羅賓森再次試圖排除她的故事。這一次，法官同意讓律師們在陪審團不在場時提出各自的論點。為了自己要提出的證據，穆迪表示麗茲一路上不斷告訴安娜自己不想回到那個「不快樂的家」[27]，穆迪說「這段對話並非只是一時的厭惡」，而是「重複了好幾次」。羅賓森則認為這段評論與一八九二年三月說給裁縫師的話不同，畢竟船上的對話時間實在是太久以前了，而且不是「針對某個人的情緒性發言」。[28] 穆迪則反駁道，漢娜．吉佛德的證詞正顯示了「這種感覺一直持續到了」[29] 一八九二年的春天。但是法官們站在了羅賓森這邊，判定麗茲所說的話「太過模糊，不但時間久遠，也不足以為證」。[30]

伊莉莎白．喬丹不太相信這段故事能夠破壞麗茲的辯護；然而，如同愛麗絲．羅素作證燒洋裝一事，她也認為安娜．波頓說出這件事是嚴重的背叛。喬丹為這場景增添上一層悲傷的色彩：「在麗茲狹隘而了無歡愉的生活當中，好不容易初次窺見了真正的陽光，她自然悲嘆著又得回到那個籠罩著愁雲慘霧的儉樸家中。在海上某個舒適的夜晚，她跟自己的堂親吐露心聲，也是因船上生活的密切接觸才能培養出這等掏心掏肺的親密；結果兩年後，這席在北大西洋兩人獨處時信任對方才說出的祕密，卻像一記回馬槍對她使出重重一擊。」[31] 四十年後，喬丹對這段證詞的細節記得不太清楚了，卻還清楚記得自己的反應：「她坐在那張證人席的椅子上，我真想勒死那人。看著她不可一世的樣子，志得意滿地拉扯著那條細細的線，說不定就能吊死這位曾與她共享艙房的女子。」[32]

穆迪一連傳喚了幾位比較不重要的證人，分別說出自己在謀殺案當天上午並未看到什麼：附近沒有可疑的陌生人、沒看見身上沾血的瘋子逃離現場。他們所提供的證詞就像是福爾摩斯探案中提到那隻狗的有趣事件，也就是晚上並未吠叫的那隻狗。*至於羅賓森在詢問這些證人時便提出了其他可能的逃跑路線，而且是他們無法反駁的，例如露西．柯列特（Lucy Collet）作證說自己在八月四日上午十一點至十二點都站在自家露台上，望著整片沙尼翁家的庭院，但並未看到有人翻過籬笆逃走；不過在回答羅賓森的詢問時，她承認自己並未看到有哪位警察在那段時間內翻越了籬笆。類似狀況也出現在沙尼翁家的鄰居亞茹巴．寇比（Aruba Kirby）身上，她是「一位上了年紀的婦人，戴著染色眼鏡，她提供的眾多證據都有視線上的缺陷」[33]，她在謀殺案發生時並未看見有人穿過沙尼翁家庭院，而羅賓森的詢問則揭露出她為了處理廚房的工作，大部分時間都得背對著窗戶，可能也就看不見逃走的兇手。

---

* **譯註**：此處所提到的是福爾摩斯探案中的〈銀斑駒〉（The Adventure of Silver Blaze）。福爾摩斯偵查一起賽馬失竊案，注意到負責守衛馬場的看門狗在案發當晚並未吠叫，因此知道竊賊必然是看門狗熟悉的人。

不過穆迪報仇的時刻到了：他傳喚了弗爾里維警局的護理長漢娜．雷根，她要揭發一段故事。她在八月二十四日無意聽見了麗茲與愛瑪之間的交談，她照顧麗茲已經差不多九天了，愛瑪經常來探望。不過這次不一樣。漢娜正好在房間隔壁的廁所裡，聽見了「非常大聲的談話」，她從門探看出去，看見麗茲躺在沙發上，愛瑪則彎腰跟她說話。

麗茲說：「愛瑪，妳出賣我了是不是？」愛瑪否認，麗茲又說：「妳有……我會讓妳看看，我一步都不會讓的。」

根據護理長的說法，「（她）馬上坐起身來，伸出一根指頭」[34]來強調一步不讓，之後躺下往左翻身面向窗戶就不再說話了，一直到上午十一點多詹寧斯來訪。檢方一直沒有解釋麗茲這段話是什麼意思，不過仍引起軒然大波。若屬實，雷根的故事就破壞了這對姊妹在大眾面前總表現出的團結一致的樣子，同時也揭露出麗茲那超出常人所能擁有的決絕。說也奇怪，《紐約時報》報導寫道：「麗茲．波頓這天開心得不太尋常，雷根太太作證結束時還笑了，似乎更像是被逗樂了而非感到煩惱。」[35]

不過詹寧斯並沒有輕忽護理長的故事。他拿出自己「乾淨俐落、善解人意又願意體諒」[36]的態度，從各個角度攻擊她的故事。首先，他要她承認自己曾向巴克牧師否認過這段故事，並宣示自己願意簽下宣誓書反駁故事。第二，他要她承認希里亞德法警曾經命令她不得簽署那份宣誓書，因為詹寧斯自己就在法警辦公室，基本上就是在等她簽名。顯然詹寧斯是要透過詢問來作證。但是雷根護理長並不願意合作，甚至宣稱自己不記得詹寧斯那天也在法警辦公室裡。於是詹寧斯質問她，是否還記得這段所謂的對話確切發生在哪天哪時，提起了其他經常去探望麗茲的訪客，像是查爾斯．荷姆斯的太太、她女兒安娜．荷姆斯小姐，還有總是關懷備至的巴克牧師，這些人在麗茲被關押期間天天都去探望。而在他的提示之下也揭露了一件有趣的事：雷根太太說她曾跟麗茲打賭一塊錢，說她把一顆生蛋捏在手裡也打破不了蛋殼。麗茲畢竟是安德魯．波頓的女兒，所謂虎父無犬女：她願意接受挑戰，但不願多下注，只肯拿出一枚二十五分錢硬幣。結果她輸了這場賭注，宣布：「這是我第一次接受挑戰，去做我從來做不到的事。」[37] 霍華報導道，詹寧斯「成功地挑起證人情緒，讓她露出反抗之意」[38]，他發現雷根宣稱自己不記得麗茲的其他訪客，卻能夠一字不漏地記得無意間聽見的麗茲和愛瑪的對話。即使這段交互詰問並未動搖護理長的說法，對她也已經造成極大壓力。她走出法庭時「腳步蹣跚」[39]，經過走廊上那張沾了血的沙發，走進隔壁房裡就倒下了。

下一位證人是伊萊．班斯，辯方一直極力阻止他作證。班斯站上證人席時，麗茲「直直瞪著他，傾身向前並緊盯著他的雙眼」。[40] 他根本還沒開始詳述自己在史密斯藥局裡的工作狀況，羅賓森便打斷他，表示自己有一件「極度重要的事情……必須單獨跟庭上討論」。[41] 穆迪興匆匆地主動解釋檢方希望能證明的論點，羅賓森馬上插嘴：「我想你最好別現在就說出來。」[42] 穆迪還沒來得及回應，羅賓森又說：「那不是現在應該說的事。」就連檢方想稍稍透露出一點解釋的意思，羅賓森都不希望傳進陪審團耳裡。法官便將陪審團請出法庭。

穆迪解釋檢方希望提出班斯的證詞，說明麗茲在八月三日曾試圖購買氫氰酸，也就是在謀殺案發生前一天。藥局販售的氫氰酸濃度只有百分之二，是「人類所知最為致命的一種毒藥」[43]，其毒性之強，早在一八三七年就有醫師描述這種藥物「經常用於自殺，沒有其他更適合的用途了」。[44]到了十九世紀下半葉，醫師會開立處方將稀釋過的氫氰酸溶液當作鎮定劑或抗痙攣藥物，不過這並非最好的選項。以正常的濃度來說，不到一茶匙的劑量就可能致死。

此外，班斯也將作證在那天之前從來沒有人跟他買過氫氰酸。話雖如此，據他回憶自己與麗茲的對話當中，她堅持曾經買過這種毒藥很多次，而她買這種藥是為了清理海豹皮披肩。羅賓森打斷了這段說明，確認並無證據顯示史密斯藥局或其他地方將毒藥賣給她，也就是說，他想確認檢方只是想證明她有打算買毒藥的嫌疑。

諾爾頓沉思了一下這個問題才回答：「可以說我們有證據顯示她曾經在其他地方試圖購買氫氰酸，不過同樣沒有成功。」[45]

羅賓森馬上反駁這項證據的關連性：麗茲．波頓受審的罪名是「以銳利工具殺害兩名死者……而非其他」[46]，就算她確實試圖購買這種物品，但這跟謀殺案有何關係？他進一步解釋：「她試圖購買這項物品是為了其他用途……每個人都能合法購買。」[47]他刻意問道：「買東西這件事有哪裡能夠證明這名被告用斧頭殺了這兩人嗎？」[48]他自問自答地繼續說：正好相反，「這是試圖控告她以完全不同的手法造成他人死亡」。[49]

並非如此。穆迪表示，引用這段作證並不是要證明她試圖下毒，而是要證明動機，但他也馬上同意說「八月三日買不到氫氰酸，完全無法證明是否會在八月四日舉起斧頭殺人」[50]，他表示檢方需要說明被告的心理狀態：「這張起訴書不只要控告犯人殺害了波頓夫婦，還要指出她具有相當強烈的意圖，是經過預謀的。」[51] 他宣稱：「提出這段證詞的目的……不過就是想說明被告在謀殺案發生之前的心理狀態，包括其意圖、預謀以及準備過程。」[52]

穆迪提醒法官們，波頓家的人在八月二日星期二晚上曾出現腸胃不適的症狀。他並未聲稱是波頓小姐給家人下毒，卻說食物中毒「這類疾病，對想要殺死這群人之中一、二個的人來說就是個機會」。[53] 在他看來，麗茲抓住了這次機會。星期三早上她試圖購買毒藥，那天晚上又去拜訪愛麗絲・羅素，留下線索提起她父親那些可能會傷害他們家人的無名仇家；星期四早上，斧頭就落下來了。穆迪認為這一連串事件乃至發生謀殺，都顯示出她的心理狀態，尤其是她的「深思謀畫」。認定這類相關證據的標準很寬，且只要該項證據與意圖有關即可。穆迪問：八月三日星期三打算購買氫氰酸，是否代表「犯人已經出現了或可稱為意圖謀殺的心理狀態」？[54] 沒錯，他結論道，因為氫氰酸「這種物質除非有醫師的處方箋，否則無法購買……這種物質並非用來清理披肩、海豹皮披肩或其他任何種類的披肩，也不適合做這種用途」。[55]

穆迪一直都很擅長簡潔說明法條分析，他提出普通法的法則：「若懷疑有某種特定意圖……任何在當下時間點前後的行動及其性格特徵都可使用，無論是否能證明其他罪名。」[56] 麻州的法律正如在**聯邦訴布萊佛德案**（Commonwealth v. Bradford, 126 Mass. 42, 1878）中所概述的，尤其清楚說明了這一點：「先前行為若能指涉已存在之目的，那麼以人類行為的已知規則來看，便可預設應會繼續並影響被告從事該項行為，便可接納成為證據。」[57] 其他轄區內也有許多案件提出各種不同的實際狀況，不過根據穆迪的說法，每一個都能回應波頓案的核心問題：「她是否盤算著要對某人下毒手？」[58] 對檢方來說，最重要的是有些案子中被告「準備」以某種武器犯案，結果卻使用了不同的武器。例如一八八二年紐約有椿**沃許訴紐約州人民案**（Walsh v. People of the State of New York），被告在案發早上磨利了一把刀子，以捅刺的方式殺人，其間關連並不複雜。但當時的法庭也允許州檢提出證據，表示被告曾詢問往某人眼睛灑胡椒是否會導致失明。這項證據能否表示構思單一罪行的意圖，又或者其他行為在其他狀況下能否被視為清白並不重要，而是看州檢提出的證據足不足夠證明其意圖。而且，在這類案件中，陪審團應可以審視證據，依照證據該有的分量自行推論。對檢方來說，波頓案與該案的相似性應該是無可爭議的。

羅賓森並不理會穆迪不斷抛出來的普通法先例。他反駁了最基本的議題。首先，也是最重要的一點，他並不打算承認麗茲買氫氰酸只能是為了非法用途。如果氫氰酸有與犯罪無關的其他用法，那麼試圖購買就無法說明麗茲的心理狀態到底是什麼。第二，他指出就算假設麗茲心裡有想過謀殺這件事，「也無法證明她曾思考過該如何進行」[59]，如果她買毒藥是想殺死布麗姬·蘇利文呢？在羅賓森看來，檢方之所以想引用這項證據，只是「想讓聽見這些話的人心中產生某種偏見」。[60]

既然知道麗茲心中對繼母懷有敵意，穆迪冷靜地回答：「有證據能夠顯示出這股惡意針對的對象是誰。」[61] 但羅賓森認為檢方是在自證其說，要靠謀殺案的事實將稍早毫無因果關係的說詞或行為加上邪惡意圖。總而言之，檢方所謂惡意的展現，完全就只憑藉麗茲在一八九二年三月跟裁縫師講的話，還有她對助理法警弗里特的嚴詞糾正（他也曾稱艾碧是麗茲的母親）。羅賓森指出，麗茲對裁縫師所說的話中並沒有什麼「能讓人說是展現出謀殺意圖的，或是有打算攻擊、使對方身體受傷的意圖」。[62] 至於她對助理法警弗里特所說的話，羅賓森則輕鬆地表示：「不管怎麼看，那都只是說出實話罷了。」[63] 他繼續說：「她自己對警察說出這句話已經是在罪案發生之後了，對吉佛德太太所說的話則是在悲劇之前。我們能說這兩句話足以當成一種宣告，表示她想對波頓太太使用什麼暴力嗎？」[64] 他堅稱，先前的案例都牽涉到「對於犯罪意圖有公開、絕對且明顯的宣告」。[65]「可是這件案子，」他繼續說，「並沒有這些。」若是沒有對被害者展現出謀殺意圖，「這項證據就不應採納，才不會在陪審團面前操弄出對於被告的偏見。除非檢方有合法、合乎邏輯且完全有理的理據，能夠證明被告與遭控的罪名有關。」[66]

羅賓森可能是發現自身立場要抵抗的權威相當巨大，他更加努力為氫氰酸一事提供無關犯罪的解釋：「這是任何人都能合法購買的物品。」[67] 幾乎想不到還能再如何解釋，他又主張「人們會買氫氰酸來殺動物，可能是貓」[68]（那裡並沒有貓）。他堅持：「那件事沒有犯法，不管怎麼說都不是罪。」羅賓森數度嘗試釐清幾件關鍵案子中的事實，即使案件中的陳述似乎都直中要害到令人不安。

穆迪打斷他五次，糾正他對事實的錯誤陳述，有一度他只是說：「你誤解我闡述的論點了。」[69] 羅賓森罕見地動怒了，反駁說就算如此，他的誤解也是因為穆迪把自己曾在大陪審團聽到的內容當成例子。羅賓森再度嘗試：「例如堪薩斯州的案子，我是沒有看過，不過才剛讀過一部分。」[70]無論羅賓森的論述多麼有失風度，他仍緊緊抓著自己的論點，也就是「本身並無不法的行為」[71]必須跟「具犯罪意圖的行為」分開評估，他懷著希望下結論：「我必須說我剛剛所說的是庭上一致想聽的，意思也表達得很清楚了。」[72]

法官退場了將近一個小時來斟酌這件事。同時，在法庭內的人一邊給自己搧風一邊等待。「今晚真是熱到令人害怕，」[73]霍華哀號著，「假如說陪審團融化在位置上或是犯人熱到發瘋了，我不知道這起控告預謀殺人的案子該怎麼判。」法官們回來之後，首席法官梅森要求檢方重申「提供這項證詞的目的」[74]，穆迪回答說自己提供這項證詞是「為了說明被告在謀殺案之前的心理狀態，包括意圖、預謀及準備」[75]，然後法官們宣布這項證據有效，認為「先前的證據足供為證」，也就是說如果證人實際說出的證詞能夠顯現出「意圖」，那麼檢方就有機會在陪審團面前呈上麗茲可能試圖購買毒藥的證據。

這對辯方是嚴重的打擊。霍華為了解釋其中的風險，文字比平常的描述更加迂迴：如果「檢方能夠將氫氰酸一事當成預謀犯案的確證，就會開啟新的面向，即使是犯人最為親近的朋友也必須坦然承認，他們將對被告有所懷疑」。[76]拉福的結論就簡潔許多：「整體而言，這是麗茲．波頓最糟的一天。」[77]毒藥的故事也在法庭外頭引起熱議，拉福又說：「這些事或許對陪審團並沒有太大的影響力，卻讓波頓小姐許多朋友的態度從積極支持轉為保守。」[78]只是對檢方來說，不幸的是該退庭了。

一八九三年六月十五日，星期四

有了毒藥事件的懸念，星期四一定能夠為熱切觀望的旁觀者帶來刺激。《新貝福標準晚報》如此報導：「自審判開始以來，都沒有像今天早上這樣有這麼多急著想來搶位子的人。負責看守柵欄的警員差點就擋不住洶湧的人群，有幾位婦女占到入口附近的位子……被推擠到痛叫出聲。」[79] 那些有幸能進入法庭的人感受到的是極度的熱氣，讓法庭內的張力更為緊繃，霍華稱：「空氣中的濕度破表，鎮上沒有人覺得這天氣是舒服的。」[80] 法官決定讓檢方呈上證據，但他們堅持不能讓陪審團聽見有關氫氰酸用途的證詞，因此陪審員「每人手上都拿著一把團扇，盡量讓自己整個人都像浸在冰水裡一樣」[81]，在另一個房間等候，讓檢方傳喚證人。

第一位證人是查爾斯．洛頓（Charles Lawton），他和自己的兄弟合夥經營新貝福兩家最大的藥局，是「市內最大的零售商」[82]，在這一行有超過三十年的經驗，應該相當清楚在藥局該如何購買氫氰酸。洛頓說他都會備有氫氰酸存貨，但當諾爾頓問起是否會將氫氰酸以稀釋溶液以外的形式銷售時，羅賓森出聲抗議。諾爾頓嘗試另一種策略，詢問洛頓是否曾經將氫氰酸「以藥品以外的形式」[83] 出售，羅賓森又抗議。「以你身為藥劑師的經驗，」[84] 諾爾頓又試了一次，「這種藥物做為商品，除了醫療用途之外是否還有其他出售方式……或者除了持有醫師處方箋購買之外？」羅賓森還是抗議。諾爾頓再次改變問法：「這種稱為氫氰酸的藥品除了持有醫師處方箋購買之外，是否還有其他商業用途？」[85] 羅賓森還是起身抗議。諾爾頓補充道：「為了醫療用途……？」羅賓森：「還是抗議。」

就這麼一來一往，最後諾爾頓問：「氫氰酸除了做為藥品還有沒有其他用途？」[86] 洛頓回答：「就我所知沒有。」諾爾頓費盡了全力才得到這個不痛不癢的結論。

由於無法讓證人說出沒有醫師處方箋藥劑師就不能出售氫氰酸這件事，於是諾爾頓傳喚了兩位具有實務及科學專業的證人。第一位是新貝福的皮貨商亨利．提爾森（Henry Tillson），他將準備宣誓證明氫氰酸並不是用來清理毛皮的。在首席法官梅森詢問提爾森的身分時，諾爾頓坦承提爾森並非科學家，但有多年實務經驗。接著諾爾頓問提爾森，根據他自己的經驗，是否「知道氫氰酸在毛皮上會有什麼作用」？[87]

提爾森回答：「完全沒有。」

諾爾頓打算乘勝追擊，繼續問他是否有聽過誰在毛皮上使用氫氰酸，不過羅賓森很快提出抗議，首席法官梅森便不讓諾爾頓再問。諾爾頓不太情願地放棄，同意傳喚下一位證人，分析化學家納森尼爾．海瑟威（Nathaniel Hathaway）。

諾爾頓先是確立了海瑟威這位專家的權威性，然後問道：「對於氫氰酸這種藥物在毛皮上的反應，你認為其適應性或可用性如何？」[88] 羅賓森抗議，諾爾頓承認這個問題範圍太廣，便解釋了自己的理由然後修正問題：「將氫氰酸使用在海豹皮皮毛上是否有什麼可用性或適應性問題？」海瑟威回答：「並不適合。」[89] 因為這種藥具有揮發性，蒸發後的氣體可能「造成噁心及頭痛」。[90]

羅賓森繼續追問這點，詢問海瑟威是否還有其他經常使用的揮發氣體，例如醚類、氯仿和石腦油。海瑟威小心翼翼地同意了。接著羅賓森問起還有一種到處都買得到的清潔產品叫做苯類，海瑟威問他所說的苯類是指什麼，羅賓森心情大好，問他是不是「不常做家事……你不知道我們拿苯類來當清潔用品嗎」？[91] 羅賓森繼續沿著這條脈絡建立論點，也就是說揮發性化學物質，甚至是毒藥，也能合法使用於日常家庭，用途從去油漬到照明都有；而且這類毒藥對害蟲和昆蟲非常有效，例如海豹皮披肩中的蠹蟲。海瑟威認為，這類揮發性毒藥對於使用者及周遭的人而言並不安全。接著羅賓森提起了另一種家庭毒藥的許多用途，問道：「砒霜也是毒藥對吧？……我們常用的『狠滅鼠』這種物品不就含了砒霜？」[92] 他繼續問：「你知不知道砒霜還能用來美膚？還有，如果你想要靜靜殺掉貓兒，會怎麼做？」[93] 面對羅賓森一連串的問題，海瑟威也招架不住，終於勉強同意氫氰酸能夠殺掉蠹蟲，不過也警告這麼做會危害到附近的人。

諾爾頓試著想再次傳喚多蘭醫師作證說明氫氰酸，但法官認為該法醫不夠資格，因為他並未親自檢驗過氫氰酸中毒的屍體。接著諾爾頓嘗試最後一招：至少他可以證明海豹皮並不容易生蠹蟲，這樣麗茲購買氫氰酸是要對付害蟲的說法就沒那麼有力。他再次傳喚亨利．提爾森來詢問海豹皮是否以天然的狀態販售，但這條詢問被排除了；他最後詢問提爾森，海豹皮披肩「有可能染上蠹蟲或其他害蟲嗎」？[94] 這條詢問也被排除了。然後諾爾頓打算再次傳喚弗爾里維的藥劑師伊萊．班斯，讓他描述自己與那個想購買氫氰酸的女人會面的經過。不過他已經無計可施了。

最後法庭排除了這項證據，認定「預審過程不夠嚴謹」[95]，這讓辯方大大鬆了一口氣。羅賓森在處理毒藥的證詞中手段高明，受到眾人讚賞。他阻撓了諾爾頓計畫的每一步，不讓他的證人提供意見，每個階段都提出抗議，從問題的擬定到證人的專業性皆然。

後來有一位評論家認為，這樣的決定讓「法律界幾乎人人都感到驚訝」。[96]專門研究證據的學者魏格摩後來便認為：「法律專家能夠在如此簡單的事情上編織出一張如此朦朧的網，真是了不起！一名知識平平的女子據稱買了氫氰酸想清潔皮毛，但兩名具專業技能成就的男子卻不能說就他們經驗所知並未有這種用法！」[97]在他看來，法官應該先允許提出這項證據，並讓辯方在陪審團面前提出氫氰酸的用途並無不法，他問：「為什麼一定要排除所有想像得到的假設，而只專注在犯罪用途上？如果就像醫學專家證詞所言，酸類揮發的氣體是目前所知毒性最強的，而且也沒有正常的商業用途，這還不夠嗎？證據的可採納性並不需要只保留其中一個假設，並排除其他所有想像得到的假設。重點是在採納這項證據後，對手就要依據合理而正常的可能性來說明論點，澄清還有其他合理的假設存在。」[98]

魏格摩的論述中將「具專業技能成就的男子」以及「知識平平的女子」相提並論。他的一位學生回想：「他滔滔不絕講述著專家的典範，只要是擁有知識的人就足以給予建議或支持。」[99]他對專業精神的信心也反映在刑案審判的架構本身，魏格摩在後來的著作中簡述：「法官負責裁定接納與否，陪審團決定證據的重量，這就是普通法正統而不變的規則。」[100]法律專家（或可稱之為具專業技能成就的人）來判斷陪審團（也就是知識平平的人）可以聽見什麼做為證據，判斷哪些事情若被他們聽見了會很危險。穆迪不假思索地堅稱麗茲嘗試購買氫氰酸這點就能證明她的意圖，但法官知道，陪審團很難不推論出星期三想買毒藥的某人一定就是星期四揮著斧頭的殺手。拒絕採納這項證據還有另一個未能明說的理由：這些嘗試購買致命毒藥的行為不僅僅是表示出謀殺意圖，也讓陪審團能夠合理解釋這樁罪案之所以偏向陽剛的殘忍。若麗茲曾經嘗試購買毒藥這種陰柔的武器而未果，或許就有可能在煩躁之下轉而使用隨手可得的居家工具，好完成自己的謀殺計畫。

這一切都是設想辯方打算接受檢方聲稱的論點，也就是麗茲八月三日試圖在史密斯藥局購買氫氰酸。她自己則從未承認做過這件事，甚至否認自己曾去過那間藥局。羅賓森完全有能力提出相反的論點：其實麗茲並未試圖購買氫氰酸；就算有，也是與犯罪毫不相關的用途。詹寧斯的筆記本中有一條紀錄提到一名叫做愛德華．凱特（Edward Cate）的藥劑師，曾說「老一輩的鄉下人」會買氫氰酸來殺動物。事實上大多數人知道的氫氰酸就是拿來毒貓的藥，如同羅賓森自己指出的，這表示藥劑師很難規勸病人為了正當醫療用途服下氫氰酸。不過這在陪審團面前會是一著險棋。

辯方對於氫氰酸無罪用途的諸多討論也混淆了一個關鍵重點：那位想購買氫氰酸的女人說她是要用來清理海豹皮披肩的，而麗茲就有件海豹皮披肩。（根據她接受訊問時的證詞，閣樓裡就有兩件海豹皮披肩掛在白色袋子裡。）海豹皮這種皮毛相當流行，甚至受歡迎到會有人用麝鼠皮充作假貨，行銷時掛上「哈德森海豹」的稱呼。對於像麗茲這樣的女性而言，擁有海豹皮披肩或許說不上不尋常，不過在八月清理皮毛卻是聞所未聞。夏天時皮毛都是收藏在家裡，或者交給像亨利．提爾森這樣的皮貨商保管，一般持家的家庭不會用任何方法在夏天清理毛皮，更別說是用到氫氰酸。

在輸掉這個論點後，諾爾頓終於展示出所有草圖和證物。原本他打算將毒藥證詞當成戲劇性的大結局，結果檢方在上午十點三十分就告一段落了。伊莉莎白．喬丹說：「諾爾頓再一次、也是最後一次展示出這樁案子中那些悲慘的證物之後，便坐在一片廢墟中，結束了自己的陳述。」101

看起來諾爾頓似乎已經放棄了。他不但處處遭到羅賓森靈活的律師手段阻撓，害他的專家證人「不夠資格」回答他的問題，而且似乎也忘了自己真正的觀眾應該是陪審團，畢竟當天陪審團完全沒有聽到證詞。律師們在爭論毒藥的問題時，陪審團完全搞不清楚狀況，只是被謹慎地隔絕在法庭內的激情之外。前一天陪審團所聽到的最後一段證詞是裁縫師吉佛德太太、看見陌生人也未吠叫的證人們，還有雷根護理長。這樣的組合既令人震驚，還可能帶來災難。檢方最多就是製造出了一聲「悶響」。102

霍華注意到法官及律師們對於檢方在此案提出的論述帶著專業的冷靜，但他寫道：「陪審團的態度我就沒那麼肯定了。每一個都在自己的座位上僵直著背，環顧著法庭，似乎很開心他們自己到目前為止的成就；麗茲．波頓則淡淡微笑著，唯一透露出不同尋常的興奮之情就只有她異常快速搖動著自己的扇子，還有兩、三次不安地變換身體姿勢。」103 霍華也報導，有謠言指出辯方

「試圖在尚未提出證據前就上前向陪審團陳述……不過這麼做也聰明過頭了，不像是真的」。104拉福形容其中潛藏的謎團時相當詩意：「彷彿這犯罪的起因就像一口又深邃又漆黑無比的井，麻州檢方說『我們要點亮一盞搜索的燈光，將光扔進去照亮井底』，於是他們花了十個月造出一盞燈，在法庭的第一天就大張旗鼓地把燈點亮，似乎明亮無比，但這道光卻只是把黑暗照得更加深沉。」105

第九章

既短而忙碌，且非常重要

小喬．霍華利用短暫的休息時間環視人群：「今天法庭裡有幾位相當不得了的人物，有些展現出人類本性的奇怪發展、許多奇裝異服的人，還有一位肥胖的老太太，沒戴手套的雙手上戴滿了各式戒指與寶石，有鑽石、紅寶石與綠松石，全擠到了指關節上。」[1] 他最喜歡的是「有不少相當漂亮的女孩」，不過也哀嘆道「有幾位女性專家，只要抓到機會便很樂意表現自己能夠證明被告的罪名」。他的同事伊莉莎白．喬丹描述她們像是「某種自行組織起來的陪審團」[2]，態度比較不偏向犯人。比較值得高興的是，麻州基督教婦女禁酒聯盟主席蘇珊．費森登也坐在觀眾席，給予犯人道德上的支持，同席的還有知名講師兼婦女參政運動倡議者瑪麗．利弗摩爾。不過給予麗

圖 61　女士座位區

茲最大慰藉的是她的首席律師，喬治．羅賓森。羅賓森到監獄的探望總能提振她的精神，出庭時待在羅賓森的身邊似乎也能帶給她情緒上的支持，她總是將座椅盡量挨近他。即使是在審判中，根據喬丹的報導，她「也不允許他把自己晾在一旁太久。她吸引羅賓森注意力的方法是輕輕地、幾乎怯懦地碰觸他的背或肩膀，並在他轉頭看她時傾身向前，這些是她在正常情況下會做的舉動。若是她突然想到了什麼，以扇子輕柔地碰觸就會馬上變成快速而尖銳的戳刺，而且會往前伸直頭頸，急切地悄聲說話，臉上會因激動而微微酡紅」。[3] 經過這幾天「鬱悶而高度的壓力」[4]，麗茲似乎放鬆不少：「她的雙眼比平時更為明亮。」[5] 她所選擇的花束也和她的外表相襯：「手裡拿著一束花，是自從審判開始以來真正表現出歡喜的花束。」[6]

一八九三年六月十五日，星期四

經過十分鐘的休息後，辯方在上午十點五十分正式開始陳述，由詹寧斯開場。他發出「低沉、謹慎而肅穆的聲音」[7]，就這樣說了一個小時，敘述自己與波頓家的長久交情：安德魯．波頓「是我多年的客戶[8]，也是有私交的朋友。我從少年時期便認識他，從他的女兒一出生便看著她們長大。我想在此時此地先聲明，如果我表現出太多情緒，或許讓各位覺得這件案子的辯護律師在開場陳述不必做到這個程度，你們大可歸咎於這個原因。律師們、陪審團團長及各位陪審員，一個人即使成了律師，也依然是個人。」

詹寧斯強調麗茲的名聲卓著、多有善行，以及她的平素舉止：「我們將告訴各位，這位年輕女子顯然過著值得尊敬而零缺點的生活：她是教會的一員且熱心參與教會事務，她和各種不同的慈善工作組織都有往來，總是隨時準備好伸出援手行善、做種種好事。」[9] 他先確立了麗茲品格良善之後，又把警方和檢方描述成壞人，他們「為了這些或那些原因」，打算「將罪名安在她頭上」。[10] 詹寧斯講得天花亂墜，一時得意忘形，甚至還含沙射影引用了法國名相黎塞留（Cardinal Richelieu）當政奪權的故事，尤其是「最為戲劇化的一景……國王動用了至高無上的權力，全然不顧正直或公義……派人從黎塞留手中奪走他最為純粹而寶貴的護衛，而老樞機主教在王太后身邊畫了一個圈，沒有人膽敢越過雷池一步。」[11]* 詹寧斯回過神來繼續談論這件對付他當事人的法律案件有何瑕疵，他說：「正是如此，陪審團團長及各位陪審員，今日麻州的法律在談到每一位被控罪名之人時，無論是誰，都應預設其為清白無罪……除非能證明被告就是犯罪之人，且須以無合理懷疑之心證確信為前提，否則都不應逾越界線而奪取被告性命。」[12] 所謂合理懷疑**，

* **譯註：**黎塞留是法國國王路易十三首相，當時王太后以攝政之名把持朝政，黎塞留一開始為王太后效力，暗地裡卻逐一拔除其勢力，最後讓太后無力再反擊，只能倉皇逃離宮廷。

** **譯註：**reasonable doubt，源自英美法系的法律術語，是驗證刑事罪行時必要的舉證標準。一般必須由檢方提出證據證明被告有罪，但若此證據根據經驗法則，會讓理性自然人產生合理的懷疑，使得此證據無法證明被告有罪，基於理性公正，陪審員應該做出無罪認定。反之，當檢方提出的證據無法使任何一個理性自然人對其存有懷疑，此證據就達到「超越合理懷疑」（beyond reasonable doubt，又稱無合理懷疑）的標準，這時才可判定被告有罪。

他解釋「就是能夠提出理由的懷疑」。[13] 例如，他繼續說，「如果你能夠想到任何其他假說，可以排除這名犯人的罪名，或是指涉可能是其他人犯下這件事，那麼你心中就有合理懷疑。」[14]

建立起這樣的架構後，他便轉而談論對他當事人不利的證據，稱檢方的舉證「完全且絕對都是間接證據」。[15] 他提出警告：「沒有哪一種證據……比間接證據更危險且充滿誤導性。我們在法學院讀的書裡處處都是這種案例：被告明顯是依間接證據而遭定罪，之後的調查或犯人自白才發現他並沒有做過。」[16] 記住，他告訴陪審團：「各位的任務並非解開謎團，而是」[17]，他說他們必須捫心自問「證據是否完整，這些是否為法律所要求的證據，足夠證明麗茲．波頓犯了這樁罪行，而且絕對不可能是他人所為？」[18]

詹寧斯在分類列舉檢方的缺失時，讓自己的聲音透露出勝利的欣喜：「沒有一項針對麗茲．波頓的證據是直接證據。」[19] 沒有血跡、沒有武器，只有一連串毫無關聯的斧頭與手斧，而且全都不是真正的凶器。

霍華讚嘆道：「他的口氣中帶著恰到好處的譏諷，嘲弄著警方的徒勞無功。」[20] 指的正是他們想將一件接著一件武器與謀殺案扯上關係。至於聲稱只有麗茲才有下手機會的說法，詹寧斯則論證，假如安德魯．波頓上午出門散步途中有一段路沒被人看見，那麼殺手當然也有可能躲過證人的目光。再說動機呢？就算麗茲在艾碧．波頓的案件上有動機好了，難道她會殺了自己「所愛、也愛著她的父親」[21] 嗎？

麗茲在他滔滔不絕時擦了擦眼睛。拉福報導說，詹寧斯「秉持著古代騎士愛護女性及自家女兒的精神，為了她奮戰」[22]，而且「他的話語透露出他深信她是無辜的，彷彿照進密林中的和煦光線」。[23] 霍華則讚許詹寧斯的表現，說「他撥去了那層層智謀編織起的蜘蛛網，態度堅定且言詞格外清晰，這是身為聯邦檢方對生者、也是對死者的責任」。[24]

接著辯方開始陳述案件，傳喚了好幾位證人說明他們曾聽見的奇怪聲響及看見的陌生人。波頓家鄰居瑪忒．沙尼翁與她的繼母瑪莉安．沙尼翁在案發前一晚大約十一點時聽見聲響，在開始審判前，她們便推測那是某人爬過或沿著自家籬笆行走的聲音。瑪忒說聽起來像是「拍擊聲」，而且是從波頓家的方向傳來的，她說：「我無法描述那是什麼聲音，因為我沒見到。」[25] 她們並未查看，家裡那條紐芬蘭犬也沒追去看。諾爾頓引用了瑪忒在預審時的證詞，假設說那聲響可能是來自南邊的運冰車，不過瑪忒認為不太可能是從冰窖傳來的聲音，也否認自己曾這麼說過。當諾爾頓繼續追問並引述她先前的證詞時，瑪忒「這位非常漂亮又婀娜多姿的法國少女」[26] 聳了聳肩，顯然不置可否。

諾爾頓先確認起居室的窗戶都是關閉的，便問：「妳怎麼知道聲音是從哪個方向來的？」[27] 逐字稿上再度記錄了「（無回答）」三個字。

諾爾頓放棄：「如果妳不想回答，我就不再問了。」

在詢問瑪忒的繼母瑪莉安．沙尼翁時，諾爾頓也得到同樣不多的回答，不過這時諾爾頓應該已經發現這是語言不通的關係（沙尼翁家這兩位都是出生在加拿大法語區）。兩人的交談逐漸劣化成一段編排不精的喜劇演出。諾爾頓問她那聲音聽起來像不像拍擊聲。

她回答：「是什麼？」[28]

諾爾頓重複了問題。

她回答：「像是……？」

他又重複一次：「拍擊聲？」

「我不知道那是什麼意思。」瑪莉安說。於是他又試了一次，採取新英格蘭人對外國人說話時歷久彌新的傳統：大叫。

「拍擊聲？……妳不懂什麼叫拍擊聲？」

「拍擊聲？」她詢問。

「對。」他說。

「不懂啊，」她說，「我不懂那是什麼。」

「不知道這個詞嗎？……妳不知道『拍擊聲』這個詞嗎？……拍擊啊。」

「拍擊，」她說，「先生，我不知道。」

記者似乎很喜歡這些不太重要的辯方證人們帶來的表演。在先前針對毒藥證詞的激烈交鋒之後，這算是一點小小娛樂。霍華描述瑪麗．德菲（Mary Durfee）是「一位面容和善的老太太，一身黑色衣裝，身材有些矮小，帽子上打著特別高的蝴蝶結」。[29] 德菲要作證說她曾見過一位男人與安德魯．波頓起了爭執，那人說：「你敢騙我，我要好好收拾你。」這是大約十月底前的事，不過她記不清楚確切的日期。她表示：「我啊，我的阿姐過世了……大概是十月二十七日死的。」[30]律師們想盡辦法要讓她確定爭執是哪一天發生的，她說：「我聽見的事是在那之前聽見的，因為我回家有跟阿姐說了。」也有可能是在那個日期的兩個月以前。法官判定這件事太過久遠，於是她退下證人席，「優雅地鞠躬致意，讓法官、陪審團及法庭上的有學之士深受感動」。[31]相較之下，查爾斯·吉佛德（Charles Gifford）和烏利亞·寇比（Uriah Kirby）兩位鄰居就被獲准作證。寇比「是位德高望重的白髮老人，頗有開墾先民風範」[32]，就住在沙尼翁家北邊。在謀殺案發生前一晚，他們看見有個男人倒在側邊階梯上（大門靠近人行道那一側），吉佛德試圖喚醒他卻沒辦法。幾分鐘後寇比也來了，同樣試著叫醒那男人，搖著他頭上那頂草帽。

這些事聽起來都沒什麼殺傷力，不過當地的馬車夫馬克·卻斯（Mark Chase）倒是為這樁謎團增添了一個新角色。據他描述，在謀殺案當天上午大約十一點時，他看見一個戴棕帽、穿著黑色外套的男人，坐在波頓家前一輛敞開的輕便馬車上。他所形容的那個人或許很普通，但卻斯本人是一位外貌相當令人印象深刻的證人。「他宣誓時」[33]，身高有一百九十八公分的卻斯「舉起整隻手臂，伸長到了極限，一副要碰到天花板的樣子，觀眾席裡又是一陣歡笑」。但諾爾頓在交互詰問時降低了他證詞的影響力：那個男人只有從後方才看得見，又被高高的座位擋住，或許並不是什麼陌生人，那輛馬車不就停在凱利醫師家與波頓家的交界嗎？會不會是「某個等著看醫生的人」？而且卻斯也說不上來這輛馬車在那裡停了多久，或者多快就離開了。

在弗爾里維執業的班傑明·漢迪醫師作證說，他在八月四日上午約十點半經過波頓家，看見「一位身材中等、臉色非常蒼白的年輕人，眼睛直盯著人行道看，慢慢往南走過去」。[34]在諾爾頓出聲抗議被駁回後，漢迪醫師稱那個男人「行為怪異」，而且走得很慢。諾爾頓逼他說清楚那個男人有什麼值得注意之處，漢迪醫師回答：「我說不上來，先生，他跟我這輩子在街上所看到的任何人表現都不一樣，似乎不是心情激昂、或者無比虛弱，既沒有踉蹌也未顯露困惑，總之就是沒有這類行為表現。」[35] 諾爾頓仍不斷敦促他描述出那男人的長相，於是漢迪又補充說：「他沒有看到我，眼睛直盯著地上。」[36] 他大膽假設自己或許稍早以前有見過他，但並不確定。

諾爾頓諷刺地總結道：「所以你能夠說清楚的就只有他直盯著人行道看，並沒有注意到身邊發生了什麼事，然後走得非常慢？」[37] 他暫停了一下製造懸疑效果，才接著說：「除了這些，你沒別的方法能形容這件令人不安的證據了嗎？」[38] 在他詢問的過程當中，諾爾頓也提醒陪審團，漢迪醫師是瑪利翁那棟小木屋的主人，也就是麗茲原本計畫造訪的地方，這表示他是站在麗茲那一邊的。

德莉亞．曼利（Delia Manley）可能看到了同一個人，也是一位穿著輕便的陌生人。德莉亞一樣住在第二街上，跟凱利家很熟，因為她經常拜訪住在那裡的親家姊妹（也就是愛麗絲．羅素的母親）。當時她正好就走在那條街上，身邊有她姊妹（住在提佛頓〔Tiverton〕莎拉．哈特太太〔Mrs. Sarah Hart〕）的陪伴。她走到波頓家與邱吉爾家之間時停下腳步，看到「有位年輕男人在馬車上放著幾盆睡蓮」[39]，那人就「站在大門口，左手臂靠在大門門柱上」[40]，不過那時是上午九點五十分，距離謀殺案早了快一個小時，而且就像諾爾頓在交互詰問時提出的假設，他「靜靜站在那裡……每個人都能清楚看見他……只要是站在人行道上的人都會看見他」。[41] 稍後莎拉·哈特會證實她這位姊妹的證詞。按她的說法，這位臉色蒼白的年輕人看起來非常可疑，他似乎看著街上「一副很不安的樣子，想打探我在想什麼」。[42]在交互詰問時，諾爾頓想點出她的觀察力不佳，說她並未認出那馬車裡的年輕人就是自己的姪子，一直到他跟她說話了才發現。

另一組證人則說明了在謀殺案發生後要進入波頓家有多麼容易，這完全與警方證人所描述的相反。謀殺案隔天，安德魯·波頓的表親、後來也為他扶靈的傑洛姆·波頓在下午兩點過來，直接就從前門走進去。這表示前門的彈簧鎖並不牢靠，這樣案發當天前門上了門閂也就有了合理解釋。

《弗爾里維每日晚報》的記者華特·史蒂文斯跟著穆拉利警員一起抵達，他也試過要打開後方的地窖門，可是發現門鎖上了，然後他從廚房進到屋裡，看見麗茲與布麗姬。他也和邱吉爾太太談了話。在屋裡打探一番之後，他穿過已有多人踩踏過的庭院，身邊跟著《弗爾里維每日先鋒報》的記者約翰·曼寧。接著他進入穀倉，至少看到還有另外三人爬上了穀倉樓梯，這跟助理法警弗里特稱在他到達前並未有人到過穀倉上層的說法牴觸。正好在附近的工程師亞弗烈·克拉克森（Alfred Clarkson）稱他於上午十一點半左右抵達波頓家，同樣也在穀倉內四處查看（陪同他的是副警長威克森），包括上層，他在那裡看到還有三個人。嚴格來說，他也是在弗里特抵達前就到場了。諾爾頓努力想讓他的抵達時間變得比較模糊；在預審時他說自己是快十一點四十分到的。諾爾頓問他跟警方許可的平民守衛查爾斯·索耶聊天聊了多久才進到穀倉，克拉克森估計聊了有七、八分鐘，諾爾頓詢問：「你能發誓不是九分鐘？……十分鐘？」[43]

冰淇淋小販海蒙・魯賓斯基（Hymon Lubinsky）則提供了重要證據，還附帶了意外的娛樂效果。霍華只看到後者，寫下魯賓斯基「長篇大論地說了些無關緊要的證詞，總之剝開了米糠才能看見麥子的穀粒……重點就是他在叫賣冰淇淋的途中看見了麗茲・波頓小姐從穀倉出來，往主屋的方向走去。」[44]他的敘述證實了麗茲所言自己在父親被殺時正在穀倉裡。魯賓斯基確定自己看到的女人不是布麗姬，因為謀殺案「兩、三個星期」之前他曾賣給她冰淇淋。魯賓斯基說自己是在上午十一點過後不久行經第二街上的波頓家前。或許對一向情緒平穩的諾爾頓來說，魯賓斯基這個人之於他，也是一場個人的審判。諾爾頓試圖讓他說出確切的地點，因此連珠炮般地發出一連串問題：「是街道的哪一段？你聽不懂我現在問的問題嗎？我說的這一切你都聽不懂嗎？你不知道我要問的是你的車在街道上哪一段嗎？」[45]就像在面對說法語的沙尼翁一樣，諾爾頓似乎認為只要他不斷重複、提高音量，魯賓斯基或許就能聽得明白，於是他在自己的桌子與證人席之間來來回回，扯開嗓子吼出問題。對魯賓斯基而言，他努力擠出鄭重的回答，表示自己並非「接受英語教育」。諾爾頓也發現魯賓斯基對自己那天何時開始叫賣也很不確定，令他很是抓狂；魯賓斯基說他看了看自己的錶，因為時間來不及了，但並未注意確切時間。諾爾頓問：「為什麼你不知道是幾點幾分？……你沒注意到時針，倒是有注意分針？」[46]不過為魯賓斯基保管馬匹的馬廄主人查爾斯・嘉德納（Charles Gardner）確認了魯賓斯基估計的時間點：他大約是在上午十一點十分出發的。

艾佛瑞特・布朗（Everett Brown）和湯瑪斯・巴洛（Thomas Barlow）這兩位男孩作證說，

他們也有進去穀倉，這再次讓人懷疑起先前警方的證詞。男孩剛到現場時曾試圖進入屋內，不過因為查爾斯・索耶守著門口而沒有成功，於是他們打賭看誰敢進去穀倉。他們希望能抓住兇手，就跑到上層看了看，他們說發現那裡比戶外還涼爽。助理法警弗里特把他們趕走了，不過他們跟其他看熱鬧的民眾在街上徘徊，到了下午五點該吃晚餐了才離去。他們吃過飯後又回到波頓家前的地盤，一直逗留到午夜。他們的證詞嚴重打擊了警方的敘述：原先警方的證詞說穀倉內並無人進去過的跡象，而麗茲說自己在發現父親屍體之前一直待在穀倉，這段警方證詞被用來質疑她的說法。諾爾頓詢問他們是否真如自己證詞所說的那麼早就抵達：「所以你們通常在十一點前就吃晚餐嗎？」[47]至於他們有關穀倉上層的證詞，他不可置信地問：「你們真的覺得穀倉上頭是個涼爽的地方嗎？」[48]他挖苦地續問：「是個舒服涼爽的好地方？」

下一位證人是喬瑟夫・勒梅（Joseph Lemay），他作證時需要法語口譯在場。這位農夫住在市政廳北方約四英里（約六・五公里）的陡溪（Steep Brook），他要作證在八月十六日曾看見一名男子坐在一塊石頭上，喃喃低語著「可憐的波頓太太」。[49]勒梅注意到這個男人上衣似乎有血跡，他用法語跟那男人搭話兩次，男人站起來，從身旁的地上拿起一把手斧朝他揮了揮，勒梅也揮起自己的手斧以示警戒。幾分鐘後，那男人「轉身翻越過一道牆，消失在樹林裡」。

不過勒梅還沒能說出自己的故事，諾爾頓就對他的證詞提出抗議，陪審團便被帶離法庭。諾爾頓說他把備忘錄放在家裡了，因為他「完全不知道此時會提起這件事」[50]，不過他還是明確解釋自己為何抗議。既然檢方認為只有麗茲才有下手的機會，他同意辯方可以提出證據「顯示出其他某個人可能在場，或有人看見某個人出現」在波頓家附近，且時間點也接近。但他認為勒梅這件事不一樣：「這件事發生的時間點與案件無關，地點與案件也無關，除了這個人自己的片面之詞外，全都跟案件毫不相關。」[51] 辯護律師自然很希望能夠運用這個勒梅見過的男人所形成的論點，不過諾爾頓認為這段陳述只是傳聞，「很可能是某個在思考這樁案件的人在喃喃自語」。[52] 傳聞是一種與法院判決無關的陳述，說出它聲稱的真相，而長久以來便有明確規定不該採用傳聞證據。確實，魏格摩稱「這是英美證據法中最具代表性的規定，這條規定的盛名僅次於陪審制，是這套非常實用的法律制度中最大的貢獻」。[53] 諾爾頓打鐵趁熱地說，「距離鎮上將近六．五公里，還已經過了十二天了，」[54] 讓這件事落入「瘋狂而想像力豐富的故事」[55] 這個類別，這種虛假證詞「既不是混亂想像的結果，也不是某人不知為何而意圖創造出的，藉此阻礙司法自然而有秩序的進行」。[56] 陪審團根本無法評斷勒梅看見的這位神祕男子究竟是瘋了或只是個怪人，檢方也無法針對他的論述進行交互詰問。簡言之，正是這種證據會引發困惑，因此有風險誤導「陪審團，而忽略了真正該處理的問題」。

詹寧斯則認為勒梅撞見那人的地點「與市中心之間交通方便，每十分鐘就有電車駛往陡溪」[57]，而且檢警應該也相當重視勒梅的報案，才會去搜尋該名男子，男子所說的話也不是傳聞（「而是接近對話或宣告的性質」）。詹寧斯反過來主張這位男人的話類似於「大聲喊痛或訴苦」，更像是「一種行為」[58] 而非自白，以上這兩件先例並未將法庭之外的陳述當成傳聞證據，因此是可被接受的。詹寧斯認為應該要讓勒梅作證說出自己看見什麼、聽見什麼，這樣陪審團才能好好

「給予這段證詞應有的思考」。59魏格摩後來針對這次審判發表文章，他同意辯方的立場，認為這跟氫氰酸一事的道理是類似的。不過法官需要仔細考慮這件事，明天再做出裁定。

這樣的懸而未決，對支持波頓的群眾來說並沒有太大影響。這一天「對這位受囚禁的女子來說就像一道耀目的陽光」60，證人無論是說自己看見犯罪現場附近出現了陌生人，或是提出與警方證詞有所牴觸的證詞，都能削弱檢方認為只有麗茲才有下手機會的理論。不過是由於法官先決定排除氫氰酸的證據，才能讓這天的氛圍如此，接著又有詹寧斯的開場陳述，指出檢方論述的弱點並直言當事人的清白。霍華便說：「這一整天充滿了愉悅、歡樂，還有漂亮的證人說出撥雲見日的證詞，讓辯方的心情提振不少。」61

一八九三年六月十六日，星期五

星期四下午，正當辯方在新貝福法院陳述案件時，一群男孩在弗爾里維的第三街（Third Street）上打棒球。一位名叫波特（Potter）的男孩翻身爬上了約翰．克羅（John Crowe）家穀倉的屋頂去撿他們掉落的棒球，這座穀倉就位在波頓家後方，隔壁是沙尼翁家的果園。男孩在那裡發現了更為有趣的東西：一把飽受日曬雨淋的木柄手斧，刀刃約九公分長，正好符合被認定用來殺害波頓夫婦的兇器大小。「這項發現引起了一波極大的騷動」62，《弗爾里維每日先鋒報》

如此報導。那把手斧還保有「些微帶色的鍍金塗層……表示它一度只做為擺飾品，又或者在遺失或被丟棄時還相當新」[63]，值得注意的是德雷波醫師也在艾碧一處傷口裡發現這樣的「塗層跡證」。在審判之前，德雷波醫師先和齊佛醫師商討過，便告訴諾爾頓他發現了「非常少量，但絕對是金屬鍍金塗層掉落的跡證。手斧出廠時都會有這種塗飾，而這樣的掉落跡證……表示用來殺害波頓太太的手斧是一把**新**手斧，不是賣出已久的」。[64]就算是不知道這件事的人也難免認為這個地點相當重要：「若謀殺波頓夫婦的人從波頓家後方逃走……很容易就能將手斧丟棄在這個被發現的地點。」[65]其他人就持比較懷疑的態度了，就連如今已經明顯站在波頓這一方的伊莉莎白·喬丹也在報導中寫道：「一般認為這把手斧就是這群男孩丟到了這個發現地點，目的是想吸引注意力。」[66]《弗爾里維每日先鋒報》循線追查到一名木匠，他在沙尼翁醫師家工作結束之後遺失了一把手斧，不過並無法證實什麼。

圖 62　克羅家穀倉所在的庭院

《弗爾里維每日全球報》諷刺地說，不如就澈底搜索那處屋頂，說不定也能找到「那張據說是波頓太太生病的友人送來的字條」。67

星期四的天氣雖說「熱到像燒紅的鐵」68，氣溫達到攝氏三十三．三度，不過星期五清晨溫度就降到了攝氏十二．七度。「寒冷的東風，」在霍華看來，「不只是一個轉機、一次新生，更是出現肺炎的前兆。」69 更認真說來，他認為這就像是「一道補品和烈酒」，而「法庭內的每一個人，從穿著黑袍坐在庭上的法官，到坐在側邊廂席最後一位的陪審員，看起來心情都明亮、雀躍不少，也更加滿意。」70 似乎法官席上的花盆擺飾也以盛開做為回應：「一大盆黃金百合在白色小花的簇擁下綻放……名副其實的鮮花勝景」71 就出現在法官席上。麗茲似乎也比較輕鬆了：「犯人披著紫貂皮外衣，無論打扮和精神看起來都在最佳狀態，穩穩坐在她的律師之間；氣色明亮、雙眼有神，這位老姑娘的精神大好。」72 總而言之，星期五對辯方來說是「大喜之日」73，不過羅賓森決定不要冒險。他在星期四穿了件新長褲，而「他的同事堅持要他繼續穿到審判結束為止，這樣好運才不會換到別人那邊」。74

雖然羅賓森仍穿著這件新長褲，不過法官同意檢方對勒梅證詞的說法，讓辯方罕見地在證據採納與否上摔了一跤。不過這小小的挫敗並未澆熄辯方的動力。查爾斯．索耶這位「高雅的裝飾油漆工」75 在案發後負責看守側門，作證說出自己的經歷。他先聽說「有個男人被刺死了」76，之後撞見愛麗絲．羅素往波頓家走去，便跟著她到現場。警員艾倫差不多同時抵達，便交代他守著側門。在交互詰問時，他坦承鎖住了通往地窖的門，因為他害怕「某人或許就躲在附近」77。

接著有三位記者作證。《弗爾里維每日先鋒報》記者約翰．曼寧（他也是《紐約世界報》及美聯社的駐地記者）大約上午十一點二十五分抵達波頓家，他跟著杜賀提及威克森兩位警員一起進去。在客房裡，他看著杜賀提警員移動床鋪，好讓伯溫醫師能把艾碧的屍體檢查得更清楚一點。（原本伯溫醫師在艾碧屍身的旁邊幾乎都無處可踩了。）曼寧在屋裡大約待了十分鐘之後，就在庭院裡走來走去，然後又走進穀倉，他也看到有別人在那裡。同時他證實《弗爾里維每日晚報》的華特．史蒂文斯所言，發現地窖的外門鎖上了。在霍華看來，曼寧是一名傑出的證人，講述故事時口條清晰，「並無猶豫或激動，而是直接切題，就像在談公事一樣」。78

曼寧還為辯方的論點提供了重要的支撐依據，也就是雷根護理長在波頓姊妹吵架這件事上說謊了。那天《波士頓全球報》刊出她描述麗茲與愛瑪爭吵的故事後，他便去訪問雷根太太，當時雷根太太否認了這段故事，告訴他：「什麼事都沒有。」79 諾爾頓在交互詰問時問他是在哪裡訪問她，曼寧說自己是當天晚上在雷根太太家訪問她。有了這份資訊，諾爾頓便暗指雷根太太並不是對曼寧吐實，或許只是想趕走另一個來刺探內幕的記者，「在這鎮上恐怕有三、四十個」。80《弗爾里維每日全球報》記者湯瑪斯．希奇（Thomas Hickey）也是《波士頓先鋒報》的駐地記者，他也作證說自己隔天向雷根太太詢問這起爭吵時，她便否認了這樁故事。但諾爾頓卻指出，她的否認讓希奇能刊出獨家消息，以抗衡《波士頓全球報》發表的原始報導：「這就是你想要的，找點東西來推翻全球報的獨家報導，對嗎？」81

最後一位記者是約翰．寇德沃（John R. Caldwell），他回想起在希里亞德法警辦公室裡的場景。當時希里亞德對雷根太太說：「如果妳簽了那份文件，就是違抗我明確的口頭指令。」[82]希里亞德注意到有記者在場後便要求他離開辦公室。而諾爾頓在交互詰問時則逼迫寇德沃描述那群「跟著她下樓的人群」，藉以顯示雷根太太是在多麼困擾的情境下才會否認故事。

麗茲的朋友也作證這個故事是騙人的。瑪莉安娜．荷姆斯是「一位個子嬌小而態度友善的老太太，有著一張大餅臉，且聲音洪亮」[83]，她從麗茲還是個小孩子的時候就認識她了。她表示雷根太太曾告訴她「並非如此」。[84]

諾爾頓堅持請德高望重的荷姆斯太太只要回答他的問題就好，她卻認為他是在說她加油添醋，因而大動肝火地回答：「我是不太熟悉這種事，而且我打算再多講一點。」[85]她作證說自己聽到了雷根太太同意簽署由她丈夫查爾斯．荷姆斯準備的宣誓書，否認有這場爭執，前提是希里亞德法警要准許她這麼做。

諾爾頓提出抗議的理由是認為這份宣誓書根本不存在，但可惜的是這份文件已經到了書記員手上。荷姆斯先生在備感困擾下將自己那份文件交給了律師，他也作證雷根太太否認了這起事件在報紙上的報導，並願意簽署宣誓書，內容說明：「我完全絕對否認曾經發生過這樣的對話。」[86]諾爾頓遭遇阻撓後便問了一連串問題，希望確立荷姆斯以及巴克牧師（是他將聲明念給荷姆斯太太聽）都是支持被告的：「妳一直都相當積極了解這樁案子對吧？……妳到這法庭來是以波頓小姐友人的身分對嗎？……而且還陪著她進入及離開法院？……在審判期間都坐在她身邊？……巴克先生也跟妳一樣？」[87]

瑪麗．布里格罕是波頓姊妹自小認識的朋友，「她急促的呼吸透露出她非常緊張」[88]，不過她作證時依然「發出清晰而洪亮的聲音」，說雷根太太告訴她「這件事從頭到尾就是個謊言」。[89] 雷根太太聲稱自己願意簽署那份文件，只是法警不讓她這麼做。

這些證人的重要性不只是推翻了雷根的故事，更是讓麗茲顯得充滿人性。例如瑪莉安娜．荷姆斯就列出了麗茲所做的慈善工作，鉅細靡遺到諾爾頓得插嘴打斷，詢問是否有必要列出這麼長一串的善事清單。原本她還想作證說麗茲在父親躺在棺材裡時曾親吻他，雖然未能說出口，但仍說了麗茲在葬禮開始之前，在起居室裡看著父親遺體便「落了淚」。似乎是為了回應這段證詞，麗茲以手帕遮住臉，「拿開手帕時顯然是在哭泣的樣子」。[90] 荷姆斯太太也為麗茲鎖上臥室房門這件事辯白，助理法警弗里特提起這件事時認為頗有可疑之處，不過荷姆斯太太說：「屋子裡都是男人，若我們沒把門鎖上，那他們上樓來的時候就有可能開門闖進來。」[91] 這時麗茲已經平復過來，「身體前傾，臉湊近前州長羅賓森的肩膀，時不時跟他說悄悄話，模樣十分熱絡，跟他建議可以問什麼」。[92]

不過這些證人都只是開胃菜。終於，愛瑪．波頓要登場了。伊莉莎白．喬丹報導道，愛瑪的證詞「是這天最重要的事件」。[93] 除了麗茲自己，愛瑪是觀眾最期盼的證人。當開始有傳言說愛瑪會站上證人席時，「人人都急忙衝向法院，但他們還不如衝到最近那座教堂的尖塔上，畢竟已經有幸搶得座位的好人們都知道自己占了好運，整段休息時間都沒人起身」。[94] 在法庭內，女性觀眾「都動了一下」[95]，拉福說，「洋裝摩擦發出的聲音就像一陣風吹進廣闊的森林」。

身為證人的她，在出席作證之前都未出現在法庭內，不過人人都能認出那就是愛瑪。拉福認為愛瑪看起來比較瘦，「但就是年紀大一點的麗茲」。[96]霍華描寫得更仔細一點：「她才剛過四十歲，看起來就是一位拘謹、嬌小而傳統的新英格蘭姑娘，穿著黑色素面的打扮十分整齊，不管怎麼看都是波頓家的人。」[97]他假設：「我會說自持與自尊就是她這身風範中最為顯眼的特色。」[98]喬丹則加了些哀怨的元素，正如她一如既往的敘述風格：「外表看起來比麗茲蒼老多了。」[99]愛瑪有一張「有趣的小臉，幾乎是歷盡風霜；打扮透露出深切的哀悼，還懷著沉重的憂傷」。喬丹也發現，雖然「姊妹倆面對面時有眼神交會，兩人之間卻沒有彼此共識的跡象」。

無論怎麼說，愛瑪都是關鍵的辯方證人。最重要的是，身為未受懷疑的女兒，她為自己遭到指控的妹妹提供了最有力的人格保證，幸好愛瑪足以應付這件艱難的任務：「她瘦弱的身子沒有一絲動搖，雙眼直望前方而無迴避，抿緊的嘴唇也沒有顫抖。」[100]首先，愛瑪否認了報導中說她和麗茲在牢房的爭吵，詹寧斯將雷根太太的聲明逐字逐句唸給她聽，這樣她才能明確一一否認。在她現身作證以及先前證人的作證之間，評論這場審判的大多數人都認為雷根太太的故事「已經毀了」，根據拉福的說法，「辯方很享受自己處置這一切問題所帶來完美而巨大的成功」。[101]

接著辯方打算推翻檢方關於麗茲可能動機的論點，也就是她對自己財務處境的不滿以及對父親的怨恨。在詹寧斯要求下，愛瑪列出麗茲的所有房產及其他資產，包括兩千八百一十一美元的現金，還有兩股弗爾里維全國銀行（Fall River National Bank）的股票（於一八八三年持有），在招商實業公司則有九股（分兩次持有，在一八八〇年及一八八一年）。許多人都認為若她買得起上流仕女的衣裝首飾，就不可能有犯下謀殺的動機。顯然對獨立自主的渴望並不在考量範圍之內。麗茲自己在案發後不久也聲明了這一點，她將自己的銀行存摺拿給朋友瑪麗．布里格罕看，問道她的經濟狀況既然良好，又怎麼會殺人呢？愛瑪也提供了彈藥，好讓辯方攻擊檢方最脆弱的論點：這對父女的關係。她作證表示麗茲送給她父親一只樸素的金戒指，這是她先前戴過的，也是她父親戴過的唯一一樣飾品。愛瑪說他一直都戴著，而且「在他下葬時戒指仍在他手指上」。[102]

愛瑪接下來的任務是要讓妹妹在謀殺案之後的行為看起來清白無罪。在談到屋內的搜索行動時，詹寧斯帶著愛瑪一步步重溫警方的搜索，好顯示出她和麗茲有多麼配合。她引述多蘭醫師的話：「搜索得非常澈底，實在不能再仔細了，否則就得把壁紙從牆上撕下來、地毯也要從地板掀起來了。」[103] 愛瑪作證說她和麗茲合力幫忙警方打開了閣樓的衣箱。詹寧斯也成功將自己對於搜索行動的評論之語納入證據，愛瑪則作證說他曾告訴她：「一切都被檢視過了，每個箱子和袋子都搜過了。」[104]

愛瑪也將她們姊妹所擁有的衣裝悉數告訴了詹寧斯。她們一共有十八到十九套洋裝，其中有十件是藍色的，當中兩件屬於愛瑪，剩下八件則屬於麗茲。（她們共用的衣櫃中有一套洋裝是艾碧的。）愛瑪詳細描述了那件貝福燈芯絨洋裝：「藍色的貝福燈芯絨棉布，底色是非常淡的藍色，圖樣顏色較深，大約有二．五公分長……還不到兩公分寬。」[105] 這件洋裝製作起來很便宜，使用了八、九碼長（約七百三十二公分至八百二十三公分長）的布，布料一碼是十二分半到十五分錢，而且在毀了這套洋裝前，「衣服已經非常髒了，沾滿了污點也褪色不少」[106]，前方還沾上了一片油漆，沿著側面一直到底部都是油漆。詹寧斯引導了這段對洋裝的描述，意在讓人想像波頓家女性舒適的居家生活。

愛瑪作證說是她告訴麗茲要毀掉那件沾上油漆的洋裝，她解釋自己的催促並無可疑之處：星期六那天，愛瑪找不到衣勾能掛起自己的洋裝，便說道：「妳還沒處理掉那件舊洋裝，怎麼不處理呢？」[107]隔天，也就是謀殺案後的星期天，麗茲說自己打算燒掉那件洋裝，愛瑪便告訴她這主意很好。她不記得自己確切是怎麼說的，或許是說「『怎麼不處理』或『最好快做』，又或『我是妳的話就會做』之類的……不過意思就是做吧」！[108]另外她也強調窗戶都是打開的，而警員就在庭院裡。

詹寧斯希望將波頓家燒洋裝的「習慣」納入證據，才能穩固愛瑪的證詞基礎。他試了好幾個問題，像是「妳或妳妹妹有裝破布的袋子嗎？」、「若妳們有想要處理掉的……布料，會怎麼辦？」、「妳知道妳妹妹習慣燒掉舊洋裝……在這次之前就有嗎？」[109]不過諾爾頓對每個問題都提出抗議，結果這項證詞就被排除了。魏格摩在審視這件案子時也質疑這項裁定，認為這可能是個會逆轉結果的錯誤。不過奇怪的是，居然沒人注意到向來節儉的新英格蘭人，會沒有「裝破布的袋子」好重複使用舊布。

另外，愛瑪也讓愛麗絲．羅素的陳述聽起來沒那麼有殺傷力。根據愛瑪的證詞，麗茲在燒洋裝時愛麗絲什麼話都沒說，但隔天愛麗絲卻說漢斯康曾問她麗茲的洋裝是不是都在家裡。就像愛麗絲自己作證時說的，她曾哀怨地說自己說了「假話」，因為她說所有洋裝都還在，對方也相信她了。據愛瑪所言，「她們一致決定」[110]愛麗絲應該去找漢斯康先生，告訴他所發生的事。幾分鐘後愛麗絲回到廚房，就像個希臘悲劇合唱團的一員，緩慢而嚴肅地表示，燒掉那件洋裝是「麗茲所能做的最糟糕的一件事」。[111]

諾爾頓努力要讓檢方對犯罪意識的理論起死回生——包括燒毀洋裝，以及據稱在護理長房中發生的對話都是。根據《弗爾里維每日先鋒報》的報導，諾爾頓「就像蒸汽火車頭一樣朝她逼近，動搖她的證詞基礎，就像㹴犬咬住了老鼠一樣搖晃著」。[112]伊莉莎白．喬丹眼神帶著警戒，看著諾爾頓展開交互詰問，她將這場景變成了情感小說的橋段，提醒讀者諾爾頓是多麼「令人煩躁、憤怒又毫不罷休，在交互詰問中也沒少使過霸凌的手段」。[113]在訊問麗茲時便是如此，因而她為愛瑪感到擔憂，「如今只能伏身求他高抬貴手」。根據喬丹的描述，麗茲「顯然縮回了自己的椅子，一聽到他的聲音就驚懼地看著他」。[114]

喬丹描寫出這兩人明顯的對比：「她看起來非常脆弱而渺小，對比之下，那位律師則是壯碩得像頭鬥牛犬。」[115]儘管在喬丹想像中愛瑪應該很害怕，但她面對諾爾頓的交互詰問時卻很冷靜，雙眼直盯著他，清楚而明確地回答他的問題。拉福相當喜歡這場對峙，形容這是「犯人纖瘦的姊姊對抗龐然巨人」[116]，點出她面對諾爾頓是如何「露出冷酷而銳利的眼神、雙唇緊閉，且把頭抬得老高」。

諾爾頓將波頓家的緊張氣氛當眾點出，逼迫愛瑪承認安德魯．波頓對艾碧妹妹的饋贈引起了

「麻煩」，即使他將費利街上祖父的房子送給兩個女兒也無法彌補。諾爾頓問：「妳是否有所抱怨，認為兩者不能相提並論？」[117]

愛瑪坦白說，真要說起來，她們祖父的房子更值錢，不過確實未能修補關係的裂縫。

諾爾頓追問：「發生了這件事之後，妳和麗茲以及妳的繼母之間還是一樣親密嗎？」[118]

愛瑪謹慎地回答：「在我妹妹和波頓太太之間確實如此。」[119] 諾爾頓念了好幾段她先前的證詞，當中都點出麗茲似乎懷有惡意。愛瑪承認大概就是她父親插手買下艾碧繼母在第四街房子的持份後，麗茲就開始改稱艾碧為「波頓太太」而非「母親」。拉福注意到：「他無法動搖她證詞中的任何主要論點，因此打算旁敲側擊，盡量透過字詞的意思及細枝末節等來編織論述。」[120] 有一次在言詞交鋒之後，心煩意亂的愛瑪如此說：「我並不是說我沒說，而是如果你說我有，我也不記得自己說過了。」[121]

下午諾爾頓加倍攻擊力道，從消失的字條、燒掉洋裝以及在警局內的爭吵，一切都指向麗茲的犯罪意識。麗茲在八月四日時說艾碧接到了一張生病友人的字條，藉以解釋艾碧明顯缺席的事實，那張字條呢？她有去找過嗎？愛瑪說：「我想我只有在一個小包包裡找過，她有時上街會帶著那個包，還有她的針線籃。」[122] 她坦白說他們曾在《弗爾里維每日晚報》上刊登廣告想尋找那位寫字條的人（或者發訊息的人），因為這家報紙「發行量很大」，但沒有結果。諾爾頓又詢問愛瑪燒毀洋裝的事；愛麗絲不是說了「麗茲，要是我就不會讓人看見」，嗎？

愛瑪回答：「我沒有說愛麗絲沒說過那句話，而是說我沒聽到。」[123] 接著他詢問愛瑪為何將愛麗絲形容為「有來往的朋友」124，而非「親密好友」。倘若愛麗絲會因為與波頓家的交情而不願作證，那麼她的證詞就會更有力道。友情越是親近，就越不可能出現胡亂的懷疑。她在案發後不是在波頓家住了四個晚上嗎？諾爾頓也指出，那套洋裝在裁縫師還在波頓家時就有污損了，而且「儘管沾上油漆，她早上還是會穿」；他要影射的是，那為什麼過了幾個月才急著要毀掉呢？至於護理長所說的爭執故事，他試圖叫她確認實際細節，例如她是否如雷根太太所言坐在椅子上？這些和其他細節有助於鞏固護理長的故事。最後，他帶出了「防水」雨衣的問題，兇手或許就是藉此避免被血液噴濺，但詹寧斯卻插嘴明言，把眾人都嚇了一跳：麗茲的雨衣還在衣櫃裡。

霍華很欣賞愛瑪的表現：「她在證人席上站得直挺，完全平靜無波，回答每個問題時既謹慎又堅定，面對諾爾頓先生高明的交互詰問時絲毫不露輕蔑之色，卻顯然決定必須讓眾人完全了解自己這席經過仔細斟酌的發言有何意義。」125喬丹總結道：「諾爾頓先生的交互詰問完全徒勞無功，就連同情檢方的人都面面相覷而笑。」126不過愛瑪顯然就沒那麼有自信，擔心「她在為妹妹解釋清楚這件事……沒有幫助」。她哀怨地問詹寧斯「為什麼要傳喚她，明明就算她不作證也已經有足夠證據了。」127

詹寧斯還需要確認麗茲燒掉的那件洋裝確實沾上了油漆。波頓家的油漆工約翰．果亞德在星期四作證道，一八九二年五月他幫波頓家油漆，麗茲在穀倉監督他混合油漆，他在房子一小塊地方先試刷顏色，她看過便同意了。這解釋了油漆的來源。裁縫師瑪麗．雷蒙發誓說麗茲的貝福燈芯絨洋裝確實在衣料邊沾有油漆，這件洋裝是那年五月她在波頓家待了三個禮拜做好的，她說那件衣服是「淡藍色配上深色圖樣，用便宜的棉布做的」[128]，洋裝有「一條腰間綁帶，直襬的裙子長度及地」，而且「底部有波浪皺摺」。詹寧斯成功偷偷塞入習慣燒洋裝的論點，詢問裁縫師麗茲有了這件新的貝福燈芯絨洋裝之後，怎麼處理那件舊外衣？瑪麗．雷蒙回答：「她從衣服上剪下幾塊，然後說剩下要燒掉。」[129]諾爾頓抗議：燒掉衣服這部分並非是她確實知道的。不過陪審團已經聽見這段對話了。

這一天的重頭戲已經結束了，剩下的證人似乎就有些虎頭蛇尾。伯溫醫師的妻子菲碧（Phoebe Bowen）實在太緊張了，站上證人席時她想拿杯子喝水，手卻不停發抖。她作證自己在謀殺案後曾去過波頓家，看見麗茲「橫臥在椅子上，頭靠著羅素小姐」[130]，她說：「我以為她昏過去了，因為臉色實在太蒼白，但後來看到她的嘴唇還是下巴顫抖著，才知道她沒有昏倒。」[131]最重要的是她作證說在麗茲身上並沒有看到血；尤其注意到她的雙手「攤在大腿上，襯著她的深色洋裝」有「多麼白淨」。[132]對諾爾頓來說，「白白淨淨」的雙手反而讓他懷疑起麗茲聲稱自己一直在穀倉找魚墜的事，但對辯方而言，真正重要的就只有沒看見血。菲碧．伯溫也和她丈夫一樣，「並未注意到洋裝上有什麼不尋常的」[133]，而且堅持自己沒辦法詳細描述洋裝的樣子，只知道那件洋裝「有一條波浪紋腰帶，上頭有白色圖樣」。

辯方也重新傳喚了兩名證人，一位是麗茲的朋友瑪麗．布里格罕，另一位是訊問時負責做筆記的速記員安妮．懷特。詹寧斯詢問瑪麗．布里格罕關於那天據說在護理長房間裡發生的爭執，確認了「正是她們用雞蛋做試驗的那天下午」。[134]她作證說艾德溫．波特這位記者正在跟護理長雷根太太說話，然後雷根太太告訴她：「那個記者又來煩我了，我告訴他我沒什麼能說的。」135她還表示雷根太太說其實願意簽署那份麗茲朋友準備的宣誓書，只是法警叫她不要這麼做。瑪麗也詳細說明自己私底下做了一些偵查，案發後她試過前門的彈簧鎖，發現正如傑洛姆．波頓作證時所說的，「彈簧鎖並不牢靠」。136莫爾斯先生也加入偵查，他趴臥在客房地板上，這樣其他人就可以試試看是否能從二樓前廳看見他。她說自己從前廳看不到他，除非「再多走進房內幾公尺」。137

接著羅賓森傳喚速記員安妮．懷特，是為了確認布麗姬．蘇利文曾說過的話，以及助理法警弗里特並未說過的話。在訊問時，布麗姬確實曾說麗茲「情緒激動，我似乎沒看過她這樣」138，而且一跟她說安德魯．波頓被殺時她「就哭了」。至於助理法警弗里特的訊問證詞就沒有提到麗茲曾告訴他「她父親身體虛弱，於是她走過去提議並協助他躺在沙發上」，是後來審判時才說了這段。

檢方也準備了一群能夠反駁的證人。穆迪重新傳喚了希里亞德法警，從他的角度陳述那場雷根疑雲。他在八月二十五日（預審第一天）早上聽說了那場爭執，於是那天晚上就到雷根太太家去找她，隔天下午巴克先生進了他的辦公室，後面跟著雷根太太，巴克先生將那張宣誓書拿給希里亞德看，雷根太太顯然已經同意要簽了。希里亞德作證說他告訴雷根太太：「如果妳簽了這份文件，就是直接違抗我的命令，如果妳對這件事有什麼要說的，就要在法庭的證人席上說。」139接著穆迪再次傳喚穆拉利警員，請他再說一次自己跟冰淇淋小販海蒙．魯賓斯基的對話。據穆拉利所言，他在八月八日訪談了魯賓斯基，魯賓斯基告訴他自己在八月四日上午十點半看見一個女人從波頓家的穀倉走向主屋，穆拉利拿出自己的筆記本為證。羅賓森質疑他是否曾好好調查過這個時間點，或者只是知道魯賓斯基通常都在這個時間開始沿街叫賣。

然後穆迪又傳喚了安妮．懷特，請她唸出預審時的三段重要對話。逐字稿顯示，路人亞弗烈．克拉克森原本是說自己在上午十一點四十分左右抵達犯罪現場（而不是前天自己說的十一點半）。至於波頓家家人之間的關係，愛瑪在預審時比較願意直說家中的緊張氣氛，當被問到「妳和妳繼母的關係」[140]是否「親近」十，她回答：「我不知道要怎麼回答，我們一直都有說話。」然後又說：「也許我應該說不是。」她也坦承艾碧與麗茲的關係並非「相當親暱」，諾爾頓問為什麼，愛瑪回答：「這個，我們覺得她對我們沒有興趣。有一次父親給了她一些財產，我們就覺得自己應該也要有一些，後來他就給了我們一些。」[141]不過那份禮物就像諾爾頓所形容的，「並未完全修補情感」。穆迪還要求安妮念出菲碧．伯溫是怎麼描述麗茲在謀殺案當天上午所穿的洋裝，當時她說那件衣服「腰間繫著藍色布料做的波浪紋帶子，還噴濺到白色的東西……整件都是」。[142]

經過簡短討論後，檢方決定不等最後一位證人，因為對方還在從弗爾里維趕來的路上。（這位遲到的證人是個年輕小夥子，原本能夠推翻巴洛和布朗的證詞，也就是那兩個說自己曾在穀倉裡找兇手的男孩。）結果宣布：「雙方已結束提證。」[143]

首席法官梅森接著提醒陪審團，「雖然人證物證已經都提出來了，但他們還會聽到更多資訊。

他們應該保持開放心態……直到最後的話語落下、這件案子最終交給他們決定為止」[144]，但他們不可能沒有注意到法庭內焦慮的氣氛。霍華描述道：「自從兩週前陪審團坐進席位後，他們跟大眾就完全沒有交流……你說他們會不知道大多數人同情哪方、又是怎麼想的?不可能，畢竟他們自己就是大眾的一部分。」[145]

一八九三年六月十七日，星期六以及六月十八日，星期日

對陪審團而言，這表示又要在旅館度過週末了，離開自己的家和家人，只能跟彼此作伴。伊莉莎白．喬丹哀嘆道：「即使是在新新懲教所（Sing Sing prison）做苦工的罪犯，所受到的監視也不會比波頓案的陪審團還要嚴格。」[146]星期日，陪審團同意一起上教堂，霍華跟在他們後面觀察著他們有如行軍的步伐：「踏步、踏步、踏步、踏步，陪審員排成兩排走上街道。」[147]他們在三一教堂裡坐定之後，「警長便占了長椅兩端的位子，確保沒有人會在賜福祈禱結束之前溜走。」朱利安牧師（Reverend Julien）引用哥林多前書第一章第十七節（「基督差遣我，原不是為施洗，乃是為傳福音」）的經文，告訴教眾及訪客：「衣裝不能定義一個男人或女人的為人，即使穿著禮服或絲綢洋裝，衣料底下仍可能跳動著一顆暗黑之心；人性總結起來大致也是如此，只是每個人的道德傾向及控制力或有所不同。」[148]雖然這段話聽來嚴肅，對陪審團仍扛在肩上的重任也是

意義重大，不過並未影響他們的胃口。之後「在旅館開開心心用過了餐點」[149]，陪審團便到附近的達特茅斯遊覽，「他們擠得像沙丁魚罐頭一樣，只是沙丁魚浸在油裡，他們浸在汗水裡」，報導中並未提到他們是否玩得開心。

杜威法官並不像其他法官同僚一樣離開，而是留在新貝福度週末。他也去參加了教堂禮拜，坐在陪審團後面隔了十幾排座位。他讓自己出門玩了一趟，顯然是步行到了距離市中心四哩遠（約六．四公里）的克拉克角（Clark's Point）。那天下午稍晚，他坐在一塊大石頭上，「從港口吹來涼爽的微風，撥動了他鐵灰色的頭髮，陽光照在他發亮的絲綢帽子上反射光芒，」霍華描述道，「他看起來很快樂、平靜而滿足。」[150]

律師們則度過了忙碌的週末。諾爾頓按照平時的路從家裡走到辦公室，然後又走回來，不過星期日他仍撥出時間上教堂。羅賓森則是忙著擬定結辯，只有吃飯時才短暫休息片刻。拉福幽默地形容道：他「像隻海狸般工作，又或者是像個律師，畢竟律師埋首工作這樣的景象可比忙碌的海狸更罕見。」[151] 霍華觀察著羅賓森，見他「在旅館趕著下樓吃早餐，吃完就趕著回房；趕著下樓吃午餐，又趕回房；晚餐時間就如蜻蜓點水般現個身，再拍拍翅膀回去。」相較之下，霍華寫道：「亞當斯上校處理事情的態度就溫和多了，好好享受人生的樂趣吃吃喝喝，在晚餐桌上還說笑了一段時間。」

法院也很慶幸能有喘息的時間：「在過去這兩個星期以來，窗戶邊擠滿了旁觀者，門廊和走道上到處都是警察及等待作證的證人；等候室也坐滿了律師及速記員。後院因為有負責電報的操作員及報社人員而變得一片狼藉，那些來不及擠進這座迷人建築入口的不幸路人就排在人行道上。」[152]週末期間，窗戶大大敞開，建築物裡空蕩蕩的，外頭的「人行道有行人熙來攘往，忙著自己的日常事務，後院那一堆機器設備看起來就像荒廢小鎮裡已關閉的酒吧」。霍華報導道，入會資格嚴謹的萬蘇塔俱樂部（Wamsutta Club，「未滿八十歲的人不得加入」[153]）會員們都很期待能趕快回到法院後方的草地上打槌球。

週末時記者們無所事事。法官除了杜威之外都出城了，律師都在工作也無法接觸到，而陪審團一如往常是有人看守著的。拉福說唯一跟犯人有關的新聞「是她睡得好、吃得好，前州長羅賓森也去探望她」。[154]喬丹則利用這段間歇的機會，動手翻轉眾人總把麗茲描繪成「人版斯芬克斯」[155]的形象。她的文章標題為〈這才是真正的麗茲波頓〉（*This Is the Real Lizzie Borden*），是一篇更長的人物側寫，將這位「無比真實、無比悽慘的女性……這場麻州新貝福小法院裡的審判將決定她的生死」，拿來與「新聞媒體創造的形象」相比；她認為後者將她寫成「就是個沒心沒肺的東西……身材壯碩而沉重」。喬丹以不帶偏見的觀察者角度描寫了「真正的」麗茲，「從頭頂一直到雙腳那法國童靴寬大而實用的鞋底，」喬丹斷言，「她都是一位高雅仕女……一位『名媛』。」麗茲一點也不像人面獅身的斯芬克斯，她只是「一個害怕的女人，完全認清自己的處境有多麼恐怖，卻拿出自身的尊嚴控制自己」。喬丹還警告道，同時她也「瀕臨崩潰了」。

當律師們忙著修潤自己的結辯時，不遠處的麗茲正待在自己牢房裡閱讀。長久的監禁生活讓她有餘裕閱讀了大部分查爾斯·狄更斯以及華特·司各特爵士（Sir Walter Scott）的作品。在她這場審判的最後一個週末，她轉而閱讀比較輕鬆的東西，是羅賓森給她的「夏日小說」。霍華猜想著，教堂的鐘聲是否會讓她想起「過往的記憶……或擔憂起未來的苦難」？[156]沒人來探望她，只有詹寧斯抽空短暫來訪，送給她一朵大大的紅玫瑰並「附上自己小兒子的讚美之詞」。[157]對這場審判的所有相關人士而言，星期日就是「只能焦慮等待、無聊的一天」。[158]

第十章

大審判的結語

《紐約時報》在社論版盛讚「波頓案審判的進行」[1]是「模範程序」，而且「這份功勞一同歸屬於法官及麻州法律界」。小喬．霍華特別提到律師們的專業精神並讚揚一番：「另一項相當有趣而驚人的特色，就是律師間親近的禮尚往來，雙方似乎都非常體諒……這是展現出兄弟情誼的交互作用，是證人們最嚮往的。有時候我都要覺得簡直不太可能，根本千年難得一見，但經我每日的觀察、對這些男士稍作了解後，知道他們都是正直也確實尊重同僚的人，便也相信了。」[2]朱利恩．拉福已經看慣了紐約市法庭上那種混亂莽撞，認為：「這些律師的脾性十分奇特，他們工作時有一種幾近牢不可破的和諧，無論哪方對

圖 63　新貝福法院附近的清晨景象

另外一方總是友善、有禮並心懷敬重。」[3] 羅賓森也特別強調自己不會批評眼下這件案子的檢方律師，他表示諾爾頓「只有一件職責……他走進這間法庭時就只代表麻薩諸塞聯邦。這是你的、是我的，也是他的政府。他來這裡並非為了見血，也不是要協助什麼不光彩的工作；即使可能有這種意圖，他也只是來幫助我們傑出的朋友、優秀的埃塞克斯郡（Essex）地區檢察官。他是一位極為優秀、最為可靠的律師，所以各位不會看到什麼小動作，不會看到檢方使出什麼惡意的計策。」[4]

一八九三年六月十九日，星期一

星期一早上，警方派了加倍人手來控制想進去旁聽的人們，不過仍不夠。拉福表示：「在這座古老的司法殿堂附近包圍了重重人群，數量前所未見。」[5] 人群比平時更加吵鬧，「更像是一群洶湧而至的暴民想進場觀賞什麼精彩表演，而非是想進法庭看看一位悲慘的女性為了保命而接受審判」。[6] 就像過去其他日子一樣，來的女性數量多過男性，混雜著「穿絲綢的女性以及穿印花布的女性」。[7] 伊莉莎白·喬丹報導：「如果說先前想進來的女人們是急切，今天她們簡直就是瘋狂了。」[8] 人們堵住了前門，在後門也形成差不多大小的人體屏障，霍華提到「好幾百人在外頭站了幾小時，抱著渺茫的希望能擠進法庭，不過法庭內能占用的空間全都滿了」。[9] 就像拉福所見，裡頭「塞得極滿，只有最高明的卸貨工人才知道該怎麼搬光這艘船」。[10] 就連走廊上都站滿了人，因此也就難怪麗茲．波頓走進法院時，似乎「明顯受到這一大群人的影響，眾人見到她也是鴉雀無聲。而她看到一張張臉都抬起來直盯著她，那驚訝的表情說明她的神經緊繃得有多麼澈底」。[11] 她看起來不太好，臉部「浮腫還有些發紫」。[12] 霍華實在很難想像她現在的心理狀態如何：「這是她與檢方正面對決的第三個星期一，她聽著自己的資深律師們愉快交談了一陣，忍受那群穿著像女人、也有打扮得像男人的傢伙無禮盯著她，敞著胸口毫無掩護，等著早已瞄準、塗滿毒藥的帶刺箭矢射過來，拉弓的便是強壯的地區檢察官那雙有力而結實的手臂。」[13]

喬治．羅賓森站起身為她辯護。他照常穿著一套全黑西裝，一講就是近四個小時，「聲音低沉而誠懇」。[14] 他的演說「實在稱不上口齒便給」[15]，被拉福嘲弄為「普通」。[16] 不過羅賓森採取這種草根性十足的說話方式，背後其實有重要的原因，因為這樣才能完美契合「陪審團團員的農夫直覺」。拉福形容羅賓森「說話帶著鼻音，刻意拉長最後兩個母音，

圖 64　前州長羅賓森提出自己的結辯

該說『against』時改用『agin』、該說『was it not』時改用『warn't』」。[17]（伊莉莎白·喬丹注意到他提醒速記員要在正式的紀錄中改掉他話中的文法錯誤。）他說話時，麗茲看著他「的眼神熱切，不時幫自己搧搧風，偶爾那雙還算漂亮的腳就搭在較低的欄杆上輕輕踏點著，有時會拿起花束湊近嗅聞，眼神卻從沒離開過那個男人的臉，畢竟她認為自己的命運大概就靠他了」。[18]

詹寧斯在自己的開場陳述中基本上就是為麗茲做擔保了，提醒陪審團他是與死者有私交的好友；亞當斯也完成了自己的工作，盡可能將某些部分的時間軸拉長、在其他部分則縮短，這樣看起來似乎就有可能是外面的人犯下了這起謀殺案；羅賓森削弱了檢方對於波頓家中關係緊張的論點，迫使警方的證詞互相有所矛盾。現在羅賓森試圖將這幾條線編織在一起，將他的當事人裹進一件名為合理懷疑的大衣裡。

一開始，羅賓森先點出這起罪案特別可怕之處，將波頓謀殺案描述成「麻薩諸塞州歷史上最為卑鄙、最為邪惡的一樁罪行」。[19] 就連警方都深受驚嚇，羅賓森認為他們因此才會著急地胡亂搜索，想要逮捕某人歸案：「警察也是人，由人擔任的，別無其他。」[20] 同時，警方還要面對巨大的公眾壓力，必須抓到某人，羅賓森發現，「疑心就開始投向這裡、落在那裡」。[21] 但當他們注意到了麗茲，就相信自己抓到兇手了，羅賓森解釋道：「只要我們心中形成了某種理論，各位知道，那論點就會根深蒂固。」[22] 而且警察還更容易陷入這種偏頗，因為「他們會陷入偏執，滿腦子只有過去跟壞人交手時的想法與經驗」。[23]「而且，」羅賓森也提醒陪審團，「即便警察也並不具備這世界上最強大的能力。」[24]（《新貝福水星報》〔*New-Bedford Mercury*〕也有同感：「一千名警察裡也找不到一名擁有敏銳的感知能力或熟練的觀察習慣。」「成功破案，」該報繼續說，「更多時候只是時機問題，或者運氣，又或者是罪犯太笨，實在不能說是什麼調查手法的指揮有方。」）[25]熱切過頭加上能力不足，用這點來解釋警方對麗茲的執著，還有什麼更能致人於死地的？

羅賓森將麗茲從警方明顯指控的兇手，描繪成一個陷入困境的清白之人。他想起「一件小事，讓他忍不住吃驚」[26]，說道：「就在交接轉移的時刻，她站在原地等候，就在庭上與陪審團之間，靜默而冷靜地等著，等她能夠好好走上前的那一刻到來。那瞬間我腦中閃過一個念頭：她就站在那兒，被保護、有人看守、等著庭上法官的判決，等著讓她被看管的陪審團的裁決；如果這隻小麻雀不是在無人注意之下墜落地面，而是上達天聽，那麼這位女子就不是孤身站在這法庭，而是受到上帝的關愛所護，受到所有憐愛、關照她的人所護。」在他的陳述下，麗茲是一名孤兒，需要父輩的引導與保護，她應當是法庭該守護之人，而非受拘禁的犯人。羅賓森強調她的沉默多麼值得敬重，又是多麼明顯地無助，指出她「等著……等她能夠好好走上前的那一刻到來」。[27]羅賓森將上帝的保護及司法體系都拉成了辯方同盟，讓檢方所代表的麻州政府宛如與正義對立，無論是世俗或神聖領域皆然。法官和陪審團就像羅賓森自己一樣，成為了令人安心的父親形象，能夠取代她逝世的父親。考量到波頓是讓自己成了孤兒才會受審，這一席話說得簡直太漂亮了，出手實在狡猾。

先是用這一席語帶保證的長篇台詞讓陪審團放鬆警戒，接著他壓低了聲音，警告任何錯誤都會是無法彌補的，告誡陪審團：「各位審判的是一樁刑案，這件案子牽涉到她的性命，任何對她不利的裁決最後都只會有一種處罰，那就是迎向死亡。」[28] 根據這樣的背景，羅賓森認為檢方提出的案件完全只靠間接證據，而「證據必須在各位心中是具有接近必然的可能性……必須不只是合理懷疑」，他解釋所謂合理懷疑就是「即便你在面對這世界上遇過最危險的危機時，仍然對合理的對象有合理的懷疑」。[29] 羅賓森告誡陪審團，要撇開心中一切在法庭外聽過的謠言或與案件相關的資訊，也懷著同理心提醒陪審團他們的責任並非「解開謎團」。[30]

接著羅賓森做了一個大膽的選擇，討論起並未列入證據的東西。首先，他有些狡猾且毫無根據地表示布麗姬曾親自接觸過那張字條，或至少能不受影響地確認艾碧說要出門的話。後來魏格摩會說，這是「整場審判中唯一的污點，除此之外都進行得相當完美」。[31] 羅賓森並未解釋字條為何莫名消失，只是點出確實發生這樣的事。第二，他提醒陪審團在穆迪的開場陳述中曾宣稱，麗茲試圖在謀殺案前一天購買氫氰酸，他論道：「各位並沒有聽到這樣的證詞，因為這件事無法證實，庭上不允許作證也就未納入本案。」[32] 第三，他也討論了爐灶裡那一捲燒過的紙，這捲紙上寫滿了「黑暗的暗示」。[33] 哈靈頓看見伯溫醫師站在廚房爐灶前，爐裡有「他說看起來像一張捲起的紙張灰燼，已經燒過了」，羅賓森堅持：「僅此而已。」不過他擔心，「這段話似乎有什麼惡意的影射」[34]，認為伯溫醫師燒了那張紙有什麼邪惡目的。羅賓森說他認為檢方打算主張，遺失的手斧木柄就在火中，似乎是在爐灶還沒能把紙燒成灰前就先燒光了。「各位在這世界上曾看過這麼有趣的火嗎？」[35] 他問，他坦承說自己「困擾許久」[36]，一直到弗里特和穆拉利的證詞互相矛盾才明朗。對於警方究竟有沒有在地窖找到手斧木柄各執一詞，他喜孜孜地總結：「弗里特沒看見，但穆拉利看見了；弗里特沒有把手柄拿出箱子，穆拉利卻看見他這麼做……那麼我們大概要以為手柄還在天上飛吧，孤苦無依的可憐手柄沒了斧刃頭，還在某處飛來飛去。」[37]

在這段幽默的插曲之後，羅賓森又轉向對被告最有利的證據。他提醒陪審團犯罪的手法有多麼殘忍，說明波頓夫婦是受到「下手俐落的攻擊」[38]而倒下，「當然，」他繼續說，「我們很自然就會說，這起罪案的兇手知道如何使用這種工具……而且不是某個粗心、臨時起意而未經訓練的人，不熟悉這樣的工具所為。」[39]羅賓森特別刻意要讓陪審團認為這位兇手是一個技巧純熟的**男性**殺手。在討論過謀殺手法之後，羅賓森繼續說：「各位必定一開始就會認為，這樣的行為無論在道德或生理上都不可能是這位年輕女性被告所為。」[40]尤其是這樣的揮砍應該會造成血液噴濺，但她的頭髮、臉部或衣服上都沒有血跡，「一滴也沒有」[41]，那些在她身陷危機時趕來援助的人們都是這麼說的。

在暗示或許有一位神祕的男性殺手後，羅賓森又回到自己將麗茲視為無辜的旁觀者這個主軸，讓麗茲化身典型的「家庭天使」；她缺乏不在場證明，其實是她身為女性的正常情況。他論述道：「他們說她那天上午待在家裡，好吧，或許在你們看來她似乎完全不應該在那裡，但那是她的家……我不知道我會希望自己的女兒待在哪……她在家裡做些日常生活雜事不是更好嗎，這就是一個盡責的家庭成員該做的。」[42]對於她自述在案發前後的行動，羅賓森也有類似論點：她相信她繼母收到一張字條就出去了，因此沒有理由去找她；至於檢方爭辯說「她一定有看到……

波頓太太的屍體……她上下樓就看得到」，羅賓森則試圖說服陪審團：「試想，如果我們讓各位上樓又下樓，完全不說我們想要你看見什麼，各位站在特別是那一段樓梯上，不會有人想到要往床底下瞧一眼。」[43] 他堅持道：「那就別要求她去做沒有人會做的事。」[44] 至於她去穀倉這件事，冰淇淋小販魯賓斯基也證實了，「她去穀倉想找自己想要的東西，有什麼不自然或不可能的嗎？」[45] 同樣的道理，他的辯護中也解釋了對於自己去了哪裡反覆其詞，他說證人的說詞變動通常表示是在說實話，「誠實的人，」[46] 他稱，「並不會特別時刻注意確切的時間與位置。」更重要的是，諾爾頓曾嘲弄麗茲似乎無法記得自己當天早上幾個時間點究竟是在樓上或樓下、在庭院或穀倉，但羅賓森提供了遲來的妙答，說女人就是會這樣：「各位以為你們的妻女能夠告訴你，她們六個月前某一天上樓、下樓多少次嗎？」[47] 當然，這一天並不是普通的日子，但羅賓森也補充強調：「但話不能這樣說，就連前一天都只是普通的一天，除非是很小心謹慎在注意著什麼。」[48]

接下來，羅賓森否認波頓家有什麼不對勁的地方，並表示波頓家有許多道鎖是很正常的。沒錯，這座房子保護得很好，但羅賓森認為這些鎖頭是「為了防止有人跑出去的保護手段」。[49] 有人說安德魯生性吝嗇，不願意讓女兒在家優渥享福，羅賓森也否認了這個說法。他問陪審團他們的生活是否都是如此：「各位家裡都有暖氣嗎？每一寸地板、階梯等等都有鋪地毯嗎？各位家裡都掛著畫像，有鋼琴和書房，還有一切奢華的享受嗎？……若各位這些都有，那我可要為你拍拍手囉。」[50] 他提醒陪審團，麗茲在銀行有戶頭，「還有自己的房產」，他問：「她還會想過得更舒服嗎？」[51] 對他而言，這就證明了麗茲並無犯下謀殺的動機。

暫且不提麗茲或許是想獨立生活而非單純享福這個令人難以想像的說法，羅賓森刻意模糊了麗茲可能對現況感到不滿的原因，這樣的情緒是來自於相對剝奪感，而非真的缺乏了什麼物質享受。根據愛麗絲．羅素所說，她想要「過著像其他人那樣的生活」[52]，這句話裡說的「其他人」是指她那些社會地位較高的表親。羅賓森大可透露安德魯在他去世前不久，還一直「在為女兒找尋適合的地方」[53]，地點就在更高尚的山丘區。然而，若說出安德魯明顯改變心意會有風險：這可能會被視為一個男人極力想安撫不滿的女兒，花錢換來家庭和諧，而不像麗茲在審判前接受《紐約紀錄報》的麥圭爾克太太訪問時所說的，這是一個體貼的父親想補償女兒而做的事。至於安德魯看起來確實在考量要買下一棟好房子，這也會引發疑慮，讓人覺得他是不是對於處理家務事有更大的計畫，而買房就是計畫的一部分，這樣他才能確認最終的遺囑，而遺囑中所含的條件或許是女兒會反對的。最後，羅賓森忽略了最令人不安的可能性，那就是不管房子大小，其實麗茲都會無法忍受的，只要是還得跟繼母與父親同住的話。

眾人都在熱烈討論這家中的「關係不和」，羅賓森卻認為不值一提。他長篇大論地胡扯著亡母，塑造出一連串景象，霍華形容道：「詞藻既不華麗、感傷亦無詩意，形容也不是特別恰當。」[54] 羅賓森如此力陳的論點是，即便親生母親逝世已久，在孩子心中依然有特殊的地位，因此麗茲決定不再稱艾碧為母親這點並不是很重要；畢竟就血緣來說，她確實不是她的母親。至於在助理法警稱艾碧是麗茲的母親時，麗茲出言糾正，羅賓森認為：「這也不是什麼罪過……不能說當中藏著謀殺意圖，對吧？」[55] 他挖苦著提醒陪審團，當瑪忒．沙尼翁作證時也稱父親的第二任妻子為繼母：「我建議駐市法警要派人駐守在沙尼翁家，這樣才不會再發生謀殺案。」[56] 然後他態度轉為嚴肅，同意麗茲對裁縫師吉佛德太太所說的話「不甚恰當」，也承認麗茲「並非聖人」[57]，但他認為麗茲只是有話直說。有些人馬上插嘴：「但那些人家裡可沒發生謀殺啊。」[58] 羅賓森則認為，「動手殺人的並不是那些聽來直言不諱、坦率又誠懇的話語。」[59]

效果最好的一招是，羅賓森將波頓家的緊張關係單純定義為女人間的不和。這項策略包含兩部分，第一是加強了他對波頓家關係不和的解釋，也就是女人之間無關緊要的意見不合，成年女兒和繼母之間會關係緊繃是可以理解的；第二，如此一來他就能強調父女之間強大的羈絆，羅賓森不斷提及安德魯與麗茲之間親密的關係，呈現出父親至為關愛的景象，彷彿她父親的愛就能證明她的清白：「誰都不該說她殺了如此愛她的人。」[60] 羅賓森強調麗茲與安德魯之間的相互理解，評論說安德魯「是個完全不戴什麼飾品的人，什麼珠寶都不戴，就只戴了一枚戒指，麗茲戴過的戒指……戒指宣示了彼此信任與關愛的誓約，代表並象徵了人生中最為親近的關係，這枚戒指就是父親與女兒結合的羈絆」。[61] 提到了父親的戒指，波頓家兩個女兒都在眾目睽睽下哭泣……麗茲還用手帕擦著眼角。據霍華的報導，這樣傷感的表現「不過就是曇花一現：她很快就恢復了完美的自制，完全不看其他人一眼，持續將注意力放在她的律師身上」。[62]

幸虧有麗茲的眼淚讓眾人分心了，因為羅賓森此舉是冒險涉入了不安定的領域。理論上，他在陪審團面前呈現出感傷的想像，化解了波頓家中的緊繃關係，並創造出一幅理想化的愛與和平景象，對於本身也是父親的陪審員來說特別有吸引力。不過，他刻意壓抑父女之間可能出現的裂痕，並決定將他們的關係描述為「結合」（用戒指來象徵「宣示了彼此信任與關愛的誓約」），聽來讓人不安。因為他迫切想要說明安德魯不渝的愛，便誇大了戒指的代表意義，將父親與女兒的角色轉換成了丈夫與妻子。不斷強調麗茲和安德魯之間強烈的羈絆，或許會讓人聯想到這件案子有可能是激情犯罪，若是如此，有一種暫時性精神錯亂會讓平時令人敬重的女性失手殺死丈夫或情人，稱為「經期性精神病」，或許就能用來解釋這起無法套用其他解釋的犯罪。而正如他曾闡明的，麗茲當時正好經歷了「每月來一次的疾病」的折磨，他用這件事來解釋地窖裡沾了血的毛巾、襯裙內側的微小血點、前後矛盾的故事、案發當晚夜訪地窖，甚至還有她到愛麗絲．羅素家時所說的不祥預感。他說：「各位都還記得，麗茲小姐當時每月來一次的疾病尚未結束，而且我們也都聽說過一些悲傷的經歷，許多女人在這個時候總是不太穩定，情緒不安，心智也會混亂一段時間。」[63] 他所選擇的詞彙，例如「不穩定」、「不安」、「混亂」，都會讓人不免想起醫學犯罪學討論女人在月經期間的特性，用詞都與這些相近。這些平時理智的女人或許很可能出現一時瘋狂的衝動，釀成悲劇。

無論羅賓森是否了解上述風險，總之他還是回到了比較安全的論點。他有另一種現成的解釋，可以說明麗茲為何能有所預感，告訴愛麗絲自己害怕「總有人會做些什麼」。他指出「有非常多人……相信預感。有時會發生一些我們無法完全解釋的事……而有時就是會發生某個事件，而其間似乎有所連結，」[64] 他說，「我不會說就是有這種或其他可能性。」[65]

就像是要一一說清與愛麗絲有關的事件，羅賓森接下來討論的兩件事就是檢方認為麗茲在謀殺過後耍的花招：在八月四日晚上第二次夜訪地窖，以及在星期日燒掉洋裝。羅賓森指出到地窖去是很正常的事，暗指麗茲「每月來一次的疾病」還有夜壺的位置，同時他也點明麗茲並無隱瞞，堅稱「一個人若是想做些什麼來掩蓋罪證，就不會隨身帶著電燈了」。[66] 然後他轉而解釋最有殺傷力的一項證據：麗茲在案發後燒掉了自己的洋裝。羅賓森刻意混淆了麗茲在案發當天上午所穿的洋裝：「當時的天色沒辦法看清楚顏色，後來證人回想的內容也不一致。」[67]「因此，」他承認關於麗茲的衣裝「證詞之間有所牴觸」。[68] 不過他提醒陪審團：「他們都看見了她，且每個人都說沒看見她身上有血。」至於那件燒掉的貝福燈芯絨洋裝，裁縫師和油漆工都同意上面沾到了油漆，而且警員也已經澈底搜索過麗茲的衣櫃了，那麼麗茲在愛瑪的建議下燒了一件沾到油漆的洋裝，又如何？檢方的理論是說她用這件消失的洋裝當成覆蓋全身的防護衣，羅賓森一笑置之：「若是他們接下來要說這名女性脫光了自己的衣服，在殺掉兩位死者時身上都沒有穿衣服，我也不覺得奇怪了。」[69] 事實上確實一直有謠言，認為檢方會主張麗茲是赤裸著身體犯下謀殺案，這種想法幾乎就跟殺人本身一樣驚世駭俗，不過檢方從未提出這種論點。（拉福將此說法斥為「詭異的法國」[70] 理論。）

羅賓森將自己最犀利的幽默感留在解釋那好幾把被納入證據的斧頭與手斧，他將這堆東西稱為「波頓家裡全部的武器」。[71] 據羅賓森所言：「檢方對此有個理論，或至少似乎有個理論，然後似乎又沒有理論了。」羅賓森條理分明地描述起那些斧頭與手斧，一把一把拿起來，解釋完「宣告無罪」便又放下，他問：「檢方想提出的案子是本來可能發生的嗎……如果他們不能告訴各位這一把就是犯案的兇器，那麼兇器在哪裡？」[72] 羅賓森呼應著牧師強納森．愛德華茲（Jonathan Edwards）*最出名、最嚇人的一次布道中曾運用的景象：〈落在憤怒之神手中的罪人〉，警告著陪審團：「各位先生可是如臨深淵，你以為感覺到檢方的手在引導著各位……但那是騙局，那只是在面對慘劇時情急之下而生的理論。」[73] 若是這場審判舉行的時間再早一點，只憑著手斧上的「牛毛和血跡」[74]，麗茲或許就會背上黑鍋，但「如今已澄清並無可疑」。[75] 就靠著醫學權威那些變來變去的解釋，他們很可能「藉著理論專家的手犯下謀殺」。[76]

然後羅賓森轉而討論檢方最重要的論點：只有麗茲有下手的機會。他反駁道：「只有她能夠下手的說法，不過就是個未實現的可能性。」[77] 他提醒陪審團，側門在上午時並未鎖上：「並無證據顯示布麗姬是處在能掌控屋內情況的位置，因為她確實不是。」[78] 他提醒陪審團在謀殺案當天上午，有人看見第二街上出現陌生人。至於似乎完全無人看見殺手，羅賓森將之與安德魯在人生最後一個上午出門從家裡走到銀行的路程相比，在某幾段路顯然也沒有證人看見安德魯：「你不可能看得到所有人。」[79]

羅賓森又回到將麗茲視為倒楣的女性受害者論點，再一次直白地解釋給陪審團成員聽。他將

---

* **譯註**：美國知名神學家及哲學家，是十八世紀大覺醒運動的領導者，重新喚醒世人對神的敬仰。〈落在憤怒之神手中的罪人〉是他最著名的一篇布道詞，警告那些不知悔改的人不要過於自信，應該接受主耶穌的救贖。

麗茲交代自身行蹤的故事對比成陪審員自家妻子可能會說的話，謹慎地發言：「我要讓各位身歷其境，正如我也會進到各位家裡，例如就問：各位的妻子現在在做什麼？嗯，在屋子裡做日常的家務、準備晚餐吧。」[80] 他傳達給陪審團的訊息很清楚：任何值得敬重的女性，或許是他們自己的妻子、甚至是女兒，都可能坐上證人席。接著他要陪審團體會一下麗茲所面臨的考驗，言語中充滿了影射：「若是各位或我的妻子被警察帶走接受調查，身邊圍滿了人群又推又擠，然後為了自保不得不在這郡內的監獄待上十個月，還要面對眾人的目光，她們會如何應對？」[81]

羅賓森打鐵趁熱，將警方的調查過程描述得極不適當。他請陪審團回想一下助理法警弗里特「那一嘴鬍鬚再加上緊抿的嘴唇」[82]，在麗茲的房間裡質問她：「就這樣，他在那天下午進了這位年輕女子的房間，旁邊還有其他幾位警員，語氣相當直接又蠻橫地不斷朝她丟出各種問題。」[83] 他問：「這是一位執法的警官在女性家中對待她應有的方式嗎？若是有這樣一個男人……跑進你家還這樣對你妻子或女兒說話，你會怎麼做？」[84]

羅賓森拉攏了陪審團，讓他們將麗茲看成自己的妻子或女兒，接著他繼續提出辯方的關鍵論點：像麗茲這樣的女人**不可能**犯下這樁罪案。他提醒陪審團回想這起謀殺案的特別殘忍之處：兇手站著俯視艾碧、傾身看著安德魯的頭部，而下手攻擊，有幾下還擊碎了他們的頭骨，因此「犯下這兩次謀殺的人必定全身都會沾染、濺上血液」[85]。「像這樣的行為，」他堅稱，「無論在道德上、生理上都不可能是這位年輕的女性被告所為。」[86] 雖然他希望勸服陪審團接受先前被推翻的說法，也就是麗茲的氣力並不足以犯下謀殺，不過他主要是希望他們認為麗茲在道德上不可能做出這樣的事。但他似乎是忽然想起自己的論述中有個弱點，他敦促陪審團先不要評斷他當事人出了名的自制力，甚至還引述一首悲傷的歌來說明她之所以很少流淚，其實是代表她情感豐沛：「流不出淚的眼睛／是最悲傷的眼睛。」87（他差點就要跟陪審團保證，等到審判結束，她獨自一人時絕對就會出現遲來的精神崩潰。）

先交代了麗茲的自制力之後，他回頭說明各種麗茲不可能犯下謀殺的論點。羅賓森提起麗茲在謀殺案發生前的生活，那樣的生活堪為典範，完全展現出可敬女性的美德：在外她積極參與教會活動，在內則是守規矩的好女兒，無論是身為女性或上流階級，都是值得稱頌的人。這樣的女子怎麼會殺人呢？羅賓森堅稱：「好人並非不可能變壞……不過人生在世的經歷告訴我們，如果我們自家的女兒長到了三十二歲、在我們的學校受教育、走在我們的街道上、來往的都是最良善的人，同時獻身為上帝及人類服務……我們的人生經歷就不認為她會突然搖身一變，成了最昭彰大膽的謀殺犯。」88

羅賓森先前已經這樣做過許多次，這裡同樣操弄著兩個不一致的形象，一個是犯下謀殺的狂悖瘋徒，另一個則是被控犯罪的拘謹女性。他並列了麗茲這兩種互相矛盾的形象：「各位先生，當你們看著她，就能判斷出她並非瘋狂。若要認為她有罪，各位就必定相信她是個惡魔，但她看起來像嗎？……各位有看到什麼跡象顯示她缺乏人類情感及女性舉止嗎？」89 羅賓森的一席話讓陪審團無法從理性、科學的角度來解釋麗茲的罪惡。他已經排除了醫學診斷的必要性：診斷可能會讓麗茲無須為此案負責，但也很可能會確認她有罪。因此，一是她在理智清醒的情況下屠殺了繼母與父親，二是她這名年輕女性遭受了不公正的指控與迫害。羅賓森給了陪審團兩個壁壘分明的選擇：一是女兒、二是惡魔。最後他提出警告為自己的論述做總結：「各位先生，絕對不能出錯。」他暗示這樁罪案必定會判處死刑，因此提醒陪審團任何錯誤都會是「無可挽回」，這句警告形成了一句詛咒：面對合理懷疑而定罪會是「罪大惡極，舌頭都說不出其邪惡」；相較之下，讓麗茲重獲自由則是「受到讚許與支持」的決定。他用半鼓勵半威脅的語氣提醒他們，麗茲「在這世上並非無人同情」。羅賓森讓這席話發揮作用，接著又換了口氣，感謝陪審團的耐心並授予他們如父兄般的監護人角色，幾乎像是一種祝福，懇求他們「就如同一直以來這般照顧她，並且很快做出無罪的決定」。[90]這時才剛過下午三點。

《弗爾里維每日晚報》稱這段陳述「準確而熟練地揭開檢方論述的弱點。檢方原本站穩了腳步，（羅賓森）卻揮動大槌一個個敲掉了底下的支柱，如今州檢察官似乎只剩下一隻腳能站了。」[91]《波士頓郵報》則總結：「用意是吸引人們以常理判斷，這席演說太出色了。」[92]另一位記者表示：「羅賓森並不刻意花言巧語，而是平鋪直敘地對著陪審團那些頑固而冷靜的老農夫們說話。」[93]羅賓森的簡樸與直白已經讓他贏得「眾人的讚賞」。還有另個人指出：「完全符合這個場合及他這個人的風範。」[94]

紐約來的記者們就沒那麼欣賞了。羅賓森在交互詰問上或許是打遍天下無敵手，「誘導證人無意間坦承不諱」[95]的功力無人可敵，不過在霍華看來，他的結辯「無論在議題及談吐上都未達到眾人的期待」[96]，拉福說得更直接：「完全說不上辯才無礙，也完全打不進聽者的心裡。」[97]

圖 65　地區檢察官諾爾頓代表檢方陳述

「更糟的是，」他繼續說，「還會引人誤解……這四小時的演講毫無勝券在握的意涵，也沒有一次大膽宣示這名女子的清白。羅賓森並未採取這種態度，而是表現出防守姿態。」

侯西・諾爾頓起身進行他的結辯，他知道自己面臨了艱鉅的挑戰。諾爾頓已經輸掉兩次最重要的證據裁定，一次是裁定排除了麗茲訊問時的證詞，一次則是裁定排除她遭懷疑試圖購買氫氰酸。而他現在正站在陪審團面前，這群人才剛聽完羅賓森的總結，這段法律論述中充滿了感性的敘事；而且法庭裡實在很熱，「裡頭的人搧風都搧成一把大扇子」。[98] 不過據霍華所說：「他具備堅強的人格、帶著篤定的新英格蘭風範，克盡職責，最重要的是他提出強力論述的能力無可匹敵，他的頭腦思考犀利而邏輯嚴謹，再加上有多年起訴犯法者的經驗，這些都能為他所用。」[99]

諾爾頓馬上就先說明了這起罪行的特別恐怖之處：「在本郡最大城市當中，大白天地，就在被害者自己的家裡，旁邊有屋舍、鄰居、人群和一切活動……一位年老的男性和女性突遭殘忍殺害，這樁罪行太慘了。這是一場不可能的犯罪，但仍然發生了。」[100] 這種「不可能」的感覺並未隨著罪行發生而結束，若要說起來，犯罪者的身分更使其變本加厲。「如果各位曾經在什麼小說、故事中讀到這類冷血無情的描述，」諾爾頓論道，「各位就會說……說這只是故事，現實中這種事是不可能發生的。」[101] 諾爾頓說明：「今日我們所審判的並不是普通的罪犯，而是一位上流社會的女士，就如同各位及我自己的妻子一般……過去根本不可能懷疑或猜想她們會做這種事。」[102] 最重要的是，這樣的事實讓這件案子「更顯得重要無比」[103]，他解釋：「我們要審判的罪案看似雖不可能，卻確實發生了。而遭控犯下此罪的女性，我們也想相信她不可能這麼做，但從證據來看，這是我的職責，我痛苦的職責，我必須讓各位注意到這樣的事實。」[104]

在將麗茲與這起罪行建立起特定連結之前，諾爾頓提供了幾個知名案例介紹難以置信的罪犯。首先，諾爾頓認為「即便其生活多麼舒適，都不能保證或確保某人不會犯罪」。[105] 諾爾頓描述了幾位看似受人敬重的紳士捲款潛逃的故事，尤其是搶奪孤兒寡母的錢財，例如在一八七〇年代就有一件惡名昭彰的案例，弗爾里維有兩名在社會上頗負名望的商人因挪用銀行資金而受審。諾爾頓解釋：「他們都信仰基督，也是虔誠之人。」但是，他繼續說：「當事件爆發後，眾人才發現他們其實腐敗入骨。」[106] 第二，他認為即使是「披著教堂的聖袍也不能免罪」，因為就算是牧師「也會發現自己犯了罪，就像內心存在著地獄」。[107] 諾爾頓所說的就是埃弗萊·艾弗瑞（Reverend Ephraim Avery）這位衛理公會牧師：他在一八三二年因謀殺了懷孕的工廠女工莎拉·寇奈爾（Sarah Cornell）而受審，這曾是弗爾里維最惡名遠播的謀殺案。第三，他認為並不能保證年輕人就不會犯罪，並引用了傑西．龐莫洛伊（Jesse Pomeroy）的案子，「這位年幼的男孩」[108]是「麻州檢方所知道最為兇殘的謀殺犯」。[109]最後，他問了個最重要的問題：「我們能說女性就不會犯罪嗎？」諾爾頓提醒陪審團回想一件臭名昭著的謀殺案，「無論我跟誰談，他們都還記得這件事」[110]，那是一位被稱為「薩莫維爾的波吉亞（the Borgia of Somerville）」*的女人：莎拉．珍恩．羅賓森（Sarah Jane Robinson），家人在保了巨額保險之後，便可疑地一一死去；而她在一八八八年被控犯下一件毒殺罪（並懷疑她與其他六件有關）。

雖然諾爾頓暗指自己打算從理論來描述一名犯了罪的淑女，他卻沒有這麼做，而是分別提出了四個最令人困擾的因素：階級、信仰、年紀及性別，用麗茲的身分來說明這些因素本身並不會妨礙犯罪。諾爾頓大可忽略年紀這個因素，畢竟麗茲已經是個三十二歲的成年人，但他並未指出這點，而是同樣認同辯方將波頓包裝成年輕女孩的形象。波頓是一個住在父親家中的未婚女兒，這似乎讓諾爾頓無法對她這樣明顯居於弱勢的形象置之不理。不過其他幾個因素就更難忽略了，階級、信仰和性別加在一起尤其威力強大，但諾爾頓唯一舉出的女性謀殺犯案例與波頓的社會階級不同，也非基督教奮進協會的一員；同時她使用的是毒藥，這是女性謀殺犯的典型工具。

諾爾頓回到被告的性別問題。他知道「很難……讓人認為女人也會犯罪」[111]，不過他要求陪

---

* **譯註**：波吉亞家族（The Borgias）是發跡於西班牙亞拉貢的歐洲貴族，透過政治結盟及聯姻而家世顯赫，不過為了爭權奪利也傳出許多謠言，包括謀殺、毒害等殘忍手段。

審團要記得，女人「跟我們一樣都是人，她們並不比我們優秀，也不比我們惡劣」[112]，雖然這話聽來有倡導平等的意思，但接著他又引用了莎士比亞和狄更斯（兩位「最了解人性的大師」[113]）的文字，以及大多數人對女性本質的認知為基礎，描繪出一幅女性犯罪的樣貌。他認為「許多最為出名的罪犯都是女性」[114]，還提起了馬克白夫人（Lady Macbeth）這個角色來暗指女人也可能下手殺死熟睡的國王，國家的建國之父，而一名強壯的男人在相同情況下卻可能提不起膽子。諾爾頓繼續舉類似的例子，《荒涼山莊》（*Bleak House*）一書中托金霍恩先生（Mr. Tulkinghorn）被殺，這是狄更斯所有作品中「最卑鄙、最險惡、最殘忍至極的罪行」。[115]只是，諾爾頓還是當律師就好，文學評論就不必了：他並不知道馬克白夫人其實不是自己下手，而《孤雛淚》（*Oliver Twist*）的賽克斯（Bill Sikes）將南西（Nancy）活活打死那一幕，比《荒涼山莊》的女僕霍藤絲（Hortense）開槍射殺邪惡律師托金霍恩要殘忍多了。諾爾頓舉了這一大串含糊的文學案例，卻無法舉出歷史上的前例，接著又回過頭去談論關於女性本質的古老比喻。他認為女性「既不粗野、又缺乏體力和精力」，卻能「以狡猾、謀劃、敏捷與兇惡……來彌補。如果她們的愛比男性更加強烈持久，那麼她們的恨也更加不渝、堅決而頑固。這麼說會太過分嗎」？[116]因此，他呼籲陪審團「要像個男性，而不是像個英勇騎士，來面對這件案子」。[117]

諾爾頓在說話時，「動不動就離開自己欄杆後的位置，在陪審團面前走來走去，站在他們旁邊或直接面對他們，說話時帶著明顯的真切、鮮明與強調的語氣」。[118]他在法庭裡走來走去時，麗茲的雙眼眨也不眨地盯著他看，一下把頭往這邊偏，一下往那邊擺，這樣她的視線才不會受到阻礙。據霍華說：「她不發一語，沒露出什麼聲音或手勢，只是看著他，就像對這整段過程都抱持著同情的讚賞。」[119]

諾爾頓話鋒一轉，開始為自己和同事辯護。他承認自己個人對「不實的中傷」[120]指控他們檢方動機不純而深感受傷；畢竟只有證據擁有足夠的分量，才會促使他繼續追查。「先生們，」他說，「這是我一生中碰過最為傷感的職責。」[121]同樣的道理，他也為警方辯護，認為他們成了對方律師挖苦的對象：「穿上警察的藍色制服不會讓人變得更好，自然也不會讓人變得更差。」[122]他承認警方犯了錯，但認為他們工作時的態度「正直而誠信」。[123]至於醫學專家們，不管他們從辯護律師口中聽到什麼吹毛求疵的說法，科學證詞仍是無可辯駁的，他指出：「各位會發現他們的結論相當確切，因為無人能夠反駁他們。」[124]專家們一致同意最重要的一點，便是從醫學角度來判斷，兩起謀殺間隔時間超過一個小時。這顯示了這起罪案不太可能是外來的入侵者所為。之後他會再回頭特別強調這一點。

為了讓陪審團能夠感受審判中提出的各項證據所累積的效果，他謹慎地概述起間接證據的價值。首先，他解釋直接證據與間接證據兩者的基本差異：「直接證據是一個人親眼所見、親耳所聞的證據，其他都屬於間接證據。」[125]他駁斥辯方所謂間接證據屬於比較劣等的證據，也就是值得特別懷疑的證據。真要說起來，「人說的話不一定都是真的，但事實真相就只有一個」。[126]「謀殺是需要偷偷摸摸、精心策劃的行動，」他提醒陪審團，「不但不會有目擊者，兇手也會試圖抹去痕跡。」[127]為免還有人質疑間接證據的可靠性，他再次引用經典文學，提到《魯賓遜漂流記》

（*Robinson Crusoe*）中知名的段落，主角在這片顯然無人居住的島上發現了另一組足跡。諾爾頓解釋：「這只是間接證據；但雖然只是間接證據，對魯賓遜而言卻足矣。」[128] 畢竟，他繼續說：「他並沒有律師來告訴他，那不過就是間接證據。」[129] 對於不熟悉文學的陪審員，他則提出自然界的比喻：「就像是漂流在河面上的雜物，你站在河岸上看見一塊碎片經過，這只是間接觀察，然後你又看見另一塊碎片經過，這是另一個間接觀察。」[130] 但看見這些碎片經過之後「你不會再多想，便會說你知道河流的方向往哪裡流」。[131]

諾爾頓回到手上這件案子，解釋檢方是根據只有麗茲有下手機會的這個理由而提起訴訟。他說，「發現了……這兩個人並非同時死亡」[132]，是這件案子的「控制事實」。[133] 間隔的時間代表「這並非一個人闖入又逃出的臨時起意，而是有某人整個上午都待在這個家的屋子裡，趁著那女人早晨忙碌時殺了她，然後就等著男人回家用午餐再下手。」[134] 除了麗茲，沒有人有這個機會犯下謀殺；既然不可能是別人犯的罪，那她必定就是兇手。

不僅如此，傷口的樣子也像出自女性之手。諾爾頓特別提到艾碧頭骨上可怕的傷口：「這些都是什麼樣的攻擊？有些順著某個角度重擊這裡，完全瞄不準；有些則砍中脖子這處，方向也對不準；還有些落在頭頂上……出手虛弱、鬆散、準頭不佳，攻擊力道相當弱。」[135] 他總結道：「握著那武器的手並沒有陽剛的力氣……這雙手的主人只有甚強的恨意及殺意。」[136] 暫且不提這點，他懷疑道，假設待在家的麗茲是清白的，怎麼可能聽不見繼母倒下的聲音？諾爾頓提醒陪審團：「這個可憐的女人遭到攻擊時原本是站著，超過九十公斤的肉體就這樣直接倒下，趴伏在地板上死去；那力道所造成的震動，整間屋子應該都能聽見……屋裡一處發生了什麼，另一處一定也能聽到。」[137]

除了有下手的機會，還有麗茲對繼母的敵意：「正是……對波頓太太的怨恨才引起了這樁謀殺，這個惡人想取的是波頓太太的性命，而我們所考量的動機……都落在她身上。」[138] 諾爾頓提醒陪審團，麗茲是唯一一個希望艾碧過得不好的人，他斥責麗茲居然這樣蔑視撫養她長大的女人，甚至不願用「母親」來稱呼波頓太太以表示尊敬：「這對那女人是活生生的羞辱，活生生的鄙視。」[139] 但這還不是他最嚴厲的指責，他敘述麗茲對父親的不知感恩更是炮火猛烈，評論那起引起家庭不和的房產轉移事件，他怒斥：「居然在這樣的事情裡挑錯，居然能夠挑錯，多麼邪惡、多麼可悲。」[140] 安德魯完全有權利依自己的意願送東西給艾碧，那可是「為他操持家務三十年的忠實妻子」。[141]

諾爾頓將艾碧在家中的地位貶低到有如僕人，無論這點嚴格說來是否正確，卻是個貼切的比喻，讓人聯想到一般總認為她的死亡沒那麼悲慘。根據檢方的理論，艾碧是這起罪案預謀殺掉的人，但卻過了將近一個月，檢方才將她的謀殺加入了麗茲被控的罪名中。艾碧自己仍是個謎；或許就是遊盪在這家中的鬼魂，只有波頓家大火延燒時才會不經意地出現在餘燼中。但有時她的存在感很強，扮演起童話故事中繼母的角色，是介入父女之間的篡位者，抽乾家產挪給自己貧窮的娘家人，而她的身材正反映出她的貪婪。至於要從何窺探她實際的性格呢，據布麗姬所言，艾碧「對她一直很和善、很好」[142]；伯溫醫師的岳母索莎德．米勒太太（Mrs. Southard Miller）住在波頓家對街，也說「她很難過波頓太太去世，她是自己所見過最好、最親近的鄰居」[143]；而在房產爭議之前，麗茲說過若父親不肯買給她某個真的很想要的東西，她會要求繼母幫忙。雖然這股實際的影響力被重置成一種背叛，但艾碧對波頓家唯一的金錢要求也是為了自己的繼妹（以及繼母），並非為她自己。

諾爾頓口中的波頓家飽受日益緊繃的衝突所苦，最明顯的就是這家裡繁複的鎖門習慣。他闡述道：「都說人人都有不可外揚的家醜，不過波頓家的家醜……也鎖得太嚴密了，看都看不見。」[144]他宣稱，波頓家內外都配置鎖頭及門閂，因此其他人不可能在謀殺案發生前就藏在屋裡。不僅如此，眾多鎖頭也顯示出這個家的本質。若是你跟外人起了爭執，「他走他的，你走你的」；「然而，」諾爾頓解釋，「這些人卻日復一日、年復一年住在同一屋簷下，不得不同吃一條麵包、不得不同睡一間屋內、不得不每天早中晚都見到彼此，還維持著這樣緊繃又不自然的敵意。」[145]最後，他實在不知道該怎麼形容此間造成的心理傷害，便說：「這是癌症。」[146]

諾爾頓顯然並不喜歡麗茲在謀殺案之前的行為，也相信她確實有罪，但他發現自己一想到要稱她為騙子，就說不出話來。那張麗茲聲稱艾碧曾收到的消失的字條是檢方起訴的關鍵，這讓安德魯回家後並未先去找艾碧；若是他這麼做了，就會發現艾碧早已被殺，或許自己就不會死了。這張所謂的字條也給了麗茲現成的藉口，在發現父親屍體後並未馬上去找艾碧。不過諾爾頓在提出這段最強的證據之前先做了警告：「我非常清楚……若是說出任何不公或傷人的話，造成的傷害可能永遠都會讓我良心不安，但我仍然要重申這次嚴厲的控訴。」[147]先撇開某人想引誘一位年邁虛弱的女人離開家、反讓兩位年輕活潑的女人留在家的這件事有多荒謬，諾爾頓要問，假如有這樣一張字條，為什麼寫字條的人從未出面：「麗茲．波頓似乎沒想到，她向父親說的謊，可是有八萬名證人能證明其真偽。」[148] 接著他的主張有些奇怪，他說「希望某人可以出面……澄清這個謊言」，彷彿這個謊比起謀殺案還更令人驚訝忖度。諾爾頓回過神來，簡單下了結論：「沒有字條、沒有人寫了字條，沒有人捎來字條，沒有人生病了。波頓太太沒有收到字條。」[149]

看起來諾爾頓好像「正在加溫……激烈的心智運作及身體變化，已經進入白熱化階段；他走來走去，激動地比手劃腳，眼光在法庭內掃來掃去……從法官席看向陪審團，又從犯人看向律師，接著又看往觀眾席」。[150] 不過諾爾頓知道這天下午的程序是要將案子了結，於是向陪審團大概敘述了自己目前為止的論點：「但願上帝垂憐，不應該有人犯下這樣的謀殺，但確實有人做了。」[151] 他堅持道，艾碧「被殺害了，兇手不是擁有強壯雙手的男人，而是虛弱無力的女人所揮出的攻擊……若她離世，在這世上只有一個人能因此得益」。[152] 當諾爾頓在陪審團面前走來走去時，法庭裡每個人都向前傾，這樣才不會錯過他演講中的任何片刻，包括麗茲也是，她「雙眼動也不動、穩穩盯著他看，臉上露出好奇而堅定的神色」。[153] 諾爾頓再次探入自己的名言錦囊，然後引用聖經的字句做出慈悲的最後一擊，引起法庭內一陣騷動：「若是有個嚴肅而公義之人知曉他們之間的情感關係，就會對她說，一如上帝也曾對該隱說：『你兄弟亞伯在哪裡？』」[154]

眾人認為諾爾頓當天晚上就可以完成他的結辯，不過在短暫休息後，法官們認為「這一天實在太熱了，太晚結束會造成無法忍受的負擔」155，於是法庭休庭直到隔天上午再繼續。霍華有些嘲諷地說：「法官在急什麼，他們可是一輩子都要坐在法庭上呢。」156

一八九三年六月二十日，星期二

審判的最後一天，好奇的民眾更是加倍努力想進去，將法院層層包圍。《弗爾里維每日全球報》報導：「還有一個小時以上才到開放時間，但人們已經將門口圍得水洩不通，大多數都是穿著假日衣裝的女士，想搶到位子。不過座位實在太少，還不夠分配給這裡十分之一的人。」157《弗爾里維每日先鋒報》也注意到其中的女性：「這天下午推擠的強烈程度實在令人咋舌，這群又推又擠的新貝福女性簡直讓所有女性蒙羞。法院圍牆內每一寸土地都站著人，每一張座位都坐著人。」158他們湧進接待室、樓梯及門廳；在外頭，通往法院的道路就像築起人牆一樣，人們儘管徒勞還是試圖要進去。每個人都想參與這場某家報紙所稱「波頓大審判的最後一場戲」。159

麗茲自己很早就到了，拿著一把蓮花及白色康乃馨做的花束。她和前州長羅賓森先是「熱絡交談」160後，法庭程序就開始進行了。《新貝福標準晚報》注意到「她不斷動來動去，透露出她異常地緊張；顯而易見的是，雖然她的自制力無比高明，內心卻澎湃不已。」161諾爾頓開始說話時，她熱切地看著他，「臉部一下漲紅、一下又消失」。162

諾爾頓繼續自己的陳述，提醒在場眾人檢方並不需要證明動機：「我們的職責是證明有人幹了這件事，僅止於此。」[163]他知道，沒有動機就永遠不足以解釋謀殺的原因，不過他引導陪審團把焦點放在麗茲對繼母的怨恨上：「這股憎恨是在罪案發生之前就有的，這股邪惡也是八月四日之前就有的。」[164]他推測安德魯打算要立新遺囑，不過他承認，「我們並不確定……在這堆不滿的火焰中被添了什麼新燃料……我們不知道這個家發生了什麼事，讓一位年輕女子不願意到瑪利翁那宜人的海岸去度假，去見她的朋友，反而是在這炎炎夏日待在父母身邊。」[165]諾爾頓或許感受到了這股強烈的家族仇恨所造成的牽引力道，但想進一步解釋其強烈時卻畏縮了，只總結道：「那個女人不該受到如此嫉恨。」[166]然後他請陪審團暫且放下「躺在客房地板上的年邁女性屍體……並且……跟我下樓去討論更為悲傷的悲劇，這是英語中所知最可怕的詞彙：弒父。」[167]

在這點上，諾爾頓被安德魯的屍體絆了一跤；就連他自己也無法忍受必須指控麗茲預謀犯下謀殺父親、如此「令人悲痛至極的」罪行。諾爾頓向陪審團保證，「十分慶幸的是，以我們對人性的了解，能夠找到理由相信安德魯．波頓遭到謀殺並非是他的小女兒預先策劃，而是不得不為之的邪惡可怖之舉。」[168]他娓娓道來：麗茲想殺害自己憎惡的繼母，但安德魯意外返家，打亂了她製造不在場證明的計畫，因此被迫將他一同殺害。諾爾頓指向稍早波頓家白日遭竊、而安德魯不願追究一事，他聲稱麗茲一定是突然驚覺自己謀殺繼母的事實在太可怕，父親不可能再包庇她：「當事情完了，她便要下樓去面對自己應得的懲罰。」[169]但除了對繼母的憎恨，諾爾頓抑制了其他可能的動機，也就不得不被迫聲稱麗茲殺了父親，因為這兩名被害者一定是同一人所殺；這樣的說法有漏洞，也就讓羅賓森有了可趁之機。另外值得注意的是，諾爾頓忽視了這個謀殺順序最直接的原因：如果是安德魯先被殺，那麼他的女兒就得跟繼母的受益人一起分享家產。就連諾爾頓都不忍心將這起罪案套入如此冷血的算計。因此，當他暗示安德魯可能打算立遺囑時，他只認為這會讓麗茲對艾碧的恨意「火上澆油」，但不會認為這是謀殺安德魯的動機。無論是他自己無法想像這般眾所皆知的實際情況，還是他相信陪審團會認為這跟罪案本身一樣匪夷所思，總之諾爾頓犧牲了一套更為連貫的敘事，能夠用這個更強烈的動機來解釋：悶燒著憎恨的繼女，突然爆發出一股女性癲狂。由於他放棄了這套更有可能的情節，因此只能利用一連串關係相當薄弱的間接證據作證——畢竟麗茲．波頓的心智顯然相當正常。

正如辯方稍早認為只有惡魔才會犯下這起謀殺，諾爾頓也抓住了這個比喻；這樣的妥協能夠說明麗茲犯下謀殺案，但對父親的死基本上無須負責。據諾爾頓所言：「下樓來的那人不是安德魯．波頓的女兒麗茲．波頓，而是一名女殺人犯；她褪下了三十三年正直人生的外表，從一個女兒、從父女情感的羈絆中，完全轉變成一個我們在歷史或小說上讀過的罪犯。」[170] 他想像中的變身，解決了麗茲看似心智正常的問題：諾爾頓想像出類似傑奇博士變身為邪惡的海德先生那樣的暫時精神錯亂。*如果她犯下謀殺時是處於變身狀態，那麼她就算有罪，在道德上卻無須為罪行負責。不過即便諾爾頓的解釋似乎令人安心，但這樣的陳述還是讓陪審團升起一股不安的困惑：你又是怎麼知道一位乖順的女兒心中可能藏著惡魔呢？

諾爾頓乾脆避開其中一定會出現的兩難。他提醒陪審團：「檢方的責任是提供足夠的證據，讓各位知道她殺了她的父母，而不是為什麼。」[171] 接著他回到比較安穩的領域，也就是詳細討論事件發生的順序：安德魯回家，麗茲告訴他艾碧出門了。在這裡，堅定信奉普世主義的諾爾頓又恣意使用了新約聖經的比喻，可能是煽動力最強的一個：麗茲「向他提議，就像猶大親吻了他的主所懷的心情：既然他工作很疲累，躺在沙發上休息一下應該比較好。」172 諾爾頓指出，麗茲說自己回到飯廳去熨燙手帕，她早上做到一半就放下了，然後再一次；儘管每次都要重新預熱熨斗，她還是沒完成這件簡單的工作。諾爾頓解釋道：「她在布麗姬上樓前就開始工作了，布麗姬不在時她一直在做這件事；若是在外面做這件工作，用不到十分鐘。」173 按麗茲自己的敘述，她放下熨燙的工作決定去穀倉找一塊鐵，一下說要修理紗門、一下又說要做魚墜。諾爾頓形容麗茲對自己的行蹤交代「簡直不可思議」174，他提醒陪審團：「我們必須以全部的事實、全部的情境來判斷，依靠各位的常理思考。」175 再次檢視麗茲那天上午的行蹤，特別是她決定去悶熱的穀倉上層找魚墜這件事，諾爾頓問了陪審團自己曾在訊問時問過麗茲的問題，只是當時她並未回答，例如：釣線在哪裡？由此看來，他認為麗茲說自己在穀倉上層「完全跳脫了常理的可能性」176，唯一合理的可能性就是要製造謀殺案的不在場證明，因為「那不僅是這座炎熱……城市中最熱的地方，也只有待在那裡，她才能夠說自己不知道發生了什麼事。」177 類似的道理，諾爾頓指出她對不祥事件的「預感」，認為她去找愛麗絲．羅素是「讓她有心理準備聽糟糕的消息」。諾爾頓

* 譯註：指的是羅伯特．路易斯．史蒂文生（Robert Louis Stevenson）的作品《化身博士》（*The Strange Case of Dr. Jekyll and Mr. Hyde*）。

駁斥辯方所言「不祥的預感」很常見：「陪審團的各位先生，各位人生中所有的災難，所有帶著摧枯拉朽之勢湧來、摧毀人生幸福的一切，都像是無雲的天空突然顯現一道閃電那樣。今天你還很快樂，明天就沉浸在悲傷裡。」[178]

諾爾頓也拋棄了先前的騎士精神。為了摧毀這個失親孤女的形象，他專注討論麗茲在案發之後的行為，有多麼不符合女性氣質的舉止。他將她描述成「冷靜到不能再冷靜……讓全世界都驚訝不已」[179]；他認為「沒有流淚、冰冷的態度，可能是表示犯罪意識，也可能是喪親意識」[180]，但他很快就駁回了後者。麗茲在犯罪現場的行為展現出有如男人的膽量，出現在女人身上非常值得懷疑。諾爾頓將她在犯罪現場「冷靜而安靜的態度」對比上「十五分鐘後男性在同一個位置的激動反應」。[181] 諾爾頓也強調她在案發後的晚上願意進入地窖，而那裡放著死去父母的沾血衣物，評論道：「我對這件事所能設想的就是強調這名女性展現了近乎堅忍的情感；就連她的朋友——不是被害者的女兒或繼女，而只是她的朋友——都不敢進去這個放著血衣的地方，她居然有膽自己前去，獨自一人，冷靜地為了某些我不知道跟案子有無關聯的原因進入地窖。」[182] 他提醒陪審團回想麗茲在輸掉雞蛋打賭後所說的話；雷根護理長說，她表示這是唯一一件她決心要做卻做不成的事。

然後諾爾頓轉而談起辯方的王牌：血跡呢？正如他所說：「如果這兩個人是她殺的，她怎麼能夠避免自己的洋裝濺上血液呢？」[183] 諾爾頓也知道這是檢方的弱點；他認為麗茲可能利用了「在屋裡獨處，而且爐灶總是熊熊燒著火」[184] 的優勢。或許麗茲用一捲紙來保護自己的洋裝，或者更可能是將沾了血的洋裝藏起來，等到下個星期日才拿到廚房燒掉，不過他承認：「我回答不了，你回答不了……各位既沒有殺手的純熟技術，也沒有女人的狡猾巧思。」[185]

提到洋裝，他指出麗茲在案發當天上午穿的那件有爭議的藍色洋裝，認為交給警方的洋裝並不是她所穿的那件。愛德蕾・邱吉爾「眼神清晰、聰明又耿直，是弗爾里維最受敬重的公民之女」[186]，她描述那件洋裝是某種便宜的棉布做的，可能是印花布或麻紗，他提醒陪審員邱吉爾那天早上先見到了麗茲，然後才知道整個現場有多麼恐怖，而她並不認為審判中的證物是同一件洋裝。諾爾頓又告知陪審團，相較於邱吉爾的直言不諱，菲碧・伯溫作證時多有閃躲，他說：「伯溫太太舉起手宣誓時，抖得像是山楊葉一樣。」[187] 儘管如此，她也描述那件衣服是一件「便宜的晨間洋裝」。

在愛麗絲・羅素看見麗茲燒毀那件沾了油漆的洋裝之前，這件衣服在哪裡？警員在搜索時沒看見什麼沾了油漆的洋裝，也就是說「並不在警員能夠找到的地方」[188]，據諾爾頓表示，這證明「衣服被藏起來了」，而且為確保衣服永遠不會被檢驗，在警方清點完她的洋裝後的那天早上，麗茲就燒了洋裝。「那件洋裝，」他說，「還好好的，可以撐過五月、六月、七月，一直撐到了八月第一週。這真是全世界有史以來最奇特的一件事：先前下午在警方搜查時把洋裝藏了起來，然後偏偏就要在星期日摧毀這件洋裝，而不到十二個小時，麗茲便被告知她會被正式起訴。」[189] 這不正好展現出犯罪意識嗎？諾爾頓暫停一下說出心中猜想，若是布麗姬做了同樣的事情，她的命運會是如何：「假設她說了不該說的故事、假設她給出不可能的不在場證明、假設她交出一件在當天早上完全沒穿過的洋裝，而警方收線時在她身上纏得越來越緊，這時又燒掉一件洋裝，做了這件不應該被看見的事，各位會怎麼想布麗姬？難道對布麗姬是一套法律、對麗茲又是另一套？但願不是如此。」[190]

就像是為了強調這個論點，這時法庭宣布休息五分鐘。當諾爾頓繼續陳述時，他退而不談這件案子的細節，而是讚揚起普通法的陪審團審判傳統。他解釋：「絕對有其必要……讓來此作證的證人都來到各位面前，讓各位能看看他們，看著他們的臉，聽聽他們回答律師的問題，聽他們如何熬過交互詰問的考驗。」[191] 他堅持：「沒有比這更好的考驗了。」[192] 這段稱頌原來是諾爾頓試圖恢復雷根護理長的證詞；雷根太太稱自己曾無意聽見波頓姊妹在爭執，而麗茲告訴愛瑪：「妳出賣了我！」諾爾頓說：「我不是很願意略過波頓小姐在警局看守室裡的行為，畢竟這位貴客的舉止是如此傲慢而譏諷。」[193] 雖然（或甚至可說是因為）麗茲的同盟努力要壓下這段故事，諾爾頓卻認為這「十分重要」。就像愛麗絲．羅素基於「清教徒的良心」[194] 才忍不住說出燒毀洋裝的故事，這段爭執的故事也是來自一位喜歡麗茲的人所言；她甚至表示只要不是在宣誓後才作證，都願意撤回。

還有另一個謎團：凶器。諾爾頓明白：「我們傑出的律師認為在這案件中提出了各種不同的手斧，這件事值得做些風趣的評論。」[195] 他對一開始誤將爪錘手斧當成凶器這件事提供了更直接的解釋：警方找到了一把沾了血還有毛髮的手斧，自然會以為這是凶器，結果證明他們錯了。然後他們就把注意力放在無柄手斧上，發現手斧的刀刃頭覆蓋著灰燼而非灰塵。他提醒陪審團，這把木柄斷裂的手斧與波頓先生的傷口極為吻合。（顧慮到麗茲敏感的心情，諾爾頓稱之為「不幸的女人」[196]，他並未要求把頭骨拿進法庭再展示一次。）更明顯的是，「手柄的斷裂處是裂開的……不是意外斷掉而是刻意為之，這樣就不會有人看到手柄的木頭。」[197] 即使如此，他繼續說道：「我們沒有說就是那把手斧，但很有可能是。」[198] 麗茲很可能擁有一個別人不知道的藏匿空間：「她在這棟房子住了二十年，自然很了解這裡的每個凹陷處與祕密空間，其他人又怎麼會知道呢？」[199] 最值得注意的是，凶器顯然不在犯罪現場，這就與兇手為外來者的說法矛盾：「光是沒有找到手斧這件事本身就是證據，這些證據碎片就像順著水漂流，直接指向了住在這家裡的人就是這起可怕罪案的兇手。」[200] 兇手「絕對不可能跑到街上，手裡還拿著、抱著這注定會被用來指控自己的證據。」[201]

在總結檢方陳述時，諾爾頓又回頭談到眾多的間接證據，宣稱只要麗茲是兇手，所有碎片就能拼湊起來。他說：「我們發現一名女性遭人謀殺[202]，攻擊的傷口出自虛弱而不確定的手……我們發現那名女性在這世上沒有敵人，只有一個曾經拒絕承認她的女兒。我們發現那名女性是在十點半被殺害，在這個時間點，一般人實在很難相信這件事情發生時她居然會不知道、不在場、沒看到也沒聽到。我們發現有間房子被日夜嚴密防衛著，因此殺手不可能找到能暫時寄宿之處……我們說這一切都隨著我們洶湧的思緒一路漂流，告訴我們水流向何方。」諾爾頓結論道：「我們現在開始剖析一般犯罪的元素，有憎恨、惡意……有荒謬和不可能的不在場證明，有相互矛盾的故事……有對警方的欺騙，將上午熨好下午穿的絲綢洋裝拿來替代當天上午穿的洋裝，而且……

還有燒毀洋裝的罪過，因為她害怕放在顯微鏡底下可能就會發現血。」[203] 諾爾頓滔滔不絕說了一大段來結束自己的結辯，聲音如雷貫耳：「被告辯護的依據是什麼？沒有，沒有。讓我停下來想想，再說一次，沒有。」[204] 他敦請陪審團：「我向各位呈上這些事實，相信各位都是有勇氣追求真理的人……起身吧，先生們，起身證明各位的責任多麼崇高吧，想想各位在最後一天站在白色大寶座面前，會希望自己今天會做出什麼樣的行為。」[205] 諾爾頓就像在講道一般：「各位的獎賞是什麼？知道自己完成使命時那難以言喻的喜悅……只有聽見自己內在良心的聲音那正是上帝的聲音，說著『做得好，我良善而誠實的僕人』——才能獲取獎賞，得到永生。」[206]

大部分評論者都讚美諾爾頓的努力。拉福與霍華是最堅定支持波頓的記者，也同意這席演說非常出色，霍華自己便相信諾爾頓「應名列當代最厲害的律師」。[207] 諾爾頓是個「高大壯碩的男人，方正的臉上滿是熱切，身材魁梧、聲音洪亮，整個人的姿態都展現出無比的勇氣」[208]，霍華看見，「我們花了二十小時搭火車從紐約到芝加哥，火車的九九九號引擎正是帶著同樣的榮譽感、同樣急切地想達成目標，也有同樣無比的潛力」。[209] 拉福也同意：「講者偉岸的身形幫了他不少，鏗鏘的聲音很少提高音調，但降低音量時卻很有效果，能讓人們安靜不動。」[210] 不過這樣雄辯滔滔就夠了嗎？「截至羅賓森開場前，」霍華的報導指出，「賭注是二賠一押無罪釋放，現在是二賠一押有異議了。」[211]

午餐休息過後，法庭繼續進行。首席法官梅森告知麗茲：「妳或許有些話想親自對陪審團說，妳有權這麼做。」[212] 麗茲站得直挺，以清晰的聲音回答：「我是清白的，我全權交由律師為我發言。」213拉福認為她說的那些話，「在她別具優雅的風範上更添了份讓人另眼相看的尊嚴」。214

杜威法官對陪審團下達訓令，給予正式的法律指導來引導他們的審議。杜威看起來就像個「大學教授」，認識他的人都說他既是「頭腦清晰的邏輯學家」，也是「心地柔軟之人」，在這裡他比較喜歡後者的形容。首先他解釋：「各位可以適當地依據法律及呈現在各位面前的證據來決定，另外再加上與日常生活事務有關的常識與經驗，以及人性與行為動機的普遍性等等……各位身為陪審團，需要具備以上這些考量。」215但陪審團不得將先前的程序納為證據，包括訊問、預審及大陪審團聽證。陪審團只能斟酌在這場審判中所提出的證據，並判斷是否有合理懷疑。杜威定義了此一概念：「超越合理懷疑的證明……便是證明了道德上的必然，這與絕對必然是有差別的。」216

接著他轉而談論這件案子的特定細節，提醒陪審團：「被告人格良善……具正面特質，而且對宗教和慈善工作都展現出積極的善意。」217他警告陪審團：「各位不得質疑某個想像人物的行動，只能質疑真實人物的行動，也就是被告，將她的性格、習慣、教育和生活方式等納入考慮。」218同時他也解釋，檢方並不需要證明動機，雖然這話似乎是偏向檢方，但接下來又轉了方向：「為被告製造動機，並不能證明她就有這樣的動機。」219他問：「除非這孩子缺乏自然的情感。對繼承遺產的慾望，有可能產生積極而有效的誘因，讓這孩子取走父母的性命嗎？」220杜威法官接著提起波頓對裁縫師吉佛德太太說出的那句惡言，他表示那僅是「強烈措辭」221，說話的是「一位年輕女性，不是哲學家或法學家」。他教導陪審團：「考量到她們平時不會說這樣的話，一旦說起來，往往遠超過本意。若是因為後來懷疑她可能殺了人，於是將這些話染上敵意，接著又利用這些話來指控敵意，藉此證明被告犯下謀殺罪，這麼做符合公平正義嗎？」[222]至於波頓曾預言會有壞事發生，羅賓森認為這只是「每月疾病」的副作用而未多著墨，但杜威法官則有另一個應該無視這件事的理由：「假設新貝福有些人打算要犯下嚴重的罪行……（而且）打算盡快執行，然後這人在前一、兩天就預言可能會發生犯罪事件，這麼做合理嗎？有可能嗎？」[223]

至於那張字條，杜威反駁了檢方說麗茲在字條這件事上說謊。他問：「她有什麼動機要編造這樣的故事？動機是什麼？如果她只是說繼母出門了，不就自然多了嗎？」[224]她不需要提到某樣具體的東西。法官甚至提出如此見解：如果我們「思考一下除了她之外還有另一名殺手的可能性」[225]，他的計畫中或許就包括了寫字條，然後再自己湮滅證據。

然後他繼續說明檢方最大的一塊絆腳石：揮砍手斧這件事本質上有多可怕。他問道，「不管是殺戮的方法與手段、所使用的武器還是所需的力道，這些有比執行者本身的性別及力氣還重要嗎？」[226]他提醒陪審員，醫學專家都已作證說明了，「說明他們認為波頓太太身上的砍擊痕跡」[227]（宛如砍柴的方式）以及「殺手的位置」（跨站在屍體上方），杜威問了一連串看似是修辭性的問題：「這些觀點正確嗎？[228]若正確，是否就能支持兇手的性別與體型都符合被告這個論點？是否能合理而可靠地認定她可能在檢方宣稱的時間點殺害波頓太太，然後為了達到目的又在一個小時後殺了她父親，接著回頭去忙自己的家事，才能一切如常不引起注意？」他再次提醒陪審團：「各位有權憑藉自己對法律及人性與行動等特性的了解去推敲、判斷，若各位認為殺害波頓先生並非原本的計畫……也要考慮……這樣的想法對各位而言是否合理。」229

杜威法官解釋，麻州法律規定被告能在自己的審判中作證。他讓陪審團注意到「法令的用字遣詞很謹慎」230，若有人被控犯下某罪，「在自身要求下但無另行規定，都應被視為有效證人；若他緘默或拒絕作證，則不應對其有不利假設」。這條法律的衍生來源是普通法不自證己罪的慣例，而麻薩諸塞州權利法案中也有防止自我入罪的條例。說得白話些，看起來就像是她無權作證（除非她自己決定要作證），因此她的不作證並不會造成負面影響。但杜威更進一步，他提出了麗茲不想作證的可能原因：「如果她必須解釋，就可能有人認為她的解釋並不足夠。」231 同時她也得像其他證人一樣必須接受交互詰問，他表示：「或許她會被問到一些法律上站得住腳的問題，但卻答不出來；又或者她能夠坦誠地回答問題，但有人不相信，認為她的答案不真，而她不願好好回答就是故意作對。」232

考量到陪審團可能在審判之前就讀過一些對本案的描述，他提出警告，要他們不能將這些資訊納入。裁量時要「秉持著公正不阿與深思熟慮的頭腦，一心追求真相」，這樣就能「讓本案跳脫熱切、偏見與激情的範圍，進入理性與法律的澄清氛圍」。233 然而就像先前的羅賓森與諾爾頓一樣，杜威也呼喚著更高的法律及全能全知的力量來引導陪審團審議，表達自己希望天意「能藉由其結果而顯現，以上帝主宰世界的公義來裁決」。234

杜威法官的訓令讓麗茲的友人們很是振奮。確實，霍華稱之為「請求給予無罪裁決」。「就算是辯方的資深律師，」霍華繼續說，「恐怕也無法更確切指出光是依靠間接證據來裁決有多麼愚蠢。」[235]在等待裁決結果期間，布洛傑特和杜威兩位法官出去走走，獨留首席法官梅森在法官室。記者混入人群裡訪問旁聽的觀眾，或者乾脆偷聽。麗茲仍坐在被告席上，跟坐在身邊的朋友聊天，最後她也出去短暫休息一下。歡樂的氣氛突然結束，陪審團審議還不到一個半小時，就準備宣告結果了。當麗茲回到她的位子上時，「法庭內的靜默變得十分具壓迫性、十分可怕」[236]，但她並未畏縮。某人評論道：「整段審判期間，嫌犯近乎超自然的勇氣令人相當敬佩，不過此時旁觀者所感覺到的氣場更是令人震驚；就在這最重要的一刻，她仍泰然走進法庭，準備聽取自己的命運。」[237]

陪審團也一樣嚴肅：他們走進法庭，「一臉堅定的決心，正是一群忠於自身良知完成職責的人」。就連書記官也明顯在顫抖。法官詢問陪審團的裁決結果，這時陪審團團長再也掩飾不住自己的激動，他打斷問題並宣布麗茲．波頓「無罪」。法庭內似乎只爆出一聲大叫，接著眾人都叫喊起來；延遲片刻後，外頭的觀眾也爆出歡呼回應，「大概一公里外都聽得見」。[238]麗茲放鬆腰桿沉進椅子裡，「彷彿被槍打中一樣」[239]，將臉靠在座位前方的欄杆上開始啜泣。就連支持她的人都很驚訝：「他們看向她時，每個人的臉色都蒼白得像死人一樣。」[240]書記官繼續說著：「陪審團的先生們，各位依據自己的誓言，確實說了法庭上的犯人麗茲．安德魯．波頓無罪嗎？」

「沒錯！」陪審團回答。

「團長先生，您這麼說了，所有的人都是嗎？」

隨之而來是全體一致的「沒錯」。

法庭在下午四點三十八分休庭，審判結束了。

後來出現了關於陪審團審議的各種故事。一個說陪審員爭論不休，差一點打起來；另一個宣稱一名陪審員賄賂了裁決結果，答應其他人只要第一輪投票投給無罪釋放便請他們喝酒；還有一個是說在第一輪投票中發現有一個陪審員認為有罪，在第二輪就全體一致投給無罪釋放。但真相其實沒那麼戲劇化：他們在房間裡曾進行過一次非正式的投票，發現他們的意見已經一致了；不過基於對地區檢察官的尊重，他們還是討論過證據，這樣看起來「比較慎重」[241]；然後他們投票一致通過決定無罪釋放，又「基於禮貌」[242]在房間裡多待了半個小時。

麗茲的朋友們已經「接到律師的警告，若裁決結果為無罪，他們也不該表現激動，以免顯得不尊重法庭」[243]；但據霍華報導，「他還不如擋下潮汐的水流，叫水往別的方向流呢」。[244]無論如何，瑞特警長「完全沒看到人們從座位上站起來、一邊喊一邊動作整齊地揮動手帕，因為他的雙眼充滿淚水，遮蔽了視線」[245]，而且不是只有他，「幾百隻眼睛都湧出淚水」[246]，甚至「有人悄悄說那三個法官裡有兩人也哭了」。諾爾頓和穆迪恭賀了辯護律師，詹寧斯扶著當事人站起來，羅賓森「伸手攬住這位現已站直身子的女孩，壓低著頭靠近她的臉頰，就像一位慈愛的父親安慰著自己深愛的女兒」。[247]霍華表示：「這兩人之間非比尋常且顯而易見的感情，將永遠會是這場審判中最甜美的回憶。」[248]麗茲把手伸向梅爾文·亞當斯，不過「一隻手不夠……他抓住了兩隻手」。[249]

羅賓森「慈祥的眼中帶著父親般的興味」[250]看著陪審員，他們「仍然像是一群罪犯外出運動一樣移動著，聚成一團之後排成一列，走過來跟這個他們勞心勞力許久的女人握手」[251]，麗茲問候「每一個人，眼裡閃爍著明亮的光芒，她緊緊握住他們的手，眼神充滿感激和仁慈，每一位陪審員的心裡一定都被感動了」。陪審員們終於自由了，他們馬上跑到帕克旅館的酒吧喝了耽擱許久的一杯酒。接著羅賓森帶他的當事人離開法庭，詹寧斯擋著不讓門太快關上，麗茲自己跟大多數記者都沒說什麼，「只對朱利恩．拉福說了句溫暖的問候，因為拉福從最一開始就以正確的角度與判斷報導她的故事」。[252]

她接下來有什麼計畫？她要去哪裡？記者們問道，人們也等著。眼前有大好世界等著她，她卻選了弗爾里維。

圖 66　波頓大審判的最後一幕

第三部

裁決

VERDICT

第十一章

老地方

一八九三年六月二十日，麗茲．波頓獲得無罪釋放的消息傳遍全國各地，證實了她的清白。朱利恩．拉福引用了兩百年前的撒冷（Salem）女巫審判，寫道：「遭受懷疑的女巫就站在被告席上，身邊已然堆起柴薪……頑固的地區檢察官在觀眾面前揮舞著一把尚未點燃的火炬。但陪審團只花了一個鐘頭就認定，女巫在麻薩諸塞州已經不流行了，沒有人會因為懷疑和鸚鵡學舌般的警方證詞就被處決。」[1]《紐約時報》的報導沒那麼誇張，但態度一樣熱切：「最為不幸、遭到殘忍迫害的女性得以這麼快就無罪釋放……等同是在譴責警方高層以及司法官員，他們確保能提出控告並進行這場審判，這份宣告不只說犯人無罪，也表明了從來就沒有實際的理由能認定她有罪……她的無罪釋放只夠彌補一小部分她所遭受的誤解。」[2]

圖 67　麗茲．波頓在紐波特的廣場，約 1893 年

麗茲自己的第一個念頭是回家。霍華聽到她對

她姊姊說：「我想回家，今天就直接帶我回家……我想看到那個老地方，趕快安頓下來。」[3] 麗茲離開法庭後，將牢房裡的東西整理打包，接著就搭上馬車，開啟返回弗爾里維的幾小時車程。第二街的房子外面已經聚集了一群人，到了晚上就有兩千人等著歡迎這位曾經的犯人回家，不過麗茲卻先在查爾斯及瑪莉安娜·荷姆斯在松樹街（Pine Street）的家度過了寧靜的一晚。這位曾經的犯人在此答覆來自全國各地祝福者的信函：「恭賀電報也送來了，麗茲·波頓至少有好幾天都得忙著回信了。」[4] 有位陪審員帶了一張陪審團的照片給麗茲，是他們在裁決之後拍的。有媒體謠傳說這些人「感情不睦」，不過正好相反；用其中一名成員的話來說，他們「和樂融融」[5]，而且在審判結束後每年都有聚會，至少持續了十年。麗茲給每位陪審員都親自寫了一封信，讚揚他們是她「忠實的朋友與救星」。[6]

有些人猜想，麗茲和她姊姊會搬去紐約市或歐洲

圖 68　波頓案陪審團

某個地方，改名換姓，隱藏身分後舒服地度過餘生。但跟她比較親近的人否認了這種可能性，羅賓森告訴記者：「她說除了弗爾里維，她沒有其他想去的地方。」7 再說，一直最大力為她辯護的瑪麗·利弗摩爾就認為：「不管她去哪裡，這場悲劇的新聞總會比她更早抵達，或隨著她過來。如果她待在弗爾里維，人們看了她本身的行為與品格，終究會相信她是這世界上最值得敬重、受到最不公懷疑的女人。」8

然而在弗爾里維，大眾對麗茲的同情心很快就下滑了。勞工階級從來就不是站在她這邊的，人們會聚在街角討論裁決結果，表達自己的「驚訝，甚至可說是憤慨」。9 拉福發現：「在她的案子上，富人與窮人之間劃了一條線。」10 但在她獲釋後，曾經在她受苦時保護著她的菁英階級也沒那麼熱情了，最終將她拒於門外。她的交友圈縮小了，就連她曾花費那麼多時間努力服務的中央公理會教堂，如今也不歡迎她了。六月二十三日星期日她去參加禮拜時，她身邊的長椅都空蕩蕩的。下個月艾德溫·波特所撰寫的《弗爾里維的悲劇：波頓謀殺案記述》（*The Fall River Tragedy: A History of the Borden Murders*）出版，他正是《波士頓全球報》的記者，最早報導了雷根護理長所說波頓姊妹在牢房裡爭執的故事，這本書大部分是波特在《全球報》的報導集結，其中還包括了許多檢方起訴麗茲的內容中不太好聽的細節，從預審到大陪審團整段期間都有。安德魯·詹寧斯曾保證「麗茲和她姊姊一定會進行澈底的調查……找出真正的兇手」11，波特的書提醒了眾人，至今仍找不到嫌犯。很久以後，麗茲跟一位朋友提起自己對兇手的身分有懷疑的對象，不過她很清楚遭到莫名指控是什麼感覺，因此不願說出自己的意見。

眾人都認為麗茲會背負著惡名活下去。小喬．霍華相當有自信地預言：「她會回頭去過以前的生活。」[12] 然而，她繼續往前走、往上爬。前州長羅賓森慷慨激昂地為當事人求情，請求庭上將她無罪釋放，這樣「她才能離開，繼續在弗爾里維當麗茲．波頓，住在她已生活多年、沾滿血跡而破壞殆盡的家」。[13] 但她和愛瑪很快就清空了第二街那棟「沾滿血跡而破壞殆盡的家」，搬進法蘭區街上更大、更昂貴的房子，就位在山丘區頂端這塊市內最精華的住宅區。（她們並未賣掉舊房子，畢竟她們是安德魯．波頓的女兒，非常清楚一棟值得投資的房產多麼有價值。）麗茲將新房子命名為「楓田居」（Maplecroft），而且彷彿嫌這麼做還不夠僭越，她還將名字鑿刻在翻新時加蓋的花崗岩階梯上。這麼做似乎顯得貪婪，還有點庸俗。在弗爾里維，為房子命名並不常見，一般只有弗爾里維最德高望重的人住的地方才會這麼做，例如慈善家莎拉．布雷頓（Sarah Brayton）擁有一處磚造的哥德式樓房，就命名為偉景（Broadview）；或像史賓瑟．波頓上校（Colonel Spencer Borden）在北瓦圖帕塘（Watuppa Pond）也有房產，距離

圖 69　麗茲．波頓位於法蘭區街的住家楓田居

圖 70　南希・歐尼爾扮演伯來利亞的茱迪絲

鎮上有一段距離，人們稱之為湖間居（Interlachen）。這兩個地方都不需要標示或者其他說明來宣傳其名字。

麗茲也在自己身上實施這套頗負野心的命名法，將自己少女般的名字改成聽起來比較厲害的麗茲貝（Lizbeth）；楓田居的麗茲貝跟第二街的麗茲不同，會上波士頓去看戲，也放下了基督教會的慈善工作。（有人會說是他們放棄了她，她一直都有資助中央公理會教堂；即使不被歡迎，她仍保留了一張長椅，直到一九〇五年才停止。）約莫此時，愛瑪為了「法蘭區街房子內發生的事」[14]諮詢了巴克牧師，她並不贊成麗茲的安排。謠傳有一位「長相英俊的年輕」[15]男子名叫喬瑟夫・忒卓特（Joseph Tetrault），他是波頓家的馬車伕，但更重要的事情或許是，麗茲跟一名女演員南希・歐尼爾（Nance O'Neil）發展出雖短暫卻很親近的友誼：歐尼爾在當時是「舞台上（紐約以外）……最出色的苦旦」[16]，據說讓麗茲較低調的姊姊很是反感。確實，很可能就是歐尼爾影響了麗茲將自己改名為「麗茲貝」：歐尼爾送了一本《湯瑪斯奥追奇詩集》（*The Poems of Thomas Bailey Aldrich*）

給麗茲，奧追奇是《伯來利亞的茱迪絲》（*Judith of Bethulia*）這齣劇的作者，歐尼爾在劇中扮演同名女主角，在書上題字送給「麗茲貝」並署名「黛芬妮」（Daphne）。麗茲邀請了歐尼爾某齣劇的所有演員舉行豪奢的派對，請來一整團交響樂團，還開了香檳，完全跟她過去的儉樸相悖。後來南希·歐尼爾跟經紀人打起官司，便向麗茲借錢（歐尼爾公司裡也有一名女演員找上麗茲，借了五十塊美金）。愛瑪覺得家中的氣氛實在讓人「難以忍受」[17]，終於決定遵照巴克牧師的建議，另尋住處。一九〇五年她搬了出去，從此再也沒跟妹妹說話，而其他友人也追隨愛瑪的腳步。

麗茲或許遭受排擠，但並未被遺忘。在謀殺案一周年之際，她的媒體死敵、也就是愛爾蘭天主教背景的《弗爾里維每日全球報》發表了周年報導，提醒眾人這鎮上最臭名昭著的罪案。這篇一九〇四年的文章標題是〈或許殺人犯仍在本市逍遙法外，誰知道？〉，事後想想實在虛偽。隔了一年，《全球報》標題〈大錯得改正〉[18]語帶挑釁地宣告：「波頓夫婦根本不是遭人謀殺，十三年前的兩位受害者其實皆死於高熱！」這樣的嘲弄持續了二十多年。

此外，麗茲還得忍受一些沒那麼隱晦的諷刺。學童們之間流傳著一首洗腦的兒歌：

麗茲波頓拿斧頭
砍了媽媽四十下
發現自己鑄大錯
再砍爸爸四十一

報紙上刊了幾則不可能的訂婚啟示，包括她與一名先前曾擔任她陪審員的男士，據說商家會在波頓光顧之後發現丟失東西，店員清點後會將數字報給老闆，老闆便將帳單寄到法蘭區街的波頓家。有一次，她涉嫌犯法的事情鬧上新聞。一名婦女帶著塊上了亮光漆的梅森（Meissen）瓷畫到普洛維敦士的提爾登瑟伯藝廊（Tilden-Thurber gallery）要求修復，說是麗茲給她的。店員顯然認出了這東西，便跟老闆說有人帶了失竊物到店裡。老闆通知波頓她必須付錢，並要警方發出逮捕她的拘捕令。她沒有被逮捕，不過當地報紙報導了這則故事，標題寫著〈又是麗茲．波頓〉。

雖然麗茲離群索居，但餘生都待在弗爾里維。她養了一隻波士頓㹴犬，還在自己的黑色帕卡德汽車（Packard）上專門為狗打造了隆起的座椅。她和家裡傭人的小孩交朋友，帶他們到提佛頓去吃冰淇淋，生日時也會特別送上波頓阿姨的祝福。一九二七年六月一日，她於楓田居安詳辭世，留下指示說要葬在弗爾里維櫟樹林墓園的波頓家墓地，「放在父親腳邊」[19]，距離她家不到一英里（約一．六公里）。幾乎沒什麼人來悼念她，葬禮「嚴格保密」，

圖 71　麗茲．波頓與小狗小子一起在露台上，約 1926 年

墓地還砌了磚以防打擾。在那裡與她同葬的有艾碧、她母親莎拉，以及她的幼妹愛麗絲。十天後，愛瑪也過世了，這一家人終於在死後團聚，他們一同永眠在距離第二街那個家不到二英里的地方。

麗茲為什麼會想留在弗爾里維，並忍受當地居民的排擠，其動機讓人忍不住有諸多猜測，畢竟她曾努力想贏得他們的好感。不過或許早在半個世紀以前，納森尼爾．霍桑（Nathaniel Hawthorne）便在《紅字》（*The Scarlet Letter*）這本作品中為自己小說內遭放逐的主角寫下了最具說服力的解釋：

> 看上去很不可思議，畢竟她眼前還有大好的世界……這個女人怎麼還稱這個地方是她的家；在這裡，也只有在這裡，才會讓她遭受這般恥辱。然而其中有種宿命、有種感覺，實在太難抗拒、無可避免，挾帶著毀滅性的力道，讓人不得不在此徘徊、遊蕩，彷彿一縷幽魂。畢竟這個地方曾發生過如此重大而難忘的事件，讓他們的人生有了色彩；越是難以抗拒，這抹令人傷感的色彩便越是深沉。[20]

麗茲自己從來沒有公開評論過這件改變她人生的案子。若是沒有這件事，她的人生或許更加無趣。就像這座養育她、爾後又離棄她的城鎮，隨著年歲漸長，麗茲也變得內斂、隱世，尤其沉默。

第十二章

揮之不去的謎

大眾對於波頓懸案以及其中謎樣的核心人物十分著迷，持續了超過一百二十五年。在麗茲過世三年前，知名的真實罪案作家艾德蒙·雷斯特·皮爾森（Edmund Lester Pearson）評論道：「波頓案在美國犯罪史上簡直無可比擬，這是這個國家所發生過最有趣、或許也是最令人困惑的謀殺案。」[1]雖然他在一九二四年出版的罪案彙編《謀殺案研究》（*Studies in Murder*）已經寫過這件案子，是當時對波頓案最完整的敘述，皮爾森仍一再回頭研究波頓案的故事。在他與侯西·諾爾頓的兒子通信往來期間（他幾年前在哈佛大學紀念館曾見過他），皮爾森甚至說出自己曾嘗試想見一面這位「弗爾里維的知名居民」[2]，但失敗了；他在麗茲位於法蘭區街

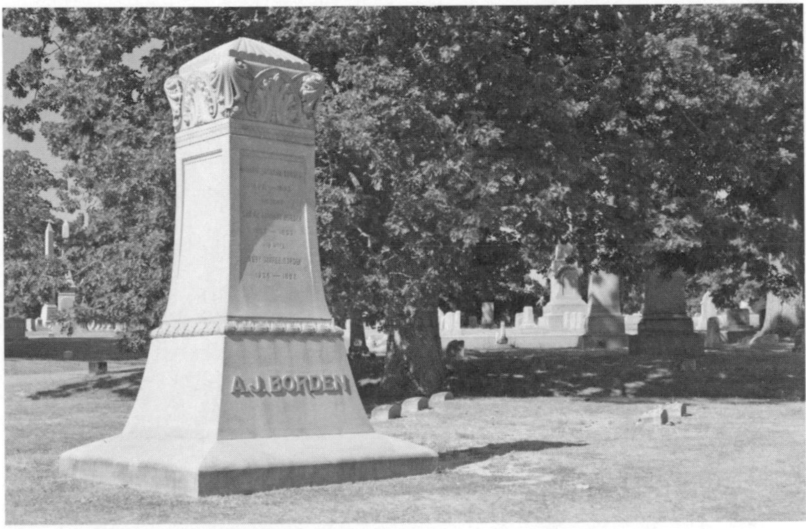

圖 72　櫟樹林墓園裡的波頓紀念碑

上的房子前徘徊許久之後，自述「十分失望」，跟多年前我在倫敦的海德公園（Hyde Park）等了一個半小時、結果還是沒能見到英國女王相比，此時的感受更加失望」。為了解釋這個故事為什麼一直吸引著自己，他論道：

> 這起事件具備所有值得細讀的元素。首先，這是一起發生在上流社會的離奇罪案，對這個階級的人來說不僅前所未聞，更完全難以想像……證據全都是間接證據，犯下這樁雙屍命案的人躲在一連串機運的保護傘下，大概千年一見；而最後一點，案子吸引了全國注意，民眾意見分歧，自美國開始有審判以來（或者我相信是如此沒錯），沒有哪一樁刑案能引發這等現象。[3]

波頓謀殺案及後續的審判，因為那首童謠不斷流傳下去，也以各種可想像到的體裁一再講述、重述；以皮爾森的話來說，這顯示出「這種對此案超乎尋常的著迷，就是人類性格及人際關係中的一個問題」。[4] 除了神祕事件本身強烈的情緒張力，再加上對偵探故事流水帳般的智力挑戰之外，這件案子宛如古希臘悲劇作家索伏克勒斯（Sophocles）所寫的「密室」謎團。即使謀殺本身似乎像是從人類黑暗本性的神祕源泉中召喚出的場景，那場對嫌犯的審判卻發生在相當特殊的時間與地點：此時的美國正值進步快速的鍍金時代（Gilded Age），司法程序中的每一步驟都體現出這段期間最堅定的信念，以及最令人困擾的焦慮感：麗茲．波頓這位信仰虔誠的年輕女性「出身良好家庭」——也就是一位淑女——卻被控揮砍手斧弒親。這應該是不可能發生的事。

整個審判期間，麗茲一直有如斯芬克斯般充滿了謎團。記者「怎樣都能找到題材，從她的表情、態度、說話方式、個人習慣，還有她能吃能睡還變胖……一切跟她有關的都寫」[5]，但即便受到這樣的嚴密檢視，她仍是難以捉摸，《紐約時報》預測得相當正確：「假如真的定了她的罪，這名犯人也不會有什麼反應。」

過去一百二十五年以來，波頓案的謎團以及核心的謎樣人物被寫進小說細細探究，也重新發想成芭蕾舞劇與歌劇，改編成電影、舞台劇甚至音樂劇演出。當小說家把目光鎖定在事件本身時，會發現案件的基本情節一點也不浪漫，因此大多會編造出一位神祕愛人。這手法很像那位不道德的私家偵探麥克亨利，讓麗茲有了比較傳統的動機，偶爾還會出現一位共犯或共謀。麗茲的舞會卡*上並沒有太多可能的男性友人，不過近代的作家（包括二〇一八年電影《裸愛殺機》〔*Lizzie*〕的編劇）發現麗茲的祕密愛人其實近在眼前：麗茲和布麗姬之間存在著禁忌之愛，造成了這樁謀殺案。

其他人則想在不考慮潛在的浪漫情節下破解此案，結果找出各種新理由，幾乎把跟這家人有關係的每個人都當成了嫌犯。例如愛德華．瑞汀（Edward Radin）的《麗茲波頓：未公開的故事》

---

* **譯註**：名媛淑女參加舞會時會準備舞會卡（dance card），上面寫著自己打算跟哪幾位男士跳舞。

（*Lizzie Borden: The Untold Story*）就認為波頓家的女傭布麗姬才是真兇。這本書非常引人入勝（瑞汀曾兩度獲得愛倫坡獎最佳犯罪紀實作品），他花了整整一章反駁艾德蒙．皮爾森對本案的經典描述，並將之形容為「文學騙局」[6]，語氣雖忿怒，但更多是悲傷。在瑞汀的描述中，經過「在炎熱酷暑中辛苦工作整週」後，艾碧命令布麗姬去清洗屋外窗戶成了最後一根稻草，布麗姬終於受不了了。皮爾森認為諾爾頓是位克盡職責的公僕，努力要將殺人兇手繩之以法；瑞汀則認為侯西．諾爾頓是故事中的壞人，這名無情的地區檢察官「僅僅因為自己相信麗茲．波頓或許有罪，便要奪取她的性命」。[7] 也有作家想像艾瑪才是兇手，畢竟她在自白中說自己原本像個母親般照顧麗茲，但父親再婚後，就有別人取代了這個位置，而且她還作證說在那場房產爭議中，是她對艾碧的角色懷著最強烈的怨恨，並非麗茲。瑞汀也認為艾瑪有嫌疑：她可以從費爾黑文回來，殺了艾碧，躲在家裡直到父親返家，將他殺死後再把凶器丟到某個離現場遠遠的地方。至於對偵探小說的狂熱書迷來說，約翰．莫爾斯的不在場證明實在太完美了，肯定是捏造的；有位作家認為他發現艾碧已經死了之後，就急忙出門給自己製造可信的故事。還有其他作家認為從調查、審判到最後麗茲的無罪釋放，當中少不了哈佛來的專家學者以及鎮上的大人物在背後操控的陰謀論；或許漢迪醫師口中那名睜大眼睛的男子其實是安德魯．波頓的私生子，打算殺掉不願意承認自己的父親。就連提出賽伯計量學（sabermetrics）做棒球數據統計的運動數據學家比爾．詹姆斯（Bill James）也參戰，運用波頓案演示一套可用來判斷是否有罪的數學系統，他的結論是：無罪。不過他認為在麗茲的案子中應該不需要這樣的系統，現代的鑑識科學馬上就能排除她的嫌疑。

大部分的詮釋只能讓我們知道這些研究者有多麼認真，而無法對這件謎團提供什麼關鍵事實。正如與麗茲同時代的人會透過她的審判反映出自己最可怕的恐懼，後來的評論者也會執著在謎團中某一個最能在自己時代引起共鳴的面向，例如一九五〇年代初期就有一種解釋，認為麗茲這個主角是惡夢般的「女權主義者」，並做此結論：「如果今日女性走出了廚房，她就只是追隨著麗茲的腳步，帶著一把血淋淋的斧頭走出來，開啟為女性爭取權利的潮流。」[8]另一個會提到的是許多人都有的推測，在一九九〇年代初期開始廣為流傳，也就是麗茲會犯下這樁謀殺案是因為她忍受父親多年的性虐待，包括有門能夠互通的臥室、死去的母親、無權的繼母，還有父女之間以「細細的金戒指」所象徵的特殊關係，這一切結合起來突然就有了明確的說法，不但能解釋兇手的身分，也能說明犯罪手法的殘暴。在這類例子中，波頓案就像是某種文化性的羅夏克墨漬測驗，在假設麗茲有罪以及想像她做了什麼時，論點已然跳脫了原本的時空背景。就這樣，每一個世代都會重新想像這件案子。

雖然大部分「是誰做的」理論都忽略了弗爾里維特殊的背景，但維多莉亞．林肯（Victoria Lincoln）的《不能說的祕密．陽光下的麗茲波頓》（*A Private Disgrace: Lizzie Borden by Daylight*）則論證了，這件案子只可能發生在那裡。小說家林肯是土生土長的弗爾里維人，對該地背景提供了十分豐富而細膩的內部敘述。她認為是麗茲殺了波頓夫婦，不過是在異常的狀態下而為，呼應了檢方侯西．諾爾頓的說法。據她所言，麗茲原本計畫要給繼母下毒，但在一次緊急癲癇發作的痙攣下同時殺了繼母和父親。若是麗茲同時代的犯罪學家大概會很讚賞這種診斷，他們認為癲癇是經期症狀的極端形式，跟犯罪脫不了關係。不過林肯有一點比其他研究者描寫得更好，那就是弗爾里維上流社會的共謀、階級內部對外人的排拒，以及對謀殺案有第一手消息的人都不約而同地保持沉默。對於在弗爾里維長大的林肯而言，麗茲．波頓就是「我們藏在櫥櫃裡的家醜、是家族中的黑羊、是個恥辱，卻也是不能說的祕密」。[9]

然而，當地為了靠這個傳說賺進鈔票，也就拋開了這股沉默的氛圍。在弗爾里維歷史協會服務多年的前會長弗蘿倫斯．布里格罕（Florence Brigham）是位身材嬌小的女士，擁有無可挑剔的弗爾里維血緣，她出面哀嘆著大批旅客湧入修復好的屋宅（也就是協會地址），卻忽略了裡頭特別標記的弗爾里維美好年代，而只想找尋波頓家的遺物。她的繼任者麥可．馬丁斯（Michael Martins）與丹尼斯．比涅特（Dennis Binette）便利用人們對弗爾里維這位最惡名昭彰的居民懷抱著不得體的興趣，藉此保存並推廣這座城市的豐富歷史。他們編纂了將近一千頁的群體傳記學：《對比人生：麗茲波頓與她的弗爾里維社會歷史》（*Parallel Lives: A Social History of Lizzie A. Borden and Her Fall River*），藉由麗茲的人生軌跡來追溯弗爾里維的發展史。在這九百九十八頁當中，謀殺案及審判只占了三十五頁，但他們史詩般的努力成果，讓麗茲得以重新回到自己的世界。

麗茲波頓民宿博物館（Lizzie Borden Bed & Breakfast Museum）的運作就沒那麼謹慎了。老闆在波頓第二街上的家經營，對面緊鄰著弗爾里維五層樓高的司法中心（Justice Center）後門，也是布里斯托郡高等法院刑事部門的總部。現任主人唐諾．伍茲（Donald Woods）和黎安．威爾伯（Lee-ann Wilbur）利用傳說的神祕面向，雇用了一位駐館靈媒並鼓勵超自然調查，但若是受到潛藏的謎團呼喚吸引而來，這裡也能滿足他們的需求。在謀殺案周年，民宿會提供特別行程，每小時一次，由穿著當時服裝的演員演出案件的關鍵角色。有一年他們讓訪客擔任記者的角色，面對情緒激動的布麗姬，鼓勵他們詢問關於家族成員的問題。還有一年，顧客要扮演警察的角色，協助警方調查，隨著警察導遊檢視屍體；死亡的安德魯還有一段驚喜演出，他的手會從沾滿血跡的布巾底下伸出來，並戲劇性地垂落。伍茲和威爾伯在二〇一八年買下楓田居，鞏固了他們身為麗茲故居房產守衛者的地位。他們計劃在那裡展出麗茲．波頓故事的第二部分。伍茲表示：「她真的是個很複雜的人物，不只是個拿斧頭殺人的謀殺犯。」[10]

他們希望能夠將麗茲視為一個完整的人，而不是「萬聖節的小擺飾」[11]，像莎拉．米勒（Sarah Miller）在二〇一六年出版了波頓謀殺案的青少年版研究，優美的文筆中便提到對這段故事的近代想像。而在《看我做了什麼》（*See What I Have Done*）一書中，小說家莎拉．舒密特（Sarah Schmidt）透過波頓家內部那種幽閉恐懼的設計，來解開主角的瘋狂起因。麗茲或許也參與了後MeToo運動，尤其是二〇一八年的電影《裸愛殺機》（*Lizzie*）中由克蘿伊．塞凡尼（Chloë Sevigny）詮釋的角色。這部電影積極籌備許久，團隊也多次造訪麗茲波頓民宿博物館收集資料。塞凡尼和編劇布萊斯．卡斯（Bryce Kass）原本想像的《裸愛殺機》是一部「喚醒人們、打破父權的作品」[12]，不過據說塞凡尼對最後的版本很失望；當中「有好幾幕著墨在麗茲的內心思考」，但卻「相當模糊」，無法表現麗茲對自由的渴望而成為謀殺的動機。這部電影就像舒密特的小說一樣，是根據豐富研究而推斷出的可能性。到目前為止，關於波頓案的研究就只差一部詳盡的紀錄片影集了，類似《小說家弒妻案》（*The Staircase*）以及《謀殺犯的形成》（*Making a Murderer*）的製作方式，藉由謹慎製作與緩慢敘事來推翻知名罪案的官方紀錄。

將近一百年前，皮爾森曾懷疑：「全部的真相有大白的一天嗎？」[13] 其實，還有一個無人翻閱的資料來源，但目前仍舊無法取得，受到古老的普通法律師權益保護，即使當事人死後仍有效。

辯護律師檔案

麗茲並未將所有的祕密都帶進自己最後安息的地方，有些仍留存在一個令人意想不到之處，就在麻州春田市（Springfield）主街上一棟不起眼的辦公大樓十六樓。裡面有一份麗茲．波頓的檔案，由喬治．羅賓森州長於一八六六年創立的律師事務所保管。羅賓森於一八九六年過世，但他仍然保護著麗茲。

看起來羅賓森並沒有什麼高明的計畫。他是突然過世的，從法院回家途中「意外癱瘓」。[1] 他的辦公室及檔案都很完整。相較之下，安德魯．詹寧斯在退休許久後才過世，而且基於自己才知道的原因，將他的麗茲．波頓檔案和相關筆記都丟進一個老舊的坐浴盆裡。這是一種小而淺的浴

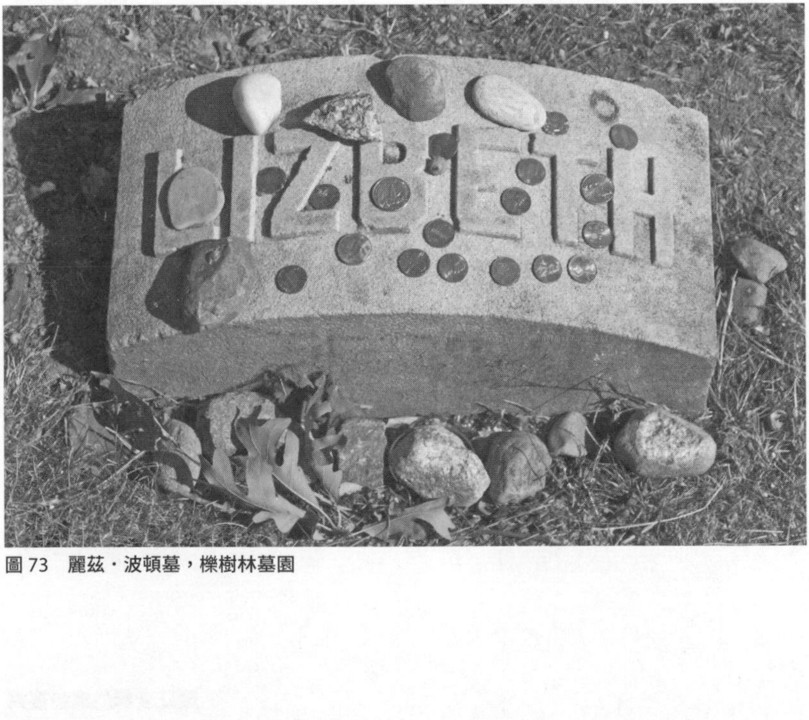

圖 73　麗茲．波頓墓，櫟樹林墓園

盆，用來浸泡臀部。這一堆收藏包括了審判時的證物、剪貼簿，還有詹寧斯親手寫的審判筆記。他在一九二三年過世時，家人繼承了這個坐浴盆及內容物。一九六七年，他們將部分收藏捐贈給弗爾里維歷史協會，剩下的文件、包括審判筆記，隨後也在二〇一二年捐出。一般認為是如此。但坐浴盆裡的東西並未完全清空。二〇一六年，麗茲當年在弗爾里維遭到逮捕時所簽署的律師授權書經拍賣賣出（賣方是詹寧斯的後代），如今同樣放在弗爾里維歷史協會展示。

這兩份資料有什麼差別？為什麼一份要鎖起來，另一份卻能公開展示？羅賓森的麗茲．波頓檔案中有些什麼？或許是一些律師的審判日記或剪報，類似詹寧斯留在坐浴盆裡的筆記本，也或許是對業餘偵探而言更加吊人胃口的東西。然而，之所以收起羅賓森的檔案不讓人檢視，原因跟其內容會揭露出什麼並無關連。羅賓森的事務所決定他們不該公開手上這份麗茲．波頓的檔案，是因為麻州律師監督委員會（Massachusetts Board of Bar Overseers）的指示。

律師與當事人的保密特權在普通法體系有著悠久的歷史，原先是為了確保律師不會被傳喚作證說出對當事人不利的證詞，或提供可能讓當事人遭到起訴的資料。正如傑出的證據學學者（也是波頓案的法律評論者）約翰．亨利．魏格摩所解釋：「為了讓當事人能更自在地向律師尋求法律建議，就必須排除法律顧問可能被迫揭露資訊的顧慮，因此法律必須禁止這類資訊公開，除非當事人自己同意。」[2] 但律師與當事人的保密特權已經有所擴展，不只要防止揭露律師與當事人間任何往來紀錄，還要防止揭露為了可能的訴訟而準備的任何「工作產物」；這是因為擔心對方律師可能會用這種「工作產物」來對付當事人，也就是「跟對手借東風」[3] 的起訴。總結起來，這些規定是要保護當事人，防止律師被「傳喚作證或必須提出與當事人有關的證據」。然而，無論有什麼可能或被迫興訟，在職業道德上也要求律師須承擔廣泛保密的責任，即便當事人死亡也要繼續，沒有過期日。

詹寧斯並未特別注意保全自己的文件。後來他的孫子想起，他跟麗茲在提爾登瑟伯藝廊的涉嫌偷竊案之後就鬧翻了，而他的子孫也不受職業或道德規範，要避免公開這些資料。相較之下，羅賓森的波頓檔案就會一直存放在他所創立的法律事務所，受到原始的律師保密責任保護，即使原本的律師和當事人早已不在乎了。

既然該律師事務所相信他們絕對不能公開檔案的內容，這也是唯一從羅賓森時代就留下來的檔案，為什麼還要留著？為什麼不乾脆依循著維多利亞時代的謀殺謎案一樣，將這份最後的文件一把火燒了，或者不那麼戲劇化的方法，交給辦公室的碎紙機也可以？羅賓森唐諾文事務所(Robinson Donovan)的現任資深合夥人傑佛瑞·麥寇米克(Jeffrey McCormick)在一九七七年加入事務所，當時便知道有這份檔案存在，他說要是丟棄這些具有如此歷史價值的東西就太「可惡」[4]了。因此，當麗茲·波頓戴著手套的手挽住羅賓森的手臂、走出新貝福法庭重獲自由之後，這份檔案就在麻州春田市、鎖在五層抽屜的檔案櫃裡，靜靜地躺了一百二十五年。

謝詞

我終於能夠完成這項進行已久的計畫，實在想不到自己竟然如此幸運，若要一一詳述可能要再寫一本書了。

首先最重要的是感謝我的經紀人提娜．班奈特（Tina Bennett），感謝她無人能比的支持與銳利的眼光，還有消耗不完的耐心（我試過了）。她除了是我第一個也是最好的讀者，參與這項計畫也已經超過十五年。提娜的助理絲薇拉娜．卡茲（Svetlana Katz）在這段時間一直提供非常多協助。莎莉．威爾考斯（Sally Willcox）幫我跟提娜牽線，蕾絲莉．泰寇茲（Leslie Teicholz）原本也要幫忙，我感謝她們兩位！

我尤其感謝強納森．卡普（Jonathan Karp）相信這項計畫（而且相信兩次），他拓展了我的視野，讓我知道可以寫哪些題目。我也十分幸運，能夠有愛蜜莉．席蒙森（Emily Simonson）如此冷靜又好心地引導我了解整個出版過程，同時也要非常感謝我的文字編輯大衛．寇瑞特（David Courtright），拯救了我的無數錯誤與瑕疵，還要感謝製作編輯凱莉．霍夫曼（Kayley Hoffman）、製作經理莉莎．爾溫（Lisa Erwin）以及管理編輯克莉絲汀．勒邁爾（Kristen Lemire）。設計師路維林．波蘭寇（Lewelin Polanco）與彼特．賈索（Pete Garceau）讓這本書從裡到外都十分美麗。

我在研究這樁特殊的案件時，想不到竟然在弗爾里維歷史協會的地下室還度過了一段快樂的時光，多虧了多才多藝的麥可·馬丁斯和丹尼斯·比涅特兩人的陪伴，我欠他們一份大人情，更要感謝他們努力而生出的巨大成果《對比人生》。若是我少花點時間跟丹尼斯一起大笑，工作效率應該會更好，不過就沒那麼好玩了。當地的其他朋友，包括貝琪·丹寧（Betsy Denning）和提姆·貝爾特（Tim Belt），讓這段時光更加歡樂。還要謝謝詹姆斯·史密斯（James Smith）提供了麗茲墓碑的照片。我有幸認識了已逝的小法蘭克·諾爾頓（Frank Knowlton Jr.），我是在大學的畢業典禮上遇到他（他則是來參加第五十五屆同學會），他邀請我參與了一九九二年波頓案的審判重現。

在我研究的過程中遇到了許多波頓案研究者，他們花時間與我分享自己對案件的看法，我尤其要感謝雪莉·齊埃齊克（Shelley Dziedzic）、史黛芬妮·庫瑞（Stefani Koorey）、凱特·庫瑞（Kat Koorey）、菲伊·穆索曼（Faye Musselman）、威廉·帕瓦歐（William Pavao）、藍·瑞貝洛（Len Rebello）以及黎安·威爾伯，同時感謝傑佛瑞·麥寇米克願意讓我詢問關於波頓案檔案的問題，只是他不能回答。

我很感謝幾位研究所學生在研究過程中的協助，幫我努力從微縮膠片的年代進入現代：達比·寇普蘭（Darby Copeland）、克里斯·布里克（Chris Brick）、喬書華·克洛（Joshua Clough）、克萊兒·佩頓（Claire Payton）以及潔西卡·馬利托里斯（Jessica Malitoris）。

這項計畫從我在哈佛大學時開始發想，一開始是我的畢業論文，後來得到史列辛格圖書館（Schlesinger Library）的普弗爾茨海姆夏日研究獎助金（Pforzheimer Summer Research Grant）而能夠進行。我要特別感謝我的指導教授馬克・多蘭（Marc Dolan）與亞莉珊卓・歐文（Alexandra Owen），以及我在每個求學階段的每位教師，有幾位對我影響深遠，值得特別提起：芭芭拉・巴卡克（Barbara Babcock）、克莉絲汀・布魯納（Christine Bruner）、凱瑟琳・克林頓（Catherine Clinton）、喬治・費雪（George Fisher）、愛倫・費茲派崔克（Ellen Fitzpatrick）、喬伊絲・弗林（Joyce Flynn）、勞倫斯・費里曼（Lawrence Friedman）、湯瑪斯・葛雷（Thomas Gray）、安妮・哈靈頓（Anne Harrington）、羅伯特・蘭姆（Robert Lamb）、彼得・曼考（Peter Mancall）、南西・魯騰堡（Nancy Ruttenburg）、金恩・修費爾德（King Schofield）、湯瑪斯・席格（Thomas Siegel）、愛娃・席柯拉（Eva Sikora）、羅伯特・魏斯伯格（Robert Weisberg），以及無人可比的歐爾雯・賀夫頓夫人（Dame Olwen Hufton）。我在學習法律時也有幸接受名師指導：詹姆斯・布朗寧（James Browning）、席爾多・梅隆（Theodor Meron）、哈利・普雷格森（Harry Pregerson）、拜倫・懷特（Byron White），以及約翰・保羅・史蒂文斯（John Paul Stevens）。

我十分感激國家人文學科中心（National Humanities Center）提供了研究基地以及學者社群，從這些共同歡笑的好夥伴身上我得到許多有用的建議：凱倫・霍圖恩（Karen Haltunen）、黛博拉・哈克內斯（Deborah Harkness）、辛西雅・何瑞普（Cynthia Herrup）、麗莎・林賽（Lisa Lindsay）、葛雷格・密特曼（Greg Mittman）、喬瑟琳・奧寇特（Jocelyn Olcott）、約翰・史威特（John Sweet），以及提摩西・泰森（Timothy Tyson）。我也要感謝中心的員工，特別是研究生計畫的兩位主任：肯特・穆利金（Kent Mullikin）與伊莉莎白・曼斯菲爾德（Elizabeth Mansfield），還有計畫專員露意絲・魏廷頓（Lois Whittington）。

我的朋友在這項計畫中對我提出無數種協助。黛博拉・柯恩（Deborah Cohen）、安・哈斯凱爾（Ann Haskell）、雪麗・克萊瑪（Sherry Kramer）、派崔克・帕契可（Patrick Pacheco）以及莎拉・提爾頓（Sarah Tilton）在我一開始認為這或許可以寫成書的時候，就一直熱切地支持著我，每一位都為我說故事的技巧給予重要的建議。愛麗森・奧布雷喬（Alison Aubrejaun）、蘇珊・克里夫蘭－諾爾斯（Susan Cleveland-Knowles）、蓋兒・摩斯（Gail Mosse）與麗莎・希特金（Lisa Sitkin）在二〇一七年跟我一起去聖荷西（San Jose）看了一場難忘的表演：《麗茲！搖滾音樂劇》（*Lizzie! A Rock Musical*），這些年來一直都堅定支持我。提奇・甘迺迪（Ticky Kennedy）與尼克・拉波索（Nick Raposo）在我遊覽過弗爾里維之後為我做了介紹，並且分享他們對麻州南方人民文化的全面理解。伊萊亞・里德（Elijah Leed）示範了砍柴的細膩動作。喬許・邦德（Josh Bond）總是在我快要倒下的時候，不斷把我推往正確的方向。

還有其他朋友幫忙閱讀並改進了手稿：珍娜・亞歷山大（Janet Alexander）、喬舒華・邦德（Joshua Bond）、史考特・卡斯伯（Scott Casper）、黛博拉・柯恩、基特・范恩（Kit Fine）、尼可拉・吉斯伯恩（Nikolas Gisborne）、吉兒・霍維茲（Jill Horwitz）、珍妮佛・甘迺迪（Jennifer Kennedy）、詹姆斯・勒舍（James Lesher）、凱洛萊・路易斯（Caroline

Lewis）、昆汀．佩爾（Quentin Pell）、艾琳諾．路特雷格（Eleanor Rutledge）、亞當．薩瑪哈（Adam Samaha）、愛娃．席柯拉與露絲．張（Ruth Chang，她很好心地看了好幾遍）。所有錯誤都是我自己的錯。

我對我的兄弟奇普（Chip）的感謝多到不知如何說起，沒有他的支持我就無法完成這本書。最後，我將這本書獻給我的父母，我欠了他們天大的恩情，也會永遠愛他們。

註解

書中部分段落先前曾發表在《耶魯法律與人文期刊》（*Yale Journal of Law and the Humanities*），參見卡拉·W·羅柏森，〈呈現「麗茲小姐」：麗茲波頓審判中的文化定罪〉（Representing 'Miss Lizzie': Cultural Convictions in the Trial of Lizzie Borden），《耶魯法律與人文期刊》卷 8（1996）：頁 352-416。

縮寫

FRHS：弗爾里維歷史協會

希里亞德文件：魯弗斯·巴薩特·希里亞德收藏，弗爾里維歷史協會

訊問：關於安德魯·J·波頓及艾碧·D·波頓死亡的訊問。速記員安妮·M·懷特，一八九二年八月九至十一日。弗爾里維歷史協會收藏。

詹寧斯筆記本：坐浴盆收藏，弗爾里維歷史協會。

肯特：大衛·肯特（David Kent），《麗茲波頓紀錄》（*The Lizzie Borden Sourcebook*, 1992），布蘭登出版（Branden Publishing）：波士頓

諾爾頓文件：M·馬丁斯與D·A·比涅特，《麻薩諸塞州訴麗茲波頓：諾爾頓文件 1892-

93》（*The Commonwealth of Massachusetts v. Lizzie A. Borden: The Knowlton Papers 1892-93*, 1994），弗爾里維歷史協會：弗爾里維

預審：《預審：麻薩諸塞州訴麗茲波頓，一八九二年八月二十五日至一八九二年九月一日》（*Preliminary Hearing: Commonwealth of Massachusetts v. Lizzie A. Borden, August 25, 1892—September 1, 1892*），麻州弗爾里維第二地方法院，速記員安妮・M・懷特。

審判逐字稿：麗茲波頓審判，起訴根據為謀殺艾碧波頓及安德魯波頓，布里斯托郡高等法院，由C・J・梅森、布洛傑特及J・J・杜威主持。官方速記報告由法蘭克・H・柏特（Frank H. Burt）製作，1893。

WS：證人證詞（Witness Statements），一八九二年八月四日至十月六日，弗爾里維歷史協會收藏。

報紙

波全球報：波士頓每日全球報

FRDG：弗爾里維每日全球報

FRDH：弗爾里維每日先鋒報

FREN：弗爾里維每日晚報

NBDM：新貝福水星報

NBEJ：新貝福晚報

NBES：新貝福標準晚報

NY 太陽報：〔紐約〕太陽報

NYT：紐約時報

NY 世界：〔紐約〕世界報

普日報：普洛維敦士日報

第一部：謀殺

第一章

1 《弗爾里維的悲劇》，NBES，1893年8月5日，2。

2 伊萊．班斯證詞，訊問，諾爾頓文件，頁160；訪談伊萊．班斯，警員杜賀提及哈靈頓，WS，8。

3 伊萊．班斯證詞，訊問，160。

4 伊萊．班斯證詞，訊問，160。

5 伊萊．班斯證詞，訊問，160。

6 伊萊．班斯證詞，訊問，162。

7 審判逐字稿，諾爾頓文件，1774。

8 珍．葛雷，與哈靈頓訪談，1892年8月17日，收於WS，17。

9 愛麗絲．羅素證詞，訊問，151。

10 〈不能更清楚了〉，FRDH，1892年8月6日，4。

11 第〈波頓先生的生活〉，《波士頓每日宣傳報》，1892年8月4日，收於肯特，5。

12 廣告，FREN，1859年5月5日，FRHS。

13 〈懷念已逝的安德魯波頓〉，FRDG，1892年8月19日，7。

14 艾德溫．波特，《弗爾里維的悲劇：波頓謀殺案記述》（麻州弗爾里維：喬治巴芬頓，1893年），22。

15 〈麗茲波頓收押〉，NY太陽，1893年6月5日，2。

16 死亡紀錄第706號，1893年3月26日，弗爾里維重要統計數據，麻州弗爾里維政府資料中心市政辦公室。安德魯於1865年

6月6日娶了艾碧·D·葛雷。麻薩諸塞州：重要統計數據，1841—1910。（取自麻薩諸塞州資料庫原始紀錄，線上資料庫：AmericanAncestors.org，新英格蘭歷史家譜協會，2004。）

17 〈利弗摩爾太太開口了〉，NBDM，1893年6月19日，1。

18 〈有罪？不！不！〉，《波士頓週日先鋒報》，1913年4月13日，25。

19 麗茲·波頓的訊問證詞，NBES，1893年8月12日。

20 〈堅定信念〉，FRDG，1892年8月15日，8。（「就算她被定罪了我也絕對不會相信是她做的，除非她自己承認，屆時我也只會更驚訝她為何要掩飾，而非她做了這件事。」）

21 〈麗茲波頓〉，《波士頓郵報》，1893年5月18日，2；〈與麗茲波頓訪談〉，《婦女期刊》，1893年5月27日，163。

22 愛麗絲·羅素證詞，訊問，151。

23 審判逐字稿，1349。

24 審判逐字稿，1349。

25 珍·葛雷，與哈靈頓訪談，1892年8月17日，收於WS，17。

26 愛瑪·波頓證詞，訊問，113。

27 漢娜·吉佛德證詞，訊問，158。

28 奧格絲塔·崔普證詞，訊問，144。

29 珍·葛雷，與哈靈頓訪談，1892年8月17日，收於WS，17。

30 愛麗絲·羅素證詞，訊問，151-52。

31 愛麗絲·羅素證詞，訊問，151-52。

32 〈不能更清楚了〉，FRDH，1892年8月6日，4。

33 戴斯蒙隊長報告，1891年6月24日，收於諾爾頓文件，74-75。

34 戴斯蒙隊長報告，1891年6月24日，收於諾爾頓文件，75。

35 戴斯蒙隊長報告，1891年6月24日，收於諾爾頓文件，75。

36 審判逐字稿，1246。

37 審判逐字稿，375。

38 審判逐字稿，379。

第二章

1 愛德蕾·邱吉爾證詞，訊問，128。

2 愛德蕾·邱吉爾證詞，訊問，128。

3 〈震驚！〉，FRDG，1892年8月4日，1。

4 與愛德蕾·邱吉爾訪談，1892年8月8日，WS，11。

5 與愛德蕾·邱吉爾訪談，1892年8月8日，WS，11。

6 與愛德蕾·邱吉爾訪談，1892年8月8日，WS，11。

7 與愛德蕾·邱吉爾訪談，1892年8月8日，WS，11。

8 艾德溫·波特，《弗爾里維的悲劇》，18。

9 波特，《弗爾里維的悲劇》，13。

10 〈麗茲波頓前景黯淡〉，NY太陽，1893年6月9日，2。

11 〈尚未逮捕兇手〉，FRDH，1892年8月11日，4。

12 〈理論夠多了〉，NBES，1892年8月9日，2。

13 麥可·馬丁斯與丹尼斯·比涅特，《對比人生：麗茲波頓與她的弗爾里維社會歷史》（弗爾里維：弗爾里維歷史協會，2011），355。

14 〈麗茲波頓遭逮捕〉，NBES，1892年8月12日，6。

15 馬丁斯與比涅特，《對比人生》，159。M．C．D．波頓與康尼留斯．比利斯（Cornelius Bliss）、威廉．哈克內斯（William Harkness）及約翰．克拉芬（John Clafin）共享八號包廂。小威廉．B．亞斯特的太太就坐在隔壁的七號包廂。在波頓家的財產中包括一艘船身有七十六．五公尺的遊艇，還有相當大量藝術品收藏，包括林布蘭（Rembrandt）的〈露葵西亞刺傷自己〉（*Lucretia Stabbing Herself*）。馬丁斯與比涅特，《對比人生》，163。

16 〈麗茲波頓收押〉，NY太陽，1893年6月5日，2。

17 〈麗茲波頓收押〉，NY太陽，1893年6月5日，2。

18 〈麗茲波頓收押〉，NY太陽，1893年6月5日，2。

19 〈麗茲波頓收押〉，NY太陽，1893年6月5日，2。

20 亞瑟．麥克唐諾，〈論犯罪學〉，《美國心理學期刊》3（1890年1月）：114。麥克唐諾檢視了歐洲的犯罪學理論，包括龍布羅梭以及法國社會學兼犯罪學家嘉布里爾．塔德（Gabriel Tarde）的論述。

21 勞倫斯．費里曼（Lawrence Friedman），《美國歷史的罪與罰》（*Crime and Punishment in American History*）（紐約：Basic Books，1993）。「朱克」是理查．達格戴爾編造的假名。

22 查爾斯．洛林．布雷斯，《紐約的危險階級及二十年工作回憶錄》，第三版（紐約：Wynkoop and Hallenbeck，1880），42-43。

23 瑪麗．A．利弗摩爾，〈今日的男孩〉，《我的人生故事：七十年來的光與影》（*The Story of My Life: The Sunshine and Shadow of Seventy Years*）（康乃狄克州哈特福：A. D. Worthington and Company，1897），634。

24 〈困惑的警方〉，NBES，1892年8月5日，8。

25 哈靈頓警員的筆記，1892年8月9日，WS，13。

26 哈靈頓警員的筆記，1892年8月9日，WS，13。

27 哈靈頓警員的筆記，1892年8月9日，WS，13。

28 哈靈頓警員的筆記，1892年8月9日，WS，6。

29 匿名信，1892年9月1日，收於諾爾頓文件，59。

30 〈賈伯牧師〉，FRDH，1892年8月8日，4。

31 查爾斯．亨利．威爾斯（Charles Henry Wells）日記，1892年8月4日，FRHS收藏。

32 〈法律角度〉，FRDH，1892年8月17日，4。

33 〈法律角度〉，FRDH，1892年8月17日，4。

34 波特，《弗爾里維的悲劇》，50。

35 波特，《弗爾里維的悲劇》，60-61。

36 杜賀提警員的筆記，1892年8月10日，WS，13。

37 亞伯特．皮爾斯伯瑞寫給侯西．諾爾頓的信件，1893年5月27日，收於諾爾頓文件，203。

38 希里亞德文件32，FRHS。

39 〈謀殺的動機〉，NBES，1892年8月18日，2。

40 來自J．伯恩斯．史傳德的信件，1892年8月10日，收於諾爾頓文件，8。

41 〈更多來自靈界的訊息〉，FRDH，1892年8月17日，4。

42 〈更多來自靈界的訊息〉，FRDH，1892年8月17日，129。

43 〈嫌疑人〉，NBES，1892年8月5日，4。另外對於莫爾斯不在場證明的討論，參見〈弗爾里維的悲劇〉，NBES，1892年8月6日，2。

44 〈弗爾里維謀殺案〉，NBES，1892年8月19日，1。

45 〈弗爾里維謀殺案〉，NBES，1892年8月19日，1。他之所以被懷疑是因為據說他跟一群巡迴馬販有關係，而這群人就駐紮在鄰近的西港這個城鎮。〈帶進墳墓〉，FRDG，1892年8月6日，7。

46 〈弗爾里維謀殺案〉，NBES，1892年8月19日，1。

47 〈奇怪的故事〉，FRDH，1892年8月19日，4。這個謠言聽在現代人耳裡又是另外一回事。根據麻州兒童暴力防治協會的紀錄，要知道這段時間對於亂倫的討論，參見琳達．葛登（Linda Gordon），《為自己的人生奮戰：家暴的政治與歷史，波士頓1880—1960》（*Heroes*

of Their Own Lives: The Politics and History of Family Violence, Boston 1880—1960）（紐約：Viking Press，1988），204-249。

48 〈奇怪的故事〉，FRDH，1892年8月19日，4。

49 珍．葛雷，與哈靈頓及杜賀提訪談，1892年9月25日，WS，21。

50 梅德利警員的筆記，1892年8月4日，WS，28。

51 梅德利警員的筆記，1892年8月4日，WS，28。

52 梅德利警員的筆記，1892年8月4日，WS，28。

53 哈靈頓警員的筆記，1892年8月4日，WS，6。

54 匿名信，希里亞德文件004，FRHS。

55 匿名信，1892年8月18日，希里亞德文件82，FRHS。

56 預審，508。

57 哈靈頓警員的筆記，1892年8月4日，WS，5-6。

58 哈靈頓警員的筆記，1892年8月4日，WS，6。

59 哈靈頓警員的筆記，1892年8月4日，WS，6。

60 〈理論夠多了〉，NBES，1892年8月9日，2。

61 海朗．哈靈頓，與杜賀提及哈靈頓的訪談，1892年8月6日，WS，11。

62 海朗．哈靈頓，與杜賀提及哈靈頓的訪談，1892年8月6日，WS，11。

63 海朗．哈靈頓，與杜賀提及哈靈頓的訪談，1892年8月6日，WS，11。哈靈頓面對不同的記者時對這段經過有不同的敘述，在波特訪問他時，他形容麗茲是個「既傲慢又盛氣凌人的女子，跟她父親一樣頑固，絕對會認真爭取自己的權利」。波特，《弗爾里維的悲劇》，26。

64 〈雇來的殺手〉，NBES，1892年8月9日，8。

65 〈懸賞五千元〉，NBES，1892年8月5日，1。

66 波特，《弗爾里維的悲劇》，41。漢斯康的名字可能是歐林頓（Orrinton）或歐靈頓（Orrington）。

67 波特，《弗爾里維的悲劇》，53。

第三章

1 〈謀殺謎案〉，NBES，1892年8月6日，6。

2 〈謀殺謎案〉，NBES，1892年8月6日，6。

3 〈謀殺謎案〉，NBES，1892年8月6日，6。

4 〈波頓謀殺案仍未找到動機〉，《紐約先鋒報》，1892年8月6日，收於肯特，17。

5 波特，《弗爾里維的悲劇》，33。

6 波特，《弗爾里維的悲劇》，33。

7 波特，《弗爾里維的悲劇》，32。

8 波特，《弗爾里維的悲劇》，52。

9 波特，《弗爾里維的悲劇》，81。

10 波特，《弗爾里維的悲劇》，52。

11 波特，《弗爾里維的悲劇》，52。

12 波特，《弗爾里維的悲劇》，54。

13 波特，《弗爾里維的悲劇》，54。

14 〈愛瑪波頓作證〉，NY太陽，1893年6月17日，1。

15 州檢察長帕克的致詞，僅代表布里斯托郡律師緬懷已逝的侯西．莫瑞爾．諾爾頓大人，通頓，1903年4月21日（新貝福：E. Anthony

and Sons），29。

16 侯西．諾爾頓，《當年州檢察長年度報告，截至1900年1月17日》（*Annual Report of the Attorney General for the Year Ending January 17, 1900*）（波士頓，1900），xv。

17 侯西．諾爾頓，《當年州檢察長年度報告，截至1900年1月17日》（波士頓，1900），xviii-xix。

18 〈她遭控謀殺父親〉，《紐約先鋒報》，1892年8月13日，收於肯特，109。

19 馬丁斯與比涅特，《對比人生》，957。關於詹寧斯在布朗大學九人棒球隊的領導，參見〈犯人的律師〉，NBES，1892年8月27日，2。

20 〈選擇波頓案陪審團〉，NY太陽，1893年6月6日，1。

21 〈選擇波頓案陪審團〉，NY太陽，1893年6月6日，1。

22 〈一方〉，《波士頓全球報》，1893年6月16，1。

23 麗茲．波頓的訊問證詞，NBES，1893年6月12日。接下來的談話內容也引自同一來源。

24 哈靈頓警員讓諾爾頓注意到關於麗茲信件的新聞報導。菲利普．哈靈頓寫給侯西．諾爾頓的信，1892年9月8日，收於諾爾頓文件，73。

25 侯西．諾爾頓寫給亞伯特．皮爾斯伯瑞的信，1892年9月12日，收於諾爾頓文件，76。

26 伊莉莎白．強斯頓，與警員杜賀提和哈靈頓的訪談，1892年9月25日，WS，20。

27 伊莉莎白．強斯頓，與警員梅德利的訪談，1892年9月12日，WS，33。

28 麗茲．波頓的訊問證詞，NBES，1893年6月12日。接下來的問題與回覆都來自同一來源。

29 愛瑪．波頓證詞，訊問，112。

30 愛瑪．波頓證詞，訊問，113。

31 海朗．哈靈頓，訊問，113。

32 愛德蕾．邱吉爾證詞，訊問，129。

33 查爾斯．庫克，梅德利警員的筆記，1892年8月7日，WS，30。

34 〈波頓家的保險箱開了〉，NBES，1892年8月12日，6。

35 〈波頓家的保險箱開了〉，NBES，1892年8月12日，6。

36 波特，《弗爾里維的悲劇》，59。

37 麗茲．波頓的訊問證詞，NBES，1893年6月12日。接下來的問題與回覆都來自同一來源。

38 愛麗絲．羅素證詞，訊問，152。

39 愛麗絲．羅素證詞，訊問，150。

40 莎拉．懷黑德證詞，訊問，156。

41 漢娜．吉佛德證詞，訊問，158。

42 〈終於逮捕〉，NBES，1892年8月11日，2。

43 〈波頓小姐遭到逮捕〉，NYT，1892年8月12日，2。

44 〈麗茲波頓遭到逮捕〉，NY先鋒報，1892年8月12日，收於肯特，51。

45 弗爾里維警局逮捕紀錄。

46 〈鋃鐺入獄〉，《波士頓每日宣傳報》，1892年8月13日。

47 〈她遭控謀殺父親〉，NY先鋒報，1892年8月13日，收於肯特，110。

48 〈眾說紛紜〉，FRDH，1892年8月13日，4。

49 〈眾說紛紜〉，FRDH，1892年8月13日，4。

50 蘇珊．費森登，給麻州州長的請願書，1892年9月4日麻州WCTU集會採用，引用於〈翠蒙堂請願書〉，《波士頓全球報》，1892年9月6日，2。麗茲．波頓自己問：「我這三十年來的為人不算什麼，什麼都不算嗎？」參見〈麗茲波頓開口了〉，NBES，1893年5月18日；〈與麗茲波頓訪談〉，《婦女期刊》，1893年5月27日，163。

51 〈還麗茲波頓公道〉，FRDG，1892年10月20日，7。

52 〈麗茲波頓〉，《波士頓郵報》，1893年5月18日，2。〈與麗茲波頓訪談〉，《婦女期刊》，1893年5月27日，162。

53 〈我相信她的清白〉，NBES，1892年8月22日，2。

54 希里亞德文件29，FRHS。

55 希里亞德文件98，FRHS。

56 〈逮捕麗茲波頓〉，NBES，1892年8月15日，6。根據《波士頓全球報》，希里亞德在預審之後仍繼續調查。〈波頓案調查陷入膠著〉，《波士頓全球報》，1892年9月6日，2。

57 希里亞德文件003，FRHS。

58 〈訊問開始〉，FRDH，1892年8月9日，4。

59 〈受審〉，NBES，1892年6月5日，1。

第四章

1 〈波頓案審判〉，NBES，1892年12月17日，1。

2 安德魯．詹寧斯寫給寇提斯．彼斯的信，希里亞德文件140。事實上，麗茲「根本受不了他」，喬治．西佛警探的筆記，WS，34。

3 〈她遭控謀殺父親〉，NY先鋒報，1892年8月13日，109。

4 〈她遭控謀殺父親〉，NY先鋒報，1892年8月13日，收於肯特，109。

5 〈她遭控謀殺父親〉，NY先鋒報，1892年8月13日，109；波特，《弗爾里維的悲劇》，73。

6 〈等待週一〉，FRDH，1892年8月20日，4。

7 〈遴選波頓案陪審團〉，NY太陽報，1893年6月6日，1。

8 〈遴選波頓案陪審團〉，NY太陽報，1893年6月6日，1。

9 〈遴選波頓案陪審團〉，NY太陽報，1893年6月6日，1。

10 〈麗茲波頓案聽證〉，NYT，1892年8月26日，1。
11 波特，《弗爾里維的悲劇》，83。
12 波特，《弗爾里維的悲劇》，83。
13 波特，《弗爾里維的悲劇》，83。
14 〈延到週四〉，《波士頓全球報》，1892年8月23日，3。
15 〈延到週四〉，《波士頓全球報》，1892年8月23日，3。
16 〈提審〉，收於肯特，113。
17 〈延到週四〉，《波士頓全球報》，1892年8月23日，1。
18 波特，《弗爾里維的悲劇》，84。
19 〈延到週四〉，《波士頓全球報》，1892年8月23日，3。
20 〈延到週四〉，《波士頓全球報》，1892年8月23日，3。
21 〈延到週四〉，《波士頓全球報》，1892年8月23日，3。
22 〈延到週四〉，《波士頓全球報》，1892年8月23日，3。
23 諾爾頓寫給皮爾斯伯瑞的信，1892年8月26日，收於諾爾頓文件，35。
24 〈延到週四〉，《波士頓全球報》，1892年8月23日，3。
25 〈延到週四〉，《波士頓全球報》，1892年8月23日，3。
26 〈延到週四〉，《波士頓全球報》，1892年8月23日，3。
27 波特，《弗爾里維的悲劇》，85；〈愛瑪，妳出賣了我〉，NBES，1892年8月25日，8。
28 波特，《弗爾里維的悲劇》，86。
29 波特，《弗爾里維的悲劇》，86。

30 〈愛瑪，妳出賣了我〉，《波士頓全球報》，1892年8月31日，7。
31 〈爭辯的一天〉，《普日報》，1892年8月25日，1。
32 波特，《弗爾里維的悲劇》，87。
33 〈麗茲波頓小姐上法庭〉，《波士頓全球報》，1892年8月26日，1。
34 〈麗茲波頓小姐上法庭〉，《波士頓全球報》，1892年8月26日，1。
35 〈麗茲波頓小姐上法庭〉，《波士頓全球報》，1892年8月26日，1。
36 〈麗茲波頓小姐上法庭〉，《波士頓全球報》，1892年8月26日，1。
37 〈麗茲波頓聽證〉，NYT，1892年8月26日，2。
38 〈麗茲波頓小姐上法庭〉，《波士頓全球報》，1892年8月26日，1。
39 〈仍是間接〉，《普日報》，1892年8月27日，1。
40 〈麗茲波頓小姐上法庭〉，《波士頓全球報》，1892年8月26日，1。
41 波特，《弗爾里維的悲劇》，91。
42 〈麗茲波頓小姐上法庭〉，《波士頓全球報》，1892年8月26日，1。
43 〈麗茲波頓小姐上法庭〉，《波士頓全球報》，1892年8月26日，6。
44 〈麗茲波頓小姐上法庭〉，《波士頓全球報》，1892年8月26日，6。
45 〈麗茲波頓小姐上法庭〉，《波士頓全球報》，1892年8月26日，6。
46 〈無頭箱子〉，FRDH，1892年8月26日，4。
47 〈麗茲波頓自述〉，NYT，1892年8月27日，1。
48 〈麗茲波頓的苦難〉，NYT，1892年8月28日，8。
49 〈麗茲波頓的苦難〉，NYT，1892年8月28日，8。

50 〈環環相扣〉，《波士頓全球報》，1892年8月27日，1。
51 〈麗茲波頓的苦難〉，NYT，1892年8月28日，8。
52 〈麗茲波頓的苦難〉，NYT，1892年8月28日，8。
53 波特，《弗爾里維的悲劇》，104。
54 波特，《弗爾里維的悲劇》，104。
55 〈麗茲波頓的苦難〉，NYT，1892年8月28日，8。
56 〈麗茲波頓的苦難〉，NYT，1892年8月28日，8。
57 〈麗茲波頓的苦難〉，NYT，1892年8月28日，1。
58 〈環環相扣〉，《波士頓全球報》，1892年8月27日，1。
59 〈麗茲波頓的苦難〉，NYT，1892年8月28日，8。
60 〈麗茲波頓的苦難〉，NYT，1892年8月28日，8。
61 〈麗茲波頓的苦難〉，NYT，1892年8月28日，8。
62 〈麗茲波頓的受難日〉，NYT，1892年8月30日，1。
63 預審，310。
64 預審，315。
65 預審，315。
66 預審，315。
67 〈麗茲波頓的受難日〉，NYT，1892年8月30日，1。
68 預審，316。
69 預審，317。

70 安德魯．詹寧斯的筆記，FRHS。

71 〈藥局員工的故事〉，FRDH，1892年8月6日，4。麥卡弗瑞太太是州警督察的夫人，她曾去過那間藥局，據說跟麗茲．波頓相像，「尤其是身材非常近似」。〈他穿著紅褐色的鞋〉，NY紀錄報，1892年8月7日，1。

72 預審，319。

73 預審，319。

74 〈麗茲波頓的受難日〉，NYT，1892年8月30日，1。

75 〈沒有找到毒藥痕跡〉，NYT，1892年8月31日，1。

76 〈最後一天作證〉，NBES，1892年9月1日，3。

77 〈稱無罪〉，NBES，1892年8月12日，1。

78 〈簽保守行為〉，《波士頓全球報》，1892年9月2日，6。

79 〈焦慮的麗茲〉，NBES，1892年8月10日，1。

80 預審，508。

81 預審，507。

82 預審，513。

83 預審，513。

84 預審，513。

85 預審，515。

86 預審，515。

87 預審，515。

88 預審，515。

89 〈麗茲波頓收押〉，普日報，1892年9月2日，1。
90 〈移交給大陪審團〉，《波士頓全球報》，1892年9月2日，1。
91 〈移交給大陪審團〉，《波士頓全球報》，1892年9月2日，1。
92 〈移交給大陪審團〉，《波士頓全球報》，1892年9月2日，1。
93 〈移交給大陪審團〉，《波士頓全球報》，1892年9月2日，1。
94 〈移交給大陪審團〉，《波士頓全球報》，1892年9月2日，1。
95 〈移交給大陪審團〉，《波士頓全球報》，1892年9月2日，1。
96 預審，517。
97 〈移交給大陪審團〉，《波士頓全球報》，1892年9月2日，1。
98 預審，517。
99 〈移交給大陪審團〉，《波士頓全球報》，1892年9月2日，1。
100 〈移交給大陪審團〉，《波士頓全球報》，1892年9月2日，1。
101 〈移交給大陪審團〉，《波士頓全球報》，1892年9月2日，1。波特寫道：「她像尊石像般坐著，一動也不動，看不出對整個過程有一絲情感或興趣。」波特，《弗爾里維的悲劇》，140。
102 〈移交給大陪審團〉，《波士頓全球報》，1892年9月2日，6。
103 〈移交給大陪審團〉，《波士頓全球報》，1892年9月2日，6。
104 〈移交給大陪審團〉，《波士頓全球報》，1892年9月2日，6。
105 〈移交給大陪審團〉，《波士頓全球報》，1892年9月2日，1。
106 《波士頓全球報》，1892年10月10日，1。
107 波特，《弗爾里維的悲劇》，145。

108 波特，《弗爾里維的悲劇》，151。

109 《波士頓全球報》，1892年10月12日，1；〈波頓案的「騙局」〉，NBES，1892年10月13日，4。

110 波特，《弗爾里維的悲劇》，153。

111 亞伯特·皮爾斯伯瑞寫給F·W·赫德的信，1892年12月5日，收於諾爾頓文件，119；〈記者崔奇身亡〉，NY太陽報，1892年12月5日，2。

112 亞伯特·皮爾斯伯瑞寫給F·W·赫德的信，1892年12月5日，收於諾爾頓文件，119。

113 波特，《弗爾里維的悲劇》，145。

114 波特，《弗爾里維的悲劇》，145。

115 艾德溫·麥克亨利的筆記，WS，46。

116 艾德溫·麥克亨利的筆記，WS，46。

117 艾德溫·麥克亨利的筆記，WS，46。

118 波特，《弗爾里維的悲劇》，150。

119 波特，《弗爾里維的悲劇》，144。

120 羅伯特·蘇利文（Robert Sullivan），《再見，麗茲波頓》（*Goodbye Lizzie Borden*）（佛蒙特州布瑞托波洛：Stephen Greene Press，1974），53。

121 諾爾頓寫給皮爾斯伯瑞的信，1892年12月3日，收於諾爾頓文件，118。

122 諾爾頓寫給皮爾斯伯瑞的信，1892年12月3日，收於諾爾頓文件，118。

123 〈賭上生命與榮譽〉，《波士頓全球報》，1893年6月5日；〈羅賓森過世〉，《波士頓週日先鋒報》，1896年2月23日，7。

124 〈遴選波頓案陪審團〉，NY太陽報，1893年6月6日，1。

125 〈遴選波頓案陪審團〉，NY太陽報，1893年6月6日，1。

126 亨利·卡波·洛吉，《致敬麻州州長喬治·羅賓森的人生與服務，1884-86年》（*An Address Commemorative of the Life and Service of George D.*

Robinson, Governor of the Commonwealth, 1884-86)（波士頓：Geo. H. Ellis, Printer，1896），26。

127 〈羅賓森過世〉，《波士頓週日先鋒報》，1896年2月23日，7。

128 亨利．卡波．洛吉，《致敬麻州州長喬治．羅賓森的人生與服務，1884-86年》（波士頓：Geo. H. Ellis, Printer，1896），26。

129 麗茲．波頓寫給安妮．林賽的信，1892年10月，引述於《對比人生》，480。

130 麗茲．波頓寫給安妮．林賽的信，1892年10月，引述於《對比人生》，480。

131 麗茲．波頓寫給安妮．林賽的信，1893年5月11日，引述於《對比人生》，487。

132 〈可能有精神疾病〉，NBES，1892年9月3日，2。

133 何瑞斯．班森（Horace Benson），引述於《對比人生》，59。也可參見〈麗茲波頓：學業及後來的生活〉，《波士頓先鋒報》，1892年8月7日，6。

134 露易莎．荷姆斯．史提維爾（Louisa Holmes Stilwell）的日記，引述於《對比人生》，94。

135 審判逐字稿，378。

136 〈一訪墓碑〉，FRDH，1892年8月8日，4。

137 〈遴選波頓案陪審團〉，NY世界報，1893年6月6日，8。其他人觀察到，她的「雙眼眼神很奇特」：〈她眼中的奇特神色〉，《波士頓全球報》，1892年8月30日，7。

138 〈波頓案悲劇〉，《波士頓先鋒報》，引述於FRDH，1892年8月27日，4。

139 〈波頓案悲劇〉，《波士頓先鋒報》，引述於FRDH，1892年8月27日，4。《波士頓全球報》也引用一位警員的匿名評論，同樣也認為她的無動於衷有問題。參見〈她眼中的奇特神色〉，《波士頓全球報》，1892年8月30日，7。

140 〈可能有精神疾病〉，NBES，1892年9月3日，2。

141 〈波頓小姐這一方〉，《波士頓宣傳報》，1892年8月15日。也可參見〈可能有精神疾病〉，NBES，1892年9月3日，2；以及〈起訴！〉，NBES，1892年12月2日，1。

142 亞伯特．皮爾斯伯瑞寫給愛德華．考勒斯醫師的信，1892年9月22日，收於諾爾頓文件，86。

143 愛德華・考勒斯醫師寫給亞伯特・皮爾斯伯瑞的信，1892年9月24日，收於諾爾頓文件，86-87。
144 侯西・諾爾頓寫給亞伯特・皮爾斯伯瑞的信，1892年11月22日，收於諾爾頓文件，96。
145 亞伯特・皮爾斯伯瑞寫給侯西・諾爾頓的信，1892年11月22日，收於諾爾頓文件，100。
146 安德魯・詹寧斯寫給皮爾斯伯瑞的信，1892年11月22日，收於諾爾頓文件，96。
147 侯西・諾爾頓寫給亞伯特・皮爾斯伯瑞的信，1892年11月22日，收於諾爾頓文件，96。
148 詹姆斯・史代福隊長，莫爾頓・巴切德報告，1892年11月24日，收於諾爾頓文件，102。
149 荷朗太太（Mrs. Holland），莫爾頓・巴切德報告，1892年11月24日，收於諾爾頓文件，102。這裡似乎是把「豪朗」（Howland）寫錯了。安娜・豪朗是麗茲・波頓的同輩，可能是透過一位女性長輩認識這家人，波頓家還住在費利街時，跟這位女性長輩是鄰居。參見諾爾頓文件，442。
150 瑞斯康・凱斯，莫爾頓・巴切德報告，1892年11月24日，收於諾爾頓文件，105。
151 D・S・布里格罕，莫爾頓・巴切德報告，1892年11月24日，收於諾爾頓文件，105。
152 喬治・A・佩提，莫爾頓・巴切德報告，1892年11月24日，收於諾爾頓文件，105。
153 〈等待週一〉，FRDH，1892年8月20日，4。
154 〈焦慮的麗茲〉，NBES，1892年8月10日，1。
155 S・魏爾・米歇爾，〈醫師與病人〉，《美國心理學期刊》5（1892年10月）：93。
156 漢斯・葛羅斯，《犯罪心理學：法官、醫師及學生指南》（*Criminal Psychology: A Manual for Judges, Practitioners and Students*），何瑞斯・M・卡倫譯，現代犯罪科學系列（波士頓：Little, Brown and Co.，1915），316。關於月經和心理疾病之間的連結有各種不同的看法，美國醫師瑪麗・普特南・傑寇比（Mary Putnam Jacobi）認為月經不一定會使人衰弱，並以論文〈女性在月經期間的休養問題〉（The Question of Rest for Women During Menstruation）於一八七六年獲得哈佛的柏乙爾斯頓醫學獎（Boylston Medical Prize）。瑪麗・狄克森・瓊斯醫師（Dr. Mary Dixon Jones）也有類似的想法，知名的英國婦科醫師T・S・克勞斯頓（T. S. Clouston）曾提出嚴正警告，說女性在月經期間會有精神疾病風險，瓊斯醫師便質疑地問：「身體的正常運作有可能造成不正常的衝動嗎？」瑪麗・狄克森・瓊斯，〈瘋狂及其成因：女性性功能與瘋狂和犯罪之間有相關嗎？〉，《醫學紀錄》（1900年12月15日）：926。狄克森・瓊斯自己也曾經歷幾次官司，最出名的就是在一八九二年對《布魯克林每日鷹報》（Brooklyn Daily Eagle）提告毀謗。參見蕾吉娜．摩朗茲－桑切斯（Regina Morantz-Sanchez），《不像個女人：世紀末布魯克林的醫學審判》（*Conduct Unbecoming a Woman: Medicine on Trial in Turn-of-the-Century Brooklyn*）（紐約：OUP，1999）。

157 H．L．麥克諾頓－瓊斯，〈論性功能、瘋狂及犯罪間的相關性〉，《英國醫學期刊》（1900年9月）：791。

158 訊問，1892年8月10日。

159 亞瑟．S．菲利普斯（Arthur S. Phillips），《波頓謀殺謎案：為麗茲波頓辯護》（*The Borden Murder Mystery: In Defense of Lizzie Borden*）（緬因州波特蘭：King Publishing Co.，1986），13-14。亞瑟．菲利普斯為弗爾里維撰寫的歷史總共有三冊，這是其中之一。

160 詹寧斯筆記本，FRHS。

161 希里亞德文件167，FRHS。

162 寫給諾爾頓的匿名信，1893年6月14日，收於諾爾頓文件，241。

163 艾波索普太太寫給諾爾頓的信，1893年6月14日，收於諾爾頓文件，242。

164 〈這才是真正的麗茲波頓〉，NY世界報，1893年6月18日，15。

165 麗茲．波頓寫給安妮．林賽的信，1893年1月18日，引述於《對比人生》，483。

166 麗茲．波頓寫給安妮．林賽的信，1893年5月11日，引述於《對比人生》，487。

167 侯西．諾爾頓寫給亞伯特．皮爾斯伯瑞的信，1893年4月24日，收於諾爾頓文件，159。

168 侯西．諾爾頓寫給亞伯特．皮爾斯伯瑞的信，1893年4月24日，收於諾爾頓文件，158。

169 侯西．諾爾頓寫給亞伯特．皮爾斯伯瑞的信，1893年4月24日，收於諾爾頓文件，158。

170 侯西．諾爾頓寫給亞伯特．皮爾斯伯瑞的信，1893年4月24日，收於諾爾頓文件，158-59。

171 亞伯特．皮爾斯伯瑞寫給威廉．穆迪的信，1893年5月3日，收於諾爾頓文件，172。

172 威廉．穆迪寫給亞伯特．皮爾斯伯瑞的信，1893年5月2日，收於諾爾頓文件，168。

173 〈遴選陪審團〉，《波士頓全球報》，1893年6月6日，5。

174 〈遴選波頓案陪審團〉，NY太陽報，1893年6月6日，1。
175 亞伯特．皮爾斯伯瑞寫給侯西．諾爾頓的信，1893年5月2日，收於諾爾頓文件，168。
176 〈提審〉，NBES，1893年5月9日，8。
177 〈提審〉，NBES，1893年5月9日，8。
178 〈提審〉，NBES，1893年5月9日，8。
179 〈提審〉，NBES，1893年5月9日，8。
180 〈提審〉，NBES，1893年5月9日，8。
181 〈提審〉，NBES，1893年5月9日，8。
182 侯西．諾爾頓寫給亞伯特．皮爾斯伯瑞的信，1893年5月14日，收於諾爾頓文件，179。
183 侯西．諾爾頓寫給亞伯特．皮爾斯伯瑞的信，1893年5月14日，收於諾爾頓文件，179。
184 〈週日奇景〉，1893年6月4日，1。也可參見〈波頓謀殺案〉，普日報，1893年6月5日，1。

第二部：審判

第五章

1 〈荷西．柯雷亞．德莫洛因謀殺柏莎．曼徹斯特遭捕〉，《波士頓全球報》，1893年6月5日，1。
2 〈斧頭殺手〉，普日報，1893年6月2日，1。
3 〈麗茲波頓案〉，NY世界報，1893年6月4日，1。
4 〈線索〉，NBES，1893年6月1日，1。
5 〈可怕罪案〉，NBES，1892年5月31日，1。

6 〈波頓案審判〉，FREN，1893年5月1日，4。

7 詹寧斯寫給諾爾頓的信，1892年12月12日，收於諾爾頓文件，122。也可參見〈詹寧斯先生談話〉，FRDH，1893年5月4日，7。

8 〈有點困難〉，FRDG，1893年6月7日，4。新貝福本身常常被戲稱為「大鯨都」（Whaleopolis）。

9 〈波頓案的安排〉，NY太陽報，1893年6月12日，1。

10 〈麗茲波頓受審〉，NY太陽報，1893年6月5日，2。

11 〈她命懸此案〉，普日報，1893年6月6日，1。

12 〈遴選波頓案陪審團〉，NY世界報，1893年6月6日。

13 〈遴選結果〉，《波士頓全球報》，1893年6月6日，1。

14 〈賭上生命與榮譽〉，《波士頓全球報》，1893年6月5日，1。正如《新貝福每日水星報》所觀察到的：「上百萬雙眼睛都轉而盯向郡立街上的法院……完全證明了報紙散播消息的速度有多快。」NBDM，1893年6月5日，4。

15 〈鋼筆與雙眼〉，《波士頓全球報》，1893年6月12日，5。

16 凱倫・羅根坎普（Karen Roggenkamp），《描述新聞：十九世紀晚期美國新聞及小說的新新聞學與文學類型》（*Narrating the News: New Journalism and Literary Genre in Late Nineteenth-Century American Newspapers and Fiction*）（肯特：Ohio State University Press，2005），xiii。

17 朱利恩・拉福，《記者的養成》（紐約：Harper & Brothers，1903），14。

18 朱利恩・拉福，《記者的養成》，99。

19 朱利恩・拉福，《記者的養成》，26。

20 朱利恩・拉福，《記者的養成》，54。

21 朱利恩・拉福，《記者的養成》，61-62。

22 朱利恩・拉福，《記者的養成》，26-27。

23 〈遴選結果〉，《波士頓全球報》，1893年6月6日，1。

24 〈編輯觀點〉，《波士頓全球報》，1893年6月10日，4。這頭母牛「名氣傳遍全國」，〈鋼筆與雙眼〉，《波士頓全球報》，1893

年6月12日，5。

25 凱倫・羅根坎普，《同情、瘋狂與犯罪：十九世紀的四名記者如何將新聞報紙變成女人的事業》（*Sympathy, Madness, and Crime: How Four Nineteen-Century Journalists Made the Newspaper Women's Business*）（肯特：Ohio State University Press，2016），4。

26 伊莉莎白・喬丹，〈新聞報社的女性故事〉，《利平考特月刊》51（1893年3月）：340。

27 伊莉莎白・喬丹，《三聲振奮人心的歡呼》（紐約：Appleton-Century，1938），33。

28 伊莉莎白・喬丹，《三聲振奮人心的歡呼》，37。

29 伊莉莎白・喬丹，《三聲振奮人心的歡呼》，39。

30 伊莉莎白・喬丹，《三聲振奮人心的歡呼》，216。

31 伊莉莎白・喬丹，《三聲振奮人心的歡呼》，210。

32 〈露絲赫立克的任務〉，《柯夢波丹》，vol. XVII，1894年5月至10月：365-72。

33 伊莉莎白・喬丹，《三聲振奮人心的歡呼》，119-20。

34 〈遴選結果〉，《波士頓全球報》，1893年6月6日，1。

35 〈遴選波頓案陪審團〉，NY太陽報，1893年6月6日，2。

36 〈遴選結果〉，《波士頓全球報》，1893年6月6日，1。

37 〈遴選波頓案陪審團〉，NY太陽報，1893年6月6日，1。

38 〈波頓案陪審團選出〉，NY世界報，1893年6月6日，8。

39 〈波頓案陪審團選出〉，NY世界報，1893年6月6日，8。

40 〈頭骨與斧頭〉，NY太陽報，1893年6月14日，3。

41 〈頭骨與斧頭〉，NY太陽報，1893年6月14日，3。

42 〈頭骨與斧頭〉，NY太陽報，1893年6月14日，3。

43 〈頭骨與斧頭〉，NY太陽報，1893年6月14日，1。
44 〈頭骨與斧頭〉，NY太陽報，1893年6月14日，1。
45 波士頓記者蜜爾卓．奧追奇（Mildred Aldrich），引述於《對比人生》，509。
46 〈遴選結果〉，《波士頓全球報》，1893年6月6日，1。
47 〈頭骨與斧頭〉，NY太陽報，1893年6月14日，1。
48 〈波頓案陪審團選出〉，NY世界報，1893年6月6日，8。
49 伊莉莎白．喬丹，《三聲振奮人心的歡呼》，118。
50 〈新的角度〉，《紐約紀錄報》，1892年9月20日。
51 〈遴選波頓案陪審團〉，NY太陽報，1893年6月6日，1。
52 〈波頓謀殺案〉，普日報，1893年6月5日，1。
53 〈愛瑪波頓作證〉，NY太陽報，1893年6月7日，1。
54 〈遴選波頓案陪審團〉，NY太陽報，1893年6月6日，1。
55 〈波頓案陪審團選出〉，NY世界報，1893年6月6日，8。
56 〈遴選結果〉，《波士頓全球報》，1893年6月6日，1。
57 〈波頓案陪審團選出〉，NY世界報，1893年6月6日，8。
58 〈有罪無罪？〉，《波士頓週日全球報》，1893年6月18日，1。
59 〈州檢察長退場〉，FRDH，1893年5月26日，7。
60 〈有罪無罪？〉，《波士頓週日全球報》，1893年6月18日，1。
61 〈州檢察長退場〉，FRDH，1893年5月26日，7。
62 〈火力攻擊〉，《波士頓全球報》，1893年6月8日，1。

63 亞伯特．梅森法官寫給亞伯特．皮爾斯伯瑞的信，1893年5月2日，收於諾爾頓文件，167。
64 亞伯特．梅森法官寫給亞伯特．皮爾斯伯瑞的信，1893年5月3日，收於諾爾頓文件，171。
65 〈遴選結果〉，《波士頓全球報》，1893年6月6日，1。
66 〈有罪無罪？〉，《波士頓週日全球報》，1893年6月18日，1。
67 〈遴選結果〉，《波士頓全球報》，1893年6月6日，5。
68 〈遴選波頓案陪審團〉，NY太陽報，1893年6月6日，2。
69 〈受審〉，NBES，1893年6月5日，4。
70 〈遴選結果〉，《波士頓全球報》，1893年6月6日，1。
71 〈檢方檢察官〉，FRDH，1893年6月5日，7。
72 〈知曉他們的意見〉，FRDH，1893年6月6日，7；NBES，1893年6月5日，4。
73 諾爾頓文件，221。
74 〈遴選波頓案陪審團〉，NY太陽報，1893年6月6日，2。
75 〈波頓案陪審團選出〉，NY世界報，1893年6月6日，8。
76 諾爾頓文件，219。
77 〈遴選結果〉，《波士頓全球報》，1893年6月6日，5。
78 〈波頓案陪審團〉，NBES，1893年6月6日，8。
79 諾爾頓文件，218。
80 〈麗茲波頓案〉，NY世界報，1893年6月4日，1。
81 〈審判的進行〉，NBEJ，1893年6月6日，4。
82 〈審判的進行〉，NBEJ，1893年6月6日，4。

83 〈遴選結果〉，《波士頓全球報》，1893年6月6日，5。
84 〈終於開始！〉，FRDH，1893年5月1日，8。
85 〈波頓小姐昏倒了〉，NY世界報，1893年6月7日。
86 〈受審〉，《波士頓全球報》，1893年6月7日，1。
87 審判逐字稿，47。
88 審判逐字稿，48。
89 審判逐字稿，49。
90 審判逐字稿，49。
91 審判逐字稿，49。
92 審判逐字稿，50。
93 審判逐字稿，51。
94 審判逐字稿，55。
95 審判逐字稿，58。
96 審判逐字稿，59。
97 審判逐字稿，82。
98 審判逐字稿，83。
99 審判逐字稿，84。
100 審判逐字稿，84。
101 〈受審〉，《波士頓全球報》，1893年6月7日，1。
102 FRDG，1893年6月7日，7。

103 《麗茲波頓昏厥》，NY太陽報，1893年6月7日，3。
104 《麗茲波頓昏厥》，NY太陽報，1893年6月7日，3。
105 《受審》，《波士頓全球報》，1893年6月7日，1。
106 《麗茲波頓昏厥》，NY太陽報，1893年6月7日，3。
107 《受審》，《波士頓全球報》，1893年6月7日，1。
108 審判逐字稿，96。
109 審判逐字稿，97。
110 《弗爾里維一遊》，《波士頓全球報》，1893年6月7日，5。
111 《受審》，《波士頓全球報》，1893年6月7日，5。
112 《受審》，《波士頓全球報》，1893年6月7日，5。
113 《似乎不太體貼》，FRDG，1893年6月7日，4。
114 《受審》，《波士頓全球報》，1893年6月7日，5。
115 《陪審團來訪》，FRDH，1893年6月7日，7。
116 《受審》，《波士頓全球報》，1893年6月7日，5。
117 《受審》，《波士頓全球報》，1893年6月7日，5。隔天，《波士頓全球報》的社論版表示這張地圖「最能幫助讀者全面理解證詞的內容……幾千人都將地圖剪下來當成整場審判的參考」。《編輯觀點》，《波士頓全球報》，1893年6月8日，4。
118 《法官參觀城鎮》，FRDH，1893年6月7日，7。
119 FRDG，引述於NBES，1893年6月7日，4。
120 《排除麗茲的證詞》，FRDG，1893年6月12日，8。
121 《火力攻擊》，《波士頓全球報》，1893年6月8日，1。

122 〈開心的麗茲波頓〉，NY太陽報，1893年6月8日，1。
123 〈開心的麗茲波頓〉，NY太陽報，1893年6月8日，1。
124 〈火力攻擊〉，《波士頓全球報》，1893年6月8日，1。
125 〈火力攻擊〉，《波士頓全球報》，1893年6月8日，1。
126 〈開心的麗茲波頓〉，NY太陽報，1893年6月8日，1。
127 〈開心的麗茲波頓〉，NY太陽報，1893年6月8日，1。
128 審判逐字稿，99。
129 審判逐字稿，110。
130 詹寧斯筆記本，FRHS。
131 〈波頓案陪審團〉，NBES，1893年6月6日，8。
132 〈火力攻擊〉，《波士頓全球報》，1893年6月8日，1。
133 〈火力攻擊〉，《波士頓全球報》，1893年6月8日，1。
134 NYT，引述於FRDH，1893年6月8日，6。
135 審判逐字稿，106。
136 〈開心的麗茲波頓〉，NY太陽報，1893年6月8日，2。
137 〈火力攻擊〉，《波士頓全球報》，1893年6月8日，2。
138 〈火力攻擊〉，《波士頓全球報》，1893年6月8日，2。
139 〈遴選波頓案陪審團〉，NY太陽報，1893年6月6日，2。
140 〈開心的麗茲波頓〉，NY太陽報，1893年6月8日，1。
141 〈火力攻擊〉，《波士頓全球報》，1893年6月8日，2。

142 〈證人布麗姬蘇利文〉，NYT，1893年6月8日，2。
143 審判逐字稿，195。
144 審判逐字稿，204。
145 審判逐字稿，229。
146 審判逐字稿，237。
147 審判逐字稿，238。
148 審判逐字稿，240。
149 〈火力攻擊〉，《波士頓全球報》，1893年6月8日，2。
150 〈火力攻擊〉，《波士頓全球報》，1893年6月8日，1。
151 〈火力攻擊〉，《波士頓全球報》，1893年6月8日，1。
152 審判逐字稿，255。
153 審判逐字稿，255。
154 審判逐字稿，257。
155 布麗姬．蘇利文對奈莉．S．麥克亨利的陳述，1892年8月25日，收於諾爾頓文件，35。
156 〈開心的麗茲波頓〉，NY太陽報，1893年6月8日，2。
157 〈開心的麗茲波頓〉，NY太陽報，1893年6月8日，2。
158 〈火力攻擊〉，《波士頓全球報》，1893年6月8日，1。
159 〈波頓自食其果〉，NY世界報，1893年6月8日，1。
160 審判逐字稿，279。
161 〈開心的麗茲波頓〉，NY太陽報，1893年6月8日，2。

162 〈麗茲波頓前景黯淡〉，NY太陽報，1893年6月9日，1。
163 〈兩名重要證人〉，NYT，1893年6月9日，2。
164 審判逐字稿，293。
165 〈火力攻擊〉，《波士頓全球報》，1893年6月8日，2。
166 〈凱羅談星座〉，NBEJ，1893年6月8日，4。
167 〈凱羅談星座〉，NBEJ，1893年6月8日，4。

第六章

1 〈檢方陷入膠著〉，NY太陽報，1893年6月10日，2。
2 〈檢方陷入膠著〉，NY太陽報，1893年6月10日，2。
3 〈火力攻擊〉，《波士頓全球報》，1893年6月8日，1。
4 〈檢方陷入膠著〉，NY太陽報，1893年6月10日，2。
5 〈鋼筆與雙眼〉，《波士頓全球報》，1893年6月12日，5。
6 〈檢方陷入膠著〉，NY太陽報，1893年6月10日，2。
7 〈麗茲黑暗的一天〉，NY世界報，1893年6月9日，2。
8 〈凱羅談星座〉，NBEJ，1893年6月8日，4。
9 〈新事證〉，NBES，1893年6月8日，1。
10 〈凱羅談星座〉，NBEJ，1893年6月8日，4。
11 〈漲紅著臉〉，NBES，1893年6月9日，8。

12 〈勢均力敵〉，《波士頓全球報》，1893年6月9日，1。
13 〈勢均力敵〉，《波士頓全球報》，1893年6月9日，1。
14 審判逐字稿，301。
15 審判逐字稿，302。
16 審判逐字稿，308。
17 審判逐字稿，311。
18 〈麗茲的心智蒙蔽〉，《波士頓全球報》，1893年6月8日，1。
19 〈麗茲波頓前景黯淡〉，NY太陽報，1893年6月9日，1。
20 〈麗茲的心智蒙蔽〉，《波士頓全球報》，1893年6月8日，1。
21 WS，1892年8月8日，11。
22 〈麗茲黑暗的一天〉，NY世界報，1893年6月9日，2。
23 〈麗茲黑暗的一天〉，NY世界報，1893年6月9日，2。
24 〈勢均力敵〉，《波士頓全球報》，1893年6月9日，1。
25 審判逐字稿，347。
26 審判逐字稿，352。
27 審判逐字稿，358。
28 〈幽默的辯護〉，《波士頓週日全球報》，1893年6月11日，1。
29 〈勢均力敵〉，《波士頓全球報》，1893年6月9日，1。
30 〈麗茲波頓前景黯淡〉，NY太陽報，1893年6月9日，2。
31 〈勢均力敵〉，《波士頓全球報》，1893年6月9日，1。

32 〈麗茲黑暗的一天〉，NY世界報，1893年6月9日，1。
33 審判逐字稿，373。
34 〈麗茲波頓前景黯淡〉，NY太陽報，1893年6月9日，1。
35 〈麗茲黑暗的一天〉，NY世界報，1893年6月9日，1。
36 審判逐字稿，375。
37 〈勢均力敵〉，《波士頓全球報》，1893年6月9日，1。
38 審判逐字稿，376。
39 審判逐字稿，377。
40 審判逐字稿，378。
41 審判逐字稿，378。
42 審判逐字稿，380-81。
43 審判逐字稿，391。
44 審判逐字稿，394。
45 審判逐字稿，393。
46 審判逐字稿，408。
47 〈麗茲波頓前景黯淡〉，NY太陽報，1893年6月9日，1。
48 〈麗茲波頓前景黯淡〉，NY太陽報，1893年6月9日，2。
49 審判逐字稿，438。
50 〈麗茲波頓前景黯淡〉，NY太陽報，1893年6月9日，2。
51 〈麗茲波頓前景黯淡〉，NY太陽報，1893年6月9日，2。

52 審判逐字稿，445。

53 審判逐字稿，449。

54 審判逐字稿，464。

55 〈麗茲波頓前景黯淡〉，NY太陽報，1893年6月9日，2。

56 〈麗茲波頓前景黯淡〉，NY太陽報，1893年6月9日，2。

57 審判逐字稿，482。

58 〈麗茲波頓前景黯淡〉，NY太陽報，1893年6月9日，2。

59 〈麗茲波頓前景黯淡〉，NY太陽報，1893年6月9日，1。

60 〈麗茲波頓前景黯淡〉，NY太陽報，1893年6月9日，2。

61 審判逐字稿，484。

62 〈麗茲波頓前景黯淡〉，NY太陽報，1893年6月9日，2。

63 審判逐字稿，495。

64 審判逐字稿，495。

65 審判逐字稿，498。

66 〈麗茲波頓前景黯淡〉，NY太陽報，1893年6月9日，2。

67 〈檢方的案件漏洞〉，NYT，1893年6月10日，1。

68 〈兩位重要證人〉，NYT，1893年6月9日，2。

69 〈麗茲波頓前景黯淡〉，NY太陽報，1893年6月9日，1。

70 〈麗茲波頓前景黯淡〉，NY太陽報，1893年6月9日，1。

71 〈麗茲波頓前景黯淡〉，NY太陽報，1893年6月9日，1。

72 〈麗茲波頓前景黯淡〉，NY太陽報，1893年6月9日，1。
73 〈開心的麗茲波頓〉，《波士頓全球報》，1893年6月8日，1。
74 〈新方向〉，《波士頓全球報》1893年6月10日，1。
75 〈新方向〉，《波士頓全球報》1893年6月10日，1。
76 〈檢方陷入膠著〉，NY太陽報，1893年6月10日，2。
77 〈幽默的辯護〉，《波士頓週日全球報》，1893年6月11日，1。
78 〈檢方的案件漏洞〉，NYT，1893年6月10日，8。
79 審判逐字稿，515。
80 審判逐字稿，512。
81 審判逐字稿，527。
82 審判逐字稿，529。
83 審判逐字稿，541。
84 〈檢方陷入膠著〉，NY太陽報，1893年6月10日，2。
85 審判逐字稿，559。
86 〈新方向〉，《波士頓全球報》1893年6月10日，2。
87 〈新方向〉，《波士頓全球報》1893年6月10日，12。哈靈頓的完整描述：參見審判逐字稿，565-66。
88 〈檢方陷入膠著〉，NY太陽報，1893年6月10日，2。
89 審判逐字稿，566。
90 審判逐字稿，582。
91 〈檢方陷入膠著〉，NY太陽報，1893年6月10日，2。

92 〈檢方的案件漏洞〉，NYT，1893年6月10日，2。
93 〈新方向〉，《波士頓全球報》1893年6月10日，2。
94 審判逐字稿，566。
95 審判逐字稿，567。
96 審判逐字稿，568。
97 審判逐字稿，595。
98 〈檢方陷入膠著〉，NY太陽報，1893年6月10日，1。
99 〈波頓小姐的希望〉，NY太陽報，1893年6月10日，14。
100 〈新方向〉，《波士頓全球報》1893年6月10日，2。
101 審判逐字稿，631。
102 〈檢方陷入膠著〉，NY太陽報，1893年6月10日，1。
103 〈檢方陷入膠著〉，NY太陽報，1893年6月10日，2。
104 〈檢方的案件漏洞〉，NYT，1893年6月10日，8。
105 〈檢方陷入膠著〉，NY太陽報，1893年6月10日，1。
106 〈幽默的辯護〉，《波士頓週日全球報》，1893年6月11日，7。
107 〈對麗茲有利〉，NY世界報，1893年6月11日，1。
108 審判逐字稿，638。
109 審判逐字稿，646。
110 〈新方向〉，《波士頓全球報》1893年6月10日，1。
111 〈新方向〉，《波士頓全球報》1893年6月10日，2。

112 〈新方向〉，《波士頓全球報》1893年6月10日，1。

113 審判逐字稿，651。

114 〈新方向〉，《波士頓全球報》1893年6月10日，2。

115 〈鋼筆與雙眼〉，《波士頓全球報》，1893年6月12日，5。

116 〈幽默的辯護〉，《波士頓週日全球報》，1893年6月11日，1。

117 〈幽默的辯護〉，《波士頓週日全球報》，1893年6月11日，1。

118 〈第六天〉，FRDG，1893年6月10日，9。

119 〈第六天〉，FRDG，1893年6月10日，9。

120 〈第六天〉，FRDG，1893年6月10日，9。

121 〈波頓案潰散〉，NY太陽報，1893年6月11日，1。

122 〈對麗茲有利〉，NY世界報，1893年6月11日，1。

123 審判逐字稿，659。

124 審判逐字稿，690。

125 審判逐字稿，697。

126 審判逐字稿，715。

127 審判逐字稿，716。

128 審判逐字稿，720。

129 〈最重要的一天〉，《波士頓全球報》，1893年6月12日，1。

130 〈檢方論證潰散〉，NY太陽報，1893年6月11日，2。

131 審判逐字稿，726。

132 審判逐字稿，735。
133 審判逐字稿，744。
134 審判逐字稿，758。
135 〈最重要的一天〉，《波士頓全球報》，1893年6月12日，1。
136 〈新方向〉，《波士頓全球報》1893年6月10日，1。
137 〈最重要的一天〉，《波士頓全球報》，1893年6月12日，1。
138 〈麗茲黑暗的一天〉，NY世界報，1893年6月9日，2。
139 〈幽默的辯護〉，《波士頓週日全球報》，1893年6月11日，7。
140 〈波頓案的安排〉，NY太陽報，1893年6月12日。
141 〈最重要的一天〉，《波士頓全球報》，1893年6月12日，1。
142 〈最重要的一天〉，《波士頓全球報》，1893年6月12日，5。
143 〈最重要的一天〉，《波士頓全球報》，1893年6月12日，5。
144 〈史威夫特先生退出〉，FRDG，1893年6月12日，7。

第七章

1 伊莉莎白．喬丹，《三聲振奮人心的歡呼》（紐約：D. Appleton-Century Co.，1938），119。
2 伊莉莎白．喬丹，《三聲振奮人心的歡呼》，119。
3 〈麗茲波頓受審〉，NY太陽報，1893年6月5日，2。
4 伊莉莎白．喬丹，《三聲振奮人心的歡呼》，119。

5 伊莉莎白．喬丹，《三聲振奮人心的歡呼》，120。

6 伊莉莎白．喬丹，《三聲振奮人心的歡呼》，120。

7 〈麗茲波頓得分〉，NY太陽報，1893年6月13日，1。

8 〈場景與事件〉，FREN，1893年6月12日，1。

9 〈麗茲波頓得分〉，NY太陽報，1893年6月13日，1。

10 〈麗茲啜泣〉，《波士頓全球報》，1893年6月13日，1。

11 〈麗茲波頓大有斬獲〉，NYT，1893年6月13日，1。

12 〈麗茲成功出擊〉，NY世界報，1893年6月12日，1。

13 約翰．亨利．魏格摩，《論普通法審判中的證據系統，包括美國所有管轄層級的法令與法庭裁決》（*A Treatise on the System of Evidence in Trials at Common Law Including the Statutes and Judicial Decisions of All Jurisdictions of the United States*）共四冊（二版，波士頓：Little, Brown, and Co.，1923），I：544。

14 約翰．亨利．魏格摩，〈波頓案〉，《美國法律評論》27（1893年11-12月）：819-45。

15 審判逐字稿，1247。

16 審判逐字稿，777。

17 人民訴蒙頓案（103 N.Y. 211，1886）：「在進行死因調查時……在尚未逮捕或控告任何人犯下其罪，若傳喚某位這人在死因調查庭的陪審團面前宣誓，那麼即使該名證人事後被控告其罪，其證詞也應可用在審判中做為指控；而即使在死因檢驗時，此人已經知道可能牽涉犯罪或者自己涉嫌其罪，也不會影響此人單純做為證人的身分，因此證詞之後就可用來指控自己的證據。」

18 審判逐字稿，795-96。

19 審判逐字稿，798。

20 審判逐字稿，800。

21 審判逐字稿，811。

22 審判逐字稿，798。

23 〈麗茲啜泣〉，《波士頓全球報》，1893年6月13日，2。

24 州政府訴吉爾曼案，51 緬因州 206，207（1862）：「如果一個人是清白的，但認知到眼下的條件可能會顯得自己有罪，於是就會強烈想要做出這樣的陳述，也不管其真假，只要能夠掩飾……這樣的條件……人的心智因為感受到危險而陷入混亂與激動，就無法冷靜思考，即使說出真相會比較安全，仍然選擇說謊，而且急忙說出些不符合實情的話。」

25 審判逐字稿，798。

26 審判逐字稿，819。

27 審判逐字稿，819-20。

28 審判逐字稿，820。

29 審判逐字稿，824。

30 審判逐字稿，827。

31 〈麗茲啜泣〉，《波士頓全球報》，1893年6月13日，2。

32 〈麗茲波頓得分〉，NY太陽報，1893年6月13日，1。

33 〈幽默的辯護〉，《波士頓週日全球報》，1893年6月11日，7。

34 〈麗茲啜泣〉，《波士頓全球報》，1893年6月13日，1。

35 〈麗茲波頓得分〉，NY太陽報，1893年6月13日，1。

36 〈檢方案件的漏洞〉，NYT，1893年6月10日，8。

37 〈麗茲啜泣〉，《波士頓全球報》，1893年6月13日，2。

38 〈麗茲啜泣〉，《波士頓全球報》，1893年6月13日，2。

39 〈麗茲啜泣〉，《波士頓全球報》，1893年6月13日，2。艾德溫・布斯是知名的莎士比亞劇演員，正巧在審判前一週過世。〈艾德溫布斯過世〉，NYT，1893年6月7日，1。

40 審判逐字稿，831。

41 審判逐字稿，830。

42 〈麗茲啜泣〉，《波士頓全球報》，1893年6月13日，2。

43 〈麗茲成功出擊〉，NY世界報，1893年6月12日，1。

44 〈麗茲啜泣〉，《波士頓全球報》，1893年6月13日，2。

45 〈麗茲啜泣〉，《波士頓全球報》，1893年6月13日，1。

46 〈麗茲波頓得分〉，NY太陽報，1893年6月13日，1。到了十九世紀末，證據法的發展似乎是不知不覺讓那些相信法律應該有統一理論的人越來越苦惱。約翰．亨利．魏格摩是以比較法專家的身分進入西北大學（Northwestern University），決定接下梳理證據法脈絡這項可怕的任務，最終在十年後推出了重要的《論證據》一書。他在書中希望「將普通法中的證據學整理成一套有合理法則與規定的系統……並且……處理顯然雜亂無章的司法先例，使其符合這些法則與規定。」約翰．亨利．魏格摩，《論普通法審判中的證據系統，包括美國所有管轄層級的法令與法庭裁決》共四冊（二版，波士頓：Little, Brown, and Co.，1923），I: vi。本書於一九四〇年推出第三版，喬治．詹姆斯教授（Professor George James）在書評中盛讚：「除了說這是權威著作，還有什麼評論好說，這或許是現代法律研究最傑出的論述，比起過去的著作更恢弘，更優秀。」喬治．詹姆斯，〈魏格摩對證據法的貢獻〉，《芝加哥大學法律評論》78，（1940），78。

47 查爾斯．戴維斯，〈波頓案中的法律行為〉，《波頓案相關文集》（A Collection of Articles Concerning the Borden Case）（波士頓：Boston Daily Advertiser，1894），9。

48 魏格摩，〈波頓案〉，《美國法律評論》（1893年11-12月），843。

49 〈總檢察長〉，FRDH，1893年6月12日。

50 〈新貝福婦女〉，FREN，1893年6月13日，5。

51 審判逐字稿，834。

52 審判逐字稿，840。

53 審判逐字稿，835。

54 審判逐字稿，839。
55 審判逐字稿，833。
56 〈麗茲波頓得分〉，NY太陽報，1893年6月13日，1。
57 審判逐字稿，854。
58 審判逐字稿，862。
59 審判逐字稿，867。
60 審判逐字稿，885。
61 審判逐字稿，921。
62 審判逐字稿，905。
63 審判逐字稿，905。
64 審判逐字稿，911。
65 〈麗茲波頓得分〉，NY太陽報，1893年6月13日，1。
66 〈麗茲波頓得分〉，NY太陽報，1893年6月13日，1-2。
67 〈沒有血〉，《波士頓全球報》，1893年6月14日，1。
68 〈重現謀殺〉，NY世界報，1893年6月14日，8。
69 〈沒有血〉，《波士頓全球報》，1893年6月14日，1。
70 FREN，1893年6月13日，5。
71 〈新貝福婦女〉，FREN，1893年6月13日，5。
72 〈新貝福婦女〉，FREN，1893年6月13日，5。
73 〈沒有血〉，《波士頓全球報》，1893年6月14日，1。

74 〈沒有血〉，《波士頓全球報》，1893年6月14日，1。
75 〈沒有血〉，《波士頓全球報》，1893年6月14日，1。
76 〈頭骨與手斧〉，NY太陽報，1893年6月14日，3。
77 〈頭骨與手斧〉，NY太陽報，1893年6月14日，3。
78 審判逐字稿，970。
79 〈頭骨與手斧〉，NY太陽報，1893年6月14日，3。
80 〈身體不適〉，NBES，1893年6月13日，3。
81 審判逐字稿，977。
82 審判逐字稿，986。
83 審判逐字稿，987。
84 審判逐字稿，938。
85 審判逐字稿，988。
86 〈沒有血〉，《波士頓全球報》，1893年6月14日，1。
87 〈沒有血〉，《波士頓全球報》，1893年6月14日，1。
88 〈沒有血〉，《波士頓全球報》，1893年6月14日，2。
89 〈沒有血〉，《波士頓全球報》，1893年6月14日，2。
90 〈頭骨與手斧〉，NY太陽報，1893年6月14日，3。
91 〈頭骨與手斧〉，NY太陽報，1893年6月14日，3。
92 〈頭骨與手斧〉，NY太陽報，1893年6月14日，3。
93 〈沒有血〉，《波士頓全球報》，1893年6月14日，2。

94 〈頭骨與手斧〉，NY太陽報，1893年6月14日，3。
95 〈頭骨與手斧〉，NY太陽報，1893年6月14日，3。
96 〈沒有血〉，《波士頓全球報》，1893年6月14日，2。
97 審判逐字稿，1006。
98 審判逐字稿，1000。
99 審判逐字稿，1001。
100 審判逐字稿，1001。
101 〈沒有血〉，《波士頓全球報》，1893年6月14日，2。
102 審判逐字稿，1014。
103 審判逐字稿，1026。
104 審判逐字稿，1024。
105 審判逐字稿，1005。
106 〈沒有血〉，《波士頓全球報》，1893年6月14日，1。
107 審判逐字稿，550。
108 審判逐字稿，596。
109 審判逐字稿，1028。
110 審判逐字稿，1029。
111 〈沒有血〉，《波士頓全球報》，1893年6月14日，2。
112 諾爾頓寫給皮爾斯伯瑞的信，1893年5月27日，收於諾爾頓文件，204。
113 德雷波寫給諾爾頓的信，1893年5月28日，收於諾爾頓文件，205。

114 德雷波寫給諾爾頓的信，1893年5月28日，收於諾爾頓文件，205。
115 德雷波寫給諾爾頓的信，1893年5月28日，收於諾爾頓文件，206-7。
116 審判逐字稿，1037。
117 〈頭骨與手斧〉，NY太陽報，1893年6月14日，3。
118 〈沒有血〉，《波士頓全球報》，1893年6月14日，1。
119 〈沒有血〉，《波士頓全球報》，1893年6月14日，1。
120 伊莉莎白．喬丹，《三聲振奮人心的歡呼》，120。
121 伊莉莎白．喬丹，《三聲振奮人心的歡呼》，120。
122 〈頭骨與手斧〉，NY太陽報，1893年6月14日，2。
123 〈沒有血〉，《波士頓全球報》，1893年6月14日，1。
124 〈頭骨與手斧〉，NY太陽報，1893年6月14日，3。
125 審判逐字稿，1055。
126 審判逐字稿，1056。
127 審判逐字稿，1056。
128 審判逐字稿，1060。
129 審判逐字稿，1084。
130 審判逐字稿，1065。
131 審判逐字稿，1075。
132 審判逐字稿，1067。
133 審判逐字稿，1082。

134 審判逐字稿，1084。
135 審判逐字稿，1085。
136 審判逐字稿，1085。
137 審判逐字稿，1070。
138 審判逐字稿，1070。
139 審判逐字稿，1080。
140 審判逐字稿，1075。
141 審判逐字稿，1076。
142 審判逐字稿，1076。
143 〈沒有血〉，《波士頓全球報》，1893年6月14日，1。
144 〈重現謀殺〉，NY世界報，1893年6月14日，8。
145 〈憎惡〉，NBES，1893年6月14日，3。
146 德雷波寫給諾爾頓的信，1893年5月28日，收於諾爾頓文件，206。
147 〈沒有血〉，《波士頓全球報》，1893年6月14日，2。
148 〈沒有血〉，《波士頓全球報》，1893年6月14日，2。
149 審判逐字稿，1090。
150 審判逐字稿，1098。
151 審判逐字稿，1099。
152 審判逐字稿，1108。
153 審判逐字稿，1094。

154 〈重現謀殺〉，NY世界報，1893年6月14日，8。

155 〈重現謀殺〉，NY世界報，1893年6月14日，8。

156 審判逐字稿，1106。

157 切薩雷・龍布羅梭及威廉・費瑞羅（William Ferrero），《女性罪犯》（The Female Offender）（倫敦：T. Fisher Unwin，1895），152。據小喬・霍華所言：「歷史告訴我們，女性犯下謀殺的時候……那景象總是最為殘暴、最令人作嘔。」〈賭上生命與榮譽〉，《波士頓全球報》，1893年6月5日，1。

158 龍布羅梭，引述於麥克諾頓－瓊斯，791。

159 〈沒有血〉，《波士頓全球報》，1893年6月14日，2。

第八章

1 〈一方〉，《波士頓全球報》，1893年6月16日，1。

2 〈麗茲波頓的辯護〉，NY太陽報，1893年6月16日，2。

3 〈麗茲波頓的辯護〉，NY太陽報，1893年6月16日，2。

4 〈麗茲波頓的辯護〉，NY太陽報，1893年6月16日，2。他還補充說：「沒什麼工作的時候……打字員女孩就會在門口野餐。」

5 〈即使如此！〉，《波士頓全球報》，1893年6月15日，1。

6 〈即使如此！〉，《波士頓全球報》，1893年6月15日，1。

7 〈麗茲波頓最糟的一天〉，NY太陽報，1893年6月15日，1。

8 〈即使如此！〉，《波士頓全球報》，1893年6月15日，1。

9 〈即使如此！〉，《波士頓全球報》，1893年6月15日，1。

10 〈即使如此！〉，《波士頓全球報》，1893年6月15日，1。
11 〈你出賣我！〉，《波士頓全球報》，1893年6月15日，3。
12 審判逐字稿，1112。
13 審判逐字稿，1118。
14 〈波頓自食其果〉，NY世界報，1893年6月8日，3。
15 審判逐字稿，1152。
16 審判逐字稿，1153。
17 〈即使如此！〉，《波士頓全球報》，1893年6月15日，1。
18 〈即使如此！〉，《波士頓全球報》，1893年6月15日，1。
19 審判逐字稿，1165。
20 審判逐字稿，1166。
21 審判逐字稿，1163。
22 〈即使如此！〉，《波士頓全球報》，1893年6月15日，1。
23 審判逐字稿，1169。
24 審判逐字稿，1169。
25 〈麗茲波頓最糟的一天〉，NY太陽報，1893年6月15日，1。
26 〈麗茲波頓最糟的一天〉，NY太陽報，1893年6月15日，1。
27 審判逐字稿，1173。
28 審判逐字稿，1175。
29 審判逐字稿，1176。

30 審判逐字稿，1177。
31 〈你出賣我！〉，《波士頓全球報》，1893年6月15日，3。
32 伊莉莎白．喬丹，《三聲振奮人心的歡呼》，119。
33 〈你出賣我！〉，《波士頓全球報》，1893年6月15日，3。
34 審判逐字稿，1214。
35 〈案件中的氫氰酸〉，NYT，1893年6月15日。
36 〈即使如此！〉，《波士頓全球報》，1893年6月15日，1。
37 〈即使如此！〉，《波士頓全球報》，1893年6月15日，1。
38 〈即使如此！〉，《波士頓全球報》，1893年6月15日，1。
39 〈即使如此！〉，《波士頓全球報》，1893年6月15日，2。
40 〈即使如此！〉，《波士頓全球報》，1893年6月15日，2。
41 審判逐字稿，1239。
42 審判逐字稿，1239。
43 審判逐字稿，1263。
44 M．P．厄爾斯（M. P. Earles），〈氫氰酸入藥：藥理史研究〉，《醫學史》11.3（1967）：311-12。
45 審判逐字稿，1242。
46 審判逐字稿，1242。
47 審判逐字稿，1244。
48 審判逐字稿，1244。
49 審判逐字稿，1243。

50 審判逐字稿，1244。

51 審判逐字稿，1244。

52 審判逐字稿，1273。

53 審判逐字稿，1246。

54 審判逐字稿，1247。

55 審判逐字稿，1240。

56 審判逐字稿，1253。

57 聯邦訴布萊佛德案，126 Mass. 42（1878）。

58 審判逐字稿，1247。

59 審判逐字稿，1266。

60 審判逐字稿，1267。

61 審判逐字稿，1267。

62 審判逐字稿，1264。

63 審判逐字稿，1264。

64 審判逐字稿，1264。

65 審判逐字稿，1265。

66 審判逐字稿，1265。

67 審判逐字稿，1266。

68 審判逐字稿，1267。氫氰酸曾被用來殺貓，約翰·艾普斯（John Epps），〈氫氰酸處方〉，《刺胳針》20，no. 521（1833年8月24日）：699。

69 審判逐字稿，1270。
70 審判逐字稿，1272。
71 審判逐字稿，1272。
72 審判逐字稿，1272。
73 〈即使如此！〉，《波士頓全球報》，1893年6月15日，2。
74 審判逐字稿，1273。
75 審判逐字稿，1273。
76 〈即使如此！〉，《波士頓全球報》，1893年6月15日，1。
77 〈麗茲波頓最糟的一天〉，NY太陽報，1893年6月15日，1。
78 〈麗茲波頓最糟的一天〉，NY太陽報，1893年6月15日，1。
79 〈防守！〉，NBES，1893年6月15日，1。
80 〈一方〉，《波士頓全球報》，1893年6月16日，1。
81 〈一方〉，《波士頓全球報》，1893年6月16日，1。
82 審判逐字稿，1277。
83 審判逐字稿，1279。
84 審判逐字稿，1279。
85 審判逐字稿，1280。
86 審判逐字稿，1281。
87 審判逐字稿，1284。
88 審判逐字稿，1285。羅賓森抗議，認為這已經超過檢方提供證據的範圍，不過這次抗議遭到駁回，他接著又要求破例一次。

89 審判逐字稿，1287。
90 審判逐字稿，1288。
91 審判逐字稿，1290。
92 審判逐字稿，1293。
93 審判逐字稿，1294。
94 審判逐字稿，1303。
95 審判逐字稿，1304。
96 戴維斯，〈波頓案中的法律行為〉，8。
97 魏格摩，〈波頓案〉，839。
98 魏格摩，〈波頓案〉，843。
99 引述於安德魯・波旺卻（Andrew Porwancher），《約翰魏格摩與證據法則：現代法的隱密起源》（John Henry Wigmore and the Rules of Evidence: The Hidden Origin of Modern Law）（哥倫比亞：University of Missouri Press，2016），19。
100 約翰・亨利・魏格摩，《補述：論普通法審判中的證據系統，包括美國所有管轄層級的法令與法庭裁決，1904-7》（A Supplement of A Treatise on the System of Evidence in Trials at Common Law; Containing the Statutes and Judicial Decisions, 1904-7）（波士頓：Little, Brown, and Co.，1908），vi。
101 〈眾人聽過了麗茲方的說法〉，NY世界報，1893年6月16日，14。
102 《春田市聯盟》（Springfield Union），引述於肯特，《麗茲波頓紀錄》，286。
103 〈一方〉，《波士頓全球報》，1893年6月16日，1。
104 〈一方〉，《波士頓全球報》，1893年6月16日，1。
105 〈波頓案潰散〉，NY太陽報，1893年6月11日，1。

第九章

1 〈一方〉，《波士頓全球報》，1893年6月16日，1。
2 〈這才是真正的麗茲波頓〉，NY世界報，1893年6月18日，15。《弗爾里維每日全球報》表示：「那是由她的同伴所組成的真正陪審團，是她們在審判麗茲．波頓，就是這一群坐在新貝福法院南側陪審團席內的女性同胞。」〈不是我母親〉，FRDG，1893年6月9日，7。
3 〈你出賣了我！〉，NY世界報，1893年6月15日，3。
4 〈眾人聽過了麗茲方的說法〉，NY世界報，1893年6月16日，14。
5 〈眾人聽過了麗茲方的說法〉，NY世界報，1893年6月16日，14。
6 〈眾人聽過了麗茲方的說法〉，NY世界報，1893年6月16日，14。
7 〈現在輪到麗茲波頓了〉，NY太陽報，1893年6月15日，2。
8 審判逐字稿，1305。
9 審判逐字稿，1306。
10 審判逐字稿，1306。
11 審判逐字稿，1308。
12 審判逐字稿，1308。
13 審判逐字稿，1309。
14 審判逐字稿，1309。
15 審判逐字稿，1310。
16 審判逐字稿，1311。
17 審判逐字稿，1315。

18 審判逐字稿，1315。

19 審判逐字稿，1310。

20 〈一方〉，《波士頓全球報》，1893年6月16日，1。

21 審判逐字稿，1323。

22 〈現在輪到麗茲波頓了〉，NY太陽報，1893年6月15日，2。

23 〈現在輪到麗茲波頓了〉，NY太陽報，1893年6月15日，2。

24 〈一方〉，《波士頓全球報》，1893年6月16日，1。

25 審判逐字稿，1325。

26 〈眾人聽過了麗茲方的說法〉，NY世界報，1893年6月16日，14。

27 審判逐字稿，1331。

28 審判逐字稿，1343。

29 〈一方〉，《波士頓全球報》，1893年6月16日，1。

30 審判逐字稿，1353。

31 〈一方〉，《波士頓全球報》，1893年6月16日，1。

32 〈一方〉，《波士頓全球報》，1893年6月16日，1。

33 〈一方〉，《波士頓全球報》，1893年6月16日，1。

34 審判逐字稿，1369。

35 審判逐字稿，1372。

36 審判逐字稿，1373。

37 審判逐字稿，1375。

38 審判逐字稿，1375。
39 審判逐字稿，1379。
40 審判逐字稿，1379。
41 審判逐字稿，1381。
42 審判逐字稿，1462。
43 審判逐字稿，1403。
44 〈一方〉，《波士頓全球報》，1893年6月16日，1。
45 審判逐字稿，1414。
46 審判逐字稿，1418。
47 審判逐字稿，1447。
48 審判逐字稿，1449。
49 審判逐字稿，1455。
50 審判逐字稿，1455。
51 審判逐字稿，1456。
52 審判逐字稿，1456。
53 魏格摩，《論普通法審判中的證據系統》（1904），vol. 2，§ 1364、1695。
54 審判逐字稿，1456。
55 審判逐字稿，1457。
56 審判逐字稿，1457。
57 審判逐字稿，1457-58。

58 審判逐字稿，1458。

59 審判逐字稿，1459。

60 〈現在輪到麗茲波頓了〉，NY太陽報，1893年6月15日，1。

61 〈現在輪到麗茲波頓了〉，NY太陽報，1893年6月15日，1。

62 〈又一把斧頭!〉，FRDH，1893年6月15日。

63 〈防守〉，NBES，1893年6月15日，3。

64 德雷波醫師寫給侯西．諾爾頓的信，1893年5月31日，收於諾爾頓文件，212。

65 NBEJ，1893年6月16日，7。

66 〈眾人聽過了麗茲方的說法〉，NY世界報，1893年6月16日，14。

67 FRDG，1893年6月15日，4。

68 〈充滿希望〉，《波士頓全球報》，1893年6月17日，1。

69 〈充滿希望〉，《波士頓全球報》，1893年6月17日，1。

70 〈充滿希望〉，《波士頓全球報》，1893年6月17日，1。

71 〈愛瑪波頓作證〉，NY太陽報，1893年6月17日，1。

72 〈愛瑪波頓作證〉，NY太陽報，1893年6月17日，1。

73 〈愛瑪波頓作證〉，NY太陽報，1893年6月17日，1。

74 〈充滿希望〉，《波士頓全球報》，1893年6月17日，1。

75 審判逐字稿，1468。

76 審判逐字稿，1469。

77 審判逐字稿，1478。

78 〈充滿希望〉，《波士頓全球報》，1893年6月17日，1。
79 審判逐字稿，1485。
80 審判逐字稿，1491。
81 審判逐字稿，1495。
82 審判逐字稿，1523。
83 〈充滿希望〉，《波士頓全球報》，1893年6月17日，1。
84 審判逐字稿，1507。
85 審判逐字稿，1498。
86 審判逐字稿，1516。
87 審判逐字稿，1520。
88 〈所有證據都有了〉，NY世界報，1893年6月17日，3。
89 審判逐字稿，1528。
90 〈所有證據都有了〉，NY世界報，1893年6月17日，3。
91 審判逐字稿，1505。
92 審判逐字稿，1544。
93 〈所有證據都有了〉，NY世界報，1893年6月17日，3。
94 〈充滿希望〉，《波士頓全球報》，1893年6月17日，1。
95 〈愛瑪波頓作證〉，NY太陽報，1893年6月17日，2。
96 〈愛瑪波頓作證〉，NY太陽報，1893年6月17日，1。
97 〈充滿希望〉，《波士頓全球報》，1893年6月17日，2。

98 〈充滿希望〉，《波士頓全球報》，1893年6月17日，2。
99 〈愛瑪波頓作證〉，NY太陽報，1893年6月17日，3。
100 〈充滿希望〉，《波士頓全球報》，1893年6月17日，1。
101 〈愛瑪波頓作證〉，NY太陽報，1893年6月17日，1。
102 審判逐字稿，1530。
103 審判逐字稿，1533。
104 審判逐字稿，1536。
105 審判逐字稿，1537。
106 審判逐字稿，1540。
107 審判逐字稿，1540。
108 審判逐字稿，1542-43。
109 審判逐字稿，1544。
110 審判逐字稿，1545。
111 審判逐字稿，1545。
112 〈愛瑪波頓作證〉，NY太陽報，1893年6月17日，1。
113 〈所有證據都有了〉，NY世界報，1893年6月17日，3。
114 〈所有證據都有了〉，NY世界報，1893年6月17日，3。
115 〈所有證據都有了〉，NY世界報，1893年6月17日，3。
116 〈愛瑪波頓作證〉，NY太陽報，1893年6月17日，1。
117 審判逐字稿，1557。

118 審判逐字稿，1557。
119 審判逐字稿，1557。
120 〈愛瑪波頓作證〉，NY太陽報，1893年6月17日，1。
121 審判逐字稿，1561。
122 審判逐字稿，1566。
123 審判逐字稿，1575。
124 審判逐字稿，1570。
125 〈充滿希望〉，《波士頓全球報》，1893年6月17日，2。
126 〈所有證據都有了〉，NY世界報，1893年6月17日，3。
127 〈愛瑪波頓作證〉，NY太陽報，1893年6月17日，1。
128 審判逐字稿，1578。
129 審判逐字稿，1580。
130 審判逐字稿，1584。
131 審判逐字稿，1584。
132 審判逐字稿，1585。
133 審判逐字稿，1586。
134 審判逐字稿，1590。
135 審判逐字稿，1590。
136 審判逐字稿，1592。
137 審判逐字稿，1592。

138 審判逐字稿，1594。
139 審判逐字稿，1598。
140 審判逐字稿，1604。
141 審判逐字稿，1605。
142 審判逐字稿，1605。
143 審判逐字稿，1608。
144 審判逐字稿，1608。
145 〈有罪無罪？〉，《波士頓全球報》，1893年6月18日，7。
146 〈波頓案陪審團的爭論〉，NY世界報，1893年6月18日。
147 〈唱聖歌〉，《波士頓全球報》，1893年6月19日，1。
148 〈唱聖歌〉，《波士頓全球報》，1893年6月19日，1。
149 〈唱聖歌〉，《波士頓全球報》，1893年6月19日，1。
150 〈唱聖歌〉，《波士頓全球報》，1893年6月19日，1。
151 〈現在交給陪審團〉，NY太陽報，1893年6月19日，3。
152 〈心情輕鬆〉，NY太陽報，1893年6月18日。
153 〈唱聖歌〉，《波士頓全球報》，1893年6月19日，1。
154 〈現在交給陪審團〉，NY太陽報，1893年6月19日，3。
155 〈這才是真正的麗茲波頓〉，NY世界報，1893年6月18日，15。
156 〈唱聖歌〉，《波士頓全球報》，1893年6月19日，1。
157 〈麗茲並未太過焦慮〉，NY世界報，1893年6月18日。

158 〈心情輕鬆〉，《週日先鋒報》，收於肯特，295。

第十章

1 〈波頓案審判的進行〉，NYT，1893年6月19日，4。

2 〈一方〉，《波士頓全球報》，1893年6月16日，1。

3 〈檢方案件陷入膠著〉，NY太陽報，1893年6月10日，2。

4 審判逐字稿，1616-17。

5 〈波頓案中的請求〉，NY太陽報，1893年6月20日，1。

6 〈不可能看見的〉，NBEJ，1893年6月19日，2。

7 〈波頓案中的請求〉，NY太陽報，1893年6月20日，1。

8 〈饒過一命〉，NY世界報，1893年6月20日，7。

9 〈大審判的結語〉，《波士頓全球報》，1893年6月20日，1。

10 〈波頓案中的請求〉，NY太陽報，1893年6月20日，1。

11 〈論述〉，FRDH，1893年6月19日，7。

12 〈波頓案中的請求〉，NY太陽報，1893年6月20日，1。

13 〈大審判的結語〉，《波士頓全球報》，1893年6月20日，1。

14 〈大審判的結語〉，《波士頓全球報》，1893年6月20日，1。

15 NYT，1893年6月20日，9。

16 〈波頓案中的請求〉，NY太陽報，1893年6月20日，1。喬丹和霍華都將他的結辯評論為「令人失望」。〈饒過一命〉，NY世界報，

1893年6月20日，7；〈大審判的結語〉，《波士頓全球報》，1893年6月20日，1。

17 〈波頓案中的請求〉，NY太陽報，1893年6月20日，1。

18 〈大審判的結語〉，《波士頓全球報》，1893年6月20日，2。

19 審判逐字稿，1610。

20 審判逐字稿，1618。

21 審判逐字稿，1613。

22 審判逐字稿，1613。

23 審判逐字稿，1618。

24 審判逐字稿，1618。

25 《新貝福水星報》，1893年6月19日，4。《普洛維士敦日報》也有類似的想法，認為整個過程不太像是麗茲·波頓的審判，更像是「揭露出弗爾里維警方這群無事生非的傢伙有多麼無能」。引述於〈其他人說什麼〉，FREN，1893年6月20日，4。

26 審判逐字稿，1621。

27 審判逐字稿，1621。

28 審判逐字稿，1621。

29 審判逐字稿，1628-29。

30 審判逐字稿，1621。

31 魏格摩，〈波頓案〉，830。

32 審判逐字稿，1634。

33 審判逐字稿，1643。

34 審判逐字稿，1643。

35 審判逐字稿，1643。

36 審判逐字稿，1644。

37 審判逐字稿，1644。

38 審判逐字稿，1612。

39 審判逐字稿，1612。

40 審判逐字稿，1615。

41 審判逐字稿，1641。

42 審判逐字稿，1645-46。

43 審判逐字稿，1647。

44 審判逐字稿，1649。

45 審判逐字稿，1665。

46 審判逐字稿，1667。

47 審判逐字稿，1661-62。

48 審判逐字稿，1662。

49 審判逐字稿，1691。

50 審判逐字稿，1679。

51 審判逐字稿，1680。麥圭爾克太太與麗茲．波頓在牢房裡做完訪談後，也有類似的想法，她只是寫下，麗茲「賺的錢多到他們都不知道怎麼花了」。〈新角度〉，《紐約紀錄報》，1892年9月20日。

52 愛麗絲．羅素證詞，訊問，151。

53 詹寧斯筆記本，FRHS。根據一名叫做威廉．卻斯（William Chace）的房地產仲介所說，安德魯「想看看威廉梅森房產，只要開放買賣了就第一個去看」。這處房產嚴格說起來並不在山丘區，而是位於北大街的精華地段，他的堂親理查．波頓上校也住在這裡。另外也有線報，亞歷山大·米爾恩（Alexander Milne）說曾跟安德魯談過，要「幫他們在北邊買房子」。

54 〈大審判的結語〉，《波士頓全球報》，1893 年 6 月 20 日，1。

55 審判逐字稿，1683。

56 審判逐字稿，1683。

57 審判逐字稿，1685。

58 審判逐字稿，1686。

59 審判逐字稿，1684。

60 審判逐字稿，1689。詹寧斯在他的開場陳述中也用了類似的論點，質問陪審團：「檢方是否提出了超越合理懷疑的論述，讓各位能夠相信她在去年八月四日，不只殺害了繼母艾碧·德菲·波頓，也殺害了她所愛的、也深愛她的父親安德魯·傑克森·波頓。」審判逐字稿，1322-23。

61 審判逐字稿，1689。

62 〈波頓大審判的結語〉，《波士頓全球報》，1893 年 6 月 20 日，1。

63 審判逐字稿，1694。

64 審判逐字稿，1694。

65 審判逐字稿，1694。

66 審判逐字稿，1695。

67 審判逐字稿，1697。

68 審判逐字稿，1697。

69 審判逐字稿，1703。

70 〈麗茲波頓受審〉，NY 太陽報，1893 年 6 月 5 日，2。

71 審判逐字稿，1708。

72 審判逐字稿，1716。
73 審判逐字稿，1717。
74 審判逐字稿，1716。
75 審判逐字稿，1716。
76 審判逐字稿，1718。
77 審判逐字稿，1719。
78 審判逐字稿，1726。
79 審判逐字稿，1725。
80 審判逐字稿，1722。
81 審判逐字稿，1745。
82 審判逐字稿，1660。
83 審判逐字稿，1660。
84 審判逐字稿，1660。
85 審判逐字稿，1707。
86 審判逐字稿，1615。
87 審判逐字稿，1746。
88 審判逐字稿，1743。
89 審判逐字稿，1748。
90 審判逐字稿，1750。
91 〈羅賓森州長的請求〉，FREN，1893年6月20日，4。

92 〈麗茲波頓案的審判〉，FREN，1893年6月20日，4。
93 〈麗茲波頓案的審判〉，FREN，1893年6月20日，4。
94 〈羅賓森州長的請求〉，FREN，1893年6月20日，4。
95 〈火力攻擊〉，《波士頓全球報》，1893年6月8日，1。
96 〈大審判的結語〉，《波士頓全球報》，1893年6月20日，1。
97 〈波頓案的請求〉，NY太陽報，1893年6月20日，1。
98 〈大審判的結語〉，《波士頓全球報》，1893年6月20日，1。
99 〈大審判的結語〉，《波士頓全球報》，1893年6月20日，2。
100 審判逐字稿，1753。
101 審判逐字稿，1752。
102 審判逐字稿，1753。
103 審判逐字稿，1753。
104 審判逐字稿，1754。
105 審判逐字稿，1754。
106 審判逐字稿，1754。
107 審判逐字稿，1754。
108 審判逐字稿，1754。
109 審判逐字稿，1755。
110 審判逐字稿，1755
111 審判逐字稿，1756。

112 審判逐字稿，1756。
113 審判逐字稿，1757。
114 審判逐字稿，1757。
115 審判逐字稿，1757。
116 審判逐字稿，1756-57。
117 審判逐字稿，1757。
118 〈波頓案大審判的結語〉，《波士頓全球報》，1893 年 6 月 20 日，1。
119 〈波頓案大審判的結語〉，《波士頓全球報》，1893 年 6 月 20 日，1。
120 審判逐字稿，1758。
121 審判逐字稿，1758。
122 審判逐字稿，1763。
123 審判逐字稿，1762。
124 審判逐字稿，1764。
125 審判逐字稿，1765。
126 審判逐字稿，1768。
127 審判逐字稿，1766。
128 審判逐字稿，1766。
129 審判逐字稿，1766。
130 審判逐字稿，1767。
131 審判逐字稿，1767。

132 審判逐字稿，1769。

133 審判逐字稿，1773。

134 審判逐字稿，1773。

135 審判逐字稿，1783。

136 審判逐字稿，1783。

137 審判逐字稿，1790。

138 審判逐字稿，1773。

139 審判逐字稿，1777。

140 審判逐字稿，1776。

141 審判逐字稿，1776。

142 布麗姬．蘇利文對奈莉．S．麥克亨利的證詞，1892年8月25日，收於諾爾頓文件，34。布麗姬也透露出自己知道唯一讓艾碧生氣的事情，顯然艾碧抱怨過莫爾斯的來訪，說：「他來了，我想這下整個夏天我們都得招待他了。真不知道為什麼他不結了婚趕快走。」

143 〈週四的爭執〉，FRDH，1892年8月5日，1。

144 審判逐字稿，1774。

145 審判逐字稿，1778。

146 審判逐字稿，1780。

147 審判逐字稿，1795。

148 審判逐字稿，1797。

149 審判逐字稿，1795。

150 〈大審判的結語〉，《波士頓全球報》，1893年6月20日，2。

151 審判逐字稿，1799。
152 審判逐字稿，1799。
153 〈饒過一命〉，NY世界報，1893年6月20日，7。
154 審判逐字稿，1793。
155 〈大審判的結語〉，《波士頓全球報》，1893年6月20日，1。
156 〈大審判的結語〉，《波士頓全球報》，1893年6月20日，1。
157 FRDG，1893年6月20日，1。
158 〈為了檢方〉，FRDH，1893年6月20日，1。
159 〈無罪〉，《波士頓全球報》，1893年6月21日，1。
160 〈為了檢方〉，NBES，1893年6月20日，1。
161 〈為了檢方〉，NBES，1893年6月20日，1。
162 〈為了檢方〉，FRDH，1893年6月20日，7。
163 審判逐字稿，1801。
164 審判逐字稿，1805。
165 審判逐字稿，1805。
166 審判逐字稿，1805。
167 審判逐字稿，1806。
168 審判逐字稿，1808。
169 審判逐字稿，1807。
170 審判逐字稿，1807。

171 審判逐字稿，1808。
172 審判逐字稿，1811
173 審判逐字稿，1813。
174 審判逐字稿，1820。
175 審判逐字稿，1820。
176 審判逐字稿，1820。
177 審判逐字稿，1824。
178 審判逐字稿，1834。
179 審判逐字稿，1818。
180 審判逐字稿，1833。
181 審判逐字稿，1836。
182 審判逐字稿，1836。
183 審判逐字稿，1838。
184 審判逐字稿，1838。
185 審判逐字稿，1838。
186 審判逐字稿，1839。
187 審判逐字稿，1843。
188 審判逐字稿，1848。
189 審判逐字稿，1854。
190 審判逐字稿，1857。

191 審判逐字稿，1858。
192 審判逐字稿，1858。
193 審判逐字稿，1858。
194 審判逐字稿，1855。
195 審判逐字稿，1862。
196 審判逐字稿，1871。
197 審判逐字稿，1873。
198 審判逐字稿，1874。
199 審判逐字稿，1863。
200 審判逐字稿，1875。
201 審判逐字稿，1875。
202 審判逐字稿，1879。
203 審判逐字稿，1881。
204 審判逐字稿，1881。
205 審判逐字稿，1883。
206 審判逐字稿，1884。
207 〈無罪〉，《波士頓全球報》，1893年6月21日，1。
208 〈波頓大審判的結語〉，《波士頓全球報》，1893年6月20日，2。
209 〈無罪〉，《波士頓全球報》，1893年6月21日，1。
210 〈波頓案中的請求〉，NY太陽報，1893年6月20日，2。

211 〈波頓大審判的結語〉，《波士頓全球報》，1893年6月20日，2。
212 審判逐字稿，1885。
213 審判逐字稿，1885。
214 〈麗茲波頓自由了〉，NY太陽報，1893年，1。
215 審判逐字稿，1887。
216 審判逐字稿，1887。
217 審判逐字稿，1891。
218 審判逐字稿，1891。
219 審判逐字稿，1893。
220 審判逐字稿，1892。
221 審判逐字稿，1894。
222 審判逐字稿，1893。
223 審判逐字稿，1923。
224 審判逐字稿，1903。
225 審判逐字稿，1903。
226 審判逐字稿，1908。
227 審判逐字稿，1908。
228 審判逐字稿，1908。
229 審判逐字稿，1908。
230 審判逐字稿，1916。在一八六六年以前的麻州，刑案被告不得在自己的審判法庭上作證，關於這段改革的變警，參見亞倫·羅傑斯（Alan

Rogers），《麻薩諸塞州的謀殺與死刑》（*Murder and Death Penalty in Massachusetts*）（艾姆赫斯特：University of Massachusetts Press，2008），116-17。

231 審判逐字稿，1917。

232 審判逐字稿，1917。

233 審判逐字稿，1926。

234 審判逐字稿，1927。

235 〈無罪〉，《波士頓全球報》，1893年6月21日，1。

236 〈自由的女人！〉，FRDH，1893年6月21日，3。

237 FRDH，1893年6月21日，3。

238 〈麗茲波頓獲釋〉，NYT，，1893年6月21日，1。

239 〈麗茲波頓自由了〉，NY太陽報，1893年6月21日，1。

240 〈無罪！〉，FRDH，1893年6月21日，1。

241 FREN，1893年6月20日，4。多家報紙都有報導這件事。

242 〈麗茲波頓自由了〉，NY太陽報，1893年6月21日，7。

243 〈自由的女人！〉，FRDH，1893年6月21日，3。

244 〈自由的女人！〉，FRDH，1893年6月21日，3。

245 〈麗茲波頓獲釋〉，NYT，，1893年6月21日，1。

246 〈麗茲波頓自由了〉，NY太陽報，1893年6月21日，1。

247 〈自由的女人！〉，FRDH，1893年6月21日，1。伊莉莎白．喬丹描述同樣這個場景時也用了類似的文字：「這時他的左臂攬著她的腰身，就像他一直扮演著她父親的角色，一把抱起了她。」〈麗茲波頓自由了〉，NY太陽報，1893年6月21日，2。

248 〈自由的女人！〉，FRDH，1893年6月21日，1。

249 〈麗茲波頓自由了〉，NY太陽報，1893年6月21日，2。
250 〈麗茲波頓獲釋〉，NYT，1893年6月21日，1。
251 〈自由的女人！〉，FRDH，1893年6月21日，1。
252 〈自由的女人！〉，FRDH，1893年6月21日，1。

第三部：裁決

第十一章

1 〈麗茲波頓自由了〉，NY太陽報，1893年，1。拉福在報導這件案子時，在文章中經常將之比擬為撒冷女巫審判，關於這個比喻的討論，參見羅根坎普，《描述新聞》，68-70。
2 社論，NYT，1893年6月21日，4。
3 〈無罪〉，《波士頓全球報》，1893年6月21日，1。麗茲轉身看著姊姊說：「趕快帶我回家，我想回到那個老地方，今晚立刻就走。」
4 〈麗茲波頓回到弗爾里維〉，FRDG，1893年6月21日，7。
5 〈十二名相處融洽的陪審員讓麗茲波頓自由〉，《新貝福週日標準報》，1919年6月8日，引述於《對比人生》，513。
6 麗茲．波頓寫給弗德列克．魏爾巴的信，1893年7月14日，引述於《對比人生》，514。
7 〈裁決是公正的〉，《波士頓全球報》，1893年6月22日，5。
8 〈波頓小姐的監護人〉，FRDH，1893年6月20日，7。
9 〈弗爾里維的新聞〉，NBES，1893年6月21日，3。
10 〈麗茲波頓自由了〉，NY太陽報，1893年6月21日，2。
11 〈在她們自己的家〉，《波士頓全球報》，1893年6月22日，5。《紐約太陽報》也報導了類似的故事，說波頓姊妹會努力「揪出殺了這對老夫婦的兇手」。〈麗茲波頓自由了〉，NY太陽報，1893年6月21日，2。接下來一個月，《弗爾里維每日全球報》酸溜溜地指出：「真是奇怪，波頓姊妹和她們的友人顯然根本沒花什麼心力在抓出真正的兇手。」〈沒出力〉，FRDG，1893年7月11日，7。

12 〈她的老地方〉，《波士頓全球報》，1893年6月22日，1。

13 審判逐字稿，1750。

14 〈有罪？不！不！〉，《波士頓週日先鋒報》，1913年4月13日，25。

15 〈麗茲波頓的姊姊離開〉，《波士頓週日先鋒報》，1905年6月4日，11。

16 FREN，1904年10月21日，引述於《對比人生》，723。

17 〈有罪？不！不！〉，《波士頓週日先鋒報》，1913年4月13日，25。

18 〈大錯〉，FRDG，1905年8月4日，1。

19 麗茲．波頓的安葬指示，引述於《對比人生》，980。

20 納森尼爾．霍桑，《紅字》（麻州劍橋：Harvard University Press，2009），77-78。

第十二章

1 艾德蒙．萊斯特．皮爾森，〈波頓案〉，《謀殺案研究》（紐約：Macmillan，1924），3。

2 艾德蒙．萊斯特．皮爾森寫給法蘭克．諾爾頓的信，1923年11月22日，FRHS。

3 皮爾森，〈波頓案〉，3-4。

4 皮爾森，〈波頓案〉，4。

5 〈無罪〉，《波士頓全球報》，1893年6月21日，1。

6 愛德華．瑞汀，《麗茲波頓：未公開的故事》（紐約：Simon & Schuster，1961），175。

7 瑞汀，《麗茲波頓》，254。

8 查爾斯・撒謬斯（Charles Samuels）與露意絲・撒謬斯（Louise Samuels），《憎恨之屋中的女孩》（*The Girl in the House of Hate*）（紐約：Aeonian Press，1953），143。

9 維多莉亞・林肯，《不能說的祕密：陽光下的麗茲波頓》（紐約：G. P. Putnam's Sons，1967），23。

10 〈楓田居正式賣給麗茲波頓民宿主人〉，《弗爾里維先鋒報》，2018年2月2日。

11 莎拉・米勒，《波頓謀殺案：麗茲波頓與世紀大審》（*The Borden Murders: Lizzie Borden and the Trial of the Century*）（紐約：Schwartz & Wade Books，2016），253。

12 〈克蘿伊塞凡尼的麗茲波頓傳記電影並非她原先想像的斧頭謀殺犯電影〉，《赫芬頓郵報》，2018年1月22日。

13 皮爾森，〈波頓案〉，129。

尾聲：辯護律師檔案

1 〈前州長羅賓森逝世〉，NYT，1896年2月23日，9。其他報紙描述為「內出血」，很可能就是中風。〈羅賓森去世〉，《波士頓先鋒報》，1896年2月23日，1。

2 魏格摩，《論普通法審判的證據系統》（1904），vol. 4，§2291、3196。

3 希克曼訴泰勒（Hickman v. Taylor, 329 U.S. 495, 516 (1947)）。

4 與傑佛瑞・麥寇米克的電話訪談，2018年3月4日。麥寇米克並未透露任何事務所保存檔案內容的任何細節，所有引用的資料都來自該事務所前辦公室經理的一份公開訪談。保羅・愛德華・帕克（Paul Edward Parker），〈麗茲波頓的法律文件出土〉，《今日南岸》，1998年4月14日。

參考書目

法律程序

Inquest upon the Deaths of Andrew J. Borden and Abby D. Borden. Annie M. White, stenographer. Fall River, MA, August 9–11. Collection of Fall River Historical Society.

Preliminary Hearing: Commonwealth of Massachusetts v. Lizzie A. Borden, August 25–September 1, 1892. Judge Josiah C. Blaisdell, presiding. District Court, Fall River, MA. Annie White, stenographer. Collection of Fall River Historical Society.

Trial of Lizzie Andrew Borden upon an Indictment Charging Her with the Murder of Abby Durfee Borden and Andrew Jackson Borden Before the Superior Court for the County of Bristol; Mason, C.J., Blodgett, J., and Dewey, J., presiding. Official Stenographic Report by Frank H. Burt, 1893.

Witness Statements for the Lizzie Borden Murder Case, August 4–October 6, 1892. Collection of Fall River Historical Society.

Abelson, Elaine. *When Ladies Go A-Thieving: Middle-Class Shoplifters in the Victorian Department Store*. New York: Oxford University Press, 1989.

Adler, Gabriela Schalow. "Our Beloved Lizzie: Reconstructing an American Legend." PhD diss., University of Rhode Island, 1995.

Blewitt, Mary. *Constant Turmoil: The Politics of Industrial Life in Nineteenth-Century New England*. Amherst: University of Massachusetts Press, 2000.

Boyer, Paul S. "Borden, Lizzie Andrew." In *Notable American Women: 1607–1950: A Biographical Dictionary*, edited by Edward T. James. Cambridge, MA: Harvard University Press, 1971, pp. 210–12.

Brace, Charles Loring. *The Dangerous Classes of New York and Twenty Years' Work Among Them*. 3rd ed. New York: Wynkoop and Hallenbeck, 1880.

Brown, Arnold R. *Lizzie Borden: The Legend, the Truth, the Final Chapter*. New York: Dell Publishers, 1991.

Carlisle, Marcia R. "What Made Lizzie Borden Kill?" *American Heritage* 43, no. 4 (June–July 1992): 66–72.

Carter, Angela. "The Fall River Axe Murders." In Angela Carter, *Saints and Strangers*. New York: Penguin Books, 1987.

Chapman, Sherry. *Lizzie Borden: Resurrections*. Fall River, MA: PearTree Press, 2014.

Cohen, Adam. *Imbeciles: The Supreme Court, American Eugenics, and the Sterilization of Carrie Buck*. NY: Penguin Press, 2016.

Cole, Simon A. *Suspect Identities: A History of Fingerprinting and Criminal Identification*. Cambridge, MA: Harvard University Press, 2001.

Conforti, Joseph A. *Lizzie Borden on Trial: Murder, Ethnicity, and Gender*. Lawrence: University of Kansas Press, 2015.

Cumbler, John T. *Working-Class Community in Industrial America: Work, Leisure, and Struggle in Two Industrial Cities, 1880–1930*. Westport, CT: Greenwood Press, 1979.

Davis, Charles Gideon. *The Conduct of the Law in the Borden Case, with Suggestions of Changes in Criminal Law and Practice*. Boston: Boston Daily Advertiser, 1894.

de la Torre, Lillian. *Goodbye, Miss Lizzie Borden: A Sinister Play in One Act*. Boston: Baker's Plays, 1947.

De Mille, Agnes. *Lizzie Borden: A Dance of Death*. Boston: Little, Brown and Co., 1968.

Evening Standard, New Bedford, MA. *Lizzie Borden: Did She? Or Didn't She?* Verplank, New York: Historical Briefs, 1992.

Fenner, Henry M. *History of Fall River, Massachusetts*. Fall River, MA: Munroe Press, 1911.

Ferguson, Robert A. *The Trial in American Life*. Chicago: University of Chicago Press, 2007.

Fowler, Orin. *History of Fall River with Notices of Freetown and Tiverton*. Fall River, MA: Almy & Milne, Printers, 1862.

Freeman, Mary E. Wilkins. "The Long Arm." In The Long Arm and Other Stories. London: Chapman and Hall, 1895.

Friedman, Lawrence M. *The Big Trial: Law as Public Spectacle. Lawrence*: University of Kansas Press, 2015.

. *Crime and Punishment in American History*. New York: Basic Books, 1993.

Gordon, Linda. *Heroes of Their Own Lives: The Politics and History of Family Violence, Boston 1880–1960*. New York: Viking Press, 1988.

Gross, Hans. *Criminal Investigation: A Practical Handbook for Magistrates, Police Officers, and Lawyers*. 1907.

———. *Criminal Psychology: A Manual for Judges, Practitioners and Students*. 1911.

Halttunen, Karen. *Murder Most Foul: The Killer and the American Gothic Imagination*. Cambridge, MA: Harvard University Press, 1998.

Hawthorne, Nathaniel. *The Scarlet Letter*. Cambridge, MA: Harvard University Press, 2009.

Hixson, Walter L. "Gendered Justice: Lizzie Borden and Victorian America." In *Murder, Culture, and Injustice: Four Sensational Cases in American History*. Akron, OH: University of Akron Press, 2001.

Hoffman, Paul Dennis. *Yesterday in Old Fall River: A Lizzie Borden Companion*. Durham, NC: Carolina Academic Press, 2000.

Holba, Annette M. *Lizzie Borden Took an Axe, or Did She?: A Rhetorical Inquiry*. Youngstown, NY: Teneo Press, 2008.

Hunter, Evan. *Lizzie: A Novel*. New York: Dell Publishers, 1985.

Jacob, Kathryn Allamong. "She Couldn't Have Done It, Even if She Did: Why Lizzie Borden Went Free." *American Heritage* 29, no. 2 (February–March 1978): 42–53.

James, Bill. *Popular Crime: Reflections on the Celebration of Violence*. New York: Scribner, 2011.

Jones, Ann. *The Lizzie Borden Sourcebook*. Boston: Branden Publishing Company, 1992.

———. *Women Who Kill*. Boston: Beacon Press, 1996.

Jordan, Elizabeth. "The Newspaper Woman's Story." *Lippincott's Monthly Magazine* 51 (March 1893).

———. "Ruth Herrick's Assignment." Cosmopolitan Magazine, Vol. XVII (May 1894–October 1894): 365–72.

———. *Three Rousing Cheers*. New York: D. Appleton-Century Co., 1938.

Kent, David. *Forty Whacks: New Evidence in the Life and Legend of Lizzie Borden*. Emmaus, PA: Yankee Books, 1992.

Knowlton, Frank W., and Edmund Lester Pearson. *The Knowlton/Pearson Correspondence: 1923–1930*. Fall River, MA: Fall River Historical Society, 1997.

Lancaster, Paul. *Gentleman of the Press: The Life and Times of an Early Reporter, Julian Ralph of the* Sun. Syracuse, NY: Syracuse University Press, 1992.

Lane, Roger. *Murder in America: A History*. Columbus, OH: Ohio State University Press, 1997.

Lincoln, Victoria. *A Private Disgrace: Lizzie Borden by Daylight*. New York: G. P. Putnam's Sons, 1967.

Livermore, Mary A. *The Story of My Life: The Sunshine and Shadow of Seventy Years*. Hartford, CT: A. D. Worthington and Co., 1897.

Lombroso, Cesare, and William Ferrero. *Criminal Woman, the Prostitute, and the Normal Woman*. Trans. by Nicole Hahn Rafter and Mary Gibson. Durham, NC: Duke University Press, 2004.

———. *The Female Offender*. New York: D. Appleton and Company, 1915.

Lombroso-Ferrero, Gina. *Criminal Man According to the Classification of Cesare Lombroso*. 1911. Reprint, Montclair, NJ: Patterson Smith, 1972.

Lowndes, Marie Belloc. *Lizzie Borden: A Study in Conjecture*. New York: Longmans, Green and Co., 1939.

Lunday, Todd. *The Mystery Unveiled: The Truth About the Borden Tragedy*. 1893. Reprint, Portland, ME: King Phillip Publishing Company, 1990.

Martins, Michael, and Dennis A. Binette. *Parallel Lives: A Social History of Lizzie A. Borden and Her Fall River*. Fall River, MA: Fall River Historical Society, 2010.

Martins, Michael, and Dennis A. Binette, eds. *The Commonwealth of Massachusetts vs. Lizzie A. Borden: The Knowlton Papers, 1892–1893: A Collection of Previously Unpublished Letters and Documents from the Files of Prosecuting Attorney Hosea Morrill Knowlton*. Fall River, MA: Fall River Historical Society, 1994.

McAdam, Roger Williams. *The Old Fall River Line*. New York: Stephen Daye Press, 1937.

Miller, Sarah. *The Borden Murders: Lizzie Borden and the Trial of the Century*. New York: Schwartz & Wade, 2014.

Morantz-Sanchez, Regina. *Conduct Unbecoming a Woman: Medicine on Trial in Turn-of-the-Century Brooklyn*. New York: Oxford University Press, 1999.

Nickerson, Catherine Ross. "The Deftness of Her Sex: Innocence, Guilt, and Gender in the Trial of Lizzie Borden." In *Lethal Imagination: Violence and Brutality in American History*. Ed. Michael A. Bellesiles. New York: New York University Press, 1999.

Pearson, Edmund Lester. "The Borden Case." In *Studies in Murder*. Garden City, New York: Garden City Publishing Company, 1924, 3–120.

———. "The Bordens: A Postscript." In *Murder at Smutty Nose and Other Murders*. Garden City, New York: Doubleday, Page & Company, 1927, 291–302.

———. "The End of the Borden Case." In *Five Murders: With a Final Note on the Borden Case*. Garden City, NY: Doubleday, Doran & Company,

Inc., 1928, 263–94.

———. "Legends of Lizzie." In *More Studies in Murder*. New York: Harrison Smith & Robert Haas, 1936, 121–31.

Pearson, Edmund Lester, ed. *The Trial of Lizzie Borden*. New York: Doubleday, Doran & Company, 1937.

Phillips, Arthur S. *The Borden Murder Mystery: In Defence of Lizzie Borden*. Portland, ME: King Phillip Publishing Company, 1986.

———. *The Phillips History of Fall River*. 3 vols. Fall River, MA: Dover Press, 1944.

Porter, Edwin H. *The Fall River Tragedy. A History of the Borden Murders*. Fall River, MA: George R. H. Buffinton, 1893.

Porwancher, Andrew. *John Henry Wigmore and the Rules of Evidence: The Hidden Origins of Modern Law*. Columbia: University of Missouri, 2016.

Radin, Edward D. *Lizzie Borden: The Untold Story*. New York: Simon & Schuster, 1961.

Ralph, Julian. *The Making of a Journalist*. New York: Harper & Brothers, 1903.

Rebello, Leonard. *Lizzie Borden, Past & Present*. Fall River, MA: Al-Zach Press, 1999.

Robertson, Cara W. "Representing 'Miss Lizzie': Cultural Convictions in the Trial of Lizzie Borden." *Yale Journal of Law and the Humanities* 8, no. 2 (1996): 351–416.

Rogers, Alan. *Murder and the Death Penalty in Massachusetts*. Amherst: University of Massachusetts Press, 2008.

Roggenkamp, Karen. *Narrating the News: New Journalism and Literary Genre in Late Nineteenth-Century American Newspapers and Fiction*. Kent, OH: Kent State University Press, 2005.

———. *Sympathy, Madness, and Crime: How Four Nineteenth-Century Journalists Made the Newspaper Women's Business*. Kent, OH: Kent State University Press, 2016.

Russett, Cynthia Eagle. *Sexual Science: The Victorian Construction of Womanhood*. Cambridge, MA: Harvard University Press, 1989.

Ryckebusch, Jules R., ed. *Proceedings, Lizzie Borden Conference: Bristol Community College, Fall River, Massachusetts, August 3–5, 1992*. Portland, ME: King Phillip Publishing Company, 1993.

Samuels, Charles, and Louise Samuels. *The Girl in the House of Hate: The Story and All the Facts of the Lizzie Borden Murders*. New York: Fawcett

Publications, 1953.

Schmidt, Sarah. *See What I Have Done*. New York: Atlantic Monthly Press, 2017.

Schofield, Ann. "Lizzie Borden Took an Axe: History, Feminism, and American Culture." *American Studies* 34, no. 1 (1993): 91–103.

Shteir, Rachel. *The Steal: A Cultural History of Shoplifting*. New York: Penguin, 2011.

Silvia, Phillip, Jr., ed. *Victorian Vistas: Fall River, 1886–1900*. Fall River, MA: R. E. Smith Printing Co., 1988.

Smith, Thomas Russell. *The Cotton Textile Industry of Fall River, Massachusetts: A Study of Industrial Localization*. New York: King's Crown Press, 1944.

Snow, Edward Rowe. "The Lizzie Borden Murder Case." In Snow, Edward Rowe, *Piracy, Mutiny, and Murder*. New York: Dodd, Mead & Company, 1959, 248–90.

Spiering, Frank. *Lizzie*. New York: Random House, 1984.

Starr, Paul. *The Creation of the Media: Political Origins of Modern Communication*. New York: Basic Books, 2004.

Sullivan, Robert. *Goodbye Lizzie Borden*. Brattleboro, VT: Stephen Greene Press, 1974.

Venet, Wendy Hammond. *A Strong-Minded Woman: The Life of Mary A. Livermore*. Amherst: University of Massachusetts Press, 2005.

White, Richard. *The Republic for Which It Stands: The United States During Reconstruction and the Gilded Age, 1865–1896*. Oxford History of the United States. New York: Oxford University Press, 2017.

Whitman, Ruth. *The Passion of Lizzie Borden: New and Selected Poems*. New York: October House, 1973.

Wigmore, John H. "The Borden Case." *American Law Review* (November–December 1893): 819–45.

———. *A Pocket Code of the Rules of Evidence in Trials at Law*. Boston: Little, Brown and Company, 1910.

———. *A Supplement to a Treatise on the System of Evidence in Trials at Common Law*. Boston: Little, Brown and Company, 1907.

———. *A Treatise on the System of Evidence in Trials at Common Law*. 4 vols. Boston: Little, Brown and Company, 1904.

Williams, Joyce G., J. Eric Smithburn, and M. Jeanne Peterson, eds. *Lizzie Borden: A Case Book of Family and Crime in the 1890s*. Bloomington, IN: T. I. S. Publications Division, 1980.

Wilson, Colin. "Lizzie Borden, the New Solution." In *The Mammoth Book of True Crime*. New York: Robinson Publishing Company & Graf Publishers, 1990, 310–20.

人文

麗茲波頓的謀殺審判

直擊美國史上最駭人聽聞的世紀懸案

原著書名　The Trial of Lizzie Borden
作　　者　卡菈・羅柏森（Cara Robertson）
譯　　者　徐立妍
發 行 人　王春申
選書顧問　林桶法、陳建守
總 編 輯　張曉蕊
責任編輯　洪偉傑
封面設計　萬勝安
內文排版　賴維明
業務組長　何思頓
行銷組長　張家舜
影音組長　謝宜華
出版發行　臺灣商務印書館股份有限公司
23141 新北市新店區民權路 108-3 號 5 樓（同門市地址）
電話：（02）8667-3712　傳真：（02）8667-3709

讀者服務專線：0800-056193　郵撥：0000165-1
E-mail：ecptw@cptw.com.tw　網路書店網址：www.cptw.com.tw
Facebook：facebook.com.tw/ecptw

局版北市業字第 993 號
2021 年 4 月初版 1 刷
印刷　鴻霖印刷傳媒股份有限公司
定價　新台幣 550 元

法律顧問　何一芃律師事務所

麗茲波頓的謀殺審判：直擊美國史上最駭人聽聞的世紀懸案／卡菈・羅柏森（Cara Robertson）著；徐立妍譯 ——初版——新北市：臺灣商務，2021.04 面；公分——（人文）
ISBN 978-957-05-3307-1（平裝）

1. 波頓 (Borden, Lizzie, 1860-1927) 2. 刑事案件 3. 美國

585.8　　110001921

國家圖書館出版品預行編目（CIP）資料